作者画像及手稿图

图 1
威廉·冯·洪堡画像约瑟夫·施梅勒
（Joseph Schmeller）画作（1826 年）
魏玛（Weimar）歌德国家博物馆
（Goethe National Museum）藏品

图 2
让－皮埃尔·阿贝尔－雷慕沙
法兰西学院档案（CXII）

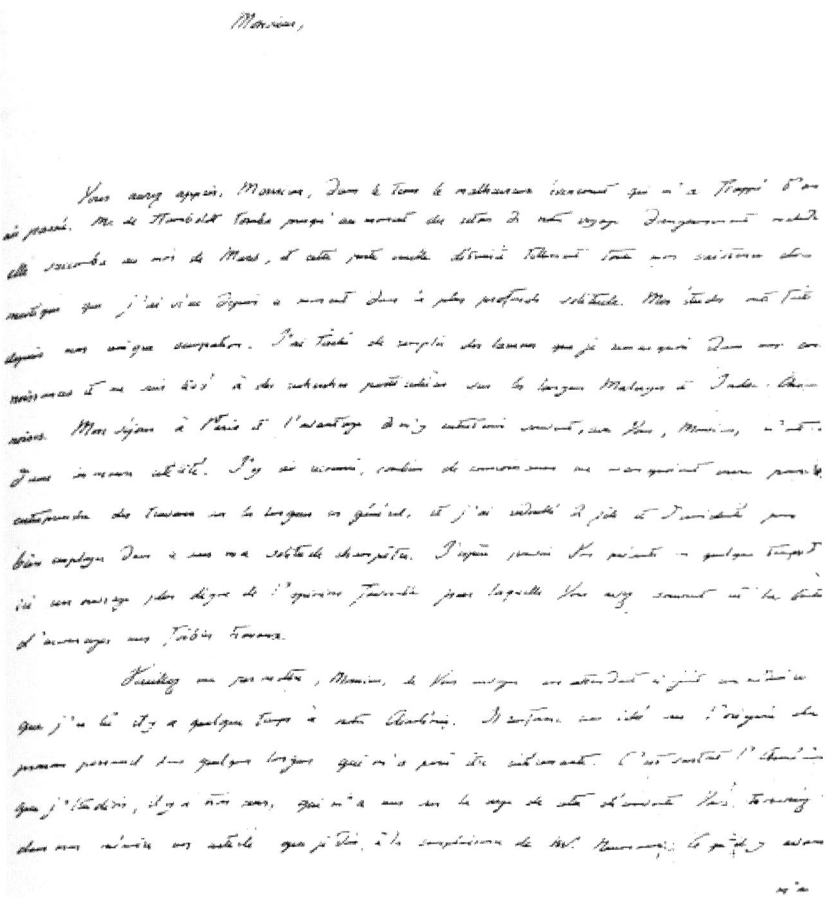

图 3　洪堡写给雷慕沙的信（1830 年 5 月 30 日）
洪堡亲笔信札编号 1898
芒特市市图书馆藏品

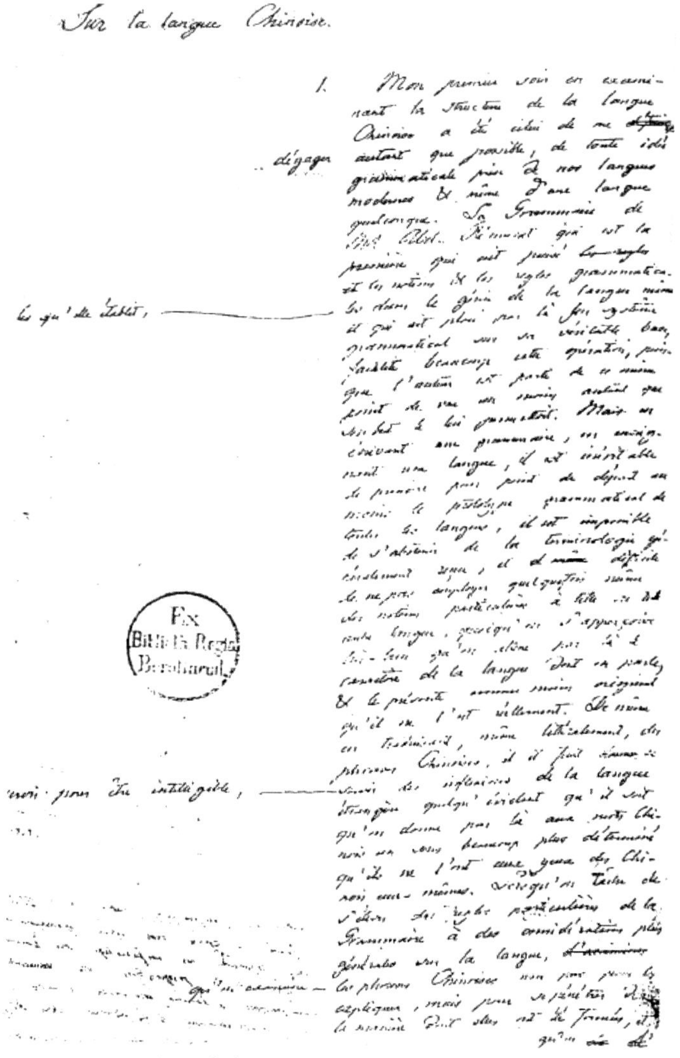

Sur la langue Chinoise.

1\. Mon premier soin en examinant la structure de la langue Chinoise a été celui de me dégager autant que possible, de toute idée grammaticale prise de nos langues modernes & même d'une langue quelconque. La Grammaire de Mr. Abel-Rémusat qui est la première qui soit puisée ...

图 4　威廉·冯·洪堡:《论汉语》

《致雷慕沙的信》草稿

编号 Coll. ling. fol 17 Nr 2 5. 1

柏林普鲁士文化遗产州立图书馆藏品

本书受北京外国语大学比较文明与人文交流高等研究院、中国文化走出去协同创新中心、中华文化国际传播研究院资助出版。

本书为北京外国语大学"双一流"建设重大标志性项目"文明互鉴：中国文化与世界"（2021SYLZD020）以及国家社科基金重大项目"17—18世纪西方汉学兴起研究"（22&ZD229）的阶段性研究成果。

雷慕沙文集

张西平 李慧 编

—— 第二卷 ——

洪堡与雷慕沙论汉语书信集
（1821—1831）

[法] 让·卢梭（Jean Rousseau）&
[法] 德尼·杜阿赫（Denis Thouard）编著
曹艳艳 译

学苑出版社

图书在版编目（CIP）数据

洪堡与雷慕沙论汉语书信集：1821—1831 /（法）让·卢梭 (Jean Rousseau)，（法）德尼·杜阿赫 (Denis Thouard) 编著；曹艳艳译. -- 北京：学苑出版社，2025. 6. -- ISBN 978-7-5077-7283-8

Ⅰ. K835.165.5；K835.655.5

中国国家版本馆CIP数据核字第2025AV2623号

Lettres édifiantes et curieuses sur la langue chinoise
by Jean Rousseau, Denis Thouard
©1999 Jean Rousseau, Denis Thouard
Originally published in 1999 by Presses Universitaires du Septentrion.
This simplified Chinese edition published 2025 by Academy Press Co., Ltd., Beijing by arrangement with Presses Universitaires du Septentrion.

北京市版权局著作权合同登记图字：01-2025-2815 号

出 版 人：洪文雄
责任编辑：李　媛
出版发行：学苑出版社
社　　址：北京市丰台区南方庄2号院1号楼
邮政编码：100079
网　　址：www.book001.com
电子邮箱：xueyuanpress@163.com
联系电话：010-67601101（营销部）、010-67603091（总编室）
印 刷 厂：北京建宏印刷有限公司
开本尺寸：880 mm × 1230 mm　1/32
印　　张：16.25
字　　数：321千字
版　　次：2025年6月第1版
印　　次：2025年6月第1次印刷
定　　价：98.00元

编者介绍

让·卢梭（Jean Rousseau），1947 年 4 月 8 日出生于巴黎，在塞夫尔国际教育研究中心（Centre international d'études pédagogiques de Sèvres）教授普通语言学与比较语言学直至退休。主要从事洪堡研究工作，并于相关领域发表 20 余篇学术论文。

德尼·杜阿赫（Denis Thouard），1965 年出生于巴黎，任法国国家科学研究中心与社会科学高等学院（CNRS/EHESS）格奥尔格·齐美尔研究中心（Centre Georg Simmel）高级研究员。主要从事解释学和语言问题等哲学研究工作。主要著作包括：*Kant,* Paris, Belles Lettres, 2001 ; *Herméneutique critique. Bollack, Szondi,* Celan, Villeneuve d'Ascq, Presses universitaires du Septentrion, 2012 ; *Et toute langue est étrangère. Le projet de Humboldt*, Paris, Belles Lettres, 2016 ; Herméneutiques contemporaines, Paris, Editions Hermann, 2020. 他与克里斯蒂安·贝尔纳（Christian Berner）合作编著了 *L'interprétation. Un dictionnaire philosophique,* Paris, Vrin, 2015。其译著有 Wilhelm von Humboldt, *Sur le caractère national des langues et autres écrits sur la langage,* Paris, Seuil, 2000.

译者介绍

曹艳艳,曾在中国"985"高校任教,现任教于巴黎综合理工学院,担任中文教师及中文教学部负责人。

目 录

总　序 ··· I
译者序 ··· XXI
告读者 ··· 001
洪堡、雷慕沙与汉语：有关通信集的研究
　　··································· 德尼·杜阿赫 / 005
洪堡理论中的汉语议题 ···················· 让·卢梭 / 039
所引著作书目 ································· 103

洪堡与雷慕沙通信集（1824—1831）
　　··································· 让·卢梭　编 / 115

附录一　公开学术讨论 …………………………… 268
　　论语法形式的产生及其对观念发展的影响 …… 洪　堡 / 268
　　关于洪堡所列举的印第安语言的附注 ……… 让·卢梭 / 301
　　关于洪堡《论语法形式的产生》一文的评论 … 雷慕沙 / 334
　　致阿贝尔 - 雷慕沙先生的信——论语法形式的通性和汉语的
　　　特性 …………………………………………… 洪　堡 / 342
　　有关《致雷慕沙的信》中一些段落的意见 …… 雷慕沙 / 431
　　《致雷慕沙的信》简介 ………………………… 塞　西 / 452

附录二　雷慕沙《致洪堡的信：有关"乃"的看法》
　　(《新亚洲学报》XI，1833 年，原版影印) … 477
附录三　雷慕沙《汉文启蒙》(节选，原版影印) ………… 483

总　序

1814年11月26日，"汉语、鞑靼语、满语语言与文学讲座"（La Chaire de langues et littératures chinoises et tartares-mandchoues）在法兰西公学院（Collège de France）设立。年仅26岁的法国汉学家让－皮埃尔·阿贝尔－雷慕沙（Jean-Pierre Abel-Rémusat, 1788—1832）被任命为这个讲座的首位教授，这是"汉学"作为一门专业学科得以确立的标志。这一事件的影响是巨大而广泛的：不仅在法国，传教士汉学的丰厚成果被纳入科学化、专业化的学术体系内，并在欧洲产生了重大而长远的影响，1837年俄罗斯喀山大学设立了汉语教席，1837年伦敦大学学院在马礼逊（Robert Morrison, 1782—1834）的促使下设立了中国语言与文学教授位置，1876年荷兰莱顿大学设立了汉学教席，1877年在柏林东方语言学院中设立了汉语教席等等。① 由此，雷慕沙开启了西方汉学在发展历程中的专业汉学阶段。

1788年9月6日，雷慕沙出生于巴黎的一个医生家庭。他

---

① 张西平：《雷慕沙——西方汉学第一人》，《世界历史评论》2019年第4期，第3—4页。

小时因一次事故导致一只眼睛失明,由父亲在家教他读书学习,为他打下了非常深厚的拉丁文和希腊文基础。当他健康状况好转之后开始上学,在古典语言、历史、自然科学等方面成绩优异。1805年父亲过世,他决定继续父亲的事业,学习医学。1806年,欧洲著名的收藏家、修道院院长德·泰桑(L'abbé de Tersan, 1736—1819)在奥布瓦修道院(L'Abbaye-aux-Bois)举办展览,自小喜爱植物的雷慕沙被一部附有彩绘植物插图的中国书所吸引,萌发了读懂书上神秘的汉字的愿望,从此便与汉学结下了一生的缘分。[1]

如魏丕信(Pierre-Étienne Will)所说,"19世纪初期,雷慕沙生活的年代极其不适合汉语的修习。最后一代可以利用自己中文等语言优势的学者及最晚一批寓居北京传教而不需藏匿于外省的传教士们都已经去世了。这些人的离世造成了巴黎的学术空白"[2]。雷慕沙正是在这样艰难的环境下自学汉语的。起初,他手中并没有像样的字典和语法书做参考,也无法借阅皇家图书馆的汉籍。后来他在德·泰桑院长和东方学家西尔维斯特·德·萨西(Silvestre de Sacy, 1758—1838)的帮助下获得了一些汉学作品作为学习资料,并逐渐掌握了一定数量的汉字,编纂了一部简单

---

[1] 以上内容参见法国人物传记辞典 François Pouillion, *Dictionnaire des orientalistes de la langue française,* KARTHALA Editions, 2008, 以及 Michaud, *Rémusat, Jean-Pierre-Abel, Biographie universelle, ancienne et moderne.* Supplément, tome 78, paris: Michaud Editeur, 186.; Quérard, *La France littéraire,* t.7, pp.518-521, Paris: Didot Frères, 1835。参见李慧:《欧洲第一位"专业汉学家"雷慕沙》,《国际汉学》2015年第2期,第39—40页。
[2] [法]魏丕信著,刘婷译:《东方学家雷慕沙》,《国际汉学》2014年第1期,第138页。

的字典供自己参考。

从1812年起,德·萨西就为在法兰西学院开办汉语讲座之事积极活动。在这期间雷慕沙虽然忙于行医,但却一直没有放弃汉学研究,还陆续出版了一些汉学方面的著作。1813年8月他完成了医学博士论文,题目为《舌诊研究》①,将医学专业与自己的汉学志趣融为一体。1814年11月26日,内政部宣布在法兰西公学院新设中国文学和梵语语言文学教席的决议,教师分别由雷慕沙和他的好友德·谢齐(Antoine-Léonard de Chézy, 1773—1832)担任。1815年1月16日,"汉语、鞑靼语、满语语言与文学讲座"正式开课,雷慕沙发表了重要演讲,回顾了中国研究在欧洲的发展历程。②

1816年4月5日,雷慕沙被选为法兰西铭文与美文学术院(Académie des inscriptions et belle-lettres,即法兰西文学院)院士。1818年3月,他成为欧洲最早的文学与科学期刊《学者报》(*Journal des Sçavans*)的编辑。1822年,他与德国东方学家克拉普洛特(Heinrich Julius Klaproth, 1783—1835)等人一起创立了亚细亚学会(Société Asiatique)。1823年,雷慕沙获得了"法国荣誉军团骑士"勋章(Chevalier de la Légion d'Honneur),成为伦敦亚

---

①*Dissertatio de glossosemeiotice, sive de signis morborum quae e lingua sumuntur, praesertim apud sinenses.* Th. de Paris, 1813。这篇文论的全名是《舌诊研究:关于从舌头看出来的病征,尤其是中国人的理论》,介绍了中国和西方古代医学有关舌诊的理论,展示了中、西医在该领域的众多契合之处。
②《汉、鞑靼—满语语言与文学课程计划及开学演讲》(*Programme du cours de langue et de littérature chinoises et de tartare-mandchou, précédé d'un discours pronounce à la première séance de ce cours,* de 16 janvier 1815. Paris, 1815)。

洲学会和加尔各答亚洲学会通讯会员（Membre correspondantes Société asistiques de Londre et de Calcutta）。1824年雷慕沙荣任东方手稿部馆长，接替逝世的朗格莱（Louis Mathieu Langlès, 1763—1824）。他还被邀请担任大不列颠、爱尔兰、荷兰学院亚洲学社通信院士，柏林、都灵文学院合作院士。①1832年6月2日，雷慕沙在巴黎去世。

19世纪初法国政治风云变化多端，也是西方学术大发展的时期，自然科学中观察、实验、田野考察等方法推动人文领域学科化。雷慕沙除了个人勤奋和努力以外，还善于抓住时代的机遇，开拓人脉，创办刊物，积极发表，与各国学者保持交流，参与各种团体，扩大他个人和他所做学问的影响。他重视教学，为如何更好地学习和推广汉语钻研教材，培养人才，他的学生儒莲（Julien Stanislas, 1797—1873）、巴赞（Antoine-Pierre-Louis Bazin, 1799—1863）、鲍狄埃（Jean-Pierre Guillaume Pauthier, 1801—1873）等都成了优秀的汉学家。雷慕沙的研究虽以传教士的汉学成果为基础，但却能摆脱传教策略的束缚，充分利用专业汉学教授的资源便利，巩固和发展汉语言等汉学研究传统，同时发现新的研究方法、开拓新的研究领域，如世俗文学翻译、亚洲地理历史研究、中西交通史研究、佛教研究、道教研究等领域。

---

①Correspondant de la Société asiatique de la Grande-Bretagne et Irlande, de l'Institut des Pays-Bas; associé étranger des Académies de Berlin, Turin.（参见 Michaud, *Biographie universelle*, P.446）

雷慕沙著作的译介与研究

雷慕沙逝世后不久,他的同事和学生就开始整理他的遗稿,梳理和评论他的研究成果。他的生平传略也被多种文化名人辞典收录。20世纪90年代起,一些外国学者对他进行专门研究,其中重要的有:德国汉学家、目录学家魏汉茂(Hartmut Walravens, 1944—)的《东亚科学史在欧洲:雷慕沙与克拉普洛特的环境》[*Zur Geschichte der Ostasienwissenschaften in Europa: Abel-Rémusat (1788—1832) und das Umfeld Julius Klaproths (1783—1835)*1999]①;龙伯格(Knud Lundbaek, 1912—1995)的《1801—1815年欧洲汉学的建立》(*The Establishment of European Sinology 1801—1815*, 1995)和《阿贝尔-雷慕沙与欧洲专业汉学研究的开始》(*Notes on Abel-Rémusat and the beginning of academic sinology in Europe*, 1995);让·卢梭(Jean Rousseau)和德尼·杜阿赫(Denis Thouard)的《洪堡与雷慕沙通信集:威廉·冯·洪堡与让-皮埃尔·阿贝尔-雷慕沙的哲学语法辩论(1821—1831)》[*Lettres édifiantes et curieuses sur la langue chinoise: un débat philosophico-grammatical entre Wilhelm von Humboldt et Jean-Pierre Abel-Rémusat (1821—1831)*, 1999]一书收录了洪堡和雷慕沙关于汉语的书信,并就书信和

---

① Hartmut Walravens, *Zur Geschichte der Ostasienwissenschaften in Europa: Abel-Rémusat (1788—1832) und das Umfeld Julius Klaproths (1783—1835)*, Wiesbaden: Harrassowitz, 1999. 其他有关早期国外对雷慕沙的研究和文献资料,参见李慧:《欧洲第一位"专业汉学家"雷慕沙》,《国际汉学》2015年第2期,第39—40页。

语言观进行了分析。日本学者小野文的《作为例外的汉语——威廉·冯·洪堡特〈致阿贝尔-雷慕沙的信〉之考察》①也就此主题进行了研究。

在国内,直到10年以前,学界对雷慕沙的专题研究仍较为有限。郭丽英、耿昇的《法国对汉传佛教研究的历史与现状》,以及余欣的《法国敦煌学的新进展——〈远东亚洲丛刊〉》中提到了雷慕沙对于佛教研究的贡献;②董海樱的《雷慕沙与19世纪早期欧洲汉语研究》介绍了雷慕沙在汉语教学和研究方面的成就,另一篇是《雷缪萨与法国汉学》,简要地介绍了法兰西学院的汉语讲座、《汉文启蒙》(Élémens de la grammaire chinoise, 1822)和雷慕沙的影响;③马军翻译了《法国汉学先驱——雷慕沙传》;④钱林森编的《法国汉学家论中国文学:古典戏剧和小说》收录了雷慕沙译《玉娇梨》的前言⑤。张西平教授看到雷慕沙研究

---

① [日]小野文:《作为例外的汉语——威廉·冯·洪堡特〈致阿贝尔·雷慕沙的信〉之考察》,载《亚洲语言文化交流研究》,上海辞书出版社,2009年。
② 郭丽英、耿昇:《法国对汉传佛教研究的历史与现状》,《世界汉学》1998年第1期;余欣:《法国敦煌学的新进展——〈远东亚洲丛刊〉》,《"敦煌学新研"专号评介》《敦煌学辑刊》2001年第1期,第103—111页。
③ 董海樱:《雷慕沙与19世纪早期欧洲汉语研究》,载李向玉、张西平、赵永新编《世界英语教育史研究》,澳门:澳门理工学院,2005年,第124—132页。该论文介绍了雷慕沙在汉语教学和研究方面的成就,是她2005年的博士论文《西人汉语研究述论——16—19世纪初期》(浙江大学博士研究生学位论文,2005年)的一部分。《雷缪萨与法国汉学》,载《法国研究》第74期,第5—57页,2009年。
④ 佚名撰,马军译:《法国汉学先驱——雷慕沙传》,载阎纯德主编《汉学研究》第5集,中华书局,2008年,第108—117页。
⑤ 钱林森编:《法国汉学家论中国文学:古典戏剧和小说》,外语教学与研究出版社,2007年。

的巨大价值,自 2008 年起指导李慧撰写硕士论文《雷慕沙〈汉文启蒙〉研究》(2011)[①],这是国内首篇专门研究雷慕沙的学位论文。

从 2011 年以来,情况发生了反转,随着海外汉学学科在国内的发展,雷慕沙受到了前所未有的关注。2014 年 6 月 11 日到 13 日,"雷慕沙及其继承者:纪念法国汉学两百周年学术研讨会"在法国法兰西学院举行。该次国际学术研讨会由北京外国语大学中国海外汉学研究中心与法兰西学院汉学系共同倡议,为纪念法国专业汉学建立 200 周年而特别筹办。研讨会吸引了涉及语言学、中西交通史、敦煌学、考古学、文献学、科技史、艺术史及海外汉学等多个研究领域,来自中国、法国、美国等国家和地区的 30 余位中外学者参加。会议期间,与会学者围绕"法国专业汉学家雷慕沙及其汉学成就""雷慕沙的继任者:法国的专业汉学家及其汉学成就""中法文化交流""法国汉学的贡献及地位"等主题进行了热烈的讨论和深入的交流。通过此次国际学术研讨会,中外新老学者齐聚一堂,回顾法国汉学 200 年的历史进程,探讨法国专业汉学家对中国研究所作出的巨大贡献,梳理中法两国在文化交流方面的基本史实,成果颇丰,成为近年来欧洲汉学(中国学)研究的一次盛会。[②]

在研究和出版方面,越来越多的研究和译著涌现,研究的内

[①] 李慧:《雷慕沙〈汉文启蒙〉研究》,北京外国语大学硕士论文,2011 年。
[②] 会议概要参见李真:《从历史中国走向未来中国——二百年法国汉学研究的新起点》,《国外社会科学》2014 年第 6 期,第 154—157 页。

容和角度更加多元。雷慕沙对传教士汉学转换到专业汉学的关键作用、专业汉学的建立与19世纪欧洲学术成为学者们关心的话题。如张西平论述了卜弥格（Michał Boym, 1612—1659）与雷慕沙在中医西传方面的学术勾连，并在《欧洲的传教士汉学何时发展成为专业汉学》一文中探讨欧洲传教士汉学到专业汉学发展的过程；[1] 李慧的《欧洲第一位"专业汉学家"雷慕沙》依据西文材料系统介绍了雷慕沙的生平并对其著作进行提要；[2] 王莹翻译了龙伯格的重要论文《欧洲汉学的建立：1801—1815》；[3] 刘婷翻译了法国学者魏丕信的《东方学家雷慕沙》和程艾蓝的《雷慕沙与黑格尔：19世纪欧洲的汉学与哲学》，这两篇论文都探讨了雷慕沙与19世纪欧洲学术界相互影响的关系[4]。

在雷慕沙的汉语著作方面，有李真[5]对雷慕沙《汉文启蒙》和马若瑟（Joseph de Prémare, 1666—1736）《汉语札记》（*Notitiae Linguae Sinicae*）的比较研究，刘志刚的硕士论文《雷慕沙〈汉

---

[1] 张西平：《卜弥格与欧洲专业汉学的兴起——简论卜弥格与雷慕沙的学术连接》，《国际汉学》2014年第1期，第107—119页；张西平：《欧洲的传教士汉学何时发展成为专业汉学？》，《海外华文教育动态》2017年第008期，第101页。
[2] 李慧：《欧洲第一位"专业汉学家"雷慕沙》，《国际汉学》，2015年第2期，第39—40页。
[3] ［丹麦］龙伯格著，王莹译：《欧洲汉学的建立：1801—1815》，《国际汉学》2015年第1期，第18—38页。
[4] ［法］程艾蓝著，刘婷译：《雷慕沙与黑格尔：19世纪欧洲的汉学与哲学》，《国际汉学》2016年第4期，第84—86页。
[5] 李真：《雷慕沙与马若瑟汉语语法著作比较研究》，《国际汉学》2014年第1期，第126—136页；《法国第一位专业汉学家雷慕沙的中国语言研究——以《汉文启蒙》为中心》，《国际汉学》2018年第00期。

文启蒙〉研究》①、牛丽媛《雷慕沙的汉语特征认识研究》②,曹艳艳等翻译并发表《洪堡与雷慕沙通信集之五——论语言的完善性及翻译》③,马尔库斯·梅斯林的《权利与表述:雷慕沙(1788—1832)的中国语言学》④。

在雷慕沙的哲学与宗教典籍研究、医学研究方面,有罗莹对雷慕沙《中庸》译文的评述;⑤张粲对雷慕沙的道教研究进行了梳理和论述;⑥潘凤娟分析了雷慕沙《道德经》译本内容及关键词,姚达兑、陈晓君对雷慕沙、鲍狄埃和儒莲三人《道德经》法语译本及其译文特色进行了比较;⑦陈新丽、王雅婷翻译了雷慕沙的《论老子的生平与学说》;⑧孙帅翻译了雷慕沙对马士曼(Joshua Marshman, 1768—1873)译《论语》和儒莲译《孟子》的评论。⑨

---

① 刘志刚:《雷慕沙〈汉文启蒙〉研究》,黑龙江大学硕士论文,2017。
② 牛丽媛:《雷慕沙的汉语特征认识研究》,厦门大学硕士论文,2018。
③ [让] 让·卢梭、德尼·杜阿赫著,曹艳艳、陈辰译:《洪堡与雷慕沙通信集之五——论语言的完善性及翻译》,载《国际汉学》2015第2期,第154—172页。
④ [德] 马尔库斯·梅斯林(Markus Messling), "Representation and Power: Jean-Pièrre Abel-Rémusat's Critical Philology", *Journal of Oriental Studies* Vol. 44, No. 1/2 (December 2011), pp. 1-23.
⑤ 罗莹:《雷慕沙〈中庸〉译文新探——兼论传教士汉学与早期专业汉学的关系》,《国际汉学》2014年第1期,第97—106页及第125页。
⑥ 张粲:《法国经院汉学鼻祖雷慕沙的道教研究》,《宗教学研究》2017年第1期,第104—107页。
⑦ 潘凤娟:《不可译之道、不可道之名——雷慕沙与〈道德经〉翻译》,《中央大学人文学报》第61期,第55—166页;姚达兑、陈晓君《雷慕沙、鲍狄埃和儒莲〈道德经〉法语译本及其译文特色比较》,《国际汉学》2018年第2期,第95—103页、第210页。
⑧ [法] 雷慕沙著,陈新丽、王雅婷译:《雷慕沙著:论老子的生平与学说》,《国际汉学》2018年第4期,第87—101页。
⑨ [法] 雷慕沙著,孙帅译:《雷慕沙评两部中国经典译本》,《国际汉学》2014年第1期,第144—156页。

雷慕沙的佛教研究也引起了学者的关注，如王冀青梳理了欧洲首个西行求法高僧记《佛国记》的法译本的翻译背景及过程，而雷慕沙是首位译者之一；[1]李慧认为雷慕沙用拉丁文撰著的医学博士论文《舌诊研究》试图汇通中西传统医学在舌诊方面的契合之处，并附了全文翻译；[2]刘婷翻译了雷慕沙为利玛窦和汤若望所做的传记。[3]

值得注意的是，在近十年来的成果中，很多是由北京外国语大学中国海外研究中心张西平教授的研究团队完成的，这些著作的发表一方面促进了其他领域学者对雷慕沙的关注，但另一方面，这些翻译和研究比起浩如烟海的雷慕沙的著作来说仍然十分有限，学界对雷慕沙的研究仍然有很大的发展空间。

雷慕沙著作

雷慕沙一生著述丰富，据魏汉茂的目录统计，雷慕沙的各类专著、译著、论文、书评等，算上再版，累计出版247种，内容涉及中国、亚洲、非洲以及西方古典语言、历史、宗教、哲学、地理、历史等诸多方面，下面将其关于中国的代表著作分为四类介绍。

---

[1] 王冀青：《近代欧洲法显研究之起源——中国古代西行求法高僧游记西译开笔200周年纪念》，《敦煌学辑刊》2016年第3期，第18—26页。
[2] 李慧：《雷慕沙博士论文〈舌诊研究〉初探》，《国际汉学》2016年第4期，第184—193页。
[3] 雷慕沙著，刘婷译：《雷慕沙论利玛窦与汤若望》，《国际汉学》2017年第2期，第33—36页。

一、语言与文学研究

《汉文简要》(*Essai sur la langue et la littérature chinoises*. Paris et Strasbourg, 1811)是雷慕沙的第一部著作,是他自学汉语六年之后的知识梳理和经验总结。书中他首先介绍了他所知道的欧洲已出版的汉学著作,之后他介绍了六书、反切等知识,常引用《易经》《书经》《礼记》《说文解字》《三才图会》以及"四书"等汉籍。

在《汉语是单音节语言吗?》(*Utrum lingua sinica sit vere monosyllabica? Disputatio philologica, in qua de grammatica sinica obiter agitur*, 1813)①中,雷慕沙通过举例分析了汉语中相当于西文冠词、代词、格等语法形式的表达法,反驳了"汉语为单音节语言"以及"汉语无精准语法规则"的观点。

在《汉语字典计划》(*Plan d'un dictionnaire chinois*, Paris, 1814)中,雷慕沙梳理和评价了欧洲的汉语研究史和汉欧—欧汉词典编纂史,描述了其宏大的汉语词典计划。虽然他的计划未付诸实践,但该文为后来人进一步研究西方汉语字典编纂史提供了线索。

《鞑靼语研究,或满语、蒙古语、维吾尔语、藏语语法与文学研究》(*Recherches sur les langues tartares, ou Mémoires sur la grammaire et la littérature des Mandchous, des Mongols, des Ouïgours et des Tibétains*. Paris, Imp. Roy., 1820, t. Ier)被认为是雷慕沙最重要

---

① Abelo de Remusat, "Utrum lingua sinica sit vere monosyllabica? Disputatio philologica, in qua de grammatica sinica obiter agitur", *Fundgruben des Orients*. 3., 1813, pp. 279-288.

的著作之一,是"现代汉学的奠基之作"①,内容包括鞑靼语溯源、鞑靼语字母和古代鞑靼语考、满语语法、蒙古语及其方言、维吾尔语和藏语。这部书不但显示了雷慕沙出色的语言天赋和学习方法,更体现了他将亚洲视作整体的研究思路。"凭借这本书,他成为对蒙古语、满语、藏语以及东突厥语的语系与语族进行分类和语法分析的第一位西方学者。"②

1822年出版的汉语语法书《汉文启蒙》(*Élémens de la grammaire chinoise*, Paris, Imp. Roy., 1822)是雷慕沙最重要的汉语研究著作,是其总结多年教学经验,充分吸收前人研究成果和利用皇家图书馆资源的成果。这部语法书仅200多页,与同时期的马礼逊、马士曼厚重的汉语语法相比更加精炼、简明。他吸收了马若瑟《汉语札记》中将古文和今文相区别的方法,采取了传教士汉语语法普遍采用的拉丁语词法分类加虚词的框架作为结构,但是与传教士语法书不同的是,他尽量削弱拉丁语语法对汉语的框限,将重点放在虚词的介绍和举例上,而且编排更为简明、实用。此外,《汉文启蒙》侧重汉字的认读和查阅,强调汉籍阅读的重要性,鼓励欧洲本土学生利用图书馆的汉籍资源来研究中国,与侧重口语训练的传教士语法书相比都是巨大的转变。这部书还影响了德国语言学家洪堡的研究。

1826年雷慕沙翻译的《玉娇梨》(*Iu-kiao-li, ou Les deux cousines*,

---

① Jean Rousseau et Denis Thouard, *Lettres édifiantes et curieuses sur la langue chinoise*, p. 224.
② 董海樱:《16世纪至19世纪初西人汉语研究》,商务印书馆,2011年,第284页。

1826）出版。雷慕沙之前，中国文学的译介并不受重视。而他却对中国文学给与了特别的关注，在他的汉语课程计划（1815）、《致〈亚洲学报〉编辑的信——关于中国文学在欧洲的现状与发展》（*Lettre au rédacteur du Journal Asiatique sur l'état et les progrès de la littérature chinoise en Europe*, 1822），以及《汉文启蒙》的内容中，都不断强调中国文学的重要性。《玉娇梨》的出版在法国甚至是欧洲引起强烈反响，司汤达、歌德都是这个译本的读者，1827年该书被译为英文后立刻在英国引起轰动。1827年雷慕沙编辑出版了《中国故事——由达维斯先生、托姆斯先生和殷洪绪神父等人翻译》（*Contes chinois, traduits par MM. Davis, Thoms, le P. d'Entrocolles etc.*）。他的学生儒莲和巴赞都有优秀的文学译作，包括《西厢记》《灰阑记》《白蛇精记》《窦娥冤》等戏曲和小说以及"四大古典名著"的部分章节。

二、宗教、哲学典籍翻译与研究

在儒家典籍方面，耶稣会传教士的拉丁文译本已取得十分辉煌的成就，影响了18世纪启蒙思想，但是法、英、德各民族语言的全译本从19世纪起才开始出现。雷慕沙重译了《中庸》（*L'invariable milieu, ouvrage moral de Tseu-ssé*. Paris, Imp. Roy., 1817），采取法、拉、汉、满四语对照的方式编排。在长达24页的前言中，雷慕沙对"四书"和满语《御制翻译四书》进行了介绍。他积极关注儒家经典翻译的动向，著有《评马士曼所译〈论语〉》（*Sur la traduction de Lun-iu, par M. Marshman*, 1814）

和《评儒莲所译〈孟子〉》(*Sur la traduction de Mencius, par M. Stan. Julien*, 1824)。

在道家哲学和道教研究上，传教士着墨不多，而雷慕沙认为道教发端于中国本土，应该引起更多的关注。他翻译了《太上感应篇》(*Le livre des récompenses et des peines*, Paris, Imprimerie de Doublet, 1816.)。在论文《老子生平与思想》(*Mémoire sur la vie et les opinions de Lao-tseu*, Paris, Imp. Roy., 1824) 中，选译了一些《道德经》的章句，对老子的思想和西方先哲的思想进行对比和分析。在他这篇论文基础之上，学生儒莲完成了《道德经》的第一个全译本。

《〈佛国记〉译注》(*Foĕ-kouĕ-ki, ou Relation des royaumes bouddhiques*, Paris, 1836.) 是欧洲第一部佛教游记译作，由雷慕沙翻译和评注，由克拉普洛特和朗德莱斯 (Ernest Clerc de Landresse, 1800—1862) 改编和完善。这部书荟萃了当时欧洲对古代中亚、南亚等地的历史、地理、交通状况的大部分研究成果。《〈佛国记〉译注》常被后来的佛教学者研究和引用，[1] 是欧洲佛教研究的奠基作之一。雷慕沙还发表过《〈关于喇嘛教等级制度起源〉论文的发现》[2]《中国人笔下的佛教宇宙学和宇宙起源

---

[1] 雷慕沙去世不久后已有人专门研究他的佛教观，参见《雷慕沙佛教观点评》("Jugement d'Abel-Rémusat sur le bouddhisme", *Histoire universelle de l'église catholique par l'abbé Rohrbacher*, 3e éd. Paris 1857/61. Bd 19.1859, pp.127-129.)。
[2] "Aperçu d'un Mémoire sur l'origine de la Hiérarchie Lamaique", *Journal Asiatique*, Vol. IV., 1824, p. 257.

说》^①等关于佛教的论文。可以说，雷慕沙开创了19世纪法国道教和佛教研究的先河。

三、亚洲史地与中外关系研究

雷慕沙以汉语史料为基础，运用地理、历史、自然等学科知识全方位对中国及周边地区进行研究，这种方法逐渐成为法国汉学的特色，后来的沙畹（Emmanuel-Édouard Chavannes, 1865—1918）和伯希和（Paul Pelliot, 1878—1945）深入实地考察，取得了更为辉煌的成就。雷慕沙这方面的主要著作有《位于日本与马里亚纳群岛之间的不知名的岛群》(*Description d'un groupe des îles peu connu et situé entre le Japon et les îles Mariannes*, 1817)、《真腊风土记》(*Description du Royaume de Camboge*, 1819)、《和田历史及玉石研究》(*Histoire de la ville de Kothan, suivie de recherché sur la pièrre de Yu et le jaspe des anciens*, 1822)、《西藏及周边地区的若干民族》(*Notice sur quelques peuplades du Tibet et des pays voisins*, 1822)、《论基督教王公与蒙古皇帝的政治关系，以法国王公为中心》(*Mémoires sur les relations politiques des princes chrétiens*, 1822, 1824)、《哈拉和林城研究》(*Recherches sur la ville de Kara-koaroum*, 1824)、《中亚行记》(*Mémoires sur un voyage dans l'Asie Centrale*, 1838)、《论中国向西域的扩展》(*Remarques sur l'extension de l'empire chinois du côté de l'Occident*, 1827) 等。

---

① "Essai sur la cosmographie et la cosmogonie des Bouddhistes d'après les auteurs chinois", *Journal des savants*. 1831, pp. 597-610, 668-674, 716-731.

四、中西交流与名人传记

雷慕沙曾为米肖的《传记大全》(Michaud, *Biographie universelle*, 1811—1862)编写过很多中国古代名人和来华传教士的词条,如曾子、子思、孟子、司马谈、司马迁、司马贞、司马光、马端临、杜甫、阿罗本、孟高维诺、利玛窦、汤若望、卜弥格、殷铎泽、雷孝思、洪若翰、刘应、卫方济、傅圣泽、马若瑟、宋君荣等。这些词条汇集了雷慕沙对传教士汉学成就的梳理和思考。

总体而言,雷慕沙的学术志趣非常广泛,涉及亚、非、欧多个文明的语言、历史、宗教,对他者文化充满好奇和尊敬,试图打消欧洲人对东方文化的无知和偏见。他着力最多的仍是中国研究,由早期的语言研究和对传教士汉学著作的整理和评介,到俗文学作品的翻译和道家、佛教经典的关注,再到利用汉语史料对中国周边文化进行研究,可以看出,这是一个由吸收、利用传教士汉学遗产,到开拓专业汉学新领域和方法的过程。

本文集出版计划

《雷慕沙文集》计划出版六卷。雷慕沙的大多数文章通常先在《亚洲学报》等刊物上发表,后收录于《亚洲杂纂》(两卷)[①]、

[①] *Mélanges Asiatiques, ou choix de morceaux critiques et de mémoires relatifs aux religions, aux sciences, aux coutumes, à l'histoire et à la géographie des nations orientales*, Paris, Tome I, 1825; Tome II, 1826.

《新亚洲杂纂》(两卷)①和《东方历史与文学遗稿集》②中。其中《亚洲杂纂》主要收录他关于文字、语言、翻译、文学方面的论文,《新亚洲杂纂》主要是历史和人物传记,《东方历史与文学遗稿集》主要为历史与文学方面的论文。本文集所翻译的底本,除了一些专著的前言以外,多选自这几部文集。

第一卷《汉文启蒙》,译者为本文集编者之一,北京外国语大学欧洲语言文化学院李慧副教授。《汉文启蒙》作为一部教材影响巨大,也是雷慕沙被研究得较多的一部著作。该卷在排版时将保留原著中的汉字,例句中逐字对照的拉丁文翻译也全部被译出。

第二卷《洪堡与雷慕沙论汉语书信集(1821—1831)》,译者为法国国立东方语言文化学院和巴黎综合理工学院教师曹艳艳。译自让·卢梭(Jean Rousseau)和德尼·杜阿赫(Denis Thouard)的《洪堡与雷慕沙通信集:威廉·冯·洪堡与让-皮埃尔·阿贝尔-雷慕沙的哲学语法辩论(1821—1831)》。

第三卷《中国宗教、哲学与经典》,负责人及主要译者为西南交通大学外国语学院张粲副教授,也收录有华中科技大学外国语学院陈新丽副教授、北京外国语大学国际中国文化研究院毕业硕士孙帅、刘婷的译文。

第四卷《中国历史与中西文化交流》,译者为张放和张丹彤先生。这一卷的内容主要选自《东方历史与文学遗稿集》和《新

---

① *Nouveaux mélanges asiatiques, ou Choix de morceaux critiques et de mémoires relatifs aux religions, aux sciences, aux coutumes, à l'histoire et à la géographie des nations orientales.* II Tomes, Paris, 1829.
② *Mélanges posthumes d'histoire et de littérature orientales.* Paris, Imp. Roy., 1843.

亚洲杂纂》，包括关于中国及东方国家的风俗和制度的论文，以及中国历史学家司马谈、司马迁、司马贞、司马光、马端临等人的小传。

第五卷《中国语言与文学》，负责人及主要译者为西南民族大学外国语言文学学院法语系唐桂馨副教授，也收录有巴黎高等社会科学研究院在读博士伍昕瑶等人的译文。内容包括雷慕沙《玉娇梨》译本前言，《汉语字典计划》、《关于中国文学在欧洲的现状与发展》等。

第六卷《雷慕沙研究论集》，拟辑录国内外学界对雷慕沙的研究论文，论文选自《"雷慕沙及其继承者：纪念法国汉学两百周年学术研讨会"论文集》[①]《国际汉学》等。

如上文所说，雷慕沙还撰写了很多中国以外地区文化的论文，而这些论文我们暂不收入本文集中。尽管如此，在法国汉学界尚未系统整理出版雷慕沙著作的情况下，世界上第一部《雷慕沙文集》由中国学者整理出版，这是中国学术界在中西文化交流史和西方专业汉学的文献的译介整理方面取得的又一重要成果。

世界汉学的存在标志着中国的学问已经在世界范围内展开，从来华的耶稣会士开始到雷慕沙后的专业汉学，欧洲汉学家在研究中国的漫长过程中记录了大量丰富的中国历史事实，同时，他们也做了许多突出的学术贡献，无论是在历史文献的保存、注释

[①] Pierre-étienne Will, Michel Zink ed., *Jean-Pierre Abel-Rémusat et ses successeurs - Deux cents ans de sinologie française en France et en Chine.* Académie des Inscriptions AIBL, 2020)

上，还是在学术的开拓与研究上。由此，关于中国历史文化的研究不再仅仅是以中文的形态得以呈现和保存。因而，系统地整理、翻译西方汉学史的名著和重要汉学家的文集，是当代中国学术的一个重要任务。这就是梁启超先生当年所说的在世界研究中国。正是为此目的，北京外国语大学中国海外汉学研究中心，从西方早期汉学经典的翻译和中西文化交流史的基础性典籍整理出版入手，先后出版了《耶稣会中国书简集》《中国图说》《中国近事》《中国新史》《耶稣会士白晋的著作与生平》《清代来华传教士马若瑟研究》《耶稣会士传教士傅圣泽神甫传：索隐派思想在中国与欧洲》《马礼逊文集》《卫三畏文集》《梵蒂冈图书光藏明清中西文化交流史文献丛刊》等书，出版的数量虽不太多，但本本都得到学界好评。这次出版的《雷慕沙文集》，以及不久我们将出版的《罗明坚文集》《白晋文集》《理雅格全集》，大体都是沿着这样的思路。学术的进步要靠几代人的努力才能完成，我们需要坚韧不拔地去做这些嘉惠于学界与后人的基础性文献的整理、翻译和出版，唯有此，学术方显示出天下公器之大道。

本文集为北京外国语大学中华文化国际传播研究院所主持的北京外国语大学"双一流"建设重大标志性项目"文明互鉴：中国文化与世界"（2021SYLZD020）以及国家社科基金重大项目"17—18世纪西方汉学兴起研究"（22&ZD229）的阶段性研究成果。我们在此感谢各位译者的热情参与以及做出的重要的学术贡献。感谢学苑出版社的李媛编辑为文集的编辑与出版所做的工作。感谢北京外国语大学比较文明高等研究院刘玉萍老师的联系和组织工作，国际中国文化研究院边秀玲老师对文集出版方面所做的工作。

　　书比人长久，愿《雷慕沙文集》为我们书香的世界增添一份色彩。

张西平　李　慧

2023 年 1 月

译者序

当初拿到这本书时,我并未预料到会与它相伴如此长的时光,更未曾想到它会带来如此多的意外与惊喜。

从学术角度而言,让·卢梭(Jean Rousseau)和德尼·杜阿赫(Denis Thouard)两位学者首次公开了洪堡与雷慕沙在1824—1831年间关于汉语研究展开的通信往来。该研究不仅揭示了两位学者及同时期欧洲其他东方学者在汉语研究方面的学术讨论始末与开创性贡献,也呈现了多种语言研究方法的交汇与互动,重现了现代汉学兴起的思想图景,为汉学研究提供了极其珍贵的历史文献资料。

从兴趣角度来看,学习一门外语,是一个逐步靠近、认识、理解它以及其所承载的文化的过程,直至最终将其作为自身安身立命的工具。在这一过程中,我们的思维方式、对世界的认知乃至对自我的理解都会随之发生变化。而对于我们的母语——汉语而言,它又是如何成为他人认识世界、理解自我的钥匙的?这一问题无疑值得深入探讨。

从阅读体验来看,这本书帮助我们理解大师的精神。书中的每一段文字，都折射出那个时代欧洲学者们对待知识的严谨态度、对待异域文化的开放视野。他们的治学精神令人折服，也令人深思。在全球交流愈加频繁的今天，如何以开放的心态看待异文化、理解"他者"，更是一个值得不断追问的问题。

阅读这本书的过程充实而愉悦，而翻译的旅程则漫长且充满挑战。书中《洪堡、雷慕沙与汉语：有关通信集的研究》一章，依据德尼·杜阿赫建议，采用其2016年修订版本进行翻译。在《论语法形式的产生及其对观念发展的影响》及《致阿贝尔-雷慕沙先生的信》的翻译过程中，我们参考了姚小平先生的译文，谨致谢忱。

此外，除译者注及特别说明外，书中所有注释均为原注，以忠实呈现原作，体现对原作者的尊重。根据让·卢梭和本书责任编辑李媛老师建议，为便利中文读者阅读，我们对译文结构做了适当调整：将原著第一部分《公开学术讨论》移至附录；将原著第二部分《洪堡与雷慕沙通信集（1824—1831）》中的尾注统一改为脚注。同时，原著中仅出现在正文的《作者画像及手稿图》及《文献目录》，亦在本译文的《目录》中加以列出，以便查阅。

我们衷心感谢所有关心和支持本书翻译工作的人。首先，感谢张西平教授的信任与支持，使得本书得以顺利出版；其次，感谢让·卢梭和德尼·杜阿赫两位编者的热情帮助，为翻译工作的推进提供了宝贵的指导；同时，感谢卢梦雅促成我与这本书的相遇，并特别感谢于洋对书中部分德语书目及引言的翻译贡献。此外，在译稿校阅过程中，李亚男、吴磊、潘雪雪、陈辰的付出亦不可或缺,在此一并致谢。

  本书篇幅较长,内容丰富,涉及多种语言。在翻译过程中,我们始终力求忠实于原著,但受限于时间与水平,译文难免仍存不足,敬请读者批评指正。

曹艳艳

2025 年 3 月 18 日于巴黎

谨以此书献给洪堡世界的探险家

——让·基朗（Jean Quillien）

告读者

根据读者阅读的关注点不同，本书可作多种用途：或用来了解洪堡思想中最为精彩的领域，或用来思考19世纪初欧洲的学术交流，又或是为了更好地了解汉学的诞生。

本书汇集了一系列文献、分析报告以及阐释性文章，收录了自洪堡第一篇有关语法形式的论文（1822年）[①]直至后来与雷慕沙[②]的往来书信，并以这种方式再现了两位学者学术交流的始末。两位学者的学术往来开始于雷慕沙为《亚洲学报》（*Journal Asiatique*）撰写关于洪堡《产生》一文的述评。后者借此时机对其中一个观点进行了深入探讨。而后，雷慕沙将洪堡直接用法语写就的信件稍作修改进行出版，并随附了一系列评注。这些评注进一步推进了两者的学术辩论。在此之后，洪堡与雷慕沙以书信

[①] 即《论语法形式的产生及其对观念发展的影响》（*Ueber das Enstehen der grammatischen Formen und ihren Eingluss auf die Ideenentwicklung*），下文中简称为《产生》。——译者注

[②] 让-皮埃尔·阿贝尔-雷慕沙（Jean-Pierre Abel-Résumat）按照法语姓名翻译习惯，本应保留"阿贝尔-雷慕沙"。鉴于国内学界对"雷慕沙"较为熟悉，我们在翻译中采用了这一译法。——译者注

形式继续学术交流。两人的书信往来一直持续至 1831 年，但内容并未公之于众。以上书信最终由让·卢梭（Jean Rousseau）在本书中首次公开并做出注解。塞西（Silvestre de Sacy）曾在《学者报》(*Journal des savants*) 上围绕这一学术争论发表过一篇文章，对其起到了一定的宣传作用。上述资料从整体上重现了该学术争论对两位学者各自思想所产生的影响；展示了（两者在）永恒变化的科学中对知识的重视，将之视作公共研究，共享信息，互通研究成果。

本书收录了作为洪堡与雷慕沙学术争论起源的《产生》的新一版译文[1][当然，1859 年出版的道内雷（Tonnellé）译文有其过人之处]。书中其他文献均保留了其原有的拼写方式。

本书中的介绍和评论呈现了上述文献的三个主要意义：(1) 语言多样性在比较人类学的创建过程中所扮演的角色。(2) 其在阐释该领域知识方式中所起的作用（德尼·杜阿赫）。(3) 汉语在洪堡语言理论演变中所起的作用（让·卢梭详细重建了该演变的学术背景，展示了汉语在 19 世纪语言理论中的重要性）。在本书的撰写过程中，笔者与诸多学者进行了讨论，得到了许多建议，从中获益匪浅。在此我们要感谢张祖建先生与罗端先生（Redouane Djamouri[2]）。张先生参编了第一本汉语实用语法[3]，罗

---

[1] 此处所指的是由德尼·杜阿赫（Denis Thouard）所做的法语译文。——译者注
[2] 法国社会科学高等研究院，东亚语言研究所，巴黎（CRLAO, EHESS Paris）。
[3] 参见白乐桑等《汉语语法使用说明》，巴黎，友丰出版社，1996 年（J. Bellassen, Tching Kanehisa, Zhang Zujian, *Chinois mode d'emploi. Grammaire pratique et exercices*, Paris, Editions YOU FENG, 1996）。

端先生让我们坚定了以下信念：洪堡与雷慕沙所讨论的问题以及两者的分析对当代语言学家意义重大。此外，我们还要感谢诸多从事中国研究的学者，他们校阅了本书中的一些章节。我们尤其要感谢贝罗贝先生（Alain Peyraube），他长期以来对雷慕沙研究成果的前瞻性深信不疑。[①] 最后我们还要对班巴诺先生（Jacques Pimpaneau）表示感谢。

[①] 在其建议之下，雷慕沙的《汉文启蒙》（*Elémens de grammaire chinoise* 1822）一书得以再版（*Elémens de grammaire chinoise*, Paris, ALA, 1987）。

洪堡、雷慕沙与汉语：有关通信集的研究

德尼·杜阿赫

> 有关语言性质的思考，除非走向空洞的形而上学，否则大都会自然倾向于归纳、下结论和总结规律。而规律只能基于对大量可掌握的语言的理解之上。纵使进行此项研究时严谨细致，深入研究主要语言时一丝不苟，评价非本人通晓的语言时万分谨慎仍无法避免错误的出现。大量从事语言系统研究的学者正是因此而误入歧途。我承认，我之所以斗胆在他人语言系统研究的基础上汲取成果并提出规律，是因为我希望这些规律能够得到精通多门语言的学者的认可或修正。因此，我乐于从批评中获益，而非与之抗衡。
>
> 洪堡致雷慕沙的信
（1824年12月28日）[1]

---

[1] 参见〔法〕让·卢梭，〔法〕德尼·杜阿赫（编著）《洪堡与雷慕沙通信集》，阿斯克新城，北部大学出版社，1999年，第227—228页。——译者注

德国学者威廉·冯·洪堡（Wilhelm von Humboldt，下文中简称为洪堡）与法国汉学家让-皮埃尔·阿贝尔-雷慕沙（Jean-Pierre Abel-Rémusat，下文中简称为雷慕沙）就如何阐释汉语语法进行了论辩。这一论辩在洪堡语言理论的形成[①]以及汉学的诞生中起到了关键作用。除此之外，其重要性还体现在以下三个方面。

首先，对本民族文化与中华文化之间关系的探求为两位学者提供了一个思考文化多样性的契机。为了理解这一遥远的异族文化，他们并非自始至终地带着期待来审视这一文化，而是从该文化所使用的语言入手。考察其他文化，不应该在其与欧洲文化的差异或怀疑关系中进行，而应该由其自身出发，在其自身体系中进行。由此，这一论辩为洪堡于19世纪初所构想的以语言研究为方法的比较人类学奠定了基础[②]。这一人类学将分析语言体系以及其对观念形成的影响视为建构文化差异的一个主要方法，从而超越了建构文化特征这一层次。其次，洪堡与雷慕沙的通信可以被视作学者间交流的典范，同时也是法、德两国学术对话中的一个非比寻常的实例。最后，汉语作为话语阐释学的范例，虽被文字模式低估却也被阐释传统推崇备至，适于承担前所未有的跨文化意义。

---

① 参见本书中让·卢梭撰写的《洪堡理论中的汉语议题》一文。
② 参见洪堡1796—1797年间的论著，《洪堡全集》卷一与卷二：〔德〕威廉·冯·洪堡，《十八世纪》，《比较人类学纲要》，〔法〕J. 洛斯费尔德（J. Losfeld）译、〔法〕J. 基朗（J. Quillien）做序，阿斯克新城：里尔大学出版社，1995年（G. de Humboldt, *Le Dix-huitième siècle. Plan d'une anthropologie comparée*, tr. J. Losfeld, introduit par J. Quillien, Villeneuve d'Ascq, PUL, 1995）。本书中所提到的《洪堡全集》与《著作全集》为同一本书。——译者注

洪堡与雷慕沙的通信反映了对异国的真正关注，这种关注既非猎奇，也不是经验论式的关注。他们寻求一种不同意义的逻辑构成，后者意味着对本源文化参照的彻底放弃。如果说汉语与梵语是语言中截然相对的两极，梵语自 1808 年施莱格尔（Friedrich Schlegel）著作出版之时①就推动了对比语法的初步发展，而汉语也绝非与希腊完全相对的非理性。汉语属于其他语族，历史久远，文化也无可否认，其特殊性并不能支撑欧洲人的某种优越感。换言之，洪堡通过研究汉语成为最早设想文化与语言意义产生新方式的欧洲学者之一，这一方式与源于犹太基督教和希腊罗马文明的西方传统所惯常见到的方式大相径庭，具有深远的文化意义及哲学意义。洪堡不为其同时代人所理解这一说法丝毫不夸张②。

1. 汉语的晦涩难懂

汉语首先是一个文化客体，它体现了一个难以理解的文明。

---

① 参见 F. 施莱格尔《印度人的语言与智慧》（*Über die Sprache und Weisheit der Inder*, Heidelberg, 1808）。参见格罗奇（Klaus Grotsch）《梵文与原始语言——论梵文在历史比较语言学建构时期所扮演的角色》（"Das Sanskrit und die Ursprache. Zur Rolle des Sanskrit in der Konstitutionsphase der historischen vergleichenden Sprachwissenschaft", dans J. Gessinger, W. von Rahden (éds.), *Theorien vom Ursprung der sprache*, Bd. II, Berlin, New York, de Gruyter, 1989, pp. 85-121.）。

② 依照当时法国驻柏林大使夏多布里昂（Chateaubriand）在其著作《墓中回忆录》（*Mémoires d'outre-tombe*, éd. M. Levaillant, Paris, Gallimard, Pléiade, 1951, t. II, p. 42）中对洪堡的看法，这位前部长家中"用餐时都可以用梵语交谈"。之后，黑格尔（Hegel）在写给库赞（Cousin）的信中写道："高贵的中国人，也就是洪堡部长，将于不久之后抵达贵处。"（《通信集》第三卷，1828 年 3 月 3 日的信，信函是由黑格尔用法语写就 *Correspondance*, Paris, Gallimard, 1967, t. III, lettre du 3 mars 1828, p. 193）

较之于欧洲国家在数次战争时期所接触到的近邻（如阿拉伯文明和伊斯兰文明），这一文明显得更加奇特、神秘。与东方印度相比，汉语的不同更加彻底。当时方兴未艾的梵语研究发现了梵语与欧洲语言十分相近，尤其是奠定了印度-日尔曼语言研究基础的德国语言学家发现了梵语与日耳曼语言之间存在明显的相似之处，以上发现令欧洲学者惊喜万分。在文化表征史上，中国文化始终比其他民族和文化更加隐晦难懂，即使后者的地理位置更加偏远或是发现时间相对较晚[1]。因此，有关中国的种种推测相应而生。启蒙时代的哲学家，如伏尔泰（Voltaire）[2]和伍尔夫（Christian Wolff）将中国理想化，而人口统计学家和经济学家则表达了其忧虑和担心。中国这一文化大国被视为是难以归类

---

[1] 雷慕沙十分清楚是汉语的晦涩难懂引起了洪堡的注意："其目的并不在于讨论导致典籍晦涩难懂的偶然因素，而是造成语言本身晦涩难懂的原因。"（《有关"致雷慕沙的信"中一些段落的意见》，参见本书下文，原著第183页）〔法〕弗朗索瓦·儒连（François Jullien）在其著作中通过对中国模式与以古希腊为典型代表的西方模式进行比较，以关注更为普遍的文化隐晦。尤其是其著作《迂回与进入——中国和希腊意义策略》(Le détour et l'accès. Stratégies du sens en Chine, en Grèce, Paris, Grasset, 1995)，第一章《这是汉语》，《这是汉语》("Il est chinois", "c'est du chinois"，西方人用这类表述来表达某些事物的晦涩难懂——译者注）引用了大量西方人的表述，表达了他们在面对其眼中如此难以接近的世界的不理解之情。下文中将说明为何洪堡的方法看上去挫败了文化对比，而开启了对意义的语境因素的普遍思考。
[2] 参见伏尔泰 "Cu-su et Kou ou entretiens de cu-su, disciple de Confutzée, avec le prince Kou, fils du roi de Low, tributaire de l'empereur chinois Gnenvan, 417 ans avant notre ère vulgaire, traduit en latin par le père Fouquet, ci-devant ex-jésuite. Le manuscrit est dans la bibliothèque du vatican, N°42759", dans Dialogues et entretiens philosophiques, Œuvres complètes de Voltaire, t. 45, s. 1., Imprimerie de la société littéraire typographique, 1785, pp. 133-165.）一文；〔法〕艾田蒲《中国之欧洲》卷一、卷二（Europe Chinoise d'Etiemble I&II, Paris, Gallimard, 1988-1989），尤其是卷二《从亲近中国到敌视中国》("de la sinophilie à la sinophobie"）。

的怪物，与过于简化的结构格格不入。在洪堡与雷慕沙论辩之际，汉学诞生之时，中国像是个世界历史的特例："怪物""特殊现象""僵化"或是冬眠动物①，位于文化和哲学史的外缘。②

中国的难懂首先在于其语言的难懂。汉语符号数量异常庞大，意思不为西方人所知。在他们看来，这门语言如同一个难解之谜，而且有别于埃及斯芬克斯之谜：理解古埃及象形文字的关键在于解码，一旦找到解译方法，谜底则迎刃而解③；而汉字则构成一个整体，想要理解它们只能在这一整体中进行。

远在洪堡和雷慕沙之前，欧洲人就已经将汉语视为不可理解之物。甚至在许多欧洲语言中，"汉语"一词通常有"难以理解"之意。在这一意义表达领域，汉语击败了希伯来语被收入词典。显然，该意义来源于17、18世纪耶稣会士"重新认识"中国时遭遇到的许多令其措手不及的困难。法国传教士晁俊秀（François Bourgeois）就曾在1769年10月15日的信中痛苦抱怨道：

---

① 参见〔德〕赫尔德（Herder），《人类哲学历史的概念》第三卷（1787），第十一册（S.W.XIV）[*Ideen zur Philosophie der Geschichte der Menschheit* III (1787), L. XI (S.W. XIV)]。
② 孔子闻名欧洲应归功于耶稣会士，而其学说却很快就被用来反抗教会。尽管孔子大名鼎鼎，中国文化仍然位于文化和哲学史的外缘。有关中国模式在哲学史学的地位，参见〔德〕施奈德（U. J. Schneider），《精神的过往：一部关于哲学史的考古学》，法兰克福，苏尔坎普出版社（*Die Vergangenheit des Geistes. Eine Archäologie der Philosophiegeschichte*, Francfort, Suhrkamp, 1990, p. 247 sq.）中的《中国怪物》（"Monstrum China"）一章。
③ 参见下一节。

汉语非常难。它一点也不像普通的语言。汉语中,一个词绝不只有一个词尾,也完全找不到可以像我们语言中性数格变化一样可以区别所指之物性数的元素。动词中没有任何元素指示人称、如何以及何时、事关一个人或是多个人。总之,对中国人来说,同一个词可以是名词、形容词、动词、副词、单数、复数、阳性、阴性等等。听者需要观察语境并猜测。①

故而,这些想要理解汉语的有志之士遇到了严峻的考验。汉语的微妙细腻不断为读者布下种种圈套。他们前一秒钟方才感觉到掌握了某个内容,后一秒钟就可能会陷入失望。因为实际困难远远超过上文中所提到的那些:

事实远远不止这些。这些单音节词的排列看起来似乎毫无规则可言。学习汉语,不仅要学习所有的词,之后还需要学习每个具体的句子。词序的稍微变动可能会导致您不被大多数中国人所理解。②

---

① 参见〔法〕维席叶夫妻(编著),《耶稣会士中国书简集 1702—1776》(*Lettres édifiantes et curieuses de Chine par des missionnaires jésuites (1702-1776)*, I. und J.-L. Vissière (édi.), Paris, Flammarion, 1979, p. 468),第 468 页。
② 参见《耶稣会士中国书简集 1702—1776》(*Lettres édifiantes et curieuses de Chine*, p. 469)。其他例子可参见〔法〕海然热(C. Hagège)的《语言人》(*L'homme de paroles*, Fayard, 1985, p. 141.)。

听者看起来束手无策。这门语言似乎没有语法，词的排列毫无规律。我们完全理解耶稣会士面对汉语时的不安，他们完全不理解这门语言是如何建构意义的，只能利用仅有的手段疲于应付："观察语境"，"听"，还要"猜测"。上述描述会让人认为"汉语只能在自然环境中学习"。汉语中没有任何语法对如何进行正确表达有所规定，唯有极其发达的直觉可以在明示完全缺失的情况下为其提供帮助。即使是概括了语言主要规则的普遍语法，其信徒面对汉语这一情形也无计可施，因为这门语言毫无规律也毫无原则可言。要想学习汉语这类语言，似乎需要对该语言中所有的句子进行记忆，而这项工作极其费力且不理智：不仅要学习所有的词，还有所有的句子……

耶稣会士完全有理由抱怨，他们要学的语言词语极不稳定，且其语法性质也不确定。听者或是读者需要添补词语与词语之间的关系，补充语法。

传教士们之所以在面对汉语时感到失望，是因为他们对意义普遍性有所期待。他们对传递天主教圣言深信不疑，将其文明与宗教视为意义之源。在此之外还存在着另一种意义产生和相互理解的方式[1]在他们看来极不寻常，以至于他们怀疑中国人能否真正做到彼此理解。

---

[1] 有关这一现象，参见〔法〕谢和耐（J. Gernet）的《中国与基督教》(*Chine et Christianisme : action et réaction*, Paris, Gallimard, 1982.)、《中国与欧洲初接触新论》("Du nouveau sur les premiers contacts de la Chine avec l'Europe", *Etudes Chinoises* XV, 1996, pp. 9-32)。

在欧洲，神学理性赋予了希伯来语、希腊语和拉丁语以优势地位。无论是出于这种神学理性还是文化动机（与18世纪对古希腊罗马文明的重新认识和古希腊语兴趣的再生相联），西方语言模式在很大程度上由拼音文字的至上地位、由拉丁语移植的词类以及"古典"语言屈折模式所决定。然而，汉语完全推翻了这些范畴。故而，在这种情况下，认定汉语是非主流且难以理解非常正常。尽管雷慕沙和洪堡本身无法完全摆脱这些思想习惯的影响，但他们开始了将其切割。

2. 巴黎－泰格尔（Tegel）学术之争

> 但凡观点存在分歧之处，就更应该充分真实地陈述这两个观点，而不是第一时间找到折中办法。我承认，如果我不想引起讨论的话，我就不会如此确定、坚决地表述我对汉语的评价意见。
>
> 洪堡致雷慕沙的信，1827年2月18日[1]

雷慕沙（1788—1832），有医科专业与自然主义学术背景，属于从法国大革命中看到了摆脱沉重的宗教与文化传统可能性的

---

[1] 参见让·卢梭，德尼·杜阿赫（编著）：《洪堡与雷慕沙通信集》，阿斯克新城，北部大学出版社，第242页。——译者注

一代人，倾向于遵循纯科学模式。而洪堡则摆脱了当时德国盛行的神学氛围：这首先应该归功于其家庭教师安吉（J. J. Engel）的理性主义教育，还有其之后的法律学习①。两位学者都认为学术讨论应该单纯以论证为基础，即使这一方法可能无法排除各自不同的文化背景的影响，却也提供了有利的基础保证。虽然两位学者所持观点相悖，却都能承认对方论据的准确性。

引发这一学术讨论的两篇文章皆发表于1822年，一篇发表于巴黎，另一篇在柏林。该年1月17日，洪堡在柏林科学院宣读了《产生》一文②。这篇论文对其于两年之前所公布的研究计划《论语言的对比研究》做出了补充。洪堡在这一普遍研究计划中简单概述了语言分类原则。他希望从成因的角度介绍分类，因此采用了一个具有重要意义的分级③。事实上，根据这一模式，语言的历史演变同时也是个语言改良的过程，具体表现为特殊语法形式的出现，而这一形式在原初语言仅以暗示的方式呈现④。洪堡认为语言是通过语言形式对感性与定性感知进行抽象的过程，并基

---

① 参见〔法〕让·基朗（J. Quillien）《洪堡哲学人类学》（*L'Anthropologie philosophique de Guillaume de Humboldt*, Villeneuve d'Ascq, PUL, 1991, pp. 43-73）。本条注释是根据编者修改后的文章译的。——译者注
② 《洪堡全集》，卷四，第285—313页。参见由德尼·杜阿赫所做的法文译文，原著第79—102页。
③ 有关分类尝试中所遇到问题的概述，参见〔法〕海然热（C. Hagège）《语言的结构》第一章，第3—12页（*La structure des langues*, Paris, PUF, 1982, ch.1, pp. 3-12）。
④ 参见《有关不同语言发展时期的比较语言研究》，下文中简称为《比较语言研究》（*Uber das vergleichende Sprachstudium* § 14, GS IV, 17）；《论语言的对比研究》。有关这一特性，参见第89页。洪堡将连音视为语言完善性的表现，因此将"在形式使用方面具有缺陷"的不完善语言描述为对立形象。后一形象与汉语十分相似。

于思维表现感性与定性世界所取得的发展来评判语言间的差异。第一个阶段，原初语言在形式精确度方面具有缺陷，它们只是将意义进行直接排列；其中语法关系由表达实体意义的词简单暗示或表达。第二个阶段对应洪堡所隐约感知到的第二组语言，以屈折变化的出现为特征。语法形式作格或是性、数、格变化使用，实现了词义扭转，但是这一现象只在必要情况下出现。当词不标记特性时，如表示单数或现在时，则不带任何标记。而只有当所有具有质料意义的元素通过词类分类被纳入形式关系中时，每个元素因此获得了形式，语言才真正免除了其最初音节的黏着。然而，在洪堡看来，至今尚未有语言达到这一发展阶段。语言的另一途径则是将前两种方法组合起来，使二者更加灵活以满足抽象的需要。事实上，上述计划仅仅概述了语言类型学，将其与语言演变观捆绑在一起实属轻率。

洪堡在《产生》中迎难而上：不仅详述了上述观点，而且列举了一些实例加以证明。事实上，他坚持用遗传学视角对不同语言类型进行排列，并将屈折语言视为语言演变的完美终点。他在文中对语言的初始状况做了如下描述：

> 语言起初只表称事物，而把表达言语连接的形式留给听话人处理，由他在思维中添补。

而语言寻求简化思维添加形式的难度：一是利用词序，二是借用表称事物（objet）和实物（chose）的词来指示关系和形式

(《洪堡全集》卷四，第305页）。

一些语言具有语法形式，有利于观念发展。洪堡基于该类语言与其他语言之间的差异推出了具有"绝对差异"(《全集》卷四，第310页）的两种语言类别。然而，当他提出"毫无疑问，只有形成了语法的语言才完全具有适合观念发展的能力"(《全集》卷四，第310页）时，便立刻遇到了汉语和科普特语这两个反例。他一开始拒绝承认这一理论障碍，宣称古科普特语与古汉语可能不如古希腊语修辞学或辩证成就一样能够表现思维的至高无上。相对于希腊语模式，尤其是爱奥尼亚方言（古雅典语）这一类型，之前有关汉语的叙述记载了后者"不够明确、不够连贯"的风格（《全集》卷四，第311页）。如此，尽管洪堡在这一问题上鲜有文献做依据，却一下子排除了汉语这一反例。事实上，他在其论文撰写完毕之后方才得知《汉文启蒙》的存在，1823年论文出版时也仅在注释中援引了此书。雷慕沙在其著作中特别提到了：

> 名词之间的关系、动词因时间和人称而发生的形变、时间和地点的关系以及肯定、祈愿、条件句性质或通过词序推断，或由独立的词标记。后者由不同的字组成，置于名词或动词词干的前后。①

---

① 〔法〕雷慕沙:《汉文启蒙》，巴黎：皇家印刷厂，1822年，第61节，第35页。洪堡在注释中援引了这一段落（Abel-Rémusat, Elémens de grammaire chinoise, Paris, Imprimerie royale, 1822, § 61, p. 35）。

另外，洪堡还将汉语描述为"几乎没有通常意义上的语法"，满足于指出"语法关系仅仅通过词序和独立的词来表达。读者往往要通过上下文猜测一个词应该被理解为名词、形容词、动词还是语助词"（《全集》卷四，第310—311页）①。

事实上，洪堡用来排除理论障碍的论证将问题转移至演讲术的发展之上，后者以德摩斯梯尼（Démosthène，古雅典最著名的雄辩家）为代表。雷慕沙很快对此做出了回应，即刊于1824年《亚洲学报》的论文②。雷慕沙对洪堡所提出的语言语法形式与观念发展便利性之间的关联性进行了考察，将洪堡的这一观点概括为"理性语法研究、辩证法研究以及修辞学研究从这些规则且又对称的形式中获益最多。智力观念通过这些形式得以显现"③。这一任务在那些仅用词序或暂时借用其他词来表达语法的语言中变得更加复杂：独立语法形式的缺失将有损于观念的发展。为此，雷慕沙才提到"据最新发现，亚洲语言中最富有表现力、具有最丰富、最精巧文学的一门语言，除了洪堡此处所提及的方式之外，毫无其他手段可用；毫无疑问，他此处所指的语言正是

---

① 另外，这一段落似乎是参照雷慕沙的《汉文启蒙》得到修改，两处表述相近。洪堡在此对其表述进行了修改，之后以此为基础推出了相关结论。雷慕沙在《汉文启蒙》第63节中写道："许多汉语词可以先后被用作名词、形容词、动词，甚至有时被用作语助词。人们可以清晰地标记词在句中的意义及作用，或是由读者根据语境和词序来确定。"
② 即刊发于《亚洲学报》五（*Journal Asiatique* V, 1824, pp. 51-61）的《关于洪堡〈论语法形式的产生〉一文的评论》。该文被收入本书，见下文。——译者注
③《亚洲学报》，1824年，第54页，见下文。

汉语"①。

雷慕沙意识到汉语与洪堡的理论体系相悖。洪堡坚持认为汉语缺少灵活性，而雷慕沙却指出这门语言留给其使用者较多自由且并不排除其他手段。事实上，有人因拉丁语中属格的含混不清而批评过这门语言吗？德语组合词，以古撒克逊语属格为范例，难道没有明显展示出策略外语言的省力优势吗？汉语虽然在精确度和信息传达方面有所损失，而其自由度、速度和活力却得以增强②。

雷慕沙利用汉语来反驳洪堡的理论，引导后者对其语言分类、目的论模式以及其语言评价标准进行重新考虑。对各个民族哲学成就和修辞学成就的评价极有可能会歪曲视角。雷慕沙利用将《致雷慕沙的信》一文介绍给法国读者而重述了这一观点：

> 然而，在某些方面，汉语似乎并不符合洪堡先生所得出的原则。虽然这门语言不具备语法形式，其民族却拥有四千年的璀璨文化。在此我们想提醒作者对这一特殊现象加以关注。从这一方面看，较之于洪堡先生所偏爱的梵语、希腊语、德语和一些其他的民族语言，汉语的特点不容小觑。③

---

① 《亚洲学报》，1824年，第55页，见下文。
② 《亚洲学报》，1824年，第56页，见下文。
③ 《告读者》，1827年，见下文。

雷慕沙或许有些夸大了洪堡对梵语和德语的"偏爱"①，但他的确推动了洪堡正视汉语所带来的挑战。后者接受了这一理论挑战，对其理论进行重新思考，并将这一挑战转化为研究问题②。洪堡先是向雷慕沙承认了汉语并不使用特殊范畴来标记词语之间的联系，而是"以另一种方式将语言要素之间的关系固定于连贯的思维之中"，其语法像是单纯的句法而没有构词法（《全集》，卷五，第 256 页）。同样，洪堡也承认了通过引用被他定义为"语法赋予词的形式"的"语法范畴"这一概念，"从而改变了汉语句子的独特性"（《全集》，卷五，第 257 页）。最终，洪堡从此放弃了那些没有发展出语法的语言有其缺陷这一观点（根据其 1822 年的术语），转而关注汉语所使用的特别方法。

即使决定语言表达的语法形式和规则并非始终在语言中得以表达，洪堡仍然坚持它们普遍存在（《全集》，卷五，第 258 页）。那些如汉语一样不专门表达形式的语言因使用其他的组织方法而

---

① 事实上，洪堡只承认其对希腊语的偏爱，这一偏爱并非因为语言本身，而是出于文化尤其是美学原因。他对梵语则持有语言研究的兴趣，其论著以及其与德国学者奥古斯特·威廉·施莱格尔（A.W.Schlegel）的通信中对此多有体现。而观念条件却由此而生，使得这一语言备受民族主义浪漫派作家欢迎。洪堡将德语排除在其研究范围之外，这对其致力于论证德语、梵语和希腊语的亲缘关系不无嘲讽。有关这一点，参见施莱格尔 1822 年 5 月 29 日至 6 月 4 日的信件以及洪堡 1822 年 12 月 13 日的回信。前者建议洪堡进行梵语、希腊语和哥特语的比较研究（第 69 页）。洪堡在回信中带有几分随意地回答说他对格林兄弟（Grimm）的《德语语法》一书研究甚少，不了解日耳曼语族（参见〔德〕阿尔伯特·莱兹曼《威廉·冯·洪堡和奥古斯特·威廉·施莱格尔的通信往来》In A. Leitzmann(éd.), *Briefwechsel zwischen Wilhelm von Humboldt und August Wilhelm Schlegel*, Halle, Neimeyer, 1908, 第 101 页）。
② 让·卢梭在本书中论述了洪堡的语言学思想是如何因汉语这一挑战而经历了深刻调整。

值得关注。因此，语法并非在语言中完全缺失，否则完全不合逻辑，而是"显性语法较之于隐性语法所占比例要少得多"。语法结构不同，其方法也就不同。洪堡参考了雷慕沙的著作（《全集》，卷五，第278—279页），得出以下结论：

> 在所有语言中，上下文的含义要或多或少地支撑语法。汉语中，上下文含义是理解的基础。语法结构常常需要从中推导。甚至动词也只能因其动词意义得以辨识。面对欧洲古典语言，人们先分析语法，考察句子结构，之后借助词典查询词的意义。这一方法完全不适用于汉语。汉语的理解总是先从词义开始。词义一旦得以确定，汉语句子就不再模棱两可。①

西方传统中的结构优先性对汉语话语分析不起任何作用，相反只会使其难以理解。逻辑语法传统对形态句法学和语义层面进行严格区分②。倘若面对汉语时坚持以上区分，其语法形式就无法得以辨认，而汉语语法形式同样表达意义。出乎意料的是：重新发现汉语语法需要求助于字典。对非母语使用者来说，求助于字典并不意味着后退至纯组构意义这一语法观念，而是析出清晰语境的唯一方法，上下文语境是辨认话语语法功能的先决条件。相反，语法构造方法可能会将欧洲语言下的思维习惯与语法形式简

---

①《全集》，卷五，第279页；本书原著第149页。这一段落在洪堡的语言分析中具有决定性意义，洪堡后来在柏林科学院宣读论文时用德语对此进行了重述。
② 参见〔法〕弗朗索瓦·拉斯捷（F. Rastier）《文本艺术与科学》（*Arts et sciences du texte,* Paris, PUF, 2001）。

单移植至汉语中。洪堡 1826 年 3 月 20 日在柏林科学院宣读的概要报告中对语法的漫射特征做出了解释,这一特征与语法是否表现为固定的格式无关。

> 语法比语法的任何其他部分都更隐蔽地存在于说话人的思维方式中。每位外语的使用者都将其语法观念带入到外语中。若这些语法观念更为完善,将会被置入这门语言中。显然,每门语言中如果将所有使用因素考虑入内,句中每个词都可以获得一个语法形式。(《全集》,卷五,第 311 页)

一门语言相对于另一门语言的可理解性正是基于普遍规律,甚至是普遍语法的存在。洪堡始终关注这一点。然而这些规律最终并不能在全部语言中被明确论述。确切地说,它们代表了比较语法的参照模型,以特有的方式铸就在每门语言或每个语族中。

自此,洪堡不再认为有一些语言语法缺失或不完善,而是强调汉语语法使用以"另一种方式"进行:

> 倘若词的语法范畴区分这一体系完全没有得到采用,人们则需要使用其他的方法来表示观念之间的语法联系……汉语中所使用的所有词都直接表达概念,而不标记任何语法关系。(《全集》,卷五,第 264 页)

洪堡偏爱屈折模式,在他看来这一模式体现了语言综合性,能彻底表达思想。与此同时,他也满足于与汉语中组合方式一致的无屈折变化的词语。后一种组合方式可归纳为词根基本不受语法改变,语境以及词语间的关系在句中起决定性影响。这一特征的背后隐藏着一种功能主义:功能并非由词标示,而是由整个句子决定。词序决定了词与词之间的语法关系以及实现了词义活力。词与词之间的相互关系对应着其连续性。

> 这一功能主义意味着意义由语言使用者阐释:意义的阐释单靠词序并不足以完成,还要同时求助于词义与语境(《全集》,卷五,第319页)。换言之,"这种情况下,并不能单纯依靠语法规则,还需要求助于词义与上下文意思"。(《全集》,卷五,第278页)

两位学者的公开讨论显示了两人的观点在本质上趋于接近。洪堡甘心承认其学识有限,雷慕沙也懂得欣赏洪堡在《致雷慕沙的信》一文中所展现出的可靠直觉。[1]雷慕沙积极接纳了洪堡的学术研究并将其发表,在修改后者表述时对其尊敬有加。[2]他接

---

[1] 在雷慕沙看来,该文中所提出的问题、观察意见以及思考均具有其价值,参见〔德〕何莫邪《就洪堡致雷慕沙的信简论古汉语的哲理语法》(Christoph Harbsmeier, "Zur philosophischen Grammatik des Altchinesischen im Anschluss an Humboldts Brief an Abel-Rémusat", in W. von Humboldt, *Brief an M. Abel-Rémusat*, tr. par Chr Harbsmeier, Stuttgart-Bad Cannstatt, Fromman-Holzboog, coll. Grammatica universalis 17, dirigée par H. Brekkle, 1979, pp. 89-177)。
[2] 参见雷慕沙对洪堡一文的修改。雷慕沙按照后者有关语言的观点,只对其写作风格进行了调整,使其文章更加清楚易懂,但未对该文内容做出任何改动。《全集》,卷五,第301页,即原著第173页脚注388为唯一一处重大修改。

了洪堡的问题,选择了以添加注释的方式进行讨论,赋予了该文以对话体结构,体现了学者之间的高水平学术对话。然而,这并不意味着雷慕沙完全同意洪堡的观点。两者之间的观点差异并非法国实证主义与晦涩难懂的德国玄学之间区别的反映,而是来源于文化模式及其价值评价方法的不同①。让-克鲁德·舍瓦利(Jean-Claude Chevalier)在其《1825年认识论之障碍:汉语在巴黎》("Un obstacle épistémologique en 1825 : le chinois à Paris")一文中或许夸大了两者之间的观点分歧:雷慕沙为说话人的积极作用辩护,而洪堡的语言研究视角更加美学,像是着迷于"以规则纯粹性为目标的纯形式"②。这一观点分歧并非源自民族性格差异,即实用主义学者与崇尚空想的形而上学主义者之间的差异。它可能来源于文化,隐藏于主观和美学评价层面。洪堡接受了雷慕沙有关语言完善性具有多样性这一观点,但坚持汉语修辞学的局限导致了复合句的缺失。③在他看来,汉语中意义的产生要求

---

① 洪堡在给雷慕沙的信件中写道:在他看来,"我们意见差异的原因并不在于我们看待汉语的方式,而是有关语言完善性的普遍观点"(第四封信,1827年2月18日),第242页。
② 参见〔法〕让-克鲁德·舍瓦利(Jean-Claude Chevalier),《1825年认识论之障碍:巴黎的汉语研究》("*Un obstacle épistémologique en 1825 : le chinois à Paris*", *La conscience de la langue*. Romantisme 25/26, 1979, pp. 107-116 (dorénavant in S. Delesalle/J.-C. Chevalier, La linguistique, la grammaire et l'école 1750-1914, Paris, A. Colin, 1986, pp. 167-178)。
③《全集》,卷五,第281页;原著,第151页:"汉语中从来没有长且复杂的句子,其中起支配作用的词与受其支配的词距离甚远。相反,该语言总是呈现孤立和独立的对象。它没有赋予该对象任何标记以预示后面出现的内容:在该对象之后,它以同样孤立的方式加上一个同样的标记或是第二个对象,并以该方式不为人觉察地构造出完整的句子。"有关汉语中缺乏全景视角,而是不同层次经历的堆积这一方面的内容,参见儒连《迂回与进入》,第119页。

听者或读者不间断地合作，杜绝了其发展出像希腊语中雄辩术和长复合句一样的结构。否则，隐性语法需要每次添加或是进行明确表达，听者或读者的精神将会被过度占用，将不能同时详细重建话语或段落的意义又或是理解更为庞大的结构。即使隐性语法不阻碍思想各个层次的展开，它却不具有与修辞学相关的某种美学性质。雷慕沙在评论中明确指出这一结论只适用于古文，同时肯定"文学文体和口语中，有些长句结构会非常冗长"[①]。由此说明了洪堡在美学方面深受希腊模式及其"精准的措辞"影响[②]，这一影响作用自此之后只出现于主观领域。以上也体现了洪堡因语言对比研究而引发的深刻的自我怀疑。

在这一方面，分类学模式经历了明显的调整。洪堡受益于其汉语研究以及与雷慕沙的通信交流，彻底放弃了其开始所持的目的论模式，转而采用了可被定性为结构性的研究方法[③]。一门语言如若没有屈折变化，则可以以其特有的方式促进思想活动以及精神发展。一些罗曼语言在其演变中并未发展出屈折变化，它们在《论人类语言结构的差异》（*De la diversité de la construction*

---

① 《有关"致雷慕沙的信"中一些段落的意见》，第 16 条意见，第 188—189 页。
② 参见《论区别》，《全集》第七卷，第 181 页及后页（*Über die Verschiedenheit, VII*, 181 sq.）。有关形成期间这一模式的建立，参见让·基朗《洪堡与希腊》（J. Quillien, *Humboldt et la Grèce,* Villeneuve d'Ascq, PUL, 1979）
③ 参见〔德〕约根·特拉班特《结构语言学》（Jürgen Trabant, "la linguistique de la structure", in *Humboldt ou le sens de la langue,* Liège, Mardaga, 1992, p. 152 sq.）；以及〔意〕狄·凯萨《洪堡语言类型学的哲学与人类学地位》（Donatella Di Cesare, "The philosophical and anthropological place of Wilhelm von Humboldt's linguistic typology", in T. de Mauro & L. Formigari (éds.), *Leibniz, Humboldt and the origins of comparativism*, J. Benjamins, Amsterdam/Philadelphia, 1990, pp. 157-180）。

linguistique humaine) 中与汉语一同被视作其所属类别中的完善语言，其完善程度堪比希腊语在其所属类别中的地位。洪堡在这本最新论著中重新谈到了分类这一问题，区分了语言创造的两极：一极为梵语与屈折语言，另一极则是拒绝屈折变化的汉语。①"正如雷慕沙在同一处恰当地指出：汉语最显著的优点……就在于其独特的体系，这一体系使汉语有别于其他语言。该体系同时也使汉语丧失了诸多优势，使其在作为语言以及精神手段这一方面输于梵语和闪语族语言"。(《全集》，卷七，第 272 页) 洪堡提到了这一体系的缺陷，也明确展现了其优点，正如它可以迫使精神"将词与语法关系以更加微妙的形式进行组合，在词中真正发现这些关系的存在，却并不因此将其记录其中"。形式的隐性特点使精神始终处于警备状态，这一特点使汉语有别于形式语言，列入"最完善的语言"。(《全集》，卷五，第 321 页)② 洪堡有

---

① 《全集》，卷七，第 271 页："已知语言中，汉语与梵语之间的差异最为显著。前者需要精神去填补语言的全部语法形式，而后者将语法形式纳入语音中，直至其最为细微的差异。"
② 洪堡完全同意雷慕沙在本书前文注释中所述的存在着两类语法完善性这一观点。第一类是"完整地表达思想，不忽略任何特点，无论在口语还是文字中不同时间、地点和人物状况以及句子各部分之间不同的关系都被赋予了不同的特殊形式"，另一类则是"在听者和读者的思维中唤起完整的概念，这一概念与说话人和作者所设想的毫无差别，具有了解时间、地点和人物状况所需要的所有内容"(第 190 页)。约翰·E. 约瑟夫 (John E. Joseph) 所持观点与此相同。后者对"汉语如何将缺点转化为优点"加以论述："中国人缺乏屈折变化这一产生、表达思想的原始自然资源，因此无法像印欧语民族那样成为语言丰富的民族。不过，正如一个国家没有矿产资源也可以通过人民在工程和管理方面的天赋而繁荣富强一样，中国人也把思想领域中的缺陷转变成观念领域中无与伦比的优点，使得汉语堪称我们所知的最为完善的语言"参见《论结果——洪堡，民族与汉语特性》(" A Matter of Consequenz. Humboldt, Race and the Genius of the Chinese Language ", *Historiographia Linguistica* XXVI, 1999, pp. 89-148)，第 141 页。

关语言的另一个主要观点是汉语强化了其使用者与语言间的相互牵连。他之所以没有修改其语法诠释,是因为他通过区分语法的显性和隐性模式,于势均力敌的学术讨论之后找到了重新审视自己语言运作理论以及准确理解汉语这一现象的方法。

3. 话语诠释学

依照洪堡的理解,汉语将自然语言的诠释学特点展现得比其他任何一门语言都要明显,因此并不适合分析处理以及"句法结构"方法。西方语法常常基于凭空创造的例子,抛开语境处理语言。而这一方法完全不适用于那些需要由诠释入手才能确定句子组成部分语法价值的语言。这类语言中,句子组成部分与语境之间的相应以另一种方式锻炼其使用者,尤其是激发其诠释洞察力,却并不因此将难解谜题强加于使用者进行破解。相对语境的准确理解可以实现诠释的单一性。[1]

洪堡并没有在汉语中发现语言诠释领域,而是从中找到了一种意义表现形式,后者形象地呈现了语言的诠释学特征。[2] 虽

---

[1] 这或许正是诠释冲突在这门语言中更多地表现为所需上下文语境的对立,而非不同的文本阅读。某种意义上,正如儒连就《诗经》的使用所述,清楚理解引用的一首诗需求助于其产生的背景,以至于任何再语境化对语境的影响远远超出对文本的影响。参见儒连《迂回与进入》,第四章,第84—105页。
[2] 此处并非说洪堡在中国或是在汉语中发现了一种诠释学并将其纳入其有关语言的观点,而是他在汉语意义运作中辨认出了语言的一种普遍属性,即没有词义就没有句法,同样,没有语境也就没有词义。此外,中国文化对于诠释学规则的体系化和文本单一性的无限探求似乎非常陌生。参见〔法〕儒连《迂回与进入》(*Le détour et l'accès*, op. Cit., ch. v, pp. 116 sq.)以及克里斯蒂安·赫尔穆特·文策尔(Christian Helmut

然洪堡因为不关注（宗教、法律以及文献学）文本的传统问题而被诠释学历史遗忘，他对人种学领域的诠释却确确实实进行了思考。[1] 他将诠释学这一概念留给理论学家处理，只探究语言的理解和含义。正因为洪堡对话语（Rede）这一既定语言的创新和改变层面与该语言的客观结构做出区分，也因为他对它们彼此与语言特征这一概念[2]之间的相互影响进行思考，他还指出理解这一环节是语言研究的一部分。因而，将句法和词法从语义学和实用主义蕴含中抽离出来，是将语言简化成一个规则与形式的体系，是企图将语言与生成意义的活动割裂开来。

洪堡并不满足于基于语法著作或词汇学习语言，而是尽可能地从具体文本出发，换言之，由话语的具体表现入手学习语言。事实上，只有语言行为才能解释语言独一无二的特征。这也解释了洪堡为何关注巴斯克语催眠曲，为了研究梵语而深刻研读《薄

（接上页注）Wenzel）《孤立与参与——洪堡、儒连及其他学者》("Isolation and Involvement: Wilhelm von Humboldt, François Jullien, and More", *Philosophy East and West 60*, 2010, pp. 458-475.)。

[1] 除了〔德〕约阿希姆·瓦赫（Joachim Wach），狄尔泰（Dilthey）在《威廉·冯·洪堡的诠释学说》("Die Hermeneutischen Lehren W. V. Homboldts", *Das Verstehen I, Die grossen Systeme*, Tübingen, Mohr, 1926, pp. 227-264）中所做的论述之后，还有曼弗雷德·里德尔（Manfred Riedel）的《威廉·冯·洪堡与哲学的诠释转向》("W. von Humboldt und die hermeneutische Wende der Philosophie", dans *Verstehen oder Erklären ?*, Stuttgart, Cotta, 1978, pp. 134-159），近期还有基朗（J. Quillien）的《诠释学历史的另一种划分》("Pour une autre scansion de l'histoire de l'herméneutique", dans A. Laks/A. Neschke (éds.), *La naissance du paradigme herméneutique*, Villeneuve d'Ascq, PUL, 1990, pp. 69-117）。诠释学历史一直忽略了洪堡。在这一方面，洪堡在语言学以及哲学领域的贡献也未得到应有的承认。

[2] 语言"特征"是指在一些语言所同属"类型"之内的一门具体语言的历史成就：由使用者所改变的语言以及历史所加之于使用者的语言结构稳定性之间的相互影响正是作用于这一层次。

伽梵歌》(Bhagavad Gita)以及《益世嘉言集》(Hitôpadêsa)，又或是为了研究汤加诸岛(Iles Tonga)语言而阅读《汤加罗阿传》(Tangaloa,《全集》,卷七,第 207 页)。其汉语研究也是基于阅读一些典籍(主要是《中庸》)之上进行的,其中就包括于 1817 年出版的雷慕沙版《中庸》①。即使洪堡从未对这些文本持有语史学家一般的兴趣,他的的确确关注文学在语言表达能力扩展过程中所起的作用,将文本置于其研究的中心。

雷慕沙版《中庸》非常实用,因为它不仅有汉语文本、法语译文,注释中还有拉丁语译文,对汉语文本逐字进行翻译,后者可用作语法分析。②对洪堡来说,仅是书名的选择就已经是个向雷慕沙提问的时机,其问题也反映了其关注点:

---

① "阁下:我遵照您的建议,对汉语进行了研究。您的两本著作:《汉文启蒙》和《中庸》展现了您在汉语研究领域的成就。您的成就令人敬佩,对我帮助颇多。我认真地比较了这两本书中的汉语文本和您的译文,想以此了解汉语的特性。现在我对这一领域已经有了一些自己的看法,我将在信中向您一一展示,敬请阁下修改指正。我对汉语尚不十分了解,而在尚未深入研究一门语言之前就尝试对其特性做出评论实属危险。因此,在这一对我而言全新且困难重重的研究领域之内,我非常需要您的指导。"(《全集》,卷五,第 255—256 页,原著,第 125 页)参见〔法〕雷慕沙《中庸》(*L'Invariable Milieu*, ouvrage moral de Tsèu-ssê, en chinois et en mandchou, avec une version littérale latine, une traduction française et des notes, précédé d'une notice sur les quatre lires moraux communément attribués à Confucius, Paris, Imprimerie Royale, 1817)。根据程艾兰在其《中国思想史》一书中所述,《中庸》为孔子论著,成书于 6 世纪,"可能不是出自于一人之手"(Anne Cheng, *Histoire de la pensée chinoise*, Paris, Seuil, 1997, p. 181)。
② 在该典籍的诸多译著中,顾塞芬(Séraphin Couvreur)版本(Quatre livres (1895), *L'invariable Milieu*, Paris, Cathasia, 1956)以及儒连(François Jullien)版本(*Zhong Yong, La Régulation à usage ordinaire*, Paris, Imprimerie nationale, 1993)再现了雷慕沙所用的汉语文本。

在此，我不得不就"中庸"这两个词向您提问。您将其译为"milieu invariable、medium constans"。您认为这两个词之间的语法关系与"大学"一致吧？我认为二者有所不同。"庸"如果作为形容词，应该前置于"中"。我认为，根据我们的语法观念，"庸"是不定式，其前面是类似副词的限定词，其拉丁语译文为：medio constare。您在另一处（《中庸》，35页，II，2）将该词组译作动词：parvi homines modio constant。（《全集》，卷五，第269页）①

雷慕沙专门用一条注释对书名的理解进行了解释，并承认了洪堡的评论有其根据：

将"中庸"这两个词译为 immutabile medium 完全错误，且违反了语法类比法原则。最好的译文为 in medio constantia 或是 in medio constare。然而我们并未对这本著名典籍的书名做如此改动，而是认为应该继续采用两百年来传教士引入的题目。此处作者的意见十分合理，非常可靠。②

---

① 参见《洪堡与雷慕沙通信集》原著第140页。洪堡所指《中庸》部分对应雷慕沙版《中庸》第33—34页，而并非洪堡所写的第35页。
② 雷慕沙，注释6,《洪堡与雷慕沙通信集》原著，第184—185页。参见程艾兰在《中国思想史》中的评论："中字的翻译存在问题，会引起误解。它可以做名词，也可以做动词使用，不仅可以指法语词 milieu 所表达空间的中间性，还可以表达一个积极、活跃的品质。作为名词，它指有利的时间与地点所采取的恰当的路；作为动词，图像中形象地再现了箭射中靶心这一动作。"（第41—42页）

洪堡坚持以雷慕沙的论述为依据。在《中庸》一书的第二章[①]，雷慕沙选择了以下法语译文：

II, § 1. "Le philosophe a dit : le sage tient invariablement le milieu ; le vulgaire le viole" II, § 2. "Le sage tient invariablement le milieu, et par sa sagesse, il le garde toujours ; les hommes vulgaires ont aussi un milieu qu'ils tiennent ; mais, par leur corruption, ils ne craignent pas le violer".

拉丁语译文如下：

II, § 1. Tchoung-ni(10) ait : Sapientes medio constant (11) ; parvi homines(12) opponuntur medio constanti.II, § 2. Sapiens [pr. (particular relativa)] medio constat, [pf. (particular relativa)] medio constant [pf. (particular finalis)] parvique homines et haud timent vel exterrentur.

雷慕沙通过标记句尾语助词以及赘词语助词，竭力为每个汉语词找到对应的拉丁词或将其标记为语助词，从某种意义上看，是将汉语句子现象复制到拉丁语中，而法语则依照其特有的局限性对汉语句子进行翻译。这也说明了其拉丁语译文为何被视作逐

[①] 仲尼曰：君子中庸，小人反中庸。君子之中庸也，君子而时中。小人之反中庸也，小人而无忌惮也。——译者注

字翻译。① 雷慕沙在其就有关典籍书名的翻译所做的回应中完全肯定了洪堡已经掌握了其著作的使用方法,后者继续写道:

> 这一例子又一次证明了汉语中几乎没有语法形式这一现象。"中庸"这一词组所明确、清楚表达的,是坚持(以之为习惯)被称为"中"的道路这一概念。然而,需要将何种形式赋予这一概念:是屈折动词形式、不定式形式,又或是动词性名词形式,还是另一种名词形式?如何翻译这一概念:将其译为 perseverant,还是 perseverare,或是 perseveratio 又或是 perseverantia ? 这些问题不甚明确,这也正是汉语的精神和特性所不加考虑的问题。从语法角度上来说,"庸"所表达的概念更加宽泛,由"中"这一概念对其加以限定。"小人之中庸"这句话包含了"俗民"(vulgaire)和"坚持中庸之道"(persévérer dans le mileu)两个概念。助动词"之"表明这两个概念被分割开来,以便能够指示其不同的关系②。这两个概念的配合以及句子的肯定形式,是否定形式缺失的结果。这就是汉语限定性的表现:它不对句子表达的准确形式做任何规定,所以我们无从得知是应该向您

---

① 顾塞芬将这一节译为:"Confucius dit : l'homme vertueux reste dans l'invariable milieu ; celui qui n'est pas vertueux s'en écarte. Pour ce qui concerne l'invariable milieu, l'homme vertueux ne s'en écarte jamais, parce qu'il est vertueux ; celui qui n'est pas vertueux n'évite et ne craint rien, parce qu'il est vicieux."
② Qui rend *parvi homines [pr. (particula relativa)] medio constant [pf. (particula finalis)]*,雷慕沙将之标记为代词,洪堡用长篇幅对"之"的不同用法进行了评论(《全集》,卷五,第 272—277 页,《洪堡与雷慕沙通信集》原著,第 142—147 页)。

所做的那样将"庸"视为屈折动词,或是应该在"之"后面加上名词性动词,又或是像您在另一个段落中注解里那样填补另一个动词?(《全集》,卷五,第269页)①

洪堡彻底接受了汉语词本身不具有词类,但是可以根据其所在位置做多种词性理解。此处,相关的两个不同领域产生关系,而这一关系严格意义上无法被认定为限定关系。②

有关这一点,洪堡似乎触及汉语特有的一个特点,那就是将其他语言中语法形式所承担的某些语法区别这一功能留给话语进行处理。洪堡对汉语特别表达方式的表述如下:

在所有语言中,上下文的含义要或多或少地支撑语法。

汉语中,上下文含义是理解的基础。语法结构常常需要从中推导。(《全集》,卷五,第279页)

汉语中话语语境与语法之间的依赖关系更加密切,由此凸显了意义特性。该意义特性在后康德主义诠释学中也得到充分强

---

① 《洪堡与雷慕沙通信集》原著,第140页。
② 本书编者向语言学家张祖建阐述了洪堡的观点,后者在一个注释中写道:"如今,学界普遍认为古代汉语和现代汉语中词类并非始终得以标记,且相互之间并无排他性。与屈折语言相比,汉语中词类与其语法功能之间的对应关系也并非单一。然而,可以根据一些迹象对汉语符号进行区分。这一点需要承认。"他稍后还写道:"汉语最显著的特征也许是符号的多功能性:名词(做补语的名词除外)、动词和形容词可以承担所有语法成分。……然而,符号可以承担任何语法功能这一现象看起来仍然无法想象。"

调。一个段落如若抛开其所处语境,其意义则无法重建,其所在语境也无法脱离这一段落进行理解。正因为语境的起止无法随意确定,需要考量整个话语或篇章,同时还需要考虑为确定意义而重建的历史及语用环境。

语言并不外在于使用者的思想。它与其他工具不同,既是思想产生的场所,也是其条件。因此,正是语言中处于工作状态的思想将其转换为话语,即一个具有无限创造能力主体的言说（parole）,或洪堡用其最著名术语 energeia,活动所表达的内容。具体话语连续用已述内容改变已建构意义的范围,这一不间断活动以语境改变创新为目标。事实上,语境赋予了所有重复以重新语义的身份。

《论双数》（*Sur le duel*）[①]中对对话关系进行了论述。这一关系强调了所有思想以及所有言说所特有的二元性（对话性）。相异性,既包括自己声音的语音外显或是文字符号的相异性,也包括与交谈对象的交锋,构成了被理解为关系的语言。洪堡在同一篇论文做出论述:"说话活动的可能性受制于对话与回应。"（《全集》,卷六,第138页）

正如汉语所呈现的那样,这种相互牵连关系体现在话语组成元素这一层级:听者需要同时是翻译,并与说话人同等灵敏。在对话关系中,双方均参与意义建构。汉语听者（或读者）需要在

[①] 洪堡于1827年4月26日在柏林科学院宣读的论文。同年,《致雷慕沙的一封信》在巴黎出版,参见《全集》,卷六,第113—143页。

很多地方猜测，①需要集合理解一个段落所需要的过渡观念，并始终需要进行阐释活动："汉语需要其读者填补大量的过渡观念，因此强加给思维相当大的工作量。"（《全集》，卷六，第280页）当语言规则直接对应意指形式（modes de signifier）时，思想与语言之间的相互依赖关系则比任何时刻都更加明显。

因此，汉语研究不仅促进了洪堡语言思想的重组，也为其验证和深化某些语言普遍特性，如语言的阐释以及对话层面，提供了时机。另外，与雷慕沙的论辩使其转变了视角：由较为美学的视角转向明确承认语言使用的重要性，即语言的功用方面。

理解这一重要特点的发现使洪堡的语言研究重新回归至诠释性问题。然而，由于洪堡未经篇章规则而直接进入诠释层面，在当时具有无可置疑的人类学意义。

洪堡在语言研究中始终对语言多样性进行分析，语言多样性的意义确定了洪堡阐释学的风格。理解的不确定性被不同语言经验充分证明，正是该特征与这些语言所代表的挑战之间的相遇促使洪堡将不理解置于其思考的中心。②有关这一点，洪

---

① 参见〔法〕弗朗索瓦·儒连《迂回与切入》第五章，"任由理解，避免讲明，或是如何在字里行间理解"（第107页及随后一页）。在弗里德里希施·莱尔马赫（Friedrich Schleiermacher，又译士来马赫）的诠释学理论中，这一活动对应"预期"（divination），后者对比较进行补充。该活动并非完全没有理性，是对意义、"猜测"的预测。参见〔德〕弗里德里希施·莱尔马赫《诠释学》（F. Schleiermacher, Herméneutique, tr. C. Berner, Paris, Cerf, 1989, p. 104 et p. 105.）。
② 本人在题为《不解中的理解：论洪堡阐释学问题》（"Verstehen im Nicht-Verstehen. Zum Problem der Hermeneutik bei Humboldt", in *Kodikas/Code 21*, 1999, pp. 271-285）的论文中论述了该阐释学的大致框架。

堡与康德之后哲学诠释学的评判基础基本一致。由此，施莱尔马赫（Schleiermacher）所称的最初不理解性，或是施莱格尔（Friedrich Schlegel）笔下的极端的不理解性确立了阐释学方法：晦涩难懂不再是理解这个"正常"程序中突然出现的偶然，而是实现精准理解①所必需的方法论先决假设。在这一方面，汉语较为典型：即使它不如与大多数欧洲语言毫无共同点的巴斯克语的的作用显著，后者在洪堡研究过程中是问题的起源，汉语也将成为经验论的反证，使其最初的语言整体假设遭到质疑。

说话与理解成对出现，以至于若没有意义分析则无法重建语法。同样，依照洪堡所述，人倾向于表达他所理解的内容。（《全集》，卷七，第56—57页）换言之，说话，即置身于语言中这一现象就已经让我们进入理解，使我们能够领会到意义。然而，通过确定思想活动，将其与一门具体语言相联，语言也阻碍了理解。已知的4500多至6000门语言②似乎并不能使人与人之间的交流变得简单、顺畅。不仅语言多种多样，而且同一门语言的使用者也未必对所有表达做出相同的理解。由此，语言可被视为构成理解的先验条件，因为理解必然以语言为前提，而后者同时又给理解带来困难或者至少使其相对化。因此，洪堡有

---

① 对于施莱尔马赫而言，诠释学始于"不理解现象"：意义不是给予的，而是所想要的、有条理地探求而来的。对于施莱格尔而言，不理解性是基本经验。正是对任何理解行为固有困难的承认才使诠释拥有了重要地位，从而开启了现代诠释学。
② 参见〔法〕海然热《语言人》（C. Hagège, l'Homme de parole, Paris, 1985, p. 44），这也是贝罗贝（Alain Peyraude）所估计的语言数目（"L'homme aux 6 000 langues", dans Jean-Marie Hombert (dir), Aux origines des langues et du langage, Paris, Fayard, 2005, pp. 450-461）。

关语言相对化的意识,即具体多样性的观点,使其承认了不理解性这一根本特点。正因为逻辑与普遍直觉都无法统摄,而全部思想通过语言多样性得以表现并被其证实,对全部的中间理解(entrecompréhension)以及差异吸收的追求实属无效。我们都是语言生物,我们可以相互理解,但正因为同样的原因,我们始终不能彻底相互理解。语言是一个无形而非不变、备受遗忘的存在,在人与世界之间以及人与人之间不无影响。洪堡对此进行描述时使用了如下表述:就像"介于外部世界和作用于我们身上的因素之间的中间世界"。(《全集》,卷三,第168页)语言并非一个客观事物,但也不完全是一种主观思维。人与人于语言中相遇,人性由它并通过它形成。[①] 这也是洪堡所理解的为何比较人类学会以比较语言学(Vergleichendes Sprachstudium)的形式出现。语言研究让人得到真正的承认,因为它必然让客观性重构与语义方式(并不局限于此,而是观察语言使用)考量在结构层面上联系起来。因此,洪堡由其进行的扩展语言学出发,简略描述了"人类科学"的研究方法,该方法不仅考虑到集体局限也包含了历史演变。

正因为洪堡承认了语言个性,他认为理解与不理解永远相互依赖,却没有想象完全清晰或是完全难以理解的可能性。关系的

---

① 有些学者持不同观点,参见〔德〕马库斯·梅思林、〔德〕乌特·汀特曼(编者)《语言才使人为之人:论人类的语言性》(Markus Messling, Ute Tintemann (éds.), "Der Mensch ist nur Mensch durch Sprache". *Zur Sprachlichkeit des Menschen*, Munich, Fink, 2009.)。

增加与"理解桥梁"(《全集》,卷七,第240页;《全集》,卷七,第169页;《全集》,卷四,第47页)的创建并不意味着彻底弥补这一理解的内在缺陷,而是用对话来扩展理解。(《全集》,卷七,第60页)说话这一行为本身就是使自己思想清晰化的尝试,也是自我理解和理解世界双向行为可能性的尝试。正因为语言促进自我意识的形成①,它不仅从主体也从客体方面对理解产生影响,而主体和客体只能靠语言进行区分。关系的多样化与增加导致了具体观点的相对化,同时也扩大了其丰富性。

在原则方面,对系统性不理解的考量开启了自我反思之路,这一点对人文科学来说异常关键。洪堡的人类学具有诠释性,因此是理性的。正是洪堡对语言多样性的研究才使其将个性思想与集体研究方法联系起来。个性与共性在其中交汇,每门语言个体都需要遵循普遍语法,而普遍语法也正是得益于每个语言个体才得以存在。理解与不理解相遇并永远相伴:

> 语言只在个体中才被最终限定。没有人在看到一个词时会和另一个人想到同样的内容。最为细微的差别也可以像水中的涟漪一样动摇整个语言。因此,任何理解同时也是不理解,所有思想和情感的一致同时也是不一致。面对语言一开始所表现的力量,语言在每个个体改变的方式彰显了人对于

---

① 参见〔德〕梯曼·波舍(Tilman Borsche)的分析《语言观:威廉·冯·洪堡语言哲学中的人类言语概念》(*Sprachansichten. Der Begriff der menschlichen Rede in der Sprachphilosophie W. Von Humboldts,* Stuttgart, Klett-Cotta, 1981, sp. p. 286 sq.)

语言的力量。(《全集》,卷七,第 64 页)

尽管洪堡意识到了差距、对承认多样性的根本不理解,但他并未放弃过对一致性的寻找。洪堡不仅在其所研究的语言中寻找一致性:他为语言差异着迷,竭力了解生成合理表达方式中的区别,试图对这一多样性进行分类;同样,他对与其通信并持有一致目标的法国学者持同样的态度。洪堡根据后者的反对意见或语言现象的验证对其理论进行了调整,将论证逻辑与国家关系分开对待,这种一致性思想也反映了洪堡在精神上是真正的外交家。

正如洪堡综述所示:承认汉语这门语言的结构性并没有使其彻底克服最初的忧虑。汉语被归为(较之于屈折语言)"完善性"稍逊的语言之列,与闪族语言、特拉华语以及缅甸系语言同列。(《全集》,卷七,第 312—320 页)洪堡最初设想的语族等级划分被功能分类法所取代,而这并没有实现对语言进行完全结构上的考量。

对洪堡来说,努力掌握新的语言是动摇先决观念的条件,尤其是修正其最初假设的条件。他通常被认为是在语言性质领域进行普遍思考的哲学家,而事实并非如此。因此,强调其研究语言特性时对语法的关注尤为重要。

洪堡理论中的汉语议题

让·卢梭

引言 汉语的顽固存在

洪堡从事汉语研究多年。当然,他对汉语所投注的精力远远不及其对巴斯克语和梵语的倾力关注。不过,自1822年汉语首次出现于其著作中直至《卡维语导论——论人类语言结构的差异及其对人类精神发展的影响》(下文中简称为《卡维语导论》)的撰写,洪堡从未中断过对这门语言的论述。他力求解答汉语语法所引出的多个细节问题,探求该语法的绝对独特性,以便更彻底地理解这一语法并明确其结构相对于其他语言的准确定位。[①]

---

① 汉语对洪堡理论的影响作用这一问题从未引起特别关注。德国学者波特(A.F.Pott,1880,CCCXX-CCLXV)照例通过细节与文献的堆积对洪堡的理论大加称赞。德国学者何莫邪(C. Harbsmeier,亦译作哈布斯迈耶)在其《致雷慕沙的信》再版中,尤其关注用古汉语来检验洪堡的假设是否正确。较之于以上论著,法国学者让-克鲁德·舍瓦利(J.-C.Chevalier)1979年的论文更接近我们所关注的内容。该文中并未涉及汉语法的定位问题,而是基于普遍语法与观念学派在认识论领域占据上风这一背景研究法国学者,尤其是该时期著名学者塞西(Silvestre de Sacy)对洪堡思想的偏爱与接受。塞西很早就围绕洪堡与雷慕沙学术争论撰写了长篇幅述评:《有关洪堡〈致雷慕沙的信:论语法形式的通性以及汉语精神的特性〉的述评》,《学者报》,

尽管这些与汉语相关的研究常常始于偶然，其后续则大都带有目的性。雷慕沙与同时代诸多学者均认为汉语研究对"这位博学的科学院院士来说轻而易举"[①]，对其敬佩有加。另外，洪堡在与友人的通信中语出惊人："尽管表面上看起来困难重重，但如果目标仅限于阅读文献，即使是重要文献，困难亦可于两周之内克服"（致韦尔克的信，1826年2月10日，第134页；译文）。诚然，我们可以基于以上两个表述得出洪堡通晓多门语言。然而，单从字面上理解，这两个表述似乎对洪堡有过誉之嫌。事实上，前一个说法更接近于合乎时宜的场面话，而后一表述则是友人间的知心话，均需要联系其具体语境进行理解。

洪堡对汉语的研究远远超出了单纯"克服困难的喜悦"（《致雷慕沙的信》，1826年：《全集》，卷五，第289页）。这一研究引起了洪堡对重要理论的质疑，甚至关系到其观点在整体上是否一

（接上页注）1828年2月，第67—80页，1828年3月，第142—151页，参见本书下文）。德国学者吉普尔（H. Gipper, 1963年，第233—237页）用数页篇幅讨论了德语译本《论汉语法》(*Ueber den grammatischen Bau der Chinesischen Sprache*)，该文将1826年版《致雷慕沙的信》进行了删减，于1826年3月20日被宣读于柏林科学院。(《全集》，第五卷，第308—324页）尽管吉普尔热情地表达了对洪堡观点的赞同 ["越是拜读（这篇论文），越是钦佩作者"，第233页；译文]，其视点集中于汉语所提出的问题。——编者原书注，本文其后注释皆如此，不再一一说明。

[①] 对洪堡的这一正面评价出现于雷慕沙出版《致雷慕沙的信：论语法形式的通性以及汉语精神的特性》(*Lettre à monsieur Abel-Rémusat sur la nature des formes grammaticales en général et sur le génie de la langue chinoise en particulier par monsieur* Guillaume de Humboldt, Paris, 1827, v-viij) 一书时所加的《致读者》这一部分中。德国的莱茨曼（A. Leitzmann）将这篇《致读者》收录到其版本的《致雷慕沙的信》中（《致雷慕沙的信》，1826年；《全集》，第五卷，第255页）。后一版本采用了洪堡的原始手稿，而雷慕沙版本则呈现了其所做的若干文体上的修改。

致。因此，笔者认为洪堡之所以坚持对汉语进行深入研究，一方面是为了揭开汉语这个与其观点相悖的谜题，另一方面也是为了解决一些悬而未决的理论问题。其理论体系自 1820—1827 年间经历了多次深刻的调整，本文力求揭示由汉语所引发的思考在这一阶段理论重构中所发挥的作用。

1. 有关屈折变化的第一条理论

1821 年末，洪堡在结束《论语法形式的产生及其对观念发展的影响》(Ueber das Entstehen der gremmatischen Formen, und ihren Einfluss auf die Ideenentwicklung，下文中简称为《产生》)①的撰写之际，其有关屈折变化、性质及历史演变的观点已经与最终理论非常接近。

长时间以来，②洪堡在屈折变化这一部分多有疑问。然而，自从他与波普（F. Bopp）围绕梵语进行交流以来，这些问题得以更新。事实上，他一开始质疑"屈折语（flectirenden）与黏着语（agglutinirenden）之间是否存在着原初差异"（致波普的信，

---

① 这一论著于 1882 年 1 月 17 日被宣读于柏林科学院（《全集》第四卷，第 285—313 页）。
② 比如，在其巴斯克语研究中，有关该语言以后置方式构成格这一内容，他以不点名的方式对德国的卡尔·威廉·弗里德里希·冯·施莱格尔（F. Schlegel）进行了批评："出人意外地是：由上文所述竟然得出了巴斯克语言无法被归入那些使用黏着或合成而不拥有屈折变化的语言之列，如果至少这类语言区分可以有条有理地得以普遍确立"（《对〈米特里达特〉第二卷第一节关于坎塔布里亚语或巴斯克语的修正和补充》，下文中简称《修正》，1811 年，《全集》第三卷，第 257 页；译文）。之后，洪堡继续这一方向进行论述。（《有关不同语言发展时期的比较语言研究》，下文中简称为《比较语言研究》，1820 年，《全集》第四卷，第 11 页）。

1820年2月9日，第5页；译文），承认"十分倾向于认为屈折变化主要源于先前的黏着①，因此这一差异有其历史原因"（同上）。波普所持意见与洪堡相同，也认为"语言中最重要的部分是构词法（Zusammensetzung）"，洪堡为此感到十分欣喜（波普致洪堡的信，1820年3月5日，第8页；译文）。

A. 屈折变化的发展史

正是梵语学习②以及波普的《比较分析》（Analytical Comparison）一书③加速了洪堡最终观点的形成。在洪堡与波普的通信中，有

---

① 这一表述，正如语音黏着（《比较语言研究》，1820年，《全集》第四卷，第18页）尚未在此时获得严格意义上的词法学意义，它仅仅指在语言构成第一阶段所使用语素的简单排列。
② 洪堡于1820年冬开始其梵语学习（致波普的信，1821年1月4日，第14—15页）。他参考了〔英〕查尔斯·威尔金斯（Charles Wilkins）的《梵语语法》（A Grammar of the Sanskrita language London, 1808）与《梵语词根》（The Radicals of the Sanskrita language London, 1815）这两本著作（致波普的信，1821年1月4日，第6页）。〔英〕贺拉斯·海曼·威尔逊（Horace Hayman Wilson）的《梵英词典》（A dictionary, Sanskrit and English ; translated, amended and enlarged from a original compilation prepared by learned natives for the College of Fort William. Calcutta, 1819）在柏林也可以查阅得到。另外，波普也为洪堡寄去了一批非常罕见的珍贵书籍（波普致洪堡的信，1820年3月5日，第7—8页），其中包括〔美〕亚历山大·哈密尔顿（Alexander Hamilton）用英语对《益世嘉言》（Hitopadesa）开头章节所做的语法分析（参见国家图书馆印刷书籍目录 Catalogue des ouvrages imprimés de la BN T. 68, col. 150）、〔英〕威廉·克理（William Carey）和〔英〕约书亚·马殊曼（Joshua Marshman, 亦译马士曼）版的《罗摩衍那》（Râmâyuna）:《蚁垤之罗摩衍那》（The Ramayuna of Valmeeki, in the original Sungskrit with a prose translation, and explanatory notes. Serampore, 1806-1810），还有波普版的《摩诃婆罗多》（Mahâbhârata）章节《那罗传》（Nalus, carmen sanscritum e Mahàbàrato; edidit, latine vertit et adnotationibus illustravit Franciscus Bopp. Londres, Paris et Strasbourg, 1819）。
③〔德〕弗朗兹·波普（Franz Bopp）于1816年出版了《梵语动词变位同希腊、拉丁、波斯和日耳曼等语言动词变位比较》（Ueber das Conjugationssysten der Sanskritsprache in Vergleichung mit jenem der griechischen, lateinischen, persichen und germanischen Sprache. Nebst Episoden des Ramajan und mababarat in genauen metrischen Uebersetzungen aus dem

三点非常鲜明，这正是洪堡对梵语思考和研究的成果①。洪堡并未在随后的《产生》中对以上观点进行明显改动，而是对其加以明确论述。

a. 首先，洪堡通过梵语研究证实了其先前假设，表示完全同意波普"即使梵语也只是通过黏着方式来构建其语法结构"这一观点（致波普的信，1821年1月4日，第11页；译文）。即使洪堡否定波普所做的一些划分以及区分的黏着特征②而质疑其有效性，但说他在整体上赞同波普的观点也无可质疑③。梵语明确证实了屈折变化源于黏着这一观点，该方式在《产生》中有关语言形式的普遍理论中居于中心地位："通过黏着——有意义音节的黏附——这一真正语法形式的生成方式接近普遍"（《产生》，1821年，《全集》第四卷，第295页；译文），同时语言多样性也从

（接上页注）*Originaltexte und einigen Abschnitten aus den veda's*. Herausgegeben und mit Vorerinnerungen begleitet von K.J.Windischmann.Frankfurt am Main,1816），之后在《东方文学编年史》（1820年6月，第1卷，第1—65页）中出版了该文的英文版《梵语、希腊语、拉丁语和日耳曼语的比较分析：论其原始结构的原始个性》（"Analytical Comparison of the Sanscrit, Greek, Latin and Teutonic Languages ; shewing the original identity of their original structure" *Annal's of Oriental Literature* 1820 June, Vol. 1, 1-65）。较之于德语版，后一版本经历了颇多改动，并于1889年再版 [reproduit in F.Techmer（Hrsg.）*Internationale Zeitschrift für allegemeine Sprachiwissenschaft* Vol.4,1 Hälfte, 1889，14-60]。

① 洪堡自己也强调了这项研究在其有关普遍语言的深入思考中所发挥的关键性作用（致韦尔克的信，1821年11月6日，第54页；《语构区别》，1827—1829年，《全集》第六卷，第132—133页）。
② 比如，希腊语中表达将来时的"-s-"以及添加在动词过去式词根前的增音（augment）也是如此。
③ 之后，波普所持观点甚至与洪堡非常接近，以至于施莱格尔（为A.W.Schlegel）不耐烦地将前者称为洪堡的"文秘"（*amanuensis*）。

中得以呈现,"所有方面都发现有意义音节的黏附"(第297页;译文)。

b. 其次,洪堡坚持修正波普有关屈折变化论断的局限之处。洪堡一如既往地坚信一些"屈折变化"(inflexions, Biegungen)"即使在其起源之时也应完全被视为屈折形变",正如日耳曼语元音变音(Umlaut)以及一些格标记(致波普的信,1820年2月9日,第5页;译文)。他坚信以下这类屈折变化应该存在:"从未采用黏着方式,而专门选用语音来表达屈折形变"(致波普的信,1820年4月27日,第10页;译文)。洪堡对这一观点深信不疑①,在其著作中多次重申:"真正的、原初的屈折变化在所有语言中确实极为罕见",然而他同时却得出"屈折变化在语言源始之时就已存在"这一结论(《产生》,1821年,《全集》第四卷,第297—298页;译文)。

c. 最后,洪堡提醒其他学者不要误解这类原初屈折变化的性质。严格说来,这类现象并不能归因于其所出现的语言。它们"在语言中既意义重大又非常普遍"(致波普的信,1820年2月9日,第5页;译文),因此被认定为原初之时就已存在。而屈折变化最初被选中的原因使其看上去有些可疑。难道它们不是理据的产物,而该理据在这一初始阶段只取决于所要表达的关系与为此选定的语音之间的相似性?②事实上,"选择某个屈折变化语音

---

① "任何语言都无法将真正、自由的屈折变化从黏着关系中排除"(致波普的信,1823年7月11日,第86页;译文)。
② 如此以来,"加强音"i或者m被选来表达"比格"(datif)以指示关系。从普遍语

的原因"需要从"其自身性质"考虑（致波普的信，1820年4月27日，第10页；译文）①。

洪堡在论著中解释了为何真正的原初屈折变化数量极其有限：它们需要以"语法关系的清晰认识和区分"为前提，故而数量较少（《产生》，1821年，《全集》第四卷，第296页；译文）。然而，语法形式只能通过"逻辑概念"又或是"伴随其的含糊感觉"这两种方式得以"识别、表称和理解"（同上）。前一种方式下，逻辑概念需要一门业已存在的语言方可以抽绎，需要可供类比的特性方可以得以指称。因此，这类表称只有感觉才能生成，但考虑到语法关系绝对的逻辑本性②，这类表称的生成方式少之又少。洪堡却正是基于这类含糊感觉来解释德语中表达祈愿式和虚拟式所使用的长元音和双元音（同上）。然而，这类使用最终涉及"手势"（Gebehrde），有超出"语言领域"（第297页；译文）

（接上页注）法的角度来看（《修正》，1811年，《全集》第三卷，第257—258页；译文），它与其他情况不同：前者指示"一个双重关系"（致波普的信，1820年2月9日，第5页；译文；参见1820年4月27日，第10页）。同样，希腊语中，表达未来时的"-s-"通过"讲话人使该词听起来更强烈，以使对话者注意到这是一个有别于现在时的时态"，是真正的语音变化（致波普的信，1821年1月4日，第12页；译文）；而"s"并不是"真正的语音，是被加强的送气音，一种摩擦音"（同上）。

① 根据这一视角，洪堡在有关语音问题上所持的立场非常尴尬。一方面，语音问题按理不属于语法层面："诚然，任何元音变化都不具有语法意图。在我看来，派生与动词变位的一切都源于语音的性质、或者源于其相互影响又或重音"（致波普的信，1826年9月26日，第52页；译文）。然而语音所有的"语法意义"（同上）远超Guna（梵语中词根中的元音延长）。在德语或拉丁语 ago/egi（agir）中，这"起初的确是语法现象"（第53页；译文），带有无可争辩的"语法特征"（同上），因此，比起由"元音的偶然发音变化"转为语法使用（与可能的天赋起源一样神秘），语音起源假设更合情理（同上）。

② 其"完完全全逻辑的特性"（《产生》，1821年，《全集》第四卷，第296页；译文）。

的倾向。

除去一些屈指可数的例外情形之外，其他各门语言都印证了"与语言中屈折变化的原初性相悖"这一整体结论（第297页；译文）。

洪堡将其有关屈折变化的观点设定为一切语法考察的先决条件，其直接后果则是其先前著作中所维护的其他两个观点之间出现了矛盾。

第一个观点是古典语言的优势由其完善性体现。这方面大量的完美例子可以追述语言的深刻性质直至其起源。洪堡认为每门语言在其创立之时，都由"语言的最初创建者"（《关于新大陆语言的随笔》，下文中简称为《随笔》，1812年，《全集》第三卷，第311页，第315页；参见第332页）将语音与意义联系起来。这些创建者天资聪颖，拥有卓越的预见能力以及"更新颖、更纯粹、更接近事物起源、更简单也更大胆的精神"（第315页）①。然而，现今"仅能看到某些语音与某些事物相联，而再也无法精确描述其中的微妙关系"（第323页），不过这些"【观念】与语音之间……"存在着"隐秘关系"（第322页）毋庸置疑。这一立场否认一切任意性，背离了自然主义和传统主义解说。因为依照这一视角，某些语言的完善性首先源于其原初状态的内在特性，取决于使用该语言民族的天赋。事实上，"语言的个性基于最先形成的雏形，或者说……基于元素最初结晶而生"（第

---

① 这部分有关语言起源的详述也出现在其他地方（《试析墨西哥人的语言》，下文中简称为《墨语》，1821年，《全集》第四卷，第245页，第250页）。

337—338页)。"首个雏形是决定性的,可以说语言在诞生之时就完成①或预示了其隐晦而短暂的命运"(第333页)。一个严格的语言差异观由此而生。根据这一语言观,一门语言的历史完全取决于其命运的最初印刻。

同时,洪堡多次提出语言由不同层面构成,这一图像构成了洪堡论断的第二个观点。从此,这些论断面临重重危机。比如,有关巴斯克语言②或美洲诸语言——"正在诞生的"语言(第303页)许多特点的研究"大规模展示出我们具有发达文化的语言中保留了极少的最初状态"(第306页)③。这些特点应被视为不同语言各自发展道路上某些阶段的特征。由于"这些语法特性……均自发形成,……因此仅仅指示【语言】形成的终止之时,这些特性具有时间性,而非地域性"(第306页;参见《试析墨西哥人的语言》,下文中简称为《墨语》,1821年版,《全集》第四卷,第241页)。这些特性因此也体现了不同形成阶段的某个节点(《论语言亲缘关系》,一文中简称为《语言亲缘》,1812—1814年版,《全集》第七卷,第632页),勾勒出语言形成的完

---

① 莱茨曼在其出版的《论新大陆语言》(*Essai sur les langues du nouveau continent*)中所做解读"集中"(réunissent)在本句中解释不通,需要做此修改。
② 参见《对〈米特里达特〉第二卷第一节关于坎塔布里亚语或巴斯克语的修正和补充》,下文中简称为《修正》,1811年版,《全集》第三卷,第251页,第265页;参见《关于巴斯克语言及民族的稿件公告暨其观点与内容的说明》,下文中简称为《公告》,1812年,《全集》第三卷,第293页。
③ 这一主题时常被洪堡提起(参见《试析墨西哥人的语言》,下文中简称为《墨语》,1821年,《全集》第四卷,第241页;《随笔》,1812年,《全集》第三卷,第303页;《公告》,1812年,《全集》第三卷,第293页)。

整图像：一些语言在达到第一阶段之后便停止了发展；而另外一些则继续发展进入了语言构造的更高阶段。根据这一线性、同质语言发展观，语言间的差异首先取决于其在统一进程中的发展程度。

以上两个主题由洪堡在极短时期内概述得出，并非由论证支撑的真正论断，而更像是其观点极限又或是理论尝试。即使它们是逐一推出的，之间却并不连贯：如何协调几近稳定的语言类型与缩减的时间演变之间的矛盾，前一个主题可归为语言发展的统一途径，而后一个主题则论述时间在这一发展中的影响作用。

无论如何，以上两个观点在1821年的《产生》之后变得难以为继。洪堡短期内积累了稳固的梵语知识，对黏着的重要性深信不疑，立场明确。第二个论断中，一个可能性首先被彻底排除，那就是语言的特殊"发展道路"由自然（《产生》，1821年，《全集》第四卷，第286页；译文）决定："美洲与亚洲北部那些未开化游牧民族的语言特点不必与印度或希腊的原始部落的语言特征一致。"（第285—286页；译文）[1]而另一个与起源相关的论断因有关屈折变化性质的理论调整而受到了强烈动摇。从此，屈折变化大都源于黏着这一起源论首先带来的变化为：之前对屈折形变的推崇因这一现象不甚重要而无法真正解释。洪堡表示他并

---

[1] 另外，这一时期洪堡为了凸显其理论调整，特意强调之前有关这一方面的错误看法："我有时候觉得一切语言在其起源之时可能都曾经历过美洲诸语言的特征，而它们仅在经历过变化和巨大变革之后才会与其差异显著，而遗憾的是我们对这些变化和变革了解甚少。"（致毕麒麟的信，1821年2月24日，第276页）

不认可"某些民族一开始就拥有一种仅由屈折形变和内部变化推动的语言构造这一观点"(《产生》,1821年,《全集》第四卷,第298页;译文)。另外,屈折变化中严格的初始成分尽管十分有限,却继续为其特有。正如上文所述,它很可能只是一种语音模仿,无法再被视为优越性起源。因此,那些仅拥有这类语音模仿的屈折语言并不具有真正的优越性。

B. 优越性的形式标准

洪堡这一时期的论断比以往任何时候都要围绕屈折运作的独特性这一假设进行。整篇论著对可能的语法手段(第305—307页)——做了介绍,然而将这一介绍认定为起源假设或许有些言过其实[①]。因此,其论著仅仅是将屈折语言的优越性确立于一个更为可靠的新领域之上的尝试。既然屈折变化无论从形成历史还是从起源上都无法真正彰显其独特性,其历史变得普通,而起源则并不直接相关,洪堡需要找到另外一个领域以确认其优越性。为了论证屈折变化的基本特性,他彻底转移了研究问题,将起源与构成问题暂时搁置一旁。

为此,他对"语法"和"语法形式"这两个概念的准确理解进行了严格分析。随着分析范围的不断缩小,屈折变化的特性最终得以抽离。

洪堡先论证了我们无法基于语法这一概念,至少是基于其通

[①] 之后,洪堡明显与可阐释其分析的这一时间视角拉开了距离(《语构区别》,1827—1829年,《全集》第六卷,第140—141页;《语法结构》,1827年,《全集》第六卷,第387页)。

常理解评价一门语言。我们无法基于这一概念对那些具有语法的语言以及那些缺少语法的语言做出区分。即使在那些语法形式最为缺乏的粗野语言中，无论何种语法关系都能始终找到"某些表称方式"，"所有的语法关系都能实实在在地被感知"，因为"倘若语法关系得不到表达，那么任何言语或理解都无法想象"（第287页；译文）。事实上，这种情况下语法关系是"由听者和说话人在思维中添加"（同上），"并非始终在语言中有所标记"（第291页；译文）。比如，当一门语言仅用词的简单排列就足以表达语法关系且"语法关系具有其确定的表达"，那么它就"拥有一种不具有真正意义上的语法形式的语法供其使用"（同上）。既然"一门语言中，语法形式是指该语言中以特有方式对语法关系的表达"（这一表达在相同场合下始终重复出现，第295页；译文），这一视角其实无法解决任何问题，尤其是"语法形式"这一概念（需要更严格的界定），至少按照其通常理解，无法对语言进行明确区分。

　　事实上，我们也不应该推崇那些具有这类语法形式并对其进行明确表达的语言。因为即便当语法关系具有特有的表称形式（第290页，第291页），还需要分析其所使用的标记是"质料"（matériel, stoffartig）（第287页；译文）还是"形式"（formel, formartig）（第308页；译文）。前一种情况下，若语言借助"有意义音节的黏着"（第295页，第299页；译文）或是"表称事物的词"（第292页；译文），即通过使用保留了质料意义的元素①借助"表称事物"(同上)的形式,情况则与上文所述一致。因为,即便标记目标语法关系的元素确实存在,该语法关系也需要在理解过程中引入,由思想添加(第291页),而所用标记中始终存在的质料意义则继续阻碍一切与其有关的纯粹、自由的思考。因此,上述情况就像语法形式真正缺失一样,需要精神介入。短时间之后,洪堡基于以上内容得出如下观点:"严格来讲语言中并不存在语法,语法是纯隐形的,多数语言中或是全部语言中的某些部分皆是如此"(《有关墨西哥印刷的日语语法著作的概述》,下文中简称《日语语法》,1825年,《全集》,第五卷,第242页)。从这一方面看,那些具有"语法形式"的语言与语法形式缺乏的语言一样不完善。因此,第二个概念也无法对语言做出有效区分。

为了弥补以上概念缺陷,洪堡建议唯有一种表达方式才能称得上"严格意义和真正意义上的"语法形式这一概念(《产生》,1821年,《全集》第四卷,第286页;译文),那就是当语法关系真正"在语言中得以表达"(第291—292页;译文)且其标记完全不具有任何具体附带内容。洪堡认为屈折变化中的元素融合为此提供了一个完美例证。诚然,拉丁语中amavit这一形式是"词根、代词和时态的组合",同样也标记"真正的动词特性",然而正因为"这类表达看上去确实像是浇铸成型的一个形式"(第299—300页;译文),"曾经本应单纯在思维中添加于

---

① 当一个格标记源于一个在语言中已经作为自由形式独立存在的词时同样如此,尽管两者含义并不相同。

有意义元素的关系，通过各部分共同发展成为一个紧密的共同体，如今变成了语言中实实在在的存在，既看得见，又听得见"（第 300 页；译文）。因此，只有当思维形式在清空了全部暂留词义的标记，即纯粹的表达形式中得以清晰表现，而"表达形式的词不再具有可产生干扰作用的附带意义，而是成为纯粹的关系表达"（第 306 页；译文）[①]，语法在语言中真实可见时，这类语言才被认为是拥有真正的"语法"。由此产生了以下限制性的定义："只有当纯粹的语法形式由词屈折变化中的一些标记进行直接表称，而并非通过这些标记的质料意义指示时，这类语言才拥有语法。"（《日语语法》，1825 年，《全集》，第五卷，第 242 页）

C. 该理论的局限性与矛盾

洪堡最终基于屈折变化与语法词的差异分析（《产生》，1821 年，《全集》第四卷，第 302—304 页），得出了屈折语言运作的固有特点。从此，屈折语言与其他语言的区分方式得以确立："这一明确区分两类语言的差异并非相对差异，即不只是数量多一些或少一些的问题，而是绝对差异"（第 310 页；译文）。然而，他是否可以解释这一标准如何支撑屈折语言的优越性呢？毫无疑问，他在 1821 年这一阶段并没有取得预期效果，而是取得了相反的效果。实际上，在洪堡看来，屈折变化的优越性体现在其启发观念与形式思考发展的可能性，这一观点几乎见诸于其论著的每一页。然而，他却未对该内容进行任何阐述，因为他并未

[①] 这类情况下，语法形式"只表达关系，并不包含任何质料成分"（《产生》，1821 年，《全集》第四卷，第 309 页；译文）。

真正区分以下两类语法关系：一是通过希腊语与拉丁语中动词的屈折变化真正出现在语言中的语法关系，即"存在于主语与谓语综合的真正的动词特性"（第300页；译文）；二是巴拉圭（Paraguay）姆巴依语（la langue mbaya）引入思维中的语法关系，即"动词属性"（第291页；译文）。唯有真正的语法形式才具有语言对精神的反作用（第309页），因为后者取决于语法形式是否存在。鉴于这一反作用从未在《产生》诸多例子中真正出现，因此很难在洪堡想要将其确立为根本影响元素的领域被视为决定性因素。

该论证的局限性不难理解。语法关系仅在古典语言中才真正得以表现，在许多语言中则完全外在于语言，"只存在于语言使用者的头脑中"（第291页；译文），仅在需要时才被调用以承担交流的迫切需求。事实上，按照之前论述中的视角，这些语法关系属于同一种情况：它们主要取决于"语法关系绝对的逻辑本性"（第296页；译文），因此构成了一个普遍性框架，居于全部语言之上。无论语言中语法关系是否得以明确表达，采用何种表达方法（纯形式还是依然带有少量具体词义残留），它们都始终存在。然而，洪堡在此未对语言因更易满足形式要求的精确表达方式而改变本性做出任何解释。

因此，从事后审视理论偏颇的角度来讲，《产生》中的论述确实遇到了矛盾。逻辑普遍性决定一切语法现象，而语法关系，即使是以隐示的方式运作，也必须参照逻辑普遍性，这杜绝了一切论证完善的表达方式丰富思考领域的可能性。而洪堡却坚信思考领域始终可以先验确定。

因此，无论何种语言，只要其背后保留了逻辑普遍性这一稳定要求，地位必定相同。同时，一些因表达方式而被认定为优越的语言，因为未能在观念领域内有所体现，仅仅保持了逻辑框架。显然，要想稳固其有关古典语言绝对独特性的论断，洪堡还需要在思想运作领域也确立屈折变化的完善性，那就是将屈折现象与逻辑框架联系起来，使后者从中获益。而其他语言则不受这一限制的影响。

上述矛盾在洪堡这篇完成于1821年底的论著中表现得尚不明显。正是汉语使其明确辨识了这一矛盾并加以解决。

洪堡一开始仅用数个段落对汉语加以论述（第310—312页），看上去仅仅是为了提前消除潜在的理论威胁。汉语语法完全以隐示的方式存在，[1] 即使洪堡没有明确描述这门语言的准确成就，难道其文学就不悠久，其文化就没有价值了吗？无论如何，这足以使读者对只有那些拥有真正语法形式的语言才能促进观念发展这一观点产生疑问（第311页）。洪堡试图通过贬低汉语的文学价值来应对这一理论障碍：他从汉语古文"不够明确、不够连贯"这一特点出发来论证该语言中并不拥有那些只依赖真正语法形式而生的优点，即促进演说术发展的优点，相反，希腊语则堪称这一领域的典范。因此，洪堡是以希腊语为参照对汉语进行评价。然而，通过赞扬明示贬低隐示，最终仅有"思维由于

---

[1] 鉴于"其语法关系仅仅通过词序以及独立的词表达"（《产生》，1821年，《全集》第四卷，第310页；译文）。

丰富多样、明确、自在形成的语法形式而变得快捷、敏锐"（同上）成为其考虑内容，其论述较之于先前论著在两个地方出现了矛盾。

洪堡忘记了他先前承认过隐示语法的有效运作以及揭示过那些对语法关系进行简单表达的语法相对于那些发展了形式的语法的缺陷。在这一方面，希腊语与汉语完全相悖。因此，对希腊语的推崇并非基于作为范畴表达方式的屈折现象特性的先前相关论述，更多的是借助于定量类型的论证，而后者的有效性在同一论著中被大大削弱。

洪堡最终向其读者展示了一个理论模型。在这一模型之下，对汉语的批判与对希腊语的推崇互为补充。以上语言评价始终同时跨及语言与文学两个层面。有关语言这一层面，对汉语隐示语法的批判与优越性标准相对应，而该标准在希腊语中体现为对普遍逻辑框架的忠实表征[1]。同时，相对于汉语语言层面上的缺陷，洪堡对希腊语的推崇还体现在文学方面：正是"雄辩和辩术中"体现了思想表达更高级的形式（第311页；译文）。根据这一对称视角，语法特性与文化成就这两个系列的等式得以确立。希腊语在以上两个领域内系统收获了肯定，而汉语却因受限于隐示的语法以及有缺陷的文学则备受贬损。显然，这两个层面各自遵守不同的原则，因此可能陷入矛盾，这一点十分重要。事实上，如

---

[1] 对希腊语而言，正是这一框架："当语法关系准确对应逻辑关系时，思维就会更加灵敏。当语言使精神习惯于语法形式的严格区分时，精神日益被引向形式的、纯粹的思维"（《产生》，1821年，《全集》第四卷，第294页；译文）。

何同时维持两个不同的标准却毫无矛盾,其中一个事关逻辑层面,而另一个则是基于对严格形式表达所带来的智力可能性的极度推崇?洪堡认定汉语语法极少,故而文学也有缺陷。因此,只要有人对此强烈质疑,那么他就需要按照新逻辑重新对整套理论进行逐步思考。

这一时期,汉语不仅拥有隐示性语法,也拥有卓越的文学这一观点尚处于萌芽状态,尚未得到充分论证。上述观点一旦得以承认,希腊语所激发的思维完善性就无法被仅仅归因于其明示语法。因此,需要为其找到一个与逻辑框架结合的方式以支撑该语言在后一领域无可置疑的优越性。为此,有关屈折形变优越性的论证应该超越严格的唯理论背景,后者直至此时限制了洪堡理论的发展。

2. 汉语——理论调整的工具

洪堡在 1821 年撰写其有关语法结构的论著之时,其对汉语的了解仅限于肤浅的二手知识。然而,出于一些偶然原因,雷慕沙在一本法国学术期刊[①]上发表了有关这一论著的评述。后者自 1814 年起在法兰西公学院教授汉语语言和文学,是这一时期最伟大的汉学家。

A. 雷慕沙的评论

雷慕沙在这篇评述中忠实地引述了洪堡的中心理论(雷慕

---

① 《亚洲学报》,1812 年,第五卷,第二册,第 51—61 页。

沙，1824年：第57—58页），态度谦恭且不吝赞誉之词。然而，面对后者对汉语的批判，雷慕沙却毫不迟疑地回应：他巧妙地借用洪堡论著中的论证来捍卫汉语。他通过重述洪堡论证的方式推出结论，以此为汉语这门被低估的语言正名。他略带嘲讽地称赞洪堡没有认同"一些思想家，坚信一些民族使用我们所不理解的语言"（第52页），更重要的是他迫使洪堡重新审视了其论述中的逻辑：

> 从某种观点看，所有语言都可以被视作同一等级；……即使那些对其使用者来说是一个僵死或被动的工具，它们都具有进行准确、完善表达所必需的东西。（第52页）

另外，雷慕沙还试图基于其所认定的洪堡的关键立场进行推论，以此来维护汉语。洪堡认为质料表称极易将精神从专注纯粹形式引开，坚持将一切质料表称的缺失视为语法表达的典范。也正是基于这个原因，他对屈折语言推崇备至，而汉语中语法标记实现了最大限度的缺失：

> 那些思维可以以不同方式所设想的语法关系，通过共同方式（如词序）得以表达而毫无内容损失，这一方式留给听者或读者绝对的自由来增添自己想添加的内容。（第56页）

既然我们认为拉丁语中的属格可以表达多种语义关系，那么就可以得出如下结论:"在类似情况下,"可以免去形式"相对来说是一个优点,而并非缺陷"(第56页)。这一标准显然有利于汉语收获正面评价。由此,雷慕沙打算先将洪堡重新引入语言普遍性领域以论证以下观点:即使秉持最严格的评价标准,汉语也无可指责。另外,雷慕沙多次重复汉语文学成就斐然,因此使用这门语言的交流也毫无缺陷。他着重强调了其悠久的历史:"文学以及文明都具有四千年以上的历史"(第52页)以及其特性:"亚洲语言中最富有表现力的一门语言,具有最为丰富和最为精巧的文学"。(第55页)①

雷慕沙使洪堡面对汉语以其最严格的隐示性取得了最令人满意的结果这一矛盾,因为:

> 一门缺乏语法形式的语言中,几乎所有的词都可以无一例外地承担名词、形容词、动词、副词甚至是语助词的功能,并遵循明晰、恒定、确定的规则,总是能够清楚、准确地表达可能有大量细微变化的思想。以上便是汉语语法大致上所呈现的现象。(第57—58页)

从此,洪堡无法继续在这一领域内持保留意见。

既然汉语语法作为表达手段所呈现出的所谓的缺陷无法由其文学缺陷所印证,那么洪堡就需要回应雷慕沙对其标准合理性的

---

① 甚至它"像希腊语一样清晰地阐述柏拉图学说和婆罗门僧侣精妙的形而上学"(第60页)。

质疑。

值得关注的是：雷慕沙在其评论中从头到尾都力图强调汉语与其他语言的一致性。他并未追随其他欧洲学者继续探求其差异，而是倾向于列举理由来缩小这一差距。汉语像其他语言一样，不仅"使用词序"，"也使用大量的辅助词或是系词来增加组合的数量"（第55页）。同样，在雷慕沙看来，洪堡所提出的主要表达方式（词序、黏着、屈折变化）之间的差异"在实际情况中并不明显"，而且"可以通过词的书写方式使该差异变得明显或将其抹去"（第57页）。

洪堡正是选择从雷慕沙的研究问题入手，希望从中得出与之相悖的结论。在他看来，以扭曲汉语本性为代价来寻找其与其他语言运作中极少的相似之处远远不能将其纳入语言体系，只有接受其无法忽视的独特性才能正视这门语言。正是在寻求汉语独特性原因的过程中，雷慕沙所提出的、严重威胁到洪堡理论稳定性的汉语语法缺失与其卓越的文化成就之间的矛盾才能得以解决。

事实上，即使洪堡认为需要采用雷慕沙的观点承认汉语隐示性语法系统具有某种完善性，其基本立场并未改变，坚信古典语言具有更高级别的完善性。前一完善性的性质肯定不同，需要将其确立于一个超出满足源自逻辑的标准的层次之上。因此，洪堡要想维护汉语的完善性，需要将其建构在一个新的层面之上，后者不仅包含这一普遍有效的框架而且超出这一框架。诚然，在这一新视角之下，洪堡可以继续像在《产生》中一样，反复强调语言不以协调恒定的语法关系，而是以表达新内容为目标，而其唯一的条件则是最终确定这些内容的特性,即在该情况下首次明确指出它们与逻辑的关系。考察汉语特有的独创性"在语法研究中确实不可或缺"(《致韦尔克的信》,1826年2月10日,第134页;译文),因此,在这一理论建构阶段无法与屈折语言研究分离进行,这在洪堡看来甚至是有效论述屈折语言真实优越性的唯一方法。

B. 洪堡的回应:内容标准

要实现这一重大理论调整,洪堡需要回应雷慕沙以隐示的方式所提出的挑战、解决其所论及的矛盾。的确,他第一时间加强了其研究,在极短时间内取得了令人瞩目的成果,给雷慕沙写了一封长信①。洪堡在信中清晰地阐述了其有关古典语言后续思考的最新成果,这一思考是和汉语深入研究平行进行的。本文无意一一呈现该文中的出色论证②,而是只列举其要点,这些要点解答了因雷慕沙评论而得以更新的那些悬而未解的问题。

洪堡先是直接迎战雷慕沙:他谨慎并有所保留地在后者的学术领域内提出一条重要的批评意见。为此,他重述了雷慕沙早年

---

① 这封信写于1826年3月7日。雷慕沙首先将部分章节刊于《亚洲学报》(九,1826年8月,第115—123页),其中包括几处表述上的修改;之后,即第二年,他对这封信做了更多改动,附以前言、注释,以《致雷慕沙的信:论语法形式的通性和汉语的特性》为题进行全文出版。本文中所引用的诸多雷慕沙的注释均出自这一版本(雷慕沙,1827年),而有关洪堡最初的手稿则引自《致雷慕沙的信》,1826年(《全集》第四卷,第285—313页)。
② 参见波特(波特,1880年,书中多处提到这一内容)。有关这一信件的删减版本,参见吉佩尔(Gipper)(吉佩尔,1963年,第234—236页)。后一版本则是指1826年4月26日于柏林学院宣读的论文《论汉语的语法结构》(Ueber den grammatischen Bau der Chinesischen Sprache)[《全集》第五卷,第309—324页]。

有关汉语单音节特性论著中的论述①。洪堡坚决反对后者论著中"将汉语语法……同其他语言语法进行比较"这一行为(《致雷慕沙的信》,第1826年,《全集》第五卷,第275页),并评论了一些论著中并未提及的例子。

洪堡对汉语那些看上去与其他语言功能相似的地方逐一进行了讨论。比如语助词,尤其"似乎最接近我们语言中所称的后缀或屈折变化"(第271页)的"之"(tchî)。他用长篇幅详述了这一语助词无法被视为是"属格标记"(同上),其真正特性在于"分割"意义(第273页)②。因此,它属于"标记结构中一个概念向另一个概念转换"(第275页)的"句法"语法词,而非"词源",即词法语法词。上述情况同样适用于那些既不能"被视为词的格标记"也称不上"词缀这一名称"(第298—299页)的句末语助词、严格说来并不在"语法层面上"标记"时间关系"(第276页)的动词中的时间标记、"完全不以指示词的语法形式为目的"(第277页;参见第298页)的"虚词"以及词序(第277—278页)。在所有以上情况下,与其他语言中类似现象的比

---

① 该论文为《论汉语的单音节特性》,刊于《东方宝库》三,1813年,第279—288页("Utrum lingua Sinica sit vere monosyllabica? Disputatio philologica, in qua de Grammatica Sinica obiter agitur", *Fundgruben des orients* III, 1813, 279-288)[法语译文为《论汉语的单音节特性》,刊于《法国信使》1814年4月卷,第96—107页("Considérations sur la nature monosyllabique attribuée communément à la langue chinoise" *Mercure de France*, avril 1814, 96-107)]。
② 更确切地讲,"因此,语助词'之'的意义在于它指出如下内容:尽管一些词以某种关系被分隔开来,却需要以另外的关系被联系在一起。然而,这一联系的性质并不由语助词决定,至少不是根据我们所有的语法形式的概念来决定"(《致雷慕沙的信》,1826年,《全集》,第五卷,第274页)。

较是基于概念的相似性之上,而在洪堡看来,这些相似性将会在更严格的分析下不复存在,因为"一个语法元素只有在满足恒常、规律的使用这一条件时才能被称作为语法形式"(第298页)。然而,一个新现象由此而生:洪堡拒绝雷慕沙所提出的研究问题并不意味着他抨击汉语。

从此以后,洪堡倾向于明确汉语在整个语言体系中所处的准确位置。他首先对汉语特有的完善性类型进行了定义,这一回应应该会令雷慕沙感到满意。洪堡论证道:任何时候都不能以"语法范畴的真正标志在实际使用的不同方法中缺失"为由抨击汉语。他不再将这一缺失视作语言缺陷的表现,而是对语法标记一贯性拒绝的结果:

> 我认为汉语与其他语言之间的差异可以归结于一个根本差异,那就是汉语完全不使用语法范畴来指示其句子中词与词之间的关系,其语法也并非以词的分类为基础,而是用另一种方式将语言要素之间的关系固定于连贯的思维之中。(第256页)

汉语不再被视为与古典语言对立的另一极,它更像一个自主选择的结果:"与其说是忽略,倒不如说是汉语不屑于标记语法范畴,因此,就语言性质而言,汉语属于完全不同的领域"(第

257 页)①，其特性也变成一个刻意选择的结果。因此，一旦像前文中一样抛开"语法形式这一问题"(《致雷慕沙的信》，1826 年，《全集》，第五卷，第 269 页)，而毫无优越感地"把握这门语言的独特性"，汉语特有的优点就能得到正视："它仅仅通过放弃一个所有其他语言所共有的优点，从而获得了其他语言都缺少的一个优点"(第 287—288 页)。正是该语言对语法形式的拒绝开启了其运作的决定性原则：

> 汉语通过这种方式突出了概念并将其一个个直接排列起来，它们之间的一致与对立……以一种新力量作用于精神，使其追随概念并使概念之间的相互关系得以显示。由此产生了一种趣好……我们可以称之为纯智力的趣好，因为它只与概念的形式和组织有关。(第 288 页)

汉语的独特风格源于"概念之间的直接接触、概念和其表达因语法符号几乎完全缺失而产生的全新关系"(第 289 页)。而"这门奇特语言的整个结构所明确体现出来的理性烙印和思考精神"(第 306 页)在于它"在精神中唤醒和维护的是针对纯思想的活动"(第 291 页)。洪堡论及说话人"摆脱词语联系和语言束缚"(第 291 页)的固有倾向时，甚至阐述了汉语"特殊结构"(第 291 页)的缘由，这是因为他误以为"不受言语联系束缚的

---

① 有关汉语的这一特性，可参见类似论述(《卡维语导论》，1830—1835 年，《全集》第七卷，第 271—272 页)。

思想"会"更为完整,更加纯粹"(同上)。

另外,由于汉语"以简单、独创、简洁的方式呈现思想"(同上),"比起其他语言,留给精神的思考工作要重得多"(同上),因此认为它"发展出唯有其才拥有的优点"(第306页)并不为过。该"其他语言都不具有的优点"需要从以下两个方面进行论述(第288页)。

一是汉语完全无法与"从未实现智能充分发展的其他民族不甚完善的语言混为一谈"(第282页)。因为两者之间的差异在于前者的"语法体系"(第289页)"始终如一,有规律"(第282页,第289页)。"由于汉语在其语法体系使用中所显现出的清晰和纯粹","完全可以与古典语言(即我们所知的最为完善的语言)相媲美"(第282页)。

二是鉴于"汉语与古典语言的对立使得其获得了一个有别于那些具有完善语法形式的语言的长处"(第292页),以及这门语言因其"不只是完全相异,且在语言一般性质所允许的范围内根本对立的语法系统"(第282页,第289页)获得了不争的优点,而以上两种截然不同的完善性所具有的价值仍然有待讨论。正如洪堡一开始就承认了汉语特有的完善性,因此需要赋予其认定的古典语言以更高等级的完善性。在他看来,更准确地描述汉语结构的特性以及进一步理解古典语言体系其实都是为了从理论上确立屈折语言优越性,而这需要通过改变其先前立场来实现。

屈折语言优越性的确立取决于是否能够找到语言分析的新层面。众所周知,汉语"从不标示词所属的语法范畴,也不标示词的一般语法价值"(第281页),"拒绝对语法范畴进行精确、细致的区分"(第282页)。洪堡认为它与梵语及其同类语言迥然相异,后者在"表达词的语法价值"方面实现了最高程度的"精确度"(第261页),"对语法范畴进行区分直至其最小单位"(第262页,参见第257页以及第258页)。事实上,这一可以确立屈折变化优越性的新概念在其表述之下涵盖了古典语言语法运作的两种方式。

第一种运作方式是指以明示的方式表达语法范畴,即那些始终通过实实在在的表达"对词的语法形式进行准确区分"、通过赋予每个词"一种语法价值"明示其语法形式的语言所具有的特性(第258—259页),洪堡已经承认了这一特性并对其进行了论证。

第二种运作方式具有决定性作用,是指与屈折方式密切相关的某些语法范畴的特性。这一特性是从对"屈折动词"(第261页)的细致研究中所得出的。洪堡并没有在此重复《存在》中的相关论述,即从词义空白免去了理解像其他语言中那样通过思维添补真正的动词概念(否则这一概念会始终缺失)来讲,动词屈折变化以由多种(词根、人称、数量、语态以及时态)标记的完整融合所产生的一个标记为特征,之前的各种标记变得无法单独辨认(《产生》,1821年,《全集》,第四卷,第299—300页)。论其原因,洪堡应是认为雷慕沙对此肯定有所了解,尤其是理解这一论述。

洪堡在此提出了一个新现象。这个现象在他看来极其重要。

通过屈折变化这一特有方式发挥作用的不再是之前认定的语法关系的表达，而是普遍有效的、可能以隐示的方式出现的"动词属性"（《产生》，1821年，《全集》，第四卷，第291页，译文）。严格去除了附加实物意义的屈折表达方式性质不同寻常，其所展示的语法关系性质也应该因此相异于其他语法关系，后者无论在语言中是否得到体现，都始终存在于思维中。事实上，洪堡在此提出了动词特有语法关系的一个新定义。

直至此时，洪堡时而按照词类，时而按照句法意义这一双重性质对动词加以描述。按照前一个视角，"动词本性"存在于"其观念的当前实现"中，即将"跑"（courir）、"说话"（parler）等概念认定为"真实存在"，而这些概念在变成"我跑"（je cours）、"我说话"（je parle）之前"仍然脱离于任何真实存在"；这正是"构成动词的唯一因素"（《日语语法》，1825年，《全集》，第五卷，第243页）。而按照后一个视角，"动词的特质"在于其"构成句子的主语和表语之间的联系"（《致雷慕沙的信》，1826年，《全集》，第五卷，第259页），"动词的真正本性"在于"主语与谓语的综合"（《产生》，1821年，《全集》，第四卷，第299—300页；译文）。洪堡在《致雷慕沙的信》中首次对动词概念做了统一解释，涵括了其双重性质，而这得益于洪堡在动词双重性质中发现了一个共同因素，后者对动词双重性质的一致性起到了决定性作用。

尽管洪堡仅仅对此进行了简短论述，发生于动词中的这一"活动"（《致雷慕沙的信》，第1826年，《全集》，第五卷，第

261页）可以描述如下：说话人，即对"两个观念""进行比较后得出一致或是不一致结论"的主体，"在说话中"实现"连续的拟人法"，甚至将其存在投射到一个"观念存在（即构成句子主语的词）之上"："人们做出评判所需的内在行为跟叙述对象相关"（同上）。谓语的主语由此获得了想象存在，"投入某种行动或被表现为被动状态"："人们不说我认为至高存在和永恒这两个概念相同，而是置身事外地说至高存在是永恒的"（同上）。因此，动词的真正概念就在于确认投射于其的真实存在，或者引用洪堡在其他著作中的表述，在于"确立存在这一行为"（《对古多·哥勒斯论文的答复》，下文中简称为《答哥勒斯》，1827年，《全集》第七卷，第648页；译文）。然而，这一投射相当于"存在概念与分词的统一体"，分词在任何使用之前都应理解为系词或是一切动词的基础概念："作用，对……起作用，使……活动"（第647页；译文）。"屈折动词"正是产生于这一统一体（同上）。总之，屈折动词被视为一个整体，首先对应评判中的系词，另外它还保证了系词所无法表达的内容，即"主语与谓语之间的真正综合"，以上就是"动词的基本属性"（同上）。因此，动词的本质无法被简化为"自我存在这一概念"，而是整体超出了这一"主语与谓语通过存在这一方式形成的统一体"（同上）的综合。

动词正是因为说话人强加于句子主语的存在以及通过存在这一概念所体现的内容，才能以这种方式充分发挥其所承担的双重功能。而评判则满足于以"数学等式"的形式对"两个概念"进行比较，这两个概念通过以这种方式构建的动词"以综合的方式关联起来，即添加存在这一概念完成"（《致雷慕沙的信》，1826年，《全集》，第五卷，第261页）。同样，纯词汇概念得以呈现，其真实存在得以激发。

然而，关键就在于即使屈折变化运作在表达中留出空白，像是专门为存在这一概念留出一个摆脱了干扰具体所指的空间，该概念也无法出现在语言本身中。作为动词本质的命题综合，它在形式方面对应着表达由动词词类所承担的多样关系的语音综合。洪堡认为动词这一本质关系不仅在屈折形变这一手段中得以表达或是发现，而是真正产生于此。这一关系在语言中产生并通过语言产生，因为它完全取决于语言的形式资源；那些语言中缺少屈折变化的民族从未拥有，甚至连那些以隐示方式对这一关系进行表达的民族也没有。"屈折动词"这一语法关系，或者更确切地讲这种情况下无法分离的形式和内容"只存在于通过语言手段实现了高度精确和清晰的思维中"（同上）。因此，它需要由语言本身引入思维中。洪堡借用一个类似的例子对此进行解释。"对词的种类进行区分"同样超出了源于逻辑的理性："对思想与其智力关系的考察恐怕不能引起这一区分"（第262页）。像看待生物一样来看待词毫无根据，甚至"不够理性"，这类区分也仅仅因为其"完全属于语言的想象力部分"（同上）才解释得通。

"将语法范畴或是语法形式区分至最小单位"（第258页）这一区分概念被视为古典语言优越性的节点标准，该概念的意思在洪堡对屈折动词进行论述以及详致解释之后更加明确。这类非同寻常的关系不再属于普遍性范畴,无法被认为是始终存在于说话人的精神中。从此,在洪堡理论中,语法范畴应该分成两个层次。第一类范畴是那些通过先验逻辑可推断的语法范畴,始终可以"通过分析被转化为语词的思想"(第258页,第261页)得以辨认,这一分析"仅仅展示了原本就存在于具有话语能力的人的精神中的东西",因为这些形式像"原始意象一样存在于人的精神中"(第258页),而人们仅仅满足于称赞其在一门具体语言中的系统性类型。另一类语法范畴则极其少见,产生于某些民族"以特殊的方式对待语言"(第261页),将"语言用作思维的官能和工具"(第262页)之时。因此,这类范畴产生于"一个民族对其语言所采用的观察和处理方式"(同上),要求其"尤其意识到语言在将思想转化为话语时给思想添加了什么东西"(同上):

> 然而,到了一定程度,简单地区分主语、定语以及其联系已经不足以说明词语的连接关系,必须借助严格意义上的语法范畴(即产生于语言本质的范畴)来确定这类纯逻辑的范畴。(第294页)

因此,按照洪堡此处所采用的视角[1],那些与思维有关的语法

---

[1] 重构这一视角需要将多篇论著中的内容汇聚起来,而这些内容始终与一个分析有关。这一分析最终在《致雷慕沙的信》这一时期变得协调一致。有关对其更详致的介绍,参见〔法〕让·卢梭《洪堡眼中的动词或存在的拟人化》("Le Verbe ou la prosopopée de l'être selon Wilhelm von Humboldt" *Kodikas/Code Ars Semiotica* Vol. 11, N°1/2, 1988, 43-65)。

关系和其他与思维表达有关，即仅与语言相关的语法关系最终得以区分。前者始终由思维添加到任何语言中，而其他的语法关系仅仅能够在某些特殊的情况下通过某些语言添加到思维中。

这一转折具有决定性意义，因为这一理论调整突破了洪堡理论中一直存在的局限之处。语义分析最终在古典语言屈折变化这一完美例子中与词法分析汇合并证实了后者。作为高级的表达方式，屈折变化直至此时都未能在观念领域找到与其对应的内容，尽管它原则上拥有促进观念发展的意想不到的可能。从此以后，那类源于屈折变化的语法关系因其独特性质无法归入普遍性而得以抽离，洪堡才能对屈折变化及其语法关系进行互相解释，并将其共同确立为非常寻常的现象。《产生》中因单纯参考逻辑而出现的理论障碍十分明显，这一障碍一经解除，屈折变化生成高等级形式性的目标最终得以论证：屈折形变是唯一可以通过呈现仅源于人们想象能力的语法关系丰富思想领域的语法手段。

C. 理论调整

第一，洪堡对屈折形变的全面推崇对其因汉语而开启的研究产生了一定影响。屈折变化的优越性因处于普遍性要求之外而免受波及。但凡严格的逻辑框架阻碍一切建立语言差异观的尝试之处，想象这一补充能力变得比逻辑更重要，语言间的差异被归于想象能力，即想象力按照"各个民族的特性"所能得到的"发展"，实现或大或小的"成就"（第262页）。按照这一无可争论的标准，可以得出如下语言价值的衡量标准：古典语言的完善性是"是语言应该真正追求的目标"（第293页）；语言等级观，尤其是与汉语相对立的语言等级观最终得以建立。汉语最终被描述为"作为思维工具，它远远不如拥有相当完善语法的其他语言"（第292页）。洪堡坚定地推出以下结论：

> 古典语言将词视为真实的客体，并赋予其后者的品性，将一切由句中词的关系而生成的关系引入概念表达中，并通过这一方式将修饰成分添加到概念之上，尽管这些成分并非一直是应当表达的思想的基本内容所必需的。汉语中词并未成为以其特殊形式对这些概念产生影响的存在，而是纯粹地坚持思想的基本内容，为了给思想包裹上言语，而尽可能少地获取言语活动的特性。（第289页）

第二，洪堡删掉了其中一些内容，推出了新观点，调整了其理论的整体布局。其中一部分理论在那些与逻辑无法调和的语法范畴得以识别之后被降到次要地位。而之前一直按照逻辑组织的相关研究①，现如今再也无法依靠仅基于逻辑的普遍语法所提供的概念来描述所有的语法现象。因此，按照上述方法组织的语言研究百科计划遭遇到了失败，自1826年以后再也没有出现在洪堡的述著中。

然而，洪堡在因汉语所开启的、围绕屈折变化进行的研究中所得出的一些结果可以应用于一切语言多样性研究与比较方法，

---

① 比如，参见《有关巴斯克人的专著残篇》，下文中简称为《巴斯克人残篇》，1801—1802年，《全集》第七卷，第600—601页。

其中以系统概念的出现以及类型学的拟定尤其值得关注。

洪堡力求明确每个语法的基本方法：古典语言的基本方法是屈折变化；而汉语，鉴于它"只表达概念"（第265页），"每个词都应被视为进行孤立思考的对象"（第267页，第280页）。通过以上表述，洪堡强调了"系统"①在准确描述语言语法运作中的重要性。上文中已经对汉语表达语法关系的不同方法做了论述，其中有些甚至看上去与其他语言所用方法极其相似。事实上，在汉语这样一门屈折变化完全缺失的语言中，以上方法不可能拥有或追求同屈折变化语言中相同的功能。在屈折变化存在的情况下，屈折变化或许可以将被视为与汉语所用方法相同的其他表达手段聚集且组织在其周围，并从根本上改变这些手段的性质。然而，倘若作为语法体系中心的屈折变化缺失，那么这些相同的机制则失去了其语法功能，因为它们只有在屈折变化承担组织功能时才承担语法功能。比如在英语中，"like"既能作动词又能作名词，然而这类现象与汉语的模棱两可并不相同：

> 通常，一个英国人习惯于根据句子要素的语法形式将其连成句子，因为该语言中这些语法形式有着截然不同的标记，即真正的语法关系的标记。这一点至关重要。然而，倘若一门语言中语法关系标记的缺失成为规律，精神则不会填

---

① 这一表达对应洪堡论著中多处内容（《致雷慕沙的信》，1826年，《全集》第五卷，第259页、第263页、第264页、第285页、第286页、第293页、第297页、第300页、第304页）。

补这一空缺。而在这一缺失只作为例外存在的语言中,情况则相反。(第265页)

根据同一个原则,汉语"由于没有屈折形式或者其他替代手段,在应用词序规则时常常缺少一个稳固的立足点"(第278页)。

另外,洪堡有关语言多样性的过于简单化的观点也得以修正。因为,如果承认汉语具有某种形式的优越性,那么梵语在语言可能性方面则实现了巨大突破,而此时流行的有关语法方法等级观的一些推论因过于冒险而无法继续使用。既然汉语的单音节性并不排斥某种完善性,洪堡在《产生》中所论述的语法发展模式则继续有效。这一模式根据有时几乎可以由某门语言的发展历程证实的起源观论述了语法方法的产生顺序①,将语法发展分为孤立词、黏着直至屈折变化等阶段(《产生》,1821年,《全集》第四卷,第305—306页)。然而,我们一定要避免依照词法手段所定义的类型将语法发展道路投射到这一语法机制发展观之上,不仅如此,面对每门语言所呈现出的一致性,在使用进步这一概念时也需要万分谨慎。诚然,考虑到屈折变化不可否认的优势,每种语法手段与屈折变化所体现的语言完善性都有一定的差距,因此完全有理由将以此得出的不同差距视为"阶段性发展"(《语构区别》,1827—1829年,《全集》第六卷,第141页;译文),但

---

① 这一发展顺序的存在方式无法被准确地投射到"现实中",但可以视为"真实发生的现象"(《语构区别》,1827—1829年,《全集》第六卷,第140页;译文)。

是这一等级观并非一定在语法手段性质中呈现。而最终承认的语法意义等级无法被单纯、简单地移植到语言中，因为没有任何一门语言可以仅由这些手段中的其中一个进行辨识①。

洪堡有关语法手段的根源与起源的思考因屈折变化、黏着性分析受到了严重动摇，在汉语研究之后彻底无法再被用来确定语言本质以及优越性条件。然而，对汉语真正优势的承认主要增加了整个语言领域描述的可能，这些可能在这之前均被排除在外。语言评价标准从此不再单一，涉及多个层面，也可以用于更复杂的语言轮廓描述。语言二分法被基于现象数量的渐变观所取代，评价框架也不再仅由古典语言承担：汉语与梵语也构成了语言不可超越的极点②。

的确，这两门语言因其系统非凡的一致性与其他所有语言相对立；然而，尽管它们都被视为"海格力斯之柱或语言的两个极点"（《致雷慕沙的第四封信》，1827年2月18日），被置于同一个层面，却需要以两种不同的方式进行理解。倘若以语法为标准，梵语作为完善的思想手段构成极点，成为对语言进行排列的参照：最初是语法缺失的汉语，之后是其他那些进行多样粗劣努力却结果甚微的语言。相反，倘若以单纯追求去除了语言资源的

---

① 有关每门语言都使用不同的语法手段，参见（《语法结构》，1827年，《全集》第六卷，第387—388页），相反，即使是最完善的方法，也"没有任何一门语言以完全规律的方式使用"（第364页；译文）。
② 这一观点得以确认，之后甚至变得稳定："这两门语言的语法结构根本对立，统领这一领域，并没有第三门语言与其并列"（《语构区别》，1827—1829年，《全集》第六卷，第141页；译文）。《普通语言类型的基本特征——美洲语言详细调查导论》（下文中简称为《普语类型》，1824—1826年，《全集》第五卷，第461页）中也是如此。

纯思想为标准，那么汉语则单独构成极点。洪堡以这种方式构建了一个仅有梵语、汉语和其他语言三极构成，却足以涵盖语言多样性的类型学。明确汉语特征则需要结合这两个标准。根据其前一个模式，汉语具有"缄默的语法"（《语法结构》，1827年，《全集》第六卷，第385页，第387页；译文），或者更确切地说，"几乎完全沉默的形式关系的指称"（与古典语言中"语音指称"相对）（《爪哇语导论》，1830—1835年，《全集》第七卷，第272页；译文）；而根据后一个模型，"其结构一致性"（第271页；《论汉语的语法结构》，下文中简称为《论汉语》，1826年，《全集》第五卷，第321页；译文）非同寻常。一旦承认汉语拒绝语法，它就能与其他所有语言毫无例外地被区分开来[1]。

3. 最终结论

围绕汉语所进行的分析以及对古典语言所投入的更多关注是否能够从根本上明确这类支撑屈折变化优越性的语法关系的准确性质呢？屈折形变的精确特性中保存了某种模糊性。的确，动词本性通过存在这一概念得以确立，如果缺少屈折变化这一唯一真正表达存在的过程，存在就无法得以领会，甚至无法被想象。然而，我们是否就可以因此而认为存在这一概念严格来讲在屈折变化出现之前一直在思想中缺失，它完全由语言创造，且反作用于思想呢？难道语言不对思维呈现出一种潜在关系？当这一关系未

---

[1] 此为洪堡在《卡维语导论》，1830—1835年，《全集》第七卷，第271—274页中的最终观点。

在语音中得以记录，缺少专门的表达手段时，可能会处于隐示状态。

　　以上正是洪堡通过其论述所要表达的观点。洪堡强调，人投入存在"活动"而"往往毫无觉察"，这一活动构成了"每门语言中都势必存在的想象力部分，因为它体现了人的智力组织和语言的性质"（《致雷慕沙的信》，1826年，《全集》第五卷，第261—262页）；他还论及了有关"智力行为""构成语言"（第265页），某些民族可能"深刻感受到这种语法关系以至于想将其表达出来"（同上）。以上全部表述看上去都认为这种语法关系普遍存在且先于其表达而存在，即使其在一些语言中仅仅以暗示的方式得以表达。简言之，由想象力所创造的语法范畴与源于逻辑的语法范畴之间的准确关系、语言表达与思维的关系以及与屈折变化的专属关系，这些问题仍待解决。洪堡因为汉语这一反例继续对这一领域进行研究，最终创建了一套更为严密的理论系统。

　　A. 继续交流与改进表述

　　雷慕沙调整了洪堡来信中的表述将其出版，并添加了篇幅长达二十几页的《有关"致雷慕沙的信"中一些段落的意见》[*Observations sur quelques passages de la lettre précédente*（雷慕沙，1827年，第97—122页）]，继续了两者的学术讨论。他尤其提出了如下一点，即便这一点超出了源于想象能力的语法关系的范围，对洪堡来说同样具有重大意义。雷慕沙在其注释8①中

---

① 这里的"注释8"指的是本书后文中《有关"致雷慕沙的信"中一些段落的意见》中的第8条注释。

承认汉语中由三个词的简单排列而构成的表达①可做截然不同的翻译,需要从中进行选择,因为"一位好作家在使用一门拥有如此细微差别的语言时不会不顾它们之间的差别"(雷慕沙,1827年,第101页)。然而,他认为"问题在于这些细微差别是否有必要,它们加之于表达的内容是否真的是思想内在的内容"(同上)。因为在这种情况下,"只需要知道所谈论的人哭了,也说了话,两个动作之间的时间间隔并没有明确的标示"(第102页),雷慕沙建议将上述多样性归因于修辞学,因为:"那些拥有多种方式表达表示某些行为之间的隶属关系的语言优越……事实上,后者的优越性可能只能归结于更加多变的表达方式,可以避免因同样结构无限重复而导致的单调。"②(同上)

相应地,倘若继续——在雷慕沙看来有些矛盾——说中国人没有"任何语法概念"(第119页),那么他们则拥有"一整套语法诠释体系"(同上)。以上说法源于我们过分关注我们语言表达某些状况以及句子各元素间不同关系所使用的"特殊形式"(第112页)。要为汉语正名,就必须将其所呈现的语法现象纳入语法定义中:"这些方法条理有序的使用填补了真正意义上的语法形式的空缺,丝毫没有值得遗憾之处。"(第119页)

洪堡意识到其与雷慕沙之间意见分歧难以消除,于是在后来的一封回信中对以上意见做出了回应并做出了充分论证。在他看

---

① 对应拉丁语中"magnum, plorare, dicere"。
② 此处对雷慕沙的表述进行了重新组合,而未做修改。

来这一回应应该可以终结这场讨论①。针对雷慕沙建议其不再将古典语言视为绝对参照,洪堡基于在他看来特别的语法关系,更加明确地阐释了他眼中古典语言的语法与语法关系普遍性之间的一致性:

> 我们所构想的语法一定存在于人类思维中。通过该语法可以理解世界上的任何方言,我称之为先天语法。(《致雷慕沙的第五封信》,1827 年 7 月 12 日)

洪堡认为人类精神中蕴藏着语言中所有可见的语法范畴,因为任何语法范畴都无法脱离人类本性。人类精神定义了一切语言可能性,而"天赋语法"是其无法超越的界限。然而,这是"我们所构想的"天赋语法,"我们"就其本意来讲是指某门完善语言的使用者,唯有这类语言才能实现整套语法关系,而后者在其他语言中仅仅表现为其使用者精神中未开发的潜能。

因此,有关语言范畴对于一门无法调动其语言的使用者来说存在方式不同:"先天语法几乎只存在于梵语系诸语言中,而这些语言也正是先天语法最杰出的体现。"(同上)普遍语法不再是全部语言的最小共同标准。它只有在成为屈折语言的语法外延时,才成为绝对参照框架。

屈折语言由于其表达方式的丰富作用,只有在耗尽想象范围

---

① 该信写于 1827 年 7 月 12 日。正如上文所述,这封信确实是洪堡于 1824—1832 年间写给雷慕沙的信件,本文首次呈现了这批至今从未公开过的信件。

时才能拓宽想象界限。也正因为其丰富的表达方式,屈折语言与全部语法潜能相一致,而其他语言则与后者相去甚远。的确,这种潜能"表现"多样:"先天语法的各个范畴在各语言中通过组成各方言内容的大量实体概念寻求表现并力求嵌入其中,通过某种或另一种方式得以表达"(同上),然而,各种表达方式地位并不相同:"其表达方式却或多或少地偏离了哲学上所认定的真正的语法形式"(同上)。表达方式这一问题对确认语法范畴的存在具有决定性意义。如果没有屈折变化,"思维赋予语言的智力形式难以在后一类方言中得以表现"(同上)。

因此,在雷慕沙最终评论的影响下,洪堡更明确地接受了所有语法范畴都潜在存在于人类精神中这一观点。事实上,他借用雷慕沙的表述来证实这些语法范畴(后者将"表达与唤起两种方法"对立起来),是为了更好地反驳所有语言都以同等方式表达语法关系这一观点:"我认为,语言应该表达其语法,而不是仅仅满足于在其使用者的思维中唤起语法形式的概念。否则,这一语言就会失去相互理解的关键,只在其与其使用者之间建立起一种专属关系。"(同上)

完善语言的特性最终体现在其表达与先天语法体系一致。例如,在梵语中:"语法组织作为一个整体又具有细微差别存在于民族思维中,同时也在语言中留下其印记。所有的语法关系都处于此组织中,各司其职;其表达,甚至是表达的变化,都有规律可循。"(同上)

因此,一门"任何词都带有其语法性质的明显标记"的语言，准确来讲其优越性在于它直接体现普遍性。同"自身没有明显标记"（同上）的语言相比，它们之间的差异体现在"前一类语言的语法可以通过普遍规律来理解和研究，且普遍规律体系与上文中提到的先天语法完全一致"（同上）。由于前一类语言体现了全部先天语法，较之于其他语言能够唤起独一无二的精神，所以"更加理想"（同上）。

在洪堡的这一回答中，屈折变化所表达的特殊语法范畴力求进入精神可表达的语法关系体系之中，它们看上去是由屈折变化简单呈现到思想之中而非由思想产生的。然而，考虑到这一最终表述与先前陈述之间的差异，我们需要继续对"先天语法"所表达的内容进行探讨：它是否仅仅是"每门语言中""通过某种方式"所表达的语法范畴中可以想象的那一部分？当一门语言对以上范畴的表达不如屈折变化那样令人满意，甚至这一表达并不存在时，该类范畴是否始终存在于其使用者的精神中？或者说"先天语法"是否也涵括了那些仅仅通过希腊语或梵语中的屈折动词才得以领会，而对于一门粗劣语言的使用者来说既想象不到也无法想象的语法关系呢？

以上问题非常重要。在第一种情况下，语言间的差异在于这类语法关系是否得到表达，诚然，这对智力运作的明晰性和效率均有影响，然而却并没有因此而全然否认那些缺乏屈折变化的语言的使用者所具有的思维能力；这一差异并非根源上的不同，而仅仅是程度差异。在第二个假设下，这一差异根源上属于性质差异：某些语言所拥有的语法范畴、语法关系是其他一些语言永远无法建构的,这一标准在语言中确立了一种彻底二分法,后者在语言表达考察中具有决定性作用,而这正是洪堡所设想的语言对比的任务之一。

以上这些《致雷慕沙的信》中所提及的有关屈折动词这一重要例子的直觉,由洪堡在《普通语言类型的基本特征——美洲语言详细调查导论》(*Grundzüge des allemeinen Sprachtypus*,下文中简称为《普语类型》)①中总结归纳成了最终观点。之前与这一观点相关的模糊内容从此被纳入表述严密一致的明确分类之中。②

B. 理论的最终版本

洪堡根据三个互为补充且趋于一致的研究方式所建构的这一论述在各个方面都面临着汉语的挑战。

a. 两个法则:逻辑与语言

第一个研究视角是在影响语言语法运行的两个因素各自范围内对其进行论述并构建两者之间的共同点③。一个因素是由语法范

---

① 洪堡自 1824 年开始撰写这一论著,但从未结束。这一导论本应对美洲语言进行概述,其最后内容肯定完成于 1827 年《致雷慕沙的信》出版之后,因为其中提到了后者。这一概述中的整段论述也出现在了《论人类语言结构的差异》(*Ueber die Verschiedenheiten des menschlichen Sprachbaues*,下文中简称为《语构区别》,1827—1829 年,《全集》第六卷,第 111—303 页)以及《论语言的语法结构》(*Von dem grammaitischen Baue der Sprachen*,下文中简称为《语法结构》,1827 年,《全集》第六卷,第 337—486 页)中。
② 洪堡在《语言联系》(*Redeverbindung*)这一章节对从此处于稳定状态的观点做了介绍(《普语类型》,1824—1826 年,《全集》第五卷,第 445—473 页)。重要的是,洪堡在该章节内系统地将汉语作为其清样,以进行更完善的理论构想(第 446—447 页、第 453 页、第 461 页、第 462 页、第 464 页、第 466 页、第 470 页、第 471 页)。
③ 有关这一主题的最初论述出现于段落 131 至 133 部分(《普语类型》,1824—1826 年,《全集》第五卷,第 449—453 页)。

畴构成的思维的本性，鉴于语法范畴使现实变得可以想象，因此它属于纯思想领域①，受逻辑管辖，按照强制性框架决定语言的使用方式②。另一个因素则是作为思想工具③的语言的本质，其"使思想脱离我并转向他人"（《普语类型》，1824—1826年，《全集》第五卷，第452页；译文）的能力。

因此，两个法则共同作用于每一门具体的语言。然而，前一种情况下，根据理性推断，法则都可以先验确定④。而后一种情况下，这一法则仅以追求自由⑤为目标，概念分析也只能通过考察真正可见的语言现象进行逆推。事实上，这些现象根植于语言本性，准确来讲体现了语言使用者对语言的使用，从而超出了陈述领域：将"je"（我）投入言语中以及"je"（我）与"tu"（你）之间的关系，后一关系属于言语固有功能⑥。

---

① "语言中有关纯思考（Denken）的内容取决于判断与智力"（《普语类型》，1824—1826年，《全集》第五卷，第455页；译文）。逻辑"以绝对公正的方式，在可能的范围内，更确切地说以绝对存在，通过其本身而与人毫无关系"（第452页；译文；参照《语法结构》，1827—1829年，《全集》第六卷，第346页）管理概念。
② "思考活动的法则包括语法的基本规定"（《普语类型》，1824—1826年，《全集》第五卷，第451页；译文）；"所有语言语法的共同点源生于思考活动法则的本性"（第453页；译文）。
③ 语言是一种"自然人类功能"（《普语类型》，1824—1826年，《全集》第五卷，第451页；译文）；它是"思考活动与表达世界的工具"（第459页；译文），"精神内部、活跃的功能"（第455页；译文），"一种人类内在的功能与（……）与其相对的外在材料"（第462页；译文）。
④ "思考活动法则不能也不应该只通过纯概念推理进行寻找"（《普语类型》，1824—1826年，《全集》第五卷，第451页；译文）
⑤ "言语的语法功能（……）使观念自由与法则交织在一起，以至于自由与法则密紧密地互相渗透"（《普语类型》，1824—1826年，《全集》第五卷，第451页；译文）
⑥ "另一个由语法所带来的内容（……），则是确立存在和将主语展现为独立主语的行为，通过这一行为将谓语与其连接起来，正如它所提供的置于相互作用中个体概

即使这一领域超出逻辑范围,却仍然属于普遍性(因此,它有别于其他那些事实上并不源于严格逻辑而是进行无意义增补①的形式)范围。那些始终要求是"je"(我)讲话的语言现象与纯粹逻辑并不完全相悖,②因为它们像那些属于纯逻辑的语言现象一样可以进行理性诠释。只是逻辑几乎可以不需要语言,而陈述则完全依靠语言,因此只能事后运用概念进行分析。正是基于这一基本特性源生出了以上两个法则对语言具有普遍影响作用这一共同点。然而,鉴于两者的理性处理方式不同,它们对具体语言的影响作用也不尽相似。

　　事实上,两种法则在其范围内发挥作用时,逻辑法则对应必要范围,而陈述法则对应自由范围,前一种情况下理性推理必将是原则性的,而后一情况下仅为可能。因此,语言这两个组成因素的影响力性质与程度皆有不同。

　　当纯逻辑思维规律运行时,其法则呈现出以下特点:即使

(接上页注)念:"je"(我)和"tu"(你)。前一个方面对动词理论影响最大,后一个方面则对代词理论影响最大"(《普语类型》,1824—1826年,《全集》第五卷,第451页;译文;参见《语法结构》,1827年,《全集》第六卷,第346页)。有关代词,详见(《语构区别》,1827—1829年,《全集》第六卷,第161页;《论几种语言中地点副词与代词的亲缘关系》,下文中简称为《地点副词》,1829,《全集》第六卷,第305页;《语法结构》,1827年,《全集》第六卷,第368—369页)。

① 比如名词词尾中,在可以进行严格理性派生的格之上,因为它们属于关系范畴,再加上那些因"手段与位置概念介入"而产生的(普语类型),1824—1826年,《全集》第五卷,第451页;译文)表达手段和位置的格。这一分析早在有关巴斯克语言的论著中即已出现(《对〈米特里达特〉第二卷第一节关于坎塔布里亚语或巴斯克语的修正和补充》,下文中简称为《修正》,1811年,《全集》第三卷,第257页)。

② "即使在纯逻辑仅仅承担概念的合并、分割以及派生之处,逻辑仅对概念起作用,与人称并无关系"(普语类型),1824—1826年,《全集》第五卷,第452页;译文)。

语言中没有任何具体语言上的体现，思维规律仍然始终存在于语言中。因为这些规律集中了人类使用其能力所需要拥有的全部因素；它们只有在人丧失了其部分能力时才可能会缺少。因此，无论这些法则在哪门语言中运行，即使其声音形式缺乏，无法满足普遍性要求，使用者都能应用这些法则，根据需要将这些存在于其思维中的法则投射到语言中。^①

在这一方面，汉语是补偿策略的完美例证。粗劣语言的使用者会无意识地使用这类策略：事实上，该类语言不具备"词类的任何语法区分标记"（Kennzeichen），然而"对于其母语使用者来说，这些语法形式需要以这样或那样的方式存在，需要按照其规律来组织话语以得到理解"（第453页；译文）。

另一方面与逻辑无关，属于对话与主语活动范围，因此同样普遍，但并不始终以隐示的方式存在于说话人的精神中，下文将对此进行论述。它在说话人使用语言时起作用，至于是否存在于思维中则完全取决于语言本身：倘若缺乏精确的形式性质的表达，它在讲话人的意识中缺失。这种情况下，需要语言充分发挥作用以承担这一方面唯一的功用：语言通过使用其表达资源，承担或者不承担思维中属于语言范围并构成不受逻辑影响的创造部

---

① "一切语法形式，要想以某种方式得到重构，需要在所有语言中得以表达，即使是缺少专门的语法表达，即使是在这方面最不开化的民族也应该能模糊感觉到这些形式和法则，若无后者，话语间的联系将丝毫无法辨认"（《普语类型》，1824—1826年，《全集》第五卷，第453页；译文）。倘若语法关系仅受思维法则影响，那么"所有语言中，语法关系都应以某种方式得以辨识"（《语法结构》，1827年，《全集》第六卷，第340页；译文）。

分这一方面。语言之间的根本差异由此得以体现。

b. 思维形式与语言形式

如果说第一种研究方式强调的是语言的基本特性,其范围自语言所规定的逻辑要求直至语言所可能实现的特别贡献,那么第二个研究方式则重新回归至语言内部,明确所表达语法关系的性质并以此寻找差异产生的原因①。事实上,语言的本性是提供一些具有不同功能的、经历了一些融合综合因此也变得难以辨认的语言形式②。洪堡根据三个原则对这类语言中存在的形式进行分类。

第一个原则是源于思维形式的语言形式③,它们就像是逻辑范畴在语法关系上的映射。鉴于此类语法关系是呈现思维法则所必需的,无论它们在语言中是否以隐示的方式出现,却始终以独立于一切语言表现的方式出现于语言中④。

第二个原则是语言所特有的形式,它们构成了另一个重要的组成部分⑤。这类形式并非由思维形式直接决定,而是与"一个民族明确的语法目标"(第455页;译文)相关,因此在每门语言

---

① 此为第二种研究方式,它见于段落134—142(《普语类型》,1824—1826年,《全集》第五卷,第454—461页)部分。
② "语言以综合的方式(将思维形式与语言形式)合二为一"(《普语类型》,1824—1826年,《全集》第五卷,第455页;译文)。
③ "思考活动的形式""对语言来说也是必不可少的"(《普语类型》,1824—1826年,《全集》第五卷,第455页;译文)。
④ 这三个原则中的第一个适用于语言:"它由思考活动法则决定,这一活动只有在其帮助下才能进行。"(《普语类型》,1824—1826年,《全集》第五卷,第459页;译文)。有关其他两个原则(第459页),参见注释65和66。
⑤ "对其来说最确切的形式并不是观念的本质,而是语言理解观念的符号"(《普语类型》,1824—1826年,《全集》第五卷,第455页;译文);"语言使思想活动带有细微差异"(第456页;译文);"由语言所添加的内容反映观念"(第455页;译文)。

中皆有不同。这类形式比较混杂,需要进行进一步区分。

第三个原则比较复杂。语言所特有的形式中首先区分出来的便是某门语言语法中所出现的语法关系,它们源于自然,是不合理的语言植入。因此,由现实世界、生物界直接移植的有生命与无生命间的差异并不属于语法。① 根据这一差异,语言中有一类形式与语法视角有关,但是缺乏系统性,尤其是无法与思维形式相结合,因此不是语言形式。这一差异并不丰富思维形式,因此无法在概念层面得到论证②。

而一些语法关系(如阴阳性关系)与上一类语法关系不完全相似:它们并非源于语言,而是源于性别区分。然而,倘若一门语言中这一关系不仅出现于性别相关之处,还变成了所有名词的必要选择,那么这门普及了阴阳性关系的语言则采纳了它不曾创造的一种区分。该语言使用这一区分实现其目的,如保证句法一致,通过这种方式生成一个真正的语言形式③。鉴于这类语法关系本身属于语言范畴,因此真正具备了语法性。④

---

① 这一现象在美洲语言中明显可见:"特拉华语、墨西哥语以及都都那克语(totonaque)都通过这种方式将差异引入语言之中,这一差异源于自然,却与语法毫不相干"(《普语类型》,1824—1826 年,《全集》第五卷,第 455 页;译文)。
② "生命体这一特征受到关注时,某种东西被由对自然鲜活的直觉转移到语言之中,生成了一种与思考活动的形式毫无关系的语法差别"《普语类型》,1824—1826 年,《全集》第五卷,第 459 页;译文)。
③ "相反,那些为全部词配上阴阳性的语言将这一区分提升到真正的语法区分之列。语法区分为语言所特有,由语言产生并服务于语言本身,因为这类语言为了语法使用而改变了事物的特征"(《普语类型》,1824—1826 年,《全集》第五卷,第 455 页;译文;参见《语法结构》,1827 年,《全集》第六卷,第 364 页)。
④ 这也以回顾的方式解释了洪堡在论述屈折动词时提及了这一语法关系,将其视为想象的产物(《致雷慕沙的信》,1826 年;《全集》第五卷,第 262 页)。

然而，另一部分语法关系更为明显，如宾格不定式结构或分词的绝对使用，它们与语言中思想功能的映射完全无关，并非源生于自然，而是从语言中产生，以上全部都得到了论证。这类关系无可争议地构成了一种语言形式。①

我们可以看出在思维形式与一切语言所特有的形式的对立内部，一个基本二分法将语言形式分为外生语言形式与内生语言形式②。这一区分体现了作用于语言的两个相反的原则：一个是语言所承受的现实压力，③另一个则是语言摆脱了现实压力而创造其特有的表达④。

一个语法形式要被称作真正的语言形式，需要同时具备以下特征：一是不由自然现象决定；二是在语言中得到系统表达；三是独立于思维形式。还有第四点，那就是以象征的方式运作。事实上，语言的本质正是源于这类形式。然而，语言是思维的符

---

① "然而，这些结构并不源于思维活动在语言中的简单功能，无法通过对构成陈述的系统计算而实现；这些结构一旦形成，只能通过逻辑进行解释和论证。因此它们的确属于语言形式，但正因为它们并非所有语言所固有的，所以属于有关语言的确定目标"（《普语类型》，1824—1826年，《全集》第五卷，第458页；译文）。
② 语言形式也包括那些"在有生命与无生命对立的情况下，被添加了与它无关的某种内容的形式，以及在另一种绝对夺格中，增添了它特有的某种内容"（《普语类型》，1824—1826年，《全集》第五卷，第459页；译文）。
③ "然而，鉴于语言象征现实，而言语是与其相关的事物和事件的图像，因此，对世界的直觉对语言具有影响作用，现实中最大程度地刺激了意义的东西极易被转移到语言中"（《普语类型》，1824—1826年，《全集》第五卷，第459页；译文）。
④ "最终，语言作为思维活动与介绍世界的工具具有其特有的形式，这种形式的直觉与感觉为其留下了印记，直觉和感觉强烈之处，标记得以凸显"（《普语类型》，1824—1826年，《全集》第五卷，第459页；译文）。

号,通过借给思维做外壳力求其表达方式与思想达到一致①。一门语言之所以能够以与精神中一种语法关系的性质严格相似的方式来表达这一语法关系,原因有两个:其一,语言是他人关系和与自我关系的必要调解②,所能表达的关系并不是由纯逻辑决定,而是与依赖言语活动的思维部分有关;其二,语言是个相对独立的语音世界,介于我们与世界之间③。

根据一些充分论证的理由,屈折动词是这一象征性运作最好的例证——不是反映,而是通过与观念相符的形式生成语法关系,这类形式通过同一个活动表达和创造观念。而语言形式无论从两方面的哪一个来看都是语言所特有的:它既源于其客观语音性质,同时也源于说话人所赋予其的功能。因此,它由语言而生并为语言而生。

---

① 洪堡在《论语言的语法结构》中清晰表达了其观点,对《致雷慕沙的信》中的论述进行了补充:"任何概念间的连接都是一种内部精神活动,为表达观念的对话理解是一种自由行为,与思维活动一样无法解释。因此,那些敏感的、外在于语言的手段并不包含任何与其一致的特有表称,而只是能够刺激这一活动的指示。对观念的把握是对其形式的把握,在理想情况下后者与材料——其内容分开。然而,智力形式,尤其是这一形式,无法在语言中直接表达,因为一切实证的、直接的表达都必须通过质料呈现。为此,观念的连接形式只能以间接的、非实证的方式出现在语言中。然而,这一形式依然根据其本性,借助了语言中最高等级的统一性——词的语音统一体,间接出现。表达概念与语法关系的语音融合于同一个词中,概念与关系并非以松散的方式连接在一起,而概念看上去像是专为这一关系而生;它们无法被分开看待,而是一个包含着另一个。在此,外在、敏感统一体的形式刺激着内部、精神形式"(《语法结构》,1827年,《全集》第六卷,第361页;译文)。
② "语言同时是一个将思想置于其外部、其对面以向他人交流思想并使其反作用于说话人的手段"(《普语类型》,1824—1826年,《全集》第五卷,第455页;译文)。
③ "由语言添加到思维的内容要求创造性的想象力,因为一般说来,它在人类与现实之间置入了一个语音世界"(《普语类型》,1824—1826年,《全集》第五卷,第455页;译文;参见《语法结构》,1827年,《全集》第六卷,第392页)。

真正的语法形式的最后两个特征也由此而生：五是创造思维中新的组成部分；六是可以进行理性分析。事实上，这类语法形式与思维形式具有前所未有的关系：以这种方式创造的语言形式不仅不受思维形式的影响，而且还真正丰富了后者。拥有真正语法形式的语言利用其自身资源，可以说是丰富了思维，拓宽了思维范围，突破了由纯逻辑所决定的语言现象范围。这类语言形式看上去显然可以在瞬间出现之后进行理性分析，而该分析却无法应用于那些仅受自然启发的区分。

一旦对语言形式中源生于思维形式的形式与属于语言形式的形式进行明确区分，我们就能了解语言如何在两方面完善思想。比如，语言作为思维形式的表达，在这些关系的表达中要尽可能地追求透明与详致。另外，就其本身基础而言，语言借助其本性中的固有资源，通过象征性表达方式，可以表达前所未有的语法关系。尽管之后可以对后者进行理性推演，语言的确使思维臻于完美。

希腊语和梵语这两门语言证实了真正的语言形式"纯粹、自由、全面"地存在（第461页；译文），而汉语也因与上述特征绝对对立而成为典范。后者为坚持将一切基于思维形式的语言提供了完美的例证。汉语对语言自身的资源做出了原则性拒绝[1]，因此一切都需要从思想中获取："语言中语言形式越是衰退，思维

---

[1] "任何词都不是由语法形成的，词序、语助词、包括词的简单排列都能帮助理解，同时维护了所追求的概念统一体的紧密性"（《普语类型》，1824—1826年，《全集》第五卷，第461页；译文）。

形式就越是发达。"(同上)当然,不是全部可能性都得到开发,得到开发的只是那些属于智力范围内的可能性①。由于汉语并没有使用语言创造性,它放弃了通过想象新发现来丰富思维领域的可能性。

c. 表达的作用

有关这一内容,洪堡提出了两点。第一点是严格逻辑语言研究方法的缺陷:既然语言是思维工具(第459页),其主要功能就是完善思维。第二点有关由语言所呈现的不同形式的准确性质:由语言添加到纯逻辑形式上的内容无法被视为全属于同一个层面,因为只有那些源于语言固有机体的形式才能被称为真正的语言形式(第451页)。此时,洪堡有备而来,重新回归到最初问题之上。其先前论证的遗留内容因屈折动词而最终汇合,并转移至表达这一层面,因此他可以考察以下问题:不同的表达方式如何根据现已确立的标准来回应人们对语言的期待。②

汉语这门语言的运作③提出了一个急需解决的问题:一门语言是否通过始终可辨的专门形式对存在于思维中的关系进行表达这一问题是否真的无关紧要?该问题需要差别对待,而这些细微差别使洪堡确定了最终决定因素。

---

① "汉语在语法多样性方面的缺陷,似乎由纯智力补足"(《普语类型》,1824—1826年,《全集》第五卷,第461页;译文)。
② 这一论证的最后内容分布在段落142至149中(《普语类型》,1824—1826年,《全集》第五卷,第462—473页)。
③ 汉语以其"几乎纯隐示的语法"与希腊语和梵语的"明示"语法相对立(《普语类型》,1824—1826年,《全集》第五卷,第462页;译文)。

倘若只是那些由思维法则产生的语法范畴，即语法中被视为"存在于说话人知性行为中的语法意象，或者更确切地讲以语言法则的名义作用于其的语法"（第 462 页；译文）的部分，这类语法关系的确可以处于不被表达的状态。① 如果仅仅考虑思维不可避免的基础功能，这一组成部分将永远不会在语言中缺失，正如前文所述，即便缺少形式表达，这些语法关系始终存在于精神中，也将投射于说话人的言语中，由听话人重构。②

然而，思维可以添加某些语法关系，这一真实可能性并不意味着一门语言是否具有明确的语法标记以及语法是否用质料元素将其记录到语言中这一现象无关紧要。③ 洪堡通过推理分析得到以上结果，而解决了其最初提出的问题，并以此确立了语言与思维关系的最终图像。

一旦可以确认一门语言始终能从语法范畴的表达中，即使是那些以隐示方式存在的语法范畴的表达中获益，那么这门语言就能更好地完成其对思维的首要功能。然而，我们直今仍然没有触及问题的本质。因为说话人所追求的语法关系要想被视为得到确

---

① "尽管汉语不具有任何真正的动词形式，然而某些词、被置于某些位置或某些组合中的词始终被视为动词；其他词性也是如此。因此，语言的语法效能似乎与真正存在于语音中的语法特性无关"（《语法结构》，1827 年，《全集》第六卷，第 389—390 页；译文）。
② "鉴于语法功效属于思维法则本身，始终不能在精神中缺失，同样需要被移植到语言中，尽管语言本身并不拥有任何语法功效"（《普语类型》，1824—1826 年，《全集》第五卷，第 462 页；译文）。
③ "因此，只有从语言最平庸的功能这一角度来审视语言，从不稳定的普遍性来审视简单社交以及其作用，所谓的语法结构无关紧要似乎是真理"（《语法结构》，1827 年，《全集》第六卷，第 391 页；译文）。

实的表达，洪堡认为只有明示的语法形式并不足够，还需要满足一些非常精确的运作条件。

如上文所述，词义关系不应该通过表达质料概念的标记进行表达①，而知性行为通过伴随动词这一词性的不同语法范畴的标记融合②直接获取动词本性③。这一论述可以被视作洪堡1821年论著中分析的延伸。只有上述这类标记才是真正的语法形式：它严格遵守思想表达的局限表达语法关系且仅表达这一内容④。在语法关系的表达这一方面，明示性语法形式之间意义相差甚远。⑤

更为关键的是：对于真正的语法形式而言，内容标准不仅可

---

① 借助一个质料性概念，如"dos-homme"，来表达"人后面"这一空间关系，会呈现出如下一个重要缺陷：要求从思维中引入一个表达关系的新词，因为"dos"被用作介词，但是并没有因此变成纯粹表达所指示关系的标记（《普语类型》，1824—1826年，《全集》第五卷，第462—464页；译文）。
② "有关人称、数量、时态、语式标记"（第464页），只要它们"瞬间出现"，"理解力将真正的动词视为伴随着这些标记"（《普语类型》，1824—1826年，《全集》第五卷，第465页；译文）。
③ 他多次论述"确立存在这一行为"（《普语类型》，1824—1826年，《全集》第五卷，第462页；译文）"为独立的综合行为"（《语法结构》，1827年，《全集》第六卷，第391页；译文）。
④ 因此"言语中词统一体的阴阳性找到了其特有标记，不带有任何新的事物概念"（《普语类型》，1824—1826年，《全集》第五卷，第464页；译文）；"因此，当一个语法形式较之于其他同一类型的形式，其特点仅仅由其所出现的位置决定，相对于语法形式通过一个被指定的概念表达其真实、变得明确的功能而言，该语言的语法具有程度更高的形式性。因为要想辨认这一语法，需要这一意象（das Ganze des Typus）的全部内容，且仅仅是这一意象"（《语法结构》，1827年，《全集》第六卷，第363—364页；译文）。
⑤ 一些例子展示了"语言无需改变语法关系性质就将其表达之处，言语像思维一样连贯而不间断，然而这类表达缺乏之处或者其由一个事物概念进行表达之处，那么从语法角度来讲，言语中就产生了一些需要思维添补的缺陷"（《普语类型》，1824—1826年，《全集》第五卷，第464页；译文）。

以判断其优越性，还能最终确定其必然存在，不像逻辑范畴那样可有可无。因为只有这类形式才能对思维力量产生显著影响，在思维中唤起形式（第465页）。事实上，对一个剥离了一切质料概念的表达方式而言，其本性是使形式本身可以在语言中被听见，被语言使用者感知。该感知具有双向性：首先是作为与质料（第465页，第466页）分离的纯形式本身；其次是作为与思维形式相异的，甚至是相对的形式，即语言形式。

在洪堡看来，一门语言中是否存在严格意义上的明示性语法形式（屈折变化、介词以及连词）具有决定性意义（第464页）[1]。这与最新分析中被视为言语功能的——作为思维形式/语言形式的相联之处相呼应。如果这些语法形式仅仅有助于理解（第456页），仅仅将逻辑思维形式映射到语言中，其语言表现的准确特征则无足轻重，[2] 我们就可以满足于一种彻底隐示性，正如汉语一样。然而，倘若真正的语法形式存在，而这取决于说话人对思维法则有更为清晰的意识（第466页），它可以反过来促进思维的发展[3]，因此对其的推崇也师出有名[4]。

---

[1] "此处，语法形式是指在语言本身可辨的部分中对语法关系进行稳固、纯粹的表达，以至于被表达关系得以明确辨认，而且表达性质无法被视为是概念表达，且概念表达与关系表达之间的差别通过其自身直接得以呈现"（《普语类型》，1824—1826年，《全集》第五卷，第469页；译文）。
[2] 这导致了"对语法不做区分"（《普语类型》，1824—1826年，《全集》第五卷，第463页；译文；参见第473页）。
[3] 思维活动更强大的多样性与生命力由此而生"（《普语类型》，1824—1826年，《全集》第五卷，第466页；译文）。
[4] "真实的语法结构中语法关系皆得以准确区分、正确理解以及形式上的表达。它习惯于将形式与质料进行明确区分，并将每个概念都归到其正确范畴中，使思维以及思

d. 语言的三个诉求：关系和意义

思维形式与语言形式之间所保持的联系（或是应保持的联系，这一点因语言而异），主要因为语言的三个诉求——仅仅是这三个诉求——才得以确定。为此，需要对投射于语言中并在其中被合成一体的不同层面进行细致区分并划分层级。因为在洪堡看来，说话人在使用语言时同时受到三种不同意象的制约，因此，清楚分辨这些意象的具体权限及相互间的关系非常重要。

第一个诉求是思维形式。它不可违、具有普遍性，是语法范畴的基本单位与逻辑框架。正如上文所述：思维形式如同意象一样存在于人的理解力中，将其法则强加于语言。[1]鉴于隐示存在足以满足这一条件，它在任何语言中都得以体现；[2]相反，倘若思维形式是明示的，其表达则会受到其所在语言自身目标的影响，表现多样。

第二个诉求与前一个有部分重叠。它是每门语言所特有的，在精神中以形式存在，构成了第二个意象。这一诉求具有严格的个体化特征，仅适用于相关语言的使用者，因此性质复杂、混杂。

（接上页注）维表达更加明确，使观念排列更自由，为思维穿上最轻便的、为思维进步带来最小阻碍的质料外壳。思维活动在这一结构中找到与其自身法则最为一致的形式，所有思考的内容也都由思维记录到这一结构中"（《语法结构》，1827年，《全集》第六卷，第391页；译文）。

[1] "语法作为语言法则作用于语言"（《普语类型》，1824—1826年，《全集》第五卷，第462页；译文）；"普遍语法类型作为应遵循的法则存在于人的精神中，其中思维活动通过言语发挥作用"（《语法结构》，1827年，《全集》第六卷，第363页；译文）。

[2] "即使一个语法形式在语言中没有任何表达，它仍作为理解的引领法则存在于该语言使用者的思维中"（《普语类型》，1824—1826年，《全集》第五卷，第469页；译文）。

这一类型中首先是形式意象，即某门具体语言中的抽象语法形式，①与语言中具体呈现的语法形式相对。然而，它并非真实语法形式在精神中的简单映射，因为洪堡明确指出这一形式意象即使在真实语法形式缺失的情况下仍然存在。②在这一情况下，语法关系由非纯语法概念承担，抽象语法形式受困于实体中。因此，就其内容来讲，抽象语法形式仅仅是思维形式的副本：它不会是后者的下位扩展，然而，由于它并不超出思维形式所确立的范围，因此无法促进思维的发展。这一抽象意象因语言而异，其扩展也各有不同。诚然，它始终以思维形式为外壳，后者绝对不会缺失，但却不一定归结于此："精神"中的语法形式会在语言中按各自比例大大超出思维形式。

事实上，每门语言特有的意象也是通过语音材料真实体现的语法形式反作用于精神的结果，其作用根据语言本身情况或大或小。而抽象语法形式通过语言使用对说话人来说变得明显并实现了具体化③。在某些语言中，这一形式的确是语言表达方式的映射，尤其是当这些方式体现了上文中所述的象征性运作。正是从该意象扩展以及内容性质所呈现的多样性中，产生了个别语法意象对普遍思维形式意象覆盖方式的决定性差异。

---

① "一切语言都拥有其句子结构，其形式作为原始意象（Urtypus）存在于思维中"（《普语类型》，1824—1826年，《全集》第五卷，第467页；译文）。
② "倘若语言中缺乏真正的语法形式，即使这一形式类型也无法与质料进行纯粹的分割"（《普语类型》，1824—1826年，《全集》第五卷，第467页；译文）。
③ 语言的形式"在语言使用中进入意识中"（《普语类型》，1824—1826年，《全集》第五卷，第467页；译文）。

若一门语言的语法关系是隐示性的,抽象语法意象则纯粹且简单地印证了思维形式,因此思维无论从其真正性质的意识还是从其发展来讲没有任何真正获益。上述情况下,精神中语言的语法形式与思维形式严格一致,停留在潜能层面①。鉴于思维法则被精简到最低程度,这类形式仅仅满足于承担思想最重要,也是最平庸的功能。

相反,若一门语言中语法为明示性语法,且其中真正的语法形式可被领会,那么就会发生两个性质转变,这两个转变紧密相关。不仅由思维形式构成的意象像以前一样继续被包覆在个别意象之中,而且,一方面,思维形式由于这次出现于语言中并得以体现,其本身变得极易领会:它通过其表达本身摆脱了作为语音材料的语言,否则将会一直困于其中。其形式特性最终得以承认,否则会无法觉察。重要的是:有关语言所特有的语法意象拓宽了思维的界限,从此之后思维无法继续被归入作用于一切语言使用者的普遍、持久形式的小范围之内。

洪堡基于拥有隐示性语法的语言与拥有真正语法形式的语言之间的区别得出两个结论。第一个是,他否认语言对精神中构造语言的能力具有无条件的决定性影响②。作为语言法则的分配诉求,这一能力始终控管着人类知性行为中固有、顽强的内核;然

---

① "它仅仅是方向、法则"(《普语类型》,1824—1826年,《全集》第五卷,第467页;译文)。
② "我并不认为语言对人类精神中建构语言的能力具有无条件的影响作用,对人在外部将其视为内部意象原因的能力亦是如此"(《普语类型》,1824—1826年,《全集》第五卷,第467—468页;译文)。

而，就某门语言中存在着真正的语法形式所产生的后果而言，洪堡也论及了语言的质料对思维能力①的部分影响作用②。

因此，一门语言无法通过简单的精神描摹来影响精神中其语法意象，因为无论语言有何缺陷，这一类型至少包含了思维形式固有的意象，始终涉及纯思维不可转让的权利，即逻辑法则。第二个是：语言一旦拥有真正的语法形式，就成了其语法意象的起因，因此，倘若说话人一旦意识到这一意象，它便开启了精神发展的可能性，以此便打破了思维法则的直接影响。

从本质上讲，语言对精神发展的促进作用各异，差异程度显著。因为一门语言中具体词法成就的作用就在于促进人类普遍语言能力的发展，同时也能让我们了解到人以语言为手段将精神能力范围拓展到何种程度。③

此处涉及第三个诉求（意象），或者更确切地说是原始意象（archétype, Urtypus），它仅可以在极少语言中得到充分想象。它是一切可能的抽象语法意象的综合映射，是存在于完善语言中的

---

① 洪堡在阐述了屈折变化运作之后明确指出："然而，语法形式的重要性以及其对思维能力的影响，相对于其在理解中的作用，更多的来自于它在精神中对形式性的启发作用"（《普语类型》，1824—1826年，《全集》第五卷，第465页；译文）。
② "因为精神中的一切语法形式仅仅通过语言的敏感工具得以显示，倘若这一工具缺失，语法形式则不完善。倘若没有与其适合的质料，它则（……）什么都不是"（《普语类型》，1824—1826年，《全集》第五卷，第467页；译文）。
③ "人在日常生活中要思考、感受、说话及行动，只能全身心接受言语各个程度的决定性影响。不仅其清晰性与明确性，还有活力、柔韧、灵敏性、其或大或小的灵性都取决于语言，因此也取决于一般来说其促使语言能力获得了更完善发展的各个方面"（《普语类型》，1824—1826年，《全集》第五卷，第469页；译文）。

完善语法形式的最高发展结果 ①。由于它仅能通过非凡的语言成就，如动词词形变化，才得以感知，这一原始意象可被视为实现了全面发展的完善语言的产物。因此，作为具体语言成就的理想结果与抽象概论，它对其他不够完善的语言而言是一个遥不可及的目标，即潜能无法到达的范围，② 因为，由于缺乏真正的语法形式，这一范型无法在这类语言中成为现实 ③。

普遍语言能力这一原始意象始终被包含在最为广义而非仅局限于基本功能的思维中，显然无法脱离理性推演。然而，与逻辑范围不同，这一推演无法先验进行，需要考察"具有完善语法的语言"（第466页；译文），分析其语法机制，尤其是屈折变化的积极作用。一旦某些意义关系通过专注于其语言且由语言唤醒了形式的民族所特有的语感产生于语音材料中，它们则重新在思维框架内获得一席之地，对其细微差别进行简单呈现，后者在其他情况下无法觉察。

自此，我们可以更好地领会洪堡"思维活动的语法结构对于任何人来说都一样"（第471页；译文）这一观点如何理解。只

---

① "然而，不可否认的是：即使是语法形式最细微的差异，只要它们通过一个正确的理性方法源生于思维活动最普遍的法则，就存在于言语的原始意象中，后者存在于所有人的精神中"（《普语类型》，1824—1826年，《全集》第五卷，第468页；译文）。

② "存在于灵魂的语法意象无法基于语法本身单纯、简单地创造，这仅仅是因为语法沿着某条路线，无法脱离某些限制"（《语法结构》，1827年，《全集》第六卷，第375页；译文）。

③ "倘若语言表达中缺乏这些思维差别，以及后者也正因此无法以同等活力进入精神意识中，而一部分言语内部能力衰退，这也必然作用于所有其他部分，因为组织形式中所有元素在其稳定结构中彼此相互依附"（《普语类型》，1824—1826年，《全集》第五卷，第468页；译文）。

有将由第二个具体抽象语法意象所体现的具体语言的决定性贡献抛开不谈,硬把第一个意象拉向第三个意象,这一观点方能立得住脚。事实恰恰相反,我们需要对符合思维形式的最小语法意象与原始意象进行区分,前者无法继续缩减并始终备说话人之需,甚至没有任何表达标记,而后者存在于所有说话人精神中,只在少数语言中得以模糊感知,这是因为其表达方式生成并呈现的语法关系为最粗劣语言的使用者所不熟知。

换言之,放弃寻找"语言对精神的影响作用"(第471页;译文)就等于终结一切"语言比较研究"(同上)。① 在探求"真正历史——理性语言研究的基础"这一方面,洪堡以解答几个与"实实在在存在于语言中的语法"(同上)有关的问题来终结这一讨论。第一个重要问题是"语言是否从整体上对语法关系进行纯粹、完整的表达"(同上);第二个为"它是否通过一种明显的、严格成体系的方式忽略、拒绝这一表达"(同上)。

因此,洪堡在进行了更为细致的分析之后,肯定了之前论著中所做的极点分配,这是因为"印度语系和闪语族"为第一个问题提供了肯定的答案,而"汉语则回答了第二个问题"(同上)。② 因此,在确立"存在于语言中的语法与出现于语言中的语法之间差异"的准确标准(第472页;译文)的建构过程中,无论需要如何迂回地实现这一目标,对于洪堡来说,关键在于清楚地考虑

---

① 应该加上一个限制条件:"应用于语法的"(《普语类型》,1824—1826年,《全集》第五卷,第471页;译文)。
② 为了保证类型学标准的完整性,我们增加了第三个也是最后一个问题:"它是否追

汉语与古典语言间的准确关系，描述其各自成就①并考量解决问题所用的理论背景的重要性和复杂性②。

此外，意象这一概念包含了普遍性与潜能，在洪堡看来，利用该概念来排除难以维持的无差别论这一假设是最终持有语言差异原则③以及作为语法普遍比较基础的排序原则④。洪堡所理解的普遍语

（接上页注）求【语法表称】，而其方式却不充分、不合适，以至于语法形式这一概念因其表达方式而显得纯粹孤立。"(《普语类型》，1824—1826年，《全集》第五卷，第471页；译文)，那些"未开化民族中最粗劣的"(同上) 语言可以正面回答这一问题；另外，以下详述可以作为补充："在第一个与第三个问题所指语言之间游移不定的是那些粗野民族所使用语言中最完善的语言以及所有基于语法形式，而语法形式无论是数量还是表达上都或多或少落后的语言"(同上)。

① 汉语的优点将时常被提及："当缄默语法使用一切能支配的资源时，它便拥有了远比表达事物的方法纯粹的语法类型的形式特征"《语法结构》，1827年，《全集》第六卷，第391页；译文)；"【如同汉语所呈现的语法形式的贫乏】并不干扰……纯形式，也不会误导语法观念，相反却促进了两者的发展，只是这并非通过明显的语音表达实现，因此阻碍了语法的发展"(第392页；译文)。

② 洪堡重新谨慎地对待这一主题，以避免读者误认为他要借助其标准进行完整的语言分类。硬把语言归入"确定的类别中"则是无视"语言强烈的个性"："此处提出的三重问题以及基于例子匆忙得出的答案并不以这一分类为目的，而仅为了以最为普遍的方式指出每门语言如何处理语法表称"(《普语类型》，1824—1826年，《全集》第五卷，第472页；译文)。有关这一主题，也可参见《语法结构》，1827年，《全集》第六卷，第386—387页。

③ "然而，抛开程度差异不谈，智力与语言中存在着本应被视为文化与语言发展史最高峰的某种绝对东西。对于语言而言，这一绝对东西是真正的语法形式观念完全进入语言……在我们看来，这类语言结构首次且以其他语言无法比拟的方式出现于梵语中，接着是古典语言，之后是后世语言。因此，梵语是已知整个语言史中具有决定性意义的顶点"。"如若未与语言这一最纯粹、最著名的发展现象进行比较"(《语法结构》，1827年，《全集》第六卷，第391页；译文)，任何现象的收集皆属徒劳。然而，"在其特性中，包含了整个精神活动的这一有力的智力行为提供了一个普遍标准。基于这一标准，一切语言都能跟据其被引向思维活动这一基本目的进行比较"(第391页；译文)。

④ "倘若考虑到此处描述的以语法意象出现在最完善、纯粹表达的思维中为目标的方法运行方式，语法表达则呈现出一个逐渐发展阶梯：从最少的语音直至最为丰富的语音"(《语法结构》，1827年，《全集》第六卷，第391页；译文)。

法对比①与其同时代学者,如波普（F. Bopp）、施莱格尔（A. W. Schlegel）或是格林（J. Grimm）,所构想的差距甚远。

4. 结语：汉语的地位

自1821—1827年,汉语在洪堡论著中陆续作为次要矛盾、令人困扰的反例、急需解决的问题以及有利的反证出现。迄今为止,汉语如何重新获得了其合法性这一问题在理解洪堡该时期的理论重构中备受忽视。事实上,该问题的意义远远大过理解洪堡理论重构的切入点。洪堡因深入研究汉语而完成的重大理论突破要求正视这门语言在其基本论断形成中的作用。巴斯克语、美洲诸语言、希腊语和梵语被认为是在1827年洪堡理论稳定之前起到了决定性作用,之后这一决定性因素转为马来－波利尼西亚语族,此时汉语的作用似乎尚无人知。这一时期围绕汉语的研究通常都无法触及其本质：如洪堡的研究仅仅表现了其语言方面的卓越才能,其与法国学者的有关讨论也更多地围绕一致性或差异性表现,这些论断仅仅在那些关注古汉语有效性的汉学家看来具有意义。

在对洪堡的论著进行细致甚至是吹毛求疵的分析之后,我们认为汉语不应该被视为洪堡本来可以绕开的语言,而是其突破其不甚明确的理论障碍的主要手段,该障碍之前从未得到正视。细

---

① 其目标为"根据语言的全部特性,即使是那些与语言对思维的影响作用无关的特性,来描述其特点"。因此,以确定"语法关系在精神中的明晰度"为目标的语音对语法关系记录程度的研究,并不属于语法比较的研究管辖,因为其首要目标是要确立"语言中语法的存在本身"（《普语类型》,1824—1826年,《全集》第五卷,第472页；译文）。

致观察之后,我们在各方面对洪堡的敬佩只增不减:在理论遭遇质疑后利用新主题重新开展研究的能力;处理棘手问题以及不轻言放弃逐步解决问题的方式;在理论偏离期间始终坚持最初关注点而重新回归理论范围的能力,以及后退至问题通过复杂思考以其他方式得以阐明的能力。从其最初疑虑一直追随到理论调整,与其说是对洪堡做出解释——这在黑格尔看来是我们面对伟人的责任,倒不如说是对其欣赏有加。

所引著作书目

一、洪堡，威廉·冯（HUMBOLDT Wilhelm von）

（一）著作

所参考著作均出自柏林科学院出版社：《著作全集》，普鲁士皇家科学院授权（Gesammelte Schriften, im Auftrag der Königlichen Preussischen Akademie der Wissenschaften, (éd. Albert Leitzmann et alii),），柏林，17卷，分4部，1903—1936年版（重印：柏林，瓦尔特·德古意特出版社，1968年），文中简称《全集》（GS）。文献日期为著作构想日期，一般由总编辑——莱茨曼（Leitzmann）所提供。

①《古代》，1793年版（*Alterthum* 1793）：《论古典学研究特论希腊研究》[《全集》第一卷，第255—281页；*Ueber das Studium des Alterthums, und des griechischen insbesondere* (GS I, 255-281)]

②《巴斯克人残篇》，1801—1802 年版（*Fragmente Basken 1801-1802*）:《有关巴斯克人的专著残篇》[《全集》第七卷，第 593—603 页；*Fragmente der Monographie über die Basken* (*GS* VII, 593-603)]

③《综合语言研究》，1810—1811 年版（*ges. Sprachstudium 1810-1811*）:《综合语言研究导论》[《全集》第七卷，第 619—629 页；*Einleitung in das gesamte Sprachstudium* (*GS* VII, 619-629)]

④《修正》，1811 年版（*Berichtigungen* 1811）:《对〈米特里达特〉第二卷第一节关于坎塔布里亚语或巴斯克语的修正和补充》[《全集》第三卷，第 222—287 页；*Berichtigungen und Zusätze zum ersten Abschnitte des zweiten Bandes des Mithridates über die Cantabrische oder Baskische Sprache* (*GS* III, 222-287)]

⑤《公告》，1812 年版（*Ankünd.* 1812）:《关于巴斯克语言及民族的稿件公告暨其观点与内容的说明》[《全集》第三卷，第 289—299 页；*Ankündigung einer Schrift über die Vaskische Sprache und Nation, nebst Angabe des Gesichtspunctes und Inhalts derselben* (*GS* III, 289-299)]

⑥《随笔》，1812 年版（*Essai* 1812）:《关于新大陆语言的随笔》[《全集》第三卷，第 300—341 页；*Essai sur les langues du nouveau Continent* (*GS* III, 300-341)]

⑦《语言亲缘》，1812—1814 年版（*Sprachverw.* 1812-1814）:《论语言亲缘关系》[《全集》第七卷，第 629—636 页；*Ueber Sprachverwandtschaft* (*GS* VII, 629-636)]

⑧《阿伽门农》，1816 年版（*Agamemnon* 1816）:《埃斯库罗斯之〈阿伽门农〉的格律化翻译》[《全集》第八卷，第 117—230 页；*Aeschylos Agamemnon metrisch übersetzt* (*GS* VIII, 117-230)]

⑨《伦敦日记》，1818 年版（*Londoner Tagebuch* 1818）:《伦敦日记》[《全集》第十五卷，第 461—516 页；*Londoner Tagebuch* (*GS* XV, 461-516)]

⑩《比较语言研究》，1820 年版（*vergl. Sprstudium* 1820）:《有关不同语言发展时期的比较语言研究》[《全集》第四卷，第 1—34 页；*Uber das vergleichende Sprachstudium in Beziehung auf die verschiedenen Epochen der Sprachentwicklung* (*GS* IV, 1-34)]

⑪《考证》，1820—1821 年版（*Prüfung* 1820-1821）:《对借助巴斯克语进行西班牙行省原住民相关研究的考证》[《全集》第四卷，第 57—233 页；*Prüfung der Untersuchungen über die Urbewohner Hispaniens vermittelst der Vaskischen Sprache* (*GS* IV, 57-233)]

⑫《墨语》，1821 年版（*mex. Spr.* 1821）:《试析墨西哥人的语言》[《全集》第四卷，第 233—284 页；*Versuch einer Analyse der Mexicanischen Sprache* (*GS* IV, 233-284)]

⑬《产生》，1821 年版（*Entstehen*, 1821）:《论语法形式的产生及其对观念发展的影响》[《全集》第四卷，第 285—313 页；*Ueber das Entstehen der grammatische Formen und ihren Einfluss auf die Ideenentwicklung* (*GS* IV, 285-313)]

⑭《美洲》，1823 年版（*Amerika* 1823）:《如何从语言残

余评价土著美洲人当时的文化状况?》[《全集》第五卷,第 1—30 页; *Inwiefern lässt sich der ehemalige Kulturzustand der eingeborenen Amerikas aus den Ueberresten ihrer Sprachen beurtheilen?* (GS V, 1-30)]

⑮《文字》,1823—1824 年版(*Schrift* 1823-1824):《论文字同语言的联系》[《全集》第五卷,第 31—106 页; *Ueber den Zusammenhang der Schrift mit der Sprache* (GS V, 31-106)]

⑯《拼音文字》,1824 年版(*Buchstabenschrift* 1824):《论拼音文字及其与语言结构的联系》[《全集》第五卷,第 107—133 页; *Ueber die Buchstabenschrift und ihren Zusammenhang mit dem Sprachbau* (GS V, 107-133)]

⑰《普语类型》,1824—1826 年版(*allg. Sprtypus* 1824-1826):《普通语言类型的基本特征——美洲语言详细调查导论》[《全集》第五卷,第 364—475 页; *Grundzüge des allgemeinen Sprachtypus. Als Einleitung zu ausführlichen Untersuchungen über die Amerikanischen Sprachen* (GS V, 364-475)]

⑱《日语语法简介》,1825 年版(*Notice jap.* 1826):《一部墨西哥出版的日语语法著作的简介》,1825 年:《全集》第五卷,第 237—247 页; *Notice d'une grammaire Japonaise imprimée à Mexico* (GS V, 237-247)]

⑲《致雷慕沙的信》,1826 年版(*Lettre a Rémusat* 1826):《致阿贝尔-雷慕沙先生的信——论语法形式的通性和汉语的特性》,1826 年,[《全集》第四卷,第 254—308 页; *Lettre à*

Monsieur Abel-Rémusat, sur la nature des formes grammaticales en général et sur le génie de la langue Chinoise en particulier (GS IV, 254-308)]

⑳《美洲语言》, 1826 年版（amer. Sprachen 1826）:《有关美洲语言之探索》[《全集》第五卷, 第 345—363 页; *Untersuchungen über die amerikanischen Sprachen* (GS V, 345-363)]

㉑《论汉语》, 1826 年版（chin. Spr. 1826）:《论汉语的语法结构》[《全集》第五卷, 第 309—324 页（*Ueber den grammatischen Bau der Chinesischen Sprache* (GS V, 309-324)]

㉒《双数》, 1827 年版（Dualis 1827）:《论双数》[《全集》第六卷, 第 4—30 页; *Ueber den Dualis* (GS VI, 4-30)]

㉓《梵语词》, 1827 年版（mots sanscrits 1827）:《论梵语文本中词的区分》[《全集》第六卷, 第 31—36 页; *Mémoire sur la séparation des mots dans les textes sanscrits* (GS VI, 31-36)]

㉔《答哥勒斯》, 1827 年版（(Erw. Görres 1827) :《对古多·哥勒斯论文的答复》[《全集》第七卷, 第 645—652 页; *Erwiderung auf einen Aufsatz von Guido Görres* (GS VII, 645-652)]

㉕《语构区别》, 1827—1829 年版（Versch. Sprbau 1827-1829）:《论人类语言结构的差异》,[《全集》第六卷, 第 111—303 页; *Ueber die Verschiedenheiten des menschlichen Sprachbaues* (GS VI, 111-303)]

㉖《语法结构》, 1827 年版（gr. Bau 1827）:《论语言的语法结构》,[《全集》第六卷, 第 337—486 页; *Von dem grammatischen*

Baue der Sprachen (*GS* VI, 337-486)]

㉗《生平》,1828 年版(*Lebenslauf* 1828):《生平简介 1767—1828 年》,[《全集》第十五卷,第 524—531 页; *Lebenslauf 1767-1828* (*GS* XV, 524-531)]

㉘《南太平洋》,1828 年版(*Südsee* 1828):《论南太平洋岛屿语言》,[《全集》,第六卷,第 37—51 页; *Ueber die Sprachen der Südseeinseln* (*GS* VI, 37-51)]

㉙《亲属关系》,1828 年版(*Affinities* 1828):《论确定东方语言亲属关系的最佳方法》[《全集》第六卷,第 76—84 页; *An essay on the best Means of ascertaining the Affinities of Oriental languages. Containing in a Letter adressed to Sir Alexander Johnston, Knt., V.P.R.A.S., Read June 14, 1828* (*GS* VI, 76-84)]

㉚《地点副词》,1829 年版(*Ortsadv.* 1829):《论几种语言中地点副词与代词的亲缘关系》[《全集》第六卷,第 304—330 页; *Ueber die Verwandtschaft der Ortadverbien mit dem Pronomen in einigen Sprachen* (*GS* VI, 304-330)]

㉛《吕科特之附录》,1829 年版(*Anh. zu Rückerts* 1829):《吕科特对杜尔施译〈破罐诗〉评论之附录》[《全集》第六卷,第 94—110 页; *Anhang zu Rückerts Rezension von Durchs Ghatakarparam* (*GS* VI, 94-110)]

㉜《致雅凯的信》,1832 年版(*Lettre à Jacquet* 1832):《致雅凯的信:论亚洲波利尼西亚的字母体系》[《全集》第六卷,第 557—574 页; *Lettre à Monsieur Jacquet sur les alphabets de la*

Polynésie Asiatique (*GS* VI, 557-574)〕

㉝《卡维语导论》,1830—1835 年版(*Kawi Einl.* 1830-1835):《卡维语著作导论——论人类语言结构差异及其对人类心智发展的影响》[《全集》第七卷,第 1—344 页; *Einleitung zum Kawiwerk. Ueber die Verschiedenheit des menschlichen Sprachbaus und ihren Einfluss auf die geistige Entwicklung des Menschengeschlechts* (*GS* VII, 1-344)〕

㉞《卡维语》,1836—1839 年(*Kawi-Sprache* 1836-1839):《论爪哇岛的卡维语暨人类语言结构差异及其对人类心智发展影响导论》第 1—3 卷,柏林(柏林皇家科学院论文,出自 1832 年)杜姆勒出版社,1826—1939 年版,第二卷,1838 年版,第三卷,1839 年版; *Ueber die Kawi-Sprache auf der Insel Java, nebst einer Einleitung über die Verschiedenheit des menschlichen Sprachbaus und ihren Einfluss auf die geistige Entwicklung des Menschengeschlechts* Bd.1-3. Berlin Abh. d. Königl. Akad. d. Wiss. zu Berlin. Aus dem Jahre 1832. Dümmler i. K., 1836-1839. Bd.2 1838; Bd.3 1839

(二)通信

①《致雷慕沙的信》(*Lettres à Remusat*):(《全集》第四卷,第 254—308 页,原版);雷慕沙修改版:雷慕沙(1827 年);重版:克里斯托弗·哈布斯迈尔《威廉·冯·洪堡致雷慕莎的信及古汉语的哲理语法:普通语法》,17,斯图加特 – 巴特坎斯塔特,1979 年版(Christoph Harbsmeier Wilhelm von Humboldts *Brief* an Abel-Rémusat und die philosophische Grammatik des Alt-Chinesischen. Grammatica Universalis, 17. Stuttgart-Bad Cannstatt, 1979.）

②《第一至九封信》（Lettres I-IX）：洪堡亲手写给雷慕沙的信札，将在下文中首次公开。

③《致韦尔克的信》（Lettres à Welcker）：鲁道夫·海姆（Rudolf Haym）《威廉·冯·洪堡致F-G.威尔克的信》，柏林，1859年版（Wilhelm von Humboldt's Briefe an F.-G. Welcher Berlin, 1859）

④《致波普的信》（Lettres à Bopp）：萨洛蒙·雷夫曼（Salomon Lefmann）《弗兰兹·波普：其人与其学——补遗》，柏林，1897年版（Franz Bopp, sein Leben und seine Wissenschaft. Nachtrag. Berlin, 1897）

⑤《致毕麒麟的信》（Lettres à Pickering）：克劳斯·哈马赫（编）《洪堡兄弟著作与影响中的普遍主义与科学》及附录库尔特·缪勒-富尔玛编撰〈威廉·冯·洪堡与美洲语言学之开端——致约翰·毕麒麟的信〉》，法兰克福，1976年版，第259—334页 [Klaus Hammacher (Hrsg.) Universersalismus und Wissenschaft im Werk und Wirken der Brüder Humboldt. Mit einem Anhang: Die Briefe an John Pickering, hrsg. V. Kunt Müller-Vollmer. Frankfurt, 1976, 259-334]

⑥《亚历山大致威廉的信》（Lettres d'Alexandre à Wilhelm）：F.格雷格洛乌斯（编）《亚历山大·冯·洪堡致其兄威廉的信》奥特马赫洪堡家族出版，斯图加特，1880年版 [F. Gregorovius (Hrsg.)

Briefe Alexander's von Humboldt an seinen Bruder Wilhelm, herausgegeben von der Familie von Humboldt in Ottmachau. Stuttgart, 1880]

⑦《致本森的信》(*Lettres à Bunsen*)：阿尔伯特·莱茨曼《威廉·冯·洪堡信简（一）》(柏林德国科学院哲学历史系论文，1948年版，第三期），柏林，1949年版 [Albert Leitzmann *Briefe von Wilhelm von Humboldt.* I. (Abhandl. d. Dt. Akad. d. Wiss. zu Berlin. Phil.-hist. Kl. 1948, Nr. 3). Berlin, 1949]

⑧《致施莱格尔的信》(*Lettres à Schlegel*)：阿尔伯特·莱茨曼《威廉·冯·洪堡与奥古斯特·威廉·施莱格尔通信集——B.德尔布吕克导读版》，萨勒河畔哈勒，1908年版（Albert Leitzmann *Briefe zwischen Wilhelm von Humboldt und August Wilhelm Schlegel. Mit einer Einleitung von B. Delbrück.* Halle a. S., 1908）

⑨《致杜邦索的信》(*Lettres à Duponceau*)：杜邦索《哲学札记》，第五卷，手稿复本40—55，手稿集，美国哲学学会图书馆，费城（Peter Stephen Duponceau *Philogical notebooks* Vol. V, 40-55 copies manuscrits. Manuscript Collection. Library of the American Philosophical Society. Philadelphie）

⑩《致格林的信》(*Lettres à J. Grimm*)：阿尔伯特·莱茨曼《威廉·冯·洪堡致雅各布·格林的信》，载《尤佛利翁》第30期，1929年，第200—208页（Albert Leitzmann "Wilhelm von Humboldts Briefe an Jakob Grimm" *Euphorion 30*, 1929, 200-208）

⑪《致布林克曼的信》(Lettres à Brinkmann)：阿尔伯特·莱茨曼（编）《威廉·冯·洪堡致卡尔·古斯塔夫·布林克曼的信》，莱比锡，1939年版 [Albert Leitzmann (Hrsg.) *Wilhelm von Humboldts Briefe an Karl Gustav Brinkmann* Leipzig, 1939]

⑫《致迪德的信》(Lettres à C. Diede)：威尔·费斯佩尔（编）《威廉·冯·洪堡致一位女性友人的信》，柏林，1923年 [Will Vesper (Hrsg.) *Briefe von Wilhelm von Humboldt an eine Freundin* Berlin, 1923]

⑬《致雅可比的信》(Lettres a Jacobi)：阿尔伯特·莱茨曼（编）《威廉·冯·洪堡致弗里德里希·亨利·雅各布》，萨勒河畔哈勒，1892年版 [Albert Leitzmann (Hrsg.) *Briefe von Wilhelm von Humboldts an Friedrich Heinric Jacobi* Halle a. S.,1892]

二、其他文献

①雷慕沙1824 (Rémusat 1824)：让-皮埃尔·阿贝尔-雷慕沙《关于洪堡〈论语法形式的产生及其对观念发展的影响〉一文的评论》，载于《亚洲学报》，1824年，第51—61页（Jean-Pierre Abel-Rémusat, "Compte rendu de *Ueber das Entstehen der grammatischen Formen, und ihren Einfluss auf die Ideenentwick(l)ung, von W. von Humboldt. Berlin, 1823, in 4°. – Ueber die in der Sanskrit Sprache durch die Suffixa twâ, und ya gebildeten Verbalformen, von demselben. – Indisch. Biblioth. In Th. S. 422 und Th. II, S. 72" Journal Asiatique* 1824, 51-61）

②雷慕沙 1827 (Rémusat 1827)：《洪堡致阿贝尔-雷慕沙先生的信——论语法形式的通性和汉语的特性》，巴黎，1827 年版（*Lettre à M. Abel-Rémusat sur la nature des formes grammaticales en general, et sur le genie de la langue chinoise en particulier par M. G. de Humboldt.* Paris, 1827）

③舍瓦利 1979 (Chevalier 1979)：让-克鲁德·舍瓦利《1825 年认识论之障碍：巴黎的汉语研究》[Jean-Claude Chevalier "Un obstacle épistémologique en 1825 : le chinois à Paris", Romantisme 25/26, 1979, 107-115 (repris in Simone Delesalle, Jean-Claude Chevalier, *La linguistique, la grammaire et l'école 1750-1914,* Paris, 1986, 167-177)]

④吉普尔 1963 (Gipper 1963)：赫尔穆特·吉普尔《语言内容研究的基本要素——同人文与自然科学交流中对语言的再思考》杜塞尔多夫，1963 年版（Helmut Gipper *Bausteine zur Sprachinhaltsforschung. Neuere Sprachbetrachtung im Austauch mit Geistes – und Naturwissenschaft.* Düsseldorf, 1963）

⑤波特 1880 (Pott 1880)：奥古斯特-弗里德里希·波特《威廉·冯·洪堡与语言学》柏林，1880 年第二版（为《卡维语导论》重版的序言）III-DLXI [August-Friedrich Pott Wilhelm von Humboldt und die Sprachwissenschaft Berlin, 1880^2 (introduction à sa réédition du Kawi einleitung) III-DLXI]

洪堡与雷慕沙通信集
（1824—1831）

让·卢梭 编

有关这一通信集的研究始于本人1985年赴萨尔布吕克大学罗曼拉丁语系的学术访问期间。借此时机再次向给予我指导的普菲斯特教授（M. Pfister）和施罗巴赫教授（J. Schlobach）以及为此项研究提供资助的亚历山大·冯·洪堡基金会致谢。

——让·卢梭

威廉·冯·洪堡（Wilhelm von Humboldt，1767—1835）与法国汉学家让 - 皮埃尔·阿贝尔 - 雷慕沙（Jean-Pierre Abel-Rémusat，1788—1832）之间保持通信往来这一推想并非毫无依据。洪堡写于 1826 年 3 月 7 日的《致阿贝尔 - 雷慕沙的信：论语法形式的通性以及汉语精神的特性》(*Lettre à M. Abel-Rémusat sur la nature des Formes grammaticales en général et sur le génie de la langue chinoise en particulier,* 以下简称《致雷慕沙的信》)一文广为人知。收信人字里行间透露出双方在此信之前已不乏书信往来[1]。此外，雷慕沙自 1822 年亚洲学会成立之始就担任秘书一职，而洪堡在学会的官方刊物《亚洲学报》(*Journal Asiatique*)上发

---

[1] 雷慕沙在该文之前的《告读者》中提到这位著名的通信人，对两人之间的通信往来有所暗示。他提道："一些奇特的问题在洪堡看来格外重要。他继续将其想法与对此抱有极大兴趣的通信人分享。他在较之于之前几封内容更为丰富的一封信件中，将其观点进行概括，同时也对观点进行了更好的整理和扩充。"（《致雷慕沙的信》，1826 年版：《全集》第五卷，第 255 页）

表了诸多文章,这自然促进了二人的书信往来①。雷慕沙1831年写给洪堡的书信同样为此提供了证据。雷慕沙辞世之后,洪堡坚持将此信刊登在1833年的《亚洲学报》上。按理说,二人的通信往来极有可能持续了一段时间。另外,也正因此,二人著作中字里行间时常流露出对对方的敬重与欣赏②。

---

① 除了1824年和1826年《亚洲学报》上雷慕沙刊登的对洪堡两篇著作和对《致雷慕沙的信》三段节选的评论以外,该期刊还发表了洪堡的两篇文章:《关于梵文文句中词的分段及天城体梵文字母性质的报告》["Observations sur la séparation des mots dans les textes sanscrits, et sur la nature de l'alphabet dévanagari",(德语原著:《全集》第六卷,第94—110页,即《吕科特之附录》,1829年),M. 维基埃(M. Viguier)译本(《新亚洲学报》五(Nouveau Journal Asiatique V],1830年,第437—463页);《致雅凯的信:论亚洲波利尼西亚的字母体系》["Lettre à Monsieur Jacquet sur les alphabets de la Polynésie Asiatique",《新亚洲学报》九,1832,第481—511页,(原著及注释:《全集》第六卷,第557—574页,下文中简称为《致雅凯的信》,1832年)]。F.E. 舒尔茨(F.E. Schulz)也对洪堡的《论拼音字母及其与语言结构的关系》[Ueber die Buchstabenschrift und ihren Zusammenhang mit dem Sprachbau,(《全集》第五卷,第107—133页,下文中简称为《字母文字》,1824年)]一文进行了概括分析(《亚洲学报 五》,1824年,第369—376页),并就洪堡在柏林科学院宣读其有关《薄伽梵歌》(Bhagavat-Gita)(《全集》第五卷,第190—232页)的论著一事刊登通告(《亚洲学报 七》,1825年,第192页)。

② 1823年题为《如何从语言残余评价美洲土著人当时的文化状况?》[Inwiefern lässt sich der ehemalige Kulturzustand der eingeborenen Völker Amerikas aus den überresten ihrer Sprachen beurteilen?(《全集》第五卷,第1—30页,下文中简称为《美洲》,1823年(Amerika 1823)]的手稿论述了比较领域的问题。该手稿中,洪堡对雷慕沙不吝赞美之词(第5页)并引用后者关于汉语文字与美洲文字可能存在关联(第12页)的观点。

此外,《全集》(Gesammenlte Schriften)卷七的人名索引囊括了该书卷一至卷七及卷十至卷十二所提及的所有学者。尽管统计尚不精细,这一索引仍然证实,在除F. 波普(F. Bopp)之外的语言学家中,雷慕沙的援引率毫不亚于J. 格林(J. Grimm)、文献学家F. A. 沃尔夫(F.A. Wolf)和G. 赫尔曼(G. Hermann)、编纂学家J. S. 华特(J.S. Vater,著有《坎瑞布里普通语言知识——近500种语言和方言的语言样品》一书)和传教士H. 赫尔伐斯神父(L. Hervas)、东方学者A. W. 施莱格尔(A.W. Schlegel)和柯恒儒(H.J. Klaproth,亦译作克拉卜洛特)以及巴斯克语语法学家佩德罗·德·阿斯塔洛亚(Pedro de Astarloa)和M. 德·拉腊门迪(M. de Larramendi)。

起初，巴黎各保管处并未公开雷慕沙的任何手稿文件①。然而通过追踪雷慕沙的遗嘱执行人——公证人朗德雷斯（E.A.X. Clerc de Landresse, 1800—1862）②的行迹，在后者的居住地——

---

① 莱昂·亨利·菲尔（Léon Henri Feer）在刊于 1894 年 11/12 月份《亚洲学报》（第 550—565 页）的《雷慕沙文稿》（"Papiers d'Abel-Rémusat"）一文中介绍了法国国家图书馆最新购得的三套雷慕沙手稿，并说明："雷慕沙文稿所存寥寥"（单独印刷版：第 8 页）。
② 欧内斯特·奥古斯丁·泽维尔·克莱尔·朗德雷斯（Ernest Augustin Xavier Clerc de Landresse, 1800-1862）是成立于 1821 年的国立文献学院（Ecole des Chartes）的首批学员。他在学院就读期间结识了欧仁·布赫诺夫（Eugène Burnouf）。朗德雷斯首先在法兰西学院学习梵语与汉语。他与雷慕沙由最初的师生变为朋友，并在后者的指导下，翻译了陆若汉神父（P. Joao Rodriguez，亦译作若昂·罗德里格斯）的葡萄牙语原著《日语语法》（Grammaire japonaise）。朗德雷斯是亚洲学会成员，在《亚洲学报》上刊有多篇汉语文献译著（《诗经》（Ode du Chi King）、《嘉庆皇帝遗诏》（Testament de l'empereur Khia King）、《黄金及其使用方法的说明》（Notice sur l'or et la manière de l'employer））。雷慕沙辞世后，朗德雷斯先后在法兰西学院担任图书馆助理馆员（1833）和图书馆馆员（1844）。在此期间，其汉语研究仅限于完成《佛国记》（Relation des Royaumes Bouddhiques）的翻译工作。这一译作始于其导师雷慕沙，随后由柯恒儒接手，后者去世时尚未完成。1836 年，该译著问世前，朗德雷斯为其作序，题为《雷慕沙佛教研究概述及其对〈佛国记〉评论之序文》（Aperçu des travaux de M. Rémusat sur le bouddhisme ou Introduction à son commentaire sur le Foe Kue Ki）。朗德雷斯在《新亚洲学报》十四（1834：第 205—231 页，第 296—316 页）上发表悼文悼念恩师。该文对雷慕沙生平的记录止于 1814 年（引自：朗德雷斯，1834）。朗德雷斯在悼文中表示："永远无法忘怀十三年间的亲密关系，且以雷慕沙的长期信任为荣"（第 206—207 页）。《柯恒儒图书馆汉语、鞑靼语和日语印刷品、手稿及文献目录》（Catologue des livres imprimés, des manuscrits et des ouvrages chinois, tartares, japonais, etc. composant la bibliothèque de feu M. Klaproth, Paris, 1839, [cote BN : Delta 16042]）一书也出自朗德雷斯之手。朗德雷斯的悼文则由爱德华·拉波拉耶（Edouard Laboulaye）撰写，于 1862 年 8 月 14 日周四刊于《辩论日报》（Journal des Débats）。《朗德雷斯图书馆汉语、鞑靼语、日语文献印刷品及手稿和十二至十五世纪文献目录》[Catalogue des livres imprimés et manuscrits des ouvrages chinois tartares japonais etc. et des chartes du XII au XVe siècle composant la bibliothèque de feu M. Ernest Xavier Clerc de Landresse, Paris, 1862, (cote BN : Delta 1074)]一书卷首的朗德雷斯生平传记讲述了其与雷慕沙的关系，且对雷慕沙手稿保存于芒特市做出了如下解释："朗德雷斯 1800 年 8 月 17 日出生于弗朗什——孔泰地区。曾在法兰西学院跟随雷慕沙研读汉语。由于

芒特市的市图书馆找到了后者女儿①于1869年遗赠的一批手稿。这批手稿出自于不同东方学者②之手，其中包括洪堡写给雷慕沙的九封书信。直至今日，上述书信似乎还未曾运用到洪堡二期研究③中，

（接上页注）二人母亲的籍贯相同，雷慕沙格外喜欢这位同乡，并于临终时将其主要手稿赠予后者。正因如此，朗德雷斯对雷慕沙一直心存感激。1830年革命期间，朗德雷斯被免除了《万象》（*L'Universel*）管理人一职，该期刊由雷慕沙和圣·马丁于革命前夕创立。故而朗德雷斯得以周游意大利。在雷慕沙的指导下，朗德雷斯的汉语和日语曾突飞猛进。然而，自1832年这位卓越的文献学家逝世后，朗德雷斯对这两门语言的兴趣骤减。"
① 参见由图书馆及大众阅读管理处（Direction des Bibliothèques et de la Lecture publique）出版的《图书馆和文献管理单位索引》（*Répertoire des Bibliothèques et organismes de Documentation*, Paris, Bibliothèque nationale, 1971）一书中有关芒特拉若利市乔治·杜哈曼图书馆的说明（38）。有关此遗赠的记录参见波尔·内沃（Pol Neveux）与埃米尔·达西埃（Emile Dacier）所著的《法兰西外省图书馆宝藏、寄存品、艺术品、手稿、模型、书籍、精装书、音乐、画作及雕刻、钱币与纪念章、地区收藏品及特产纪事》（*Les Richesses de bibliothèques provinciales de France : historique des dépôts, oeuvres d'art, manuscrits, miniatures, livres, reliures, musique, dessins&gravures, monnaies&médailles, fonds locaux, spécialités*, Paris, Editions des bibliothèques nationales de France, 1932）一书卷二，第223页。
② 此藏品汇集了雷慕沙或是朗德雷斯所收到的书信，后者更为罕见。其中一封来自阿德朗格（Adelung）、三封来自波普（F. Bopp）、两封来自布赫诺夫父子（J.L. et E. Burnouf）、两封来自科尔布鲁克（H.T. Colebrooke）、八封来自杜邦索（P.S. Duponceau）、一份来自琼斯（W. Jones）、一封来自马斯登（W. Marsden）、一封来自毕麒麟（J. Pickering）、八封来自塞西（A.I. Silvestre de Sacy）、二十二封来自施莱格尔（A.W. von Schlegel）、一封来自商波梁（Champollion）、八封来自柯恒儒（H.J. Klaproth）。
③《威廉·冯·洪堡通信目录》（*Verzeichniss des Briefwechsels Wilhelm von Humboldts*. Bearbeitet von Ph. Mattson. Vorwort von W. Barner, A. Flitner und W. Hoffmann. 2 vol. Heidelberg, Wihelm von Humboldt Briefarchiv, 1980）一书提到其中的三封（引自：马特森 1980）。其中第一封（n° 7581）即1826年3月7日的通信，被雷慕沙整篇发表。另外两封通过莱茨曼（A. Leitzmann）的抄录而为人所知。其中被其标注为1830年11月的一封（n° 8303 = Leitzmann Inv. 278）实为1830年12月9日的第八封信，被视作为1831年7月至8月期间的编号为n° 8391的书信（Leitzmann Inv. 279）则为该年8月7日的第九封信。这两封信分别表现为草图和草稿，被库尔特·缪勒-富尔玛（Kurt Mueller-Vollmer）发现于克拉卡夫市（Jagiellonska）图书馆内的洪堡藏品中。其编号分别为 Coll. Ling. Fol. 49, 4. b. Breifwechsel, Bl. 116 和 Coll. Ling. Fol. 17, 3. b, c, Bl. 142。

甚至尚未被鉴定① 为洪堡作品。

　　这些信件始于 1824 年 12 月，止于 1831 年 8 月。最早的两封为之后著名的 1826 年的《致雷慕沙的信》一文奠定了基础。第三、四、五封围绕这篇文章的发表而展开。其中第五封篇幅最长，因其在汉语讨论领域得出的宝贵结论而著称。最后四封信写于 1830—1831 年间，展现了洪堡对汉语语法新问题的关注。除了最后两封，其余信件皆出自洪堡亲笔。书信长度各异：第三和第九封两页，第六、七、八封三页，一、二、四封四页，而最长的一封——第五封则有密密麻麻的八页。总体上看，这些书信字迹清晰流畅，并未为整理转录工作带来障碍。唯一遗憾的是，洪堡书信中常常提及的雷慕沙的回信，除了关于"乃"（nai）的那封，其余的都没有保存下来。

　　洪堡已有大量信函出版且广为人知，上述书信何以值得关注呢？其价值可以从以下四点阐释。

　　1. 写于 1826 年的《致雷慕沙的信》一文鲜有相关信息。上

（接上页注）库尔特·缪勒 – 富尔玛：《威廉·冯·洪堡的语言学——关于语言学遗留的批注清单（包括导论和附录）》，帕德伯恩（Kurt Mueller-Vollmer *Wilhelm von Humboldts Sprachwissenschaft. Ein commentiertes Verzeichnis des sprachiwissenschaftlichen Nachlasses. Mit einer Einleitung und zwei Anhängen*, Paderborn, F. Schöningh, 1993, 201-2, 159；引自：缪勒 – 富尔玛，1993）。

① 事实上，洪堡和其他作者都没有出现在《法国外省地区公立图书馆手稿一览表》一书卷十的索引中（*Catalogue général des manuscrits des bibliothèques de France. Départements*, Paris, Librairie Plon, 1893）。格雷夫（E. Grave）在一份说明中（第 521—522 页）陈述了手稿集的三个来源。由朗德雷斯收藏的"考古学家、东方学者、汉学家、印度学家"的书信以 3951 个编号汇入索引（第 530—563 页），其中查理·纪约姆·洪堡男爵（*Humboldt, Charles Guillaume, baron de*）的书信介于 1898—1908 号之间（第 543 页）。

述信件为研究此文提供新的历史文献,借此可将其撰写时机、背景、洪堡与雷慕沙的关系及其影响置于长远背景中重新考量①。

2. 上述信件为研究洪堡 1822—1827 年间因汉语与其理论相悖而经历的"理论危机"②提供新的视角。1827 年,雷慕沙将《致雷慕沙的信》一文全篇发表并附加了大量注释。通过回应注释中雷慕沙礼貌却批判的评论,洪堡进一步发现了二者的理论分歧,同时也愈加坚定了其基本立场。

3. 上述书信呈现了洪堡研究关注点的变迁历程,展示了其汉语研究的始末,并突出了其在汉语讨论领域的独创性贡献。

4. 最后,除两位学者的分歧外,上述信件更多地展示了两种有关语言本质的假设及其研究方法的差异。洪堡与某种法式语言研究传统之间模棱两可的关系也因上述信件而变得清晰了然。

洪堡兄弟与法国

洪堡与雷慕沙的通信始于 1824 年。当时,威廉·冯·洪

---

① 证据如下:莱茨曼(A. Leizmann)对修改洪堡《致雷慕沙的信》一文的法国要人一无所知。(《致雷慕沙的信》,1826:第 255 页注释;莱茨曼的《批注》:《全集》第五卷,第 480 页)。
② 根据费列特纳(A. Flitner)和基尔(K. Giel)的表述(已出版)。《五卷本洪堡选集》《第五卷 随笔、自传、诗和书信》《第一至四卷 评语和注释》《附录》,斯图加特,科塔,1981 年,第 473 页(引自《五卷本威廉·冯·洪堡著作选》,1981 年)[*Wilhelm von Humboldt Werke in fünf Bänden. V Kleine Schriften Autobiographisches Dichtungen, Briefe. Kommentare und Anmerkungen zu Band I-V. Anhang.* Stuttgart, Cotta, 1981),473(cité: *Humboldt Werke* 1981)]。

堡因其于语言对比领域的诸多研究在法国语言学界和文献学界已小有名气。洪堡所著的一篇（简短的）巴斯克语语法概要①和一篇基于古典文化中古伊比利亚语地名之巴斯克词源的历史研究著作《通过巴斯克语言对西班牙原始居民的研究》（*Prüfung der Untersuchungen über die Urbewöhner Hispaniens vermittelst der vaskischen Sprache*, 1821）②为这些知识渊博的法国学者所熟知。直至18世纪下半叶，德语在法国的处境始终相当尴尬："一直到1780年，整个巴黎勉强找得到二三十个能够翻译一页德语的法国人"③，而此后法国人民对待德语的态度发生了翻天覆地的变化。亚历山大向其兄长如此解释巴黎的新现象："这儿很多人读德语著作""人人都向我索要你的著作"（《亚历山大致威

---

① 《关于解读坎塔布里和巴斯克语言第二卷第一章节的报告和附注》，（《全集》第二卷，第 222—287 页）[*Berichtigungen und Zusätze zum ersten Abschnitte des zweiten Bandes des Mithridates über die kantabrische oder baskische Sprache* (GS II 222-287)] 一文以阿德朗格（Adelung）第一版补集的形式出现在由阿德朗格（J.C. Adelung）和华特（J.S. Vater）先后整理的著名文集《坎塔布里普通语言知识——近500种语言和方言的语言样品》，柏林，1806-1817年（*Mithridates oder allgemeine Sprachenkunde mit dem Vater Unser als Sprachprobe in bey nahe fünfhundert Sprachen und Mundarten*）的卷四中（Berlin, 1806-1817）。
② 原著：《全集》第四卷，第57-232页（*GS* IV 57-232），马拉斯特（A. Marrast）的法文译本：《关于通过巴斯克语研究西班牙原始居民的考证》（*Recherches sur les habitants primitifs de l'Espagne à l'aide de la langue basque* Paris, Franck, 1866）。
③ 至少以相信摩瑞（L.F.A. Maury）《昔日研究院，法兰西铭文与美文学术院》（*Les Académies d'autrefois. L'Ancienne Académie des Inscriptions et Belles Lettres* Paris, 1864）一书所述为前提（287）。该书中提出："杜尔哥（Turgot）位列此少数人之中"，"掌握德语之人异乎寻常，稀缺至极，凭此即可荣获博学证书"，"针对这一话题，我听说，在革命发生前夕，德语还未为人所知。就连广有交际的拉斯特瑞（Lasteyrie）伯爵也需要耗时八日找人翻译收到的德语来信"（同上）。

廉的信》，1823年3月8日，第116页）①。事实上，洪堡长期以来的巴斯克语研究有幸获得 A. I. 西尔维斯特·德·塞西（A.I. Silvestre de Sacy, 1758—1838）的赏识，这位"东方学王子"在《学者报》(Journal des Savans)② 上撰写了一篇详尽的评论，对其大加赞美。

在巴黎，洪堡的著作因其弟亚历山大的大力推崇而备受青睐。后者于1804年由美洲返回欧洲，1808年定居巴黎，1810年荣选为法兰西科学院外籍会员。在此期间他一直致力于其巨著《新大陆热带地区旅行记》(Voyage Aux Régions Equinoxiales du Nouveau Continent)③ 的出版。他几乎走在所有学科的前沿，堪称

---

① 针对威廉的古伊比利亚语著作，亚历山大1821年8月24日向其兄汇报称"人人向我索要"此书。同年10月21日称之为"人人酷爱"之书（"亚历山大致威廉的信"，85，89）。亚历山大在第一封信中还表示反复拜读了令基佐（Guizot）"沉醉其中"的"杰出的历史著作"（86）:《论历史学家之责任》[Ueber die Aufgabe des Geschichtschreibers (GS IV 35-56)]。
② 1821年10月至11月。第587—593页以及第643—650页。
③ 亚历山大事迹参见：汉诺·贝克，《亚历山大·冯·洪堡》，第一卷《从远游求学到研究旅行1769—1804》，第二卷《从游著到"宇宙"1804—1859》，威斯巴登，1959-1961（Hanno Beck *Alexander von Humboldt* Bd. I *Von der Beldungsreise zur Forschungsreise 1769-1804,* Bd. II *Vom Reisewerk zum "Kosmos" 1804-1859* Wiesbaden, 1956-1961）与《亚历山大·冯·洪堡的科学传记》，三卷，莱比锡，1872年（*Alexander von Humboldt. Eine wissenschqftliche Biographie* im Verein mit R. Avé-Lallemant, J.V. Carus, A. Dove, H.W. Dove, J.W. Ewald, A.H.R. Grisebach, J. Löwenberg, O. Peschel, G.H. Wiedemann, W. Wundt, bearbeitet und herausgegeben von Karl Bruhns 3 vol. Leipzig, 1872）（引自：布鲁恩斯，1872）。
此巨著分35卷，其出版工作始于1805年，止于1834年（贝克，1961：第65—76页）。它在语言学历史领域的价值相对来说鲜为人知，参见卢梭《亚历山大·洪堡与印第安语言》一文[Jean Rousseau, "Alexandre de Humboldt et les langues indiennes" M. Duchet (dir), L'inscription des langues dans les relations de voyage. *Les Cachiers de Fontenay* n° 65/66, mars 1992, 13-38.]。事实上，亚历山大题为《写于1799、1800、

当时的科学巨人。他写给威廉的信不仅展示了他为后者寻找"所有有关语言的材料"(《亚历山大致威廉的信》,1820年4月1日,第73页),更表现出他在法国科学届竭力推广其兄长论著的良苦用心。

雷慕沙与汉语

在亚历山大巴黎的社交关系中,雷慕沙位置显赫。后者自1814①年起在法兰西学院荣任汉语教授,自1822年亚洲学会成立之初便担任学会秘书一职。亚历山大亦是该学会委员会成员。雷慕沙的医学专业背景,其基于大量汉语原始资料的多篇报告所显示出的其对诸多科学领域的特殊喜好②,以及其自由主义思

(接上页注)1801、1802、1803和1804年的新大陆热带地区旅行的历史关系》(*Relation historique du Voyage aux régions équinoxiales du Nouveau Continent, fait en 1799, 1800, 1801, 1802, 1803, et 1804*)一章分三卷分别于1814、1819和1825年出版。按照最初设想,该章应该包含一篇威廉业已动笔的有关语言的文章。然而最终亚历山大自己承担了这一部分内容的撰写任务。《新大陆热带地区旅行的历史关系》卷一(1817年交付)第三册第九章讨论丘玛(Chaymas)印第安人(第458—503页)。这一部分还包括美洲语言通论(第475—480页),丘玛语言报告,还有1823年交付的卷二第七册说明中的《语法结构相异的语言词源比较评注》(第439—440页)。在威廉那篇已动笔的文章结局的多个推测中,以1812年(缪勒-富尔玛,1993:第45页)的《论新大陆语言》(*Essai sur les langues du nouveau continent*)一文[GS III 300-341 = Essai 1812]最为可能。
① 法国国王路易十八接受了其内政部长孟德斯鸠神甫的报告以及塞西的建议,于1814年11月29日同时开设了汉语席位和梵语席位。
② 尤其是其医学论文《舌诊研究》(*Dissertatio de glosso-semeiotice sive de signis morborum, qua è linguâ sumuntur, praesertim apud Sinenses*, Parisiis, 1813)以及有关鞑靼族星座研究的《蒙古天体图》("Uranographa Mongolia", *Fundgruben des Orients*, III, 1813, 179-196),又如刊登在《化学物理学报》[*Annales de chimie et de physique*]

想①倾向，都有助于拉近他与亚历山大之间的距离。亚历山大在

（接上页注）1819 年第十卷和 1820 年第十四卷的《论中国境内之陨石》（"Sur les aérolithes de la Chine"）及《论鞑靼族中央居住地两座最新火山》（"Sur l'existence de deux volcans brûlans dans la Tartarie centrale"）两篇文章均为此提供了证明。数年之后，当亚历山大穿越中国鞑靼族居住地时，由衷地钦佩雷慕沙对这些火山的精准定位。根据 H. 梯也尔在《佛尔明·狄多新世界人物传记》中《雷慕沙》部分所述（H. Thiers, Art "Rémusat", *Nouvelle Biographie générale*, Dr. Hoefer (dir.), Paris, Firman Diderot, 1862, T. 41, col. 968-975, 972），雷慕沙曾计划撰写《中国人自然历史成就全揽》（*Tableau complet des connaissances des Chinois en histoire naturelle*），因此著有《论中亚地理的几个相关问题》（*Mémoire sur plusieurs questions relatives à la géographie de l'Asie Centrale*, Paris, 1825）。雷慕沙还翻译了诸多汉语、日语和满语原文撰写的地理描写、旅行纪事和学术论文。其 1825 年于巴黎出版的两卷本《亚洲杂文集》的副标题定为：东方国家宗教、科学、习俗、历史以及地理的研究精要，还有其 1818—1831 年间刊于《学者报》上的多篇概述文章，无不展示了其广泛的兴趣。雷慕沙涉猎之广可与亚历山大·洪堡相提并论。法兰西皇家铭文与美文学术院院长瓦尔克纳尔（Walckenaer）男爵在雷慕沙追悼会上发表讲话向其致敬（《皇家金石文学院院长瓦尔克纳尔男爵在雷慕沙追悼会上的讲话》，法国科学院，法兰西皇家铭文与美文学术院，雷慕沙先生追悼会）（引自：瓦尔克纳尔，1932）。该发言强调了雷慕沙精通各个领域："宗教信仰、哲学体系、自然历史、地理、民族革命与起源、语言间的亲属关系、传记、文学、风俗习惯"（单独印刷，第 5 页）。关于雷慕沙所涉足的领域，塞西在 1834 年 7 月 25 日的公开会议上也提供了一份同样令人叹为观止的清单："编年学、地理学、人种志学、自然科学历史学、东西方贸易与关系学、普遍语法、语系、文字起源及多样性、全部有关亚洲艺术、信仰、学说及习俗的书面历史"（《关于雷慕沙先生生平与著作的历史说明》，录入《法兰西皇家学会论文集，法兰西皇家铭文与美文学术院》卷十二，1839 年，第 375 页及随后几页，此篇说明被转载于雷慕沙 1816 年翻译及出版的《太上感应篇，道教道德指南》一书的现代版的卷首（巴黎，Geuthner，1939 年，第 5—43 页，第 27 页；引自：塞西，1839）。
另外，数年后，保罗·戴密微（Paul Demiéville）在其《法兰西汉学历史概述》（"Aperçu historique des études sinologiques en France", *Acta Asiatica* 11, Tokyo, 1966, 56—110）一文中提到雷慕沙，遗憾地指出法国学派明显趋于"在中国与亚洲及世界其他地区的关系中研究中国，不以中国内部研究而以整理历史为目的研读汉语文本"。他由此观察到一种对汉学的"肤浅"（第 79 页）理解。
① 有关亚历山大的观点，参见都德（E. Daudet）在《政治警察、特工汇报与黑室文件中的复辟时期编年史 1815—1820》（*La police politique. Chronique des temps de la Restauration d'après les rapports des Agents secrets et les Papiers du Cabinet noir*, 1815-1820 Paris, 1912）再现的警察局报告，尤其是说明五：《政治警察与洪堡兄弟》

其研究过程中[①]，凡遇到汉语问题必定请教雷慕沙。且正是由于雷慕沙的支持，亚历山大才能"巧妙地为其兄长谋得了"亚洲学会外籍通讯会员和法兰西铭文与美文学术院合作院士的席位（《亚历山大致威廉的信》，1824年9月13日，1824年10月15日，第132页，第135页）。

雷慕沙是继塞西（A.I. Silvestre de Sacy）之后，在欧仁·布赫诺夫（Eugène Burnouf, 1801—1852）之前，法国东方学者和博学之士中的领军人物。他自学汉语的过程堪称传奇：没有任何外界帮助，仅仅依靠汉语文本及其满语译文，有关该语言的学

（接上页注）（295—365），以及其刊于《双世杂志》（*Revue des Deux Mondes* 81e Année, 1911, T.V. 167-201）的《亚历山大·洪堡和皇家警察：未经公开的信函（1816—1820）》一文。据1817年的警察局报告，亚历山大对外宣称其为自由主义者，"更确切地说是雅各宾派"，即使同一时期"他在杜拉斯夫人（Mme de Duras）和夏多布里昂先生（M. de Chateaubriand）那里的表现更似极端保皇党人"（169）。亚历山大在巴黎的社交关系参见贝克著作（贝克，1961：第55—56页）。1822年12月，费雷德里希·根茨（Friedrich Gentz）把他描述为"一个明显的共和堂人"［《费雷德里希·根茨致彼拉的书信》（*Briefe von Friedrich Gentz an Pilat*. Bd. 2 ; Leipzig, 1868, 141)］。
① 提及美洲人口迁徙，东方起源（极有可能是中国起源）这一假设和两个地区相似性这两个关键性的问题困扰着亚历山大及其同时代的诸多学者。另外，亚历山大自1810年起规划以印度、中国西藏和中亚国家为目的地的亚洲之行（贝克，1961：第30页）。1811年，他已经开始关注墨西哥与日本、中国、蒙古以及印度历法的比较研究（《普通地理事记》*Allgemeinen geographischen Ephemeriden* XXXI，1811，376）。此次亚洲旅行需要浩大的准备工作（贝克1961：第42—45页），尤其是自1818年起因为普鲁士联邦政府的原因。亚历山大于是跟随塞和蓝歌籁（Langlès）学习波斯语和阿拉伯语，他同时还钻研亚洲山志学和气候学。他与雷慕沙二人因研究对象开始交往，即使由于显而易见的原因，亚历山大与届时从事中亚历史地理地图研究的柏林人柯恒儒的往来更为密切。柯恒儒曾于1805年旅行至中国边界，于1808年到达高加索地区（贝克，1961：第51页；布鲁恩斯，1872：卷一，第424—434页；卷二，第66页，第91页）。

习素材是由传教士带回或编写的 ①。仅仅靠五年的自学，雷慕沙

---

① 德尔桑神父（abbé de Tersan）——一位博学之士，在欧布瓦修道院（Abbaye-aux-Bois，亦译作树林修道院）收集了一整套文物古玩。雷慕沙曾有机会参观，其中一本中国植物图集引起了他的注意。他根据书中精确的图片认出了几种植物，决心认读图片配文并坚持下去。他为了认读这些汉字开始学习汉语。正如让 - 雅克·安培（Jean-Jacques Ampère）之后在一篇刊于《双世杂志》（*Revue des deux Mondes* 15 nov. 1832：373-405, 1er nov. 1833：249-275, 15 nov 1833：361-395）题为《论中国与雷慕沙之研究》("De la Chine et des travaux de M. Abel Rémusat")的总结性文章中所述："雷慕沙在没有老师、没有语法参考、没有词典的情况下想要学习汉语，这需要非同寻常的勇气"（第一篇文章，第 378 页）。的确，当时并没有任何可以帮助汉语学习的课程或是书籍。18 世纪传教士编纂的词典和语法仍以手稿形式保存于皇家图书馆（Bibliothèque impériale），其中就包括马若瑟（Joseph Prémare）的《汉语札记》（*Notitia linguae sinicae*, 1728）。图书馆馆长路易·蓝歌籁（Louis Langlès）拒绝对这位年龄不满 20 岁的医学院学生开放馆内资料。第一本汉语拉丁语词典，方济会士叶宗贤（Basilio Brollo da Glemona）所著的《汉字西译》（*Han-tseu-si-ye*），自 1809 年开始印刷，直至 1813 年方由小德金（De Guignes）印刷完成。因此，雷慕沙一开始只有一本质量不佳的著作可以参考，即艾蒂安·傅尔蒙（Etienne Fourmont）的《中国官话》（*Linguae Sinarum mandarinicae hieroglyphicae grammatica duplex*, 1741）。该书描述了官话，而非文言文。他直至 1814 年才获知万济国（Francisco Varo）1703 年在广州出版的的《华语官话语法》（*Arte de la lengua mandarina*），这本书遭到了傅尔蒙的剽窃。雷慕沙借助《中国智慧》（*Sapientia Sinica*）一书认真攻读《中国官话》。《中国智慧》由意大利耶稣会会士殷铎泽（Prospero Intorcetta）在江西建昌刻印出版，内有另一位耶稣会会士郭纳爵（Ignac de Costa）所做的《大学》的拉丁语译文。他还使用天主经（Oraison dominicale）和使徒信经（Symbole des Apôtres）的译文学习汉语，并参考了阿舍纳斯·柯舍尔（Athanase Kircher）所著的《中国图说》[China (…) illustrata, 1667]。《中国图说》的法译本由 F. S. 达勒基埃（F.S. Dalquié）于 1670 年出版，其中包含一个原稿不详的汉法词汇表（第 324-367 页）。另外，雷慕沙还设法找到了汉语词典，其中就有著名的《康熙字典》。值得一提的是：雷慕沙将满洲作为学习汉语的手段，他利用一些印刷材料，其中有一本篇幅只有 34 页的语法书、南怀仁神父（Ferdinand Verbiest）的《满洲语入门》（*Elementa linguae tartaricae*）、钱德明（Joseph Amiot）的《满汉词典》（*Dictionnaire Tartare-Mantchou*）（小德金 1790 年出版了《满汉词典》的三卷本）。1834 年，朗德雷斯（Landresse）雷慕沙对这一艰难的汉语学习过程进行了如此总结："他借助几本汉满词典，通过将原文与介时所有的少量烦冗且不甚正确的译文进行比较确定一些词的意思，以这种方式编写了某种意义上的词汇表，虽然极不完整（大约一千五百个字，带有注音与释意），但足以在不久之后安慰他因其他人嫉妒而遭遇到的拒绝"（第 222—223 页）。朗德雷斯的看法与圣 - 马丁——雷慕沙的

自 1811 年开始出版了《中国语言文学论》(Essai sur la langue et la littérature chinoise)①，发表了大量文章，翻译和出版了诸

（接上页注）另一个挚友的意见一致。后者在 1811 年 9 月的《百科全书杂志》(Magasin encyclopédique) 发表了有关《论中国语言与文学》(Essai sur la langue et la littérature chinoises) 亦译作《汉文简要》)的汇报性文章。雅凯——洪堡的通信人之一，与以上两位学者持有相同的看法，在其题为《论汉语语助词的起源、意义、功用及影响》("De l'origine, de la valeur, de l'utilité, et de l'influence des particules de la langue chinoise")的文章中向雷慕沙致敬，提到了其汉语学习所遇到的困难："由于缺乏用欧洲语言对汉语进行注解的词典，(……)，他将《四书》原文与传教士所谓的拉丁语释义进行对比；他比较、细致观察、甚至聆听目前尚听不懂的汉语句子；他从中感觉情感，把握意图（……）在读懂之前，他用眼睛观察；将艰难解读几个句子后总结出一些词的翻译应用到其创建的理想类型中，借助两三个语法观念开始编写其小规模的词汇表，之后将得出的最初汉语构造原则在文本和他的小词汇库中检验对其加以更正、充实"（第 126—127 页）。这篇文章最初以手稿的形式得以保存，后来被菲利克斯·尼夫发表（《论尤金·雅凯的生活，其有关历史和东方语言的著作，附带未公开片段》，比利时皇家学院出版的授奖著作和国外学者的著作，第 27 部第 5 卷，布鲁塞尔，1856，第 125—131 页 [Félix Nève, *Mémoire sur la vie d'Eugène Jacquet de Bruxelles, et sur ses travaux relatifs à l'histoire et aux langues de l'Orient, suivi de quelques fragments inédits* Mémoires couronnés et mémoires des savants étrangers publiés par l'Académie royale de Belgique T. XXVII, 5, Bruxelles, 1856 : pp. 125-131]）。

雷慕沙 1811 年 10 月在《百科全书杂志》(Magasin encyclopédique) 上发表了《论中国人的外语学习》(De l'étude des langues étrangères chez les Chinois) 一文，这才引起了柯恒儒的注意，并在后者的帮助下获得了叶尊孝（Basilio de Glemona）的手抄本词典。雷慕沙直至 1816 年在皇家图书馆（Bibliothèque du roi）负责编写《汉语书籍目录》(Catalogue des livres chinois) 并获知马若瑟的《汉语札记》。他基于此书编纂了自己的语法书。瓦尔克纳尔强调了雷慕沙这一长时间不为人知的努力所带来的贡献：雷慕沙之所以使汉语变得"清楚、简单和易学"，是因为"他全力以赴地扫除了这门语言带给他的所有困难（……）他还召集所有同僚一起致力于这门语言的学习。按照他的说法，这门语言不比一门欧洲语言需要更长的时间，也不需要更多的努力"（引自：瓦尔克纳尔，1932：第 4 页）。《雷慕沙藏书印刷品集手稿目录》(*Catalogue des livres imprimés et manuscrits composant la Bibliothèque de feu J.P. Abel-Rémusat*, par J. G. –Abel Jeandet, Paris, 1833, cote BN : Delta 34229) 中中文和日文部分得到了柯恒儒和朗德莱斯的帮助，可以提供与这一汉学家持有的所有著作手稿有关的信息。

① 塞西（Silvestre de Sacy）在《导报》(Moniteur n°32, 23 janvier 1815) 上做了《论中国语言与文学》(*Essai sur la langue et la littérature chinoises, avec 5 planches, contenant des textes chinois accompagnés de traductions, de remarques, et d'un commentaire littéraire*

多汉语文本①，因此迅速享誉欧洲。他再接再厉，于 1820 年出版了《鞑靼语研究》(*Recherches sur les langues Tartares*)（仅发行第一卷），而 1822 年的《汉文启蒙》(*Elémens de la grammaire chinoise*)②更是锦上添花。《汉文启蒙》一书展现了作者在当时无可比拟的汉语知识和对诸多汉语文献的了解，也理所当然地成为现代汉学诞生的标志③。

（接上页注）*et grammatical, suivi de notes et d'une table alphabétique des mots chinois Paris et Strasbourg, 1811*）和法兰西学院开设汉语课的相关汇报，写道："此刻，所有关注法国文化影响的人应持有希望：这位学者以其不屈不挠的研究及判断的正确性克服了所有的障碍，其天资会确保他获得成功，这一点毋庸置疑。"
① 有关这一汉学家的著作，参见《雷慕沙著作编年目录》("Catalogue chronologique des ouvrages d'Abel-Rémusat")。这一编目由塞西在其《有关雷慕沙生平和著作的历史性概述》(*Notice historique sur la vie et les ouvrages de M. Abel Rémusat*)（塞西，1839：第 36—39 页）之后完成，其中包含雷慕沙自 1818—1831 年在《学者报》上（*Journal des Savans*）发表的 110 篇文章和汇报。
② 其完整书名为：*Han Ven Khi Meng ; Elémens de la Grammaire Chinoise, ou Principes généraux du Kou-wen ou style antique, et du Kuan-hoa, c'est-à-dire, de la langue commune généralement usitée dans l'empire chinoise* ; par M. Abel-Rémusat, de l'Académie royal de France, Paris, Imprimerie royale, 1822（事实上，该著作出版于 1821 年底）（以下简称为雷慕沙 1822）。塞西于 1822 年 6 月在《学者报》上（第 329—341 页）发表了关于该著作的一篇重要的汇报性文章。该著作在 19 世纪，1857 年由德·罗斯奈（L. Léon de Rosny）再版，这一版本正是我们使用的版本。这一再版版本在下一个世纪又被再版，由阿兰·贝罗贝（Alain Peyraube）写序 [(Buc) 3 rue Louis-Massotte, 78530, Ala productions, 1987]。
③ 马伯乐（Henri Maspéro）在其《中国和鞑靼—蒙古语言文学席位》一文中（"La chaire de Langues et Littérature chinoise et tartares-mandchoues" *Le collège de France 1530-1930. Livre jubilaire composé à l'occasion de son quatrième centenaire* Paris, 1930, 353-366) 评价了这一语法论著：它"首次不仅论述书面语而且论述了口语，两种文体各有篇幅。尤其值得一提的是：这是将汉语特性考虑在内的第一本汉语语法书，而不是一本欧洲语言语法书的译本，将欧洲语言的语法形式如变格、变位强加于汉语，因此称得上是汉语的第一本科学论著"（第 357—358 页）。他在《汉学》一文（"La sinologie" Société Asiatique *Le livre du Centenaire 1822-1922* Paris, 1922, 261-283，以下简称为马伯乐，1922）中称赞雷慕沙的《汉文启蒙》一书"是有关汉语的逻辑总结

在亚洲学会，雷慕沙同圣－马丁（A.J. Saint-Martin，1791—1832）、柯恒儒（H.J. Klaproth，1783-1836，亦译克拉卜洛特）以及随后的布赫诺夫（E. Burnouf）结成了技艺派。这一学派优先关注严谨的语言知识，势力强大。谢兹（A.L. de Chézy，1773—1832）与兰德彰（S.A. Langlois，1788—1854）组成了热衷纯文学的翻译派。后一派系致力于向法国大众呈现东方文学之美①。学会内部派系相争的局面由此形成。才学无可挑剔、语言知识渊博的塞西，出于代际团结和政治立场的考虑，出人意料地选择了与翻译派结盟。

一、对话初期（1821—1824）

在亚历山大的"恳请"（《亚历山大致威廉的信》，1824 年 8 月 21 日，1824 年 9 月 13 日，第 130 页、第 131 页）之下，雷慕沙于 1824 年在《亚洲学报》发表了一篇文章②，亚历山大称

（接上页注）与理性建构的首次尝试。这一著作成为整个 19 世纪汉学家开始学习汉语时的教材"（第 262 页）。1828 年来巴黎访学的德国梵语学者 F. 罗森（F. Rosen）看来："大概很少有人能像他一样具备天才的资质特征"（雷夫曼，1891-1897：II 186*；参见原尾注 72）。
① 因此，于勒·莫赫（Jules Mohl）随后称他们为"花匠"。参见〔法〕路易·菲诺《亚洲学会纪事》一文（L. Finot, "Historique de la Société Asiatique" Société Asiatique *Le Livre du Centenaire* 1822-1922 Paris, 1922, 15）。
② 这篇汇报性的文章发表在《亚洲学报》的《文学评论》专栏（*Journal Asiatique*, tome V, juill. 1824, 51-61，以下简称为雷慕沙 1824）。该篇文章被收入于雷慕沙《亚洲杂文集》（*Mélanges Asiatiques I*, 1825, 257-265）以及本书中。雷慕沙在该文中还宣布对洪堡在施莱格尔的《印度图书馆》（*Indische Bibliothek* de A. W. Schlegel Bd. I, 1823, 433-467, Bd. II, 1824, 72-134,《全集》第四卷，第 360—419 页）中发表的《论梵文中由后缀"twa"和"ya"组成的动词形式》（*Ueber die in der sanskrit Sprache durch die Suffixatwa, und ya gebildeten Verbalformen*）进行评论，但评论内容仅占了一页的篇幅。

之为"评论你语言研究著作的美文"(《亚历山大致威廉的信》，1824年9月13日，第131页)。这篇文章标志着两位语言学家交流的开端。实际上，亚历山大认为雷慕沙仅仅研读了"在此处引起了巨大轰动"(同上)的《论语法形式》(*Mémoire sur les formes grammaticales*)①，因此建议其兄长在雷慕沙文章的基础上明确即将展开的有关汉语讨论所用术语。

1. 洪堡与1821年的汉语悖论

在《论语法形式的产生及其对观念发展的影响》(*Ueber das Enstehen der grammatischen Formen und ihren Eingluss auf die Ideenentwicklung*)一文中，洪堡试着回答"人类在何种程度上实现了语言？"(《产生》，1821年:《全集》第四卷，第286页，译文)这一问题，以根据这一程度再现"语言能力的发展历程"(同上)。因为"从这一角度观察到的语言多样性"可以呈现"语

---

① 该文的德语题目为: *Ueber das Entstehen der grammatischen Formen und ihren Einfluss auf die Ideenentwicklung* (GS Ⅳ 285-313 =*Entstehen* 1821《全集》第四卷，第285—313页，以下简称《产生》，1821年)。其法语译文由道内雷(A. Tonnellé)完成，题目为 *De l'origine des formes grammaticales et de leur influence sur le développement des idées suivi de Lettre à M. Abel Rémusat* (Paris, Librairie Franck, 1859)。该法语译本由莫洛(M. Molho)于1969年在波尔多迪可罗出版社(Editions Ducros)重版。本书中的法语译文由德尼·杜阿赫完成。
这篇论文完成于1821年底，于1822年1月17日宣读于柏林科学院，被收入《柏林皇家科学会历史——语文学学界论文 摘自1822至1823年》(*Abhandlungen der historisch-philosophischen Klasse der Königlichen Akademie der Wissenschaften zu Berlin. Aus den Jahren 1822 und 1823* Berlin, 1825, 401-430)印刷出版。尽管出版日期为1825年，该文早于1824年春就已完成，被洪堡寄给与其通信的一些学者(莱茨曼《批注》:《全集》第四卷，第439页)。亚历山大负责在巴黎地区宣传这篇论文，1824年9月13日就确认已收到邮寄论文。

言能力发展的不同阶段"(第285页,译文)①。他认为希腊语拥有"最完善的语言结构"(第313页,译文),是"已知的最智慧的语言"(第294页,译文),可以以此为基础考察其他语言与"语法形式真实概念"(第301页,译文)的差距。

有关其理论的起源,洪堡首先做如下定义:"语法关系的这一指称方法……完全称得上语法形式"(第285页,译文),而后论证了其对"观念发展"(第286页,译文及其他一些地方)的绝对优越性。从这一角度,洪堡按照词的本义将语法形式这一概念定义为词形屈折变化(Beugung)(第299—300页)和语法词(第302—303页,第308页),他认为仅有它们表达语法关系而无须为其配备残余的实体表称(第308页,第309页),可以将

---

① 洪堡似乎想通过讨论语言发展的不同阶段对一个论据做出回应。该论据首次出现在美籍法国学者杜邦索的笔下。后者的《通信秘书向委员会有关其研究进展的报告,美洲印第安语言的普遍特点和形式》("Report of the corresponding secretary to the committee, of his progress in the investigation, committed to him of the general character and forms of the languages of the american Indians")和《赫克维尔德与杜邦索的通信》[A correspondence between (...) (John Heckewelder and P.S. Duponceau (...)] 两篇文章发表于《历史与文学委员会纪要》,(American Philosophical Society, Philadelphia, Committee of history, moral, science, and general literature *Transactions of the historical and literary committee* Vol. Philadelphia, 1819, XVII-XLVII et 355-448.)。亚历山大将这本书转交给威廉,并对其称赞有加:"宝贵的书""迄今为止最优秀的书,让我难以割舍"(《亚历山大致威廉的信》,1820年4月1日,第73页)。杜邦索的观点可以概括如下:如果说古典语言是综合语,那么美洲诸语言由于其词法的多样性、丰富性和复杂性则可以称作多式综合语。后者在这一方面超越梵语。有关洪堡与杜邦索的联系以及多式综合语这一问题,参见让·卢梭《威廉·冯·洪堡与併合语言:一个概念的生成》("Wilhelm von Humboldt et les langues à incorporation : genèse d'un concept (1801-1824)", *Amérindia* Vi, 1984, 79-105.)。洪堡与杜邦索的通信保存于美国哲学学会(American Philosophical Society)和宾夕法尼亚州历史学会(Historical Society of Pennsylvania),这两个组织均在费城(Philadelphie)。

"质料与形式"分开(第308页,译文),尤其是表现思想对"形式"的关注(第292页,译文),并照原样呈现形式(同上)。因此,只有词形屈折变化和语法词才能引起语言对于精神的反作用(第309页)或是唤醒一种"形式文化"(formale Bildung)(同上)——理解正是依靠"形式本身"而实现(同上)——并能够适应观念的发展(第310页)。

最终,汉语①却似乎与以上论证相悖。它属于那些"完全或大量省去了语法形式"(第311页,译文)②的语言,也就是"通俗意义上所说的没有语法"(第310页)的语言。然而,汉语文学"数千年来繁盛不衰"(同上),其精神文化不容忽视。针对汉语这一反例,洪堡以质疑汉语文学成就为回应。他认为该文学是否具有完善语法特性所赋予的品质还有待证实,并批评古文缺乏连贯性(同上)。洪堡最终的论据为:就算消除这一质疑,"困难依然存在"(第312页,译文)。

2. 汉学家的回应与理论挑战

洪堡如此批评汉语势必会激起汉学家的回应。雷慕沙在《亚洲学报》上发表评论,旨在论证洪堡理论是否有效。他重新表述了洪堡提出的问题。其措辞有助于减弱洪堡对汉语的批评所带来

---

① 这一时期洪堡必定对这门语言还不甚了解。即使在他1824年将1821年的论文重版之时在一个注释中提及雷慕沙的《汉文启蒙》(《产生》,1821年,《全集》第四卷,第310页),但论文撰写之时他对此书一无所知(《致施莱格尔的信》,1822年12月13日,第100页)。洪堡的弟弟亚历山大1823年3月才将此书邮寄给他(《亚历山大致洪堡的信》,1823年3月8日,第115页)。
② 在这一论述中,古埃及语给洪堡提供了一个相似的论据(《产生》1821年,《全集》第四卷,第311—312页)。

的影响。他认为，问题在于所有的语言是否都能"无差异地在别人精神中重现我们所设想的内容"（同上），人类是否总有"办法互通思想"（雷慕沙 1824：第 52 页）。答案是肯定的。雷慕沙主要基于以下两个论据为汉语辩护。

首先，通过重复洪堡论点，雷慕沙似乎在暗示：如果语法标记无任何附加质料意义标志着语法关系表达的最高阶段，那么，难道标记的缺失以及仅仅使用词序法则不正是更完善的形式表达吗？因为这一表达可以避免词义累赘，实现精神的进一步自由。我们赞颂拉丁语中属格或是德语合成词的多义性，公平起见，难道评判汉语时不应该采用同样的标准吗？（同上）

其次，一些语言中"语法词与词干通过黏着作用依附在一起，但各部分仍清晰可辨"，洪堡认为其功能与那些"通常被看作为最完善"（第 56—57 页）的语言功能之间存在差异。雷慕沙在评论中对这一观点的可靠性提出疑问。他将此差异归因于一种假象：文字。雷慕沙提到其 1814 年的《论汉语的单音节特性》(*Considérations sur la nature monosyllabique attribuée communément à la langue chinoise*)[①] 一文并提出："汉语中的 jin

---

① 参见雷慕沙《论汉语的单音节性质》("Considérations sur la nature monosyllabique attribuée communément à la langue chinoise")，载《法国信使》1814 年 4 月刊（*Mercure de France*, avril 1814, pp. 96-107）。文中涵括了《主祷文》(Pater) 的汉语版本和一些汉语例子。该文中所列举的汉语例子与题为《汉语是否真的是单音节语言？关于汉语语法的语文争论》("Utrum Lingua Sinica sit vere monosyllabica ? Disputatio philologica, in qua de Grammatica Sinica obiter agitur") 的拉丁语版原文中有所不同。拉丁语版原文刊于《东方宝库》(*Fundgruben des Orients* III, 1813, pp. 279-288)。1825 年，《论汉语的单音节性质》一文重刊于《亚洲杂文集》(*Mélanges asiatiques* II, 1825, pp. 47-61)。有关该文中雷慕沙所提出的论点，参见原著尾注 164。

tchi①，满语中的 niyalamaï②，日语中的 fitono③，都是简单词。至于逻辑意义，它们和 hominis④，anthrôp-ou⑤ 等复杂词都同样能明确表达从属关系中的人这一观念"（第 57 页）。

雷慕沙在大加称赞洪堡之后，建议他改善汉语研究方法：以"优秀作家的著作"而"非入门书籍"（第 59 页）为材料，摒弃"有待完善或只适用于极少数句子的分析"，重视"这类情况下比理论更可靠"的"实践"（同上）。雷慕沙重新表述了需要解决的问题："这一问题值得理论家关注：在缺少语法形式的语言中……找出可保证思想精准表达的、清楚、稳定且确实可靠的规律。这就是汉语语法在多数情况下所呈现的现象"（第 59—60 页）。这一描述礼貌措辞下隐含了一个有待洪堡解决的矛盾，后者很快就接受了这一挑战。

在收到其弟所寄的这一评论文章（《亚历山大致威廉的信》，1824 年 8 月 21 日，9 月 13 日，第 130—131 页）并被雷慕沙亲自告知当选为亚洲学会通信会员之后，洪堡于 1824 年 12 月 28 日回复雷慕沙。这封信就是此通信集的第一封信。

---

① 汉字"人之"。——译者注
② 满语 niyalma "人"，niyalma-i "人的"。原文 niyalamaï 疑为转写错误。——译者注
③ 日语"人（ひと）の"，意为"人的"。——译者注
④ hominis 是拉丁语 homo "人"的单数属格形式。——译者注
⑤ anthrôp-ou 是古希腊语 anthrôpos "人"的单数属格形式。——译者注

第一封信 ①

阁下：

非常感谢您对我最新的一篇语言论文 ② 的宽仁解读。我也因此有幸向您表达我对您的著作由来已久的敬意。我认真拜读了您的鞑靼语研究成果 ③ 和您精心编纂的鞑靼语词源及其使用方法 ④。

---

① 信件手稿。芒特市图书馆文献第 1903 号。一张对折的纸，共四页。第一页上方雷慕沙手写了"1 月 25 日已回复"。
②《产生》1821 年，第四卷，第 285—313 页。
③ 该书的法文题目为：*Les Recherches sur les langues tartares, ou Mémoires sur différents points de la grammaire et de la littérature des Mandchous, des Mongols, des Ouigours et des Tibétains* Tome premier, Paris, Imprimerie royale, 1820. 这一著作收集了一系列有关东蒙古语、奥莱语（Olet）、卡尔梅克语（Kalmouk）、维吾尔语（ouigour）、突厥语东部方言（turk oriental）和藏语的论文，通过进行一个稍显简略的真正的语法对比，首次提出了这些语言的系统分类。塞西在 1820 年 8 月的《学者报》（第 354—363 页、第 487—496 页）上为其做了一篇充满赞誉之词的汇报性文章。
④ 洪堡在此影射雷慕沙的《序言》（*Discours préliminaire*）一章。后者在这一部分长篇论述了其"词源研究"和"鞑靼诸方言对比研究"的指导原则（xviii-xix）。雷慕沙拒绝将寻根问源定位为其研究论题，仅仅关注已形成语言的发展，但同时也表现出对语言所经历的变化"始终遵循明确的规律"这一点坚信不疑（xviii）。的确，任何语言都与两种类型的基本现象有关。第一类扎根于生理学，由个体"构造的多样性"组成，这一多样性表现为"某些语音或多或少经常性的出现、某些发音的组合、某些辅音发音的方便性或不可能性、某些较难发音的字母、喉音、纯元音或鼻音的或多或少习惯性的使用"，"这些禀性有关遗传"（xix），机械地起作用。因此，变化"少见、缓慢、几乎不可察觉"，表现为"谐音变化"（altérations euphoniques）："辅音的省略或插入、用轻辅音替代强辅音和送气辅音、语音融接、缩合以及省略"（xx）；除此之外，同一种类的其他现象则表现为"动词中标记名词之间关系、数量、时间、语式、人称的词缀最初是同等数量的语助词、副词以及代词，这些词最终相联，并与词干融合；[……] 例如 amavimus 由表达爱这个观念的词根 am、还有表达过去时、第一人称和复数的标记构成"（xxi）。正如洪堡所做的一样（《产生》1821 年，《全集》第四卷，第 311 页），雷慕沙借此机会影射了塞西的一篇论文。该篇论文就文字与词法演变和

这些著作为我的研究指明了方向①。同样,阁下在《汉文启

(接上页注)语言发展阶段之间的关系提出了一系列论断,这些论断普遍为法国语言学家所接受。第二个决定性的因素是"或高或低的文化状态":"这一因素首先对词汇的丰富性、同义词的数量、或过高低程度巧妙的语法组合的数量和性质、以及固定表达、倒装和句子结构的多样性起作用,然后对借代的选择、对暗喻的使用及其新颖形式,简言之对构成我们所称作语言特性亦可称为民族特性的内容起作用"(xix-xx)。雷慕沙基于这些一般性的数据总结出可以允许重建一个民族历史的两种材料。首先在词汇中将"数量很少却真正主要的词区分出来,这些词表达最为简单、与社会关系不可分割的观念,那些即使儿童不曾学习也能创造出来的观念,如父亲、母亲、男人、女人、头、手、太阳、星星、石头、树、一、二、十等等"(xxx)。语言比较正是基于这些词,因为"如果它们相异于其他语言中表达相应观念的词,那么该语言的使用人群就构成一个不同的民族;如果一致,其使用人群则起源于其他以同一方式命名相同事物的人群,或是后者的起源。这一点毫无悬疑,地域距离对此毫无影响。三四个表达方式一致可以视为偶然,而三四百个一致则绝不能被归于巧合。如何解释其地域距离则是历史学家的职责"(xxxi)。除了这些一致性或差异之外,可以证明"同一起源"或"不同根源"的基本词还包括另外一些词,那些"表达次要观念、家畜、金属、水果、经济作物、耕作工具、武器名称",可以"证明观念交流的关系,而非共同起源"(xxxi)的词、还有那些"表达政治关系"、"宗教信仰"或是"文学或科学信息"的词(xxxiii)。
对词汇的这一考察在雷慕沙看来是确定语言的历史关系要优先进行的。同时,还要研究惯用语,要包括"这些决定某些语助词、词尾以及结构只用作句子组成元素之间关系标记的习惯用法。鉴于这一类型的相似性很难归于巧合,因此它可以在论证中起到重要的作用。相反,差异则作用其微,因为检验分为多门方言的语言比起那些有时在这些不那么重要的方面具有差异的语言更容易让人信服,尽管词本身中就保存了它们共同起源的痕迹"(xxxiv-xxxv)。最后,雷慕沙希望他的这些理论得到检验,将其"应用到使用最广的混合语言",他表示已经开始尝试将其应用到法语和英语两门语言上(xxix)。
有关《序言》中的这一起源猜想,塞西以其一贯冷嘲的方式将这一问题丢还给作者:"有关语言因不同原因而演变性质不同这一理论,由于我们无权对其提出异议,所以在我看来非常正确,尽管没有任何一个民族的词汇分析结果可以证实这一理论"(《塞西致雷慕沙的信》,芒特市图书馆,手稿第 102 号,系列十二)
① 洪堡对雷慕沙观点的认同远不如这一和解宣言中表现出来的彻底。多年以前,洪堡的评论更为严厉:"雷慕沙有关鞑靼人语言的著作中遗漏了语言的真正语法意义。如果当时雷慕沙将其研究真正集中到鞑靼语言机制的认知方面之上,相比于现在出版的著作,人们可以从著作遗漏的部分得出更多的结论。而且,如果他对此进行深入研究,那么,他有关语言亲缘关系和起源的原则则会更加丰富多产,他也不会认为他

蒙》①一书中对汉语这门不同寻常且至今似乎仍无法企及的语言进行的结构分析及规则总结令我钦佩不已②。在我看来，至

（接上页注）之前得出的结论是全新的理论"（《致施莱格尔的信》，1822年10月18日，第84—85页）。

诚然，洪堡在另一篇论著（《美洲》，1823年，《全集》第五卷：第1—30页）中提出：鉴于没有可以确定语言间不同程度的亲缘关系的可靠征象，语言的起源和系谱研究这一领域还缺乏理论，始终不能确定何为决定性因素（语法还是词汇）。他在此之后对雷慕沙的这一尝试表达敬意："在这一点上，雷慕沙在其有关鞑靼人语言的专著里正好也觉察出了这些公理的必要性，同时也提到了很多正确的和确实具有指导意义的内容"（第5页）。他在表达敬意的同时也论述了其局限性："单单是他所推荐的方法就很可能是合适的，它证明了互相接近的语言之间具有亲缘关系，他将那些语言不相近、不是来自同一个分支的语言归为一类"（第5—6页）。雷慕沙理论的缺陷在于不能处理"那些互相之间既不完全彼此分离，但又不具备很强的亲缘关系的语言"，"因为少量的、个人的、历史的相似之处同所有语言普遍存在的、生理上的相似点很难分离。因此，人们需要运用一个更加艺术的、更加精准的方法来去区分那些语言亲属关系、语言起源以及概念和语音"（第6页）。很长时间以来，洪堡就在其《论语言的亲属关系》(《全集》第七卷，第629—636页，以下简称《亲属关系》，1812—1814年）中对单纯的词汇对比进行了原则性的批判："人们得到的不仅是不太完整的、而且经常是完完全全错误的结果，并且，后者出现的概率是前者的两倍。因为它们并不是被简单地编排在一起，对于那些不属于一个整体的语言，人们将真正具有亲缘关系的语言通常分离开来"（第631页）。我们知道他在语法结构的个性事先得以确定的条件下，基于语法结构解决这一问题。他的全部努力都以此为目的，这一方法对其汉语研究贡献颇多。然而，在同一章节，当洪堡提出"从历史上看语言亲缘关系的产生"这一期望时，他预告了这一被雷慕沙认定为反证的计划（第634页）。有关其对比方法的信息，参见洪堡通信（致施莱格尔的信，1822年5月19日，第50—55页）、1828年致约翰斯顿（Dr Johnston）题为《论确定东方语言间亲缘关系的最佳手段》(*An essay on the best means of assertaining the affinities of oriental languages*）的信（《全集》，第六卷，第76—84页）。尤其是一篇时间更晚的论文《论人类语言结构的差异》(《全集》，第六卷，第111—303页，以下简称《语构差异》，1827—1829年）。其中《语构差异》的最后一章（第240—303页）力求阐明历史比较法的理论和原则，特别是是洪堡在这一章节内讨论混合语这一问题（第280—283页），这也是雷慕沙《序言》所提到的内容。这一问题在起源于爪哇（javanaise）语（与马来语和他加禄语tagalog具有相似性）的卡维语的研究中至关重要，但是这门语言中大约一半的词汇却来自梵语。

① 洪堡一年多前才获得这一著作。
② 我们之前已经提到了雷慕沙在其汉语学习中所克服的困难，自那时起两本语法著作

今没有任何一本语法书可以媲美您这部如此条理、系统、同时汲取了汉语知识和语言普遍规则的语法巨作①。

（接上页注）得以出版，但它们延续了两个重要的缺陷。根据雷慕沙的说话，马礼逊（Morrison）的语法著作只面向传教士，即"那些想要尽快学会口语的人"，因此以"相似于欧洲语法中的方法来处理词类"，例如将名词表示为"表达格、性、数特征或补充这些特征的方式"，教给使用者"变位动词"，为"助动词 to have, to be, to do, can, must, may, will, shall 提供范例"（《有关马礼逊的《中文文法》的阅读意见》，《亚洲杂文集》II，1825 年，第 152—156 页 "Observations sur la grammaire chinoise de M. Morrison" *Mélanges asiatiques* II, 1825, 152-156）。马士曼（Marshman）的语法论著对阅读现代书籍没有任何帮助，因为它"几乎只根据汉语最古老的文本所编撰，因此仅提供文人的语言、真正死亡的语言、现今已不再书写、不再说的语言、可能从来没有在口语中使用的语言"（《有关马士曼题为《中国言法》的著作的阅读意见》《亚洲杂文集》II，1825 年，第 132—151 页，第 136 页 "Observations sur un ouvrage de M. Marshman intitulé CLAVIS SINICA" *Mélanges asiatiques* II, 1825, 132-151, 136）。有关雷慕沙对其他出版早于《汉文启蒙》的语法著作的评论意见，参见该书《序言》(vi-xxiv)。

与此同时，舒尔茨（F.E. Schulz）向法国读者介绍了洪堡有关拼字字母的论文，提到了有关普遍语法的原则以及语言中逻辑部分这些研究的重要性。在他看来，只有这些领域的研究才能克服某些语言所带来的困难："尽管在雷慕沙这一语法著作出版之前，欧洲已经出版了许多关于汉语的所谓的语法著作，我们很容易就能想象到为什么欧洲人认为不可能掌握汉语这门语言"（《亚洲学报》五，1824，307-1）。

① 在洪堡看来，雷慕沙这一语法论著的至高地位至少一直持续到波普（F. Bopp）出版《梵语大全》（*Ausführliches Lehrgebäude der Sanskritsprache* Berlin, 1827）一书。的确，雷慕沙的语法论著一直得到非常肯定的评价：该论著"显然……最先阐明了汉语真正的本质"，和之前著作相比，"随处都以编排简单和清晰而有启示性的方式向读者透射出被分析语言的独到之处"（《卡维语导论》，1835 年:《全集》第七卷，第 313 页注释）。而波普的著作则收获了更多的称赞，洪堡宣称没有没有任何一本古代语言的语法论著可以与这本梵语语法相提并论，在他看来，后者与格林的语法著作不相上下（致施莱格尔的信，1829 年 6 月 16 日，第 233—235 页）；事实上，这一论著提供了"对于整体机制的呈现"（致波普的信，1827 年 7 月 7 日，第 60 页；参见 1832 年 4 月 24 日，第 82 页）。该著作被洪堡描述如下："在这本经典著作里，提供了一个更加清晰的视角来观察梵语结构，较早的语法著作对此还未有所涉及"，因为他没有其他例子"如此深入、出色地看清语法形式的类比"（《语构差异》，1827—1829，《全集》第六卷，第 398 页注释），对于雷慕沙的著作，他的评论则有所差异：其研究中的大量缺陷将由后人进行弥补（《卡维语论著》，1835 年:《全集》第七卷，第 313 页注释）。

因此，拙作承蒙阁下关注①让我备感荣幸。面对如此高屋建瓴的评鉴，我本应惴惴不安。而您出于宽容，对其中因对该门语言不甚了解而导致的谬误缄口不言或只是点到为止②。

有关语言性质的思考，除非走向空洞的形而上学，否则大都会自然倾向于归纳、下结论和总结规律。而规律只能基于对大量可掌握的语言的理解之上③。纵使进行此项研究时严

---

① 在其刊于《亚洲学报》五，1824 年，第 51—61 页，以下简称为：雷慕沙 1824 的汇报性文章中。
② 雷慕沙对洪堡的评价有些过誉："深刻"与"作者细致的思考"、"高雅"与"准确的推断"、"在不同民族的语法之间进行理性比较极其重要"（雷慕沙 1824：第 58 页）；对其汉语使用的不足持保留意见："一门如此异于其他语言语法体系的语言不应该在研究思考时被忽略；它似乎可以扩大普episode语法这一领域的范围"（第 59 页）。洪堡应该小心入门型著作，避免在分析不足的基础上太快下结论（同上）。有关事实性错误，雷慕沙强调汉语并不比其他任何一门语言更倾向于"将词序作为标记语法关系的唯一手段"，因为它"使用大量的辅助词或是系词来增加组合的数量"（第 55 页）。
③ 洪堡很早就强调对语言进行整体对比研究应该采取双角度，即理性和历史角度（《巴斯克人残篇》，1801—1802 年：《全集》第七卷：第 599 页；《随笔》，1812 年：《全集》第三卷，第 316 页），他一直以"普通历史语言学"（《语构差异》，1827—1829 年：《全集》第六卷，第 134—137 页）这一形式要求该不可分割的研究角度组合。洪堡对调查时采用过于一些狭隘的理性原则，如一般语法的原则（《综合语言研究》，1810—1811 年：《全集》第七卷，第 625 页）始终持有怀疑态度。的确，"只有对人类共同的天性进行哲学式的讨论才能为这条研究路径保驾护航"（《语构差异》，1827—1829 年：《全集》第六卷，第 143 页），然而，整体来说，纯粹的经验比误导性的思辨更可取。在他看来，要"普遍地并出于普遍原因"回答这样或那样的问题"与作为经验科学的语言学的本质是不相称的"。更不如说，人们必须从研究语言和历史入手，什么时候走出了这条路，才可以依托从纯推理中得出的结论"（第 244 页）。在这一领域，他常常主张对语言进行扩展研究："语言研究跟我想的一样那么不可度量，以至于如果人们不愿（像我一样不想）认同先验性推理，就不得不让自己投身到无穷的花样当中去"，确信"之前不多深入单个问题，就最好不去碰整体"（《致韦尔克的信》，1825 年 5 月 16 日，第 124 页）。目标是一般与具体之间毫无矛盾："不过，在我看来，

谨细致，深入研究主要语言时一丝不苟，评价非本人通晓的语言时万分谨慎仍无法避免错误的出现。大量从事语言系统研究的学者正是因此而误入歧途[①]。我承认，我之所以斗胆在他人语言系统研究的基础上汲取成果并提出规律，是因为我希望这些规律能够得到精通多门语言的学者的认可或修正。因此，我乐于从批评中获益，而非与之抗衡。

　　从这方面讲，我真诚地感谢阁下建议我更多地关注中文。拙作中相关部分有待调整[②]，我定将在再版时更正谬误。汉语将准确的意义与一系列词语联系起来而避免读者混淆的方法，较之其他语言所用更隐晦，因此更为巧妙，但也同时更难掌握。汉语不缺少语法，只是一部分并不明显[③]。

（接上页注）有必要在我所做的研究中多去彻底了解一些东西，即使是边缘的东西，目的只是为了确定，没有掩盖什么与我们想提出的主张相冲突的东西"(《致韦尔克的信》，1825 年 10 月 25 日，第 128 页）。因此，他如此回复施莱格尔，后者看到他研究阿拉伯语而感到吃惊："我的这条道路引我一直从事语言研究，人们不能忽视这条主要道路"(《致施莱格尔的信》，1823 年 6 月 21 日，第 162 页）。

[①] 尽管困难重重，洪堡经常提起进行"所有已知语言结构的同时研究"(《随笔》，1812 年：《全集》第三卷，第 311 页）的必要性，建立"完整的全部已知语言百科全书"（第 327 页），"语言学总论百科全书"(《墨西哥语言》，1821 年：《全集》第四卷，第 252 页），并不掩饰这一"普通语言研究"(《语构差异》，1827—1829 年：《全集》第六卷，第 130 页）不再能被称之为科学（第 145 页；参见《巴斯克人残篇》，1801—1802 年：《全集》第七卷，第 599 页）。

[②] 有关汉语的论述只出现在最后的篇幅（《产生》，1821 年：《全集》第四卷，第 310—312 页）。

[③] 洪堡在此处重述了其论文中的一个区分：第一类语法是指那些仅靠思维引入的语法关系或那些甚至自身可以有"一个更为确定的表达"的语法关系，在两种情况下，产生"一个无真正语言形式的语法"；后一类语法是指那些始终能够在语言中找到真正的指称，而非表达的语法关系（《产生》，1821 年：《全集》第四卷，第 291—292 页）。汉语因为缺少严格意义上的语法形式而属于隐性语法。

阁下在文章中非常有见地地指出，相邻的两个词是否属于综合形式（forme synthétique）常常只取决于是否分开书写①。其实左右这种不确定性的是重音。因为，在我看来，词语单位取决于重音单位。处于同一重音统摄下的音节应视为同属一个词②。然而，还存在大量重音不为所知的情况。我们完全不了解梵语重音，主要重音与次要重音也经常难以区分，更何况那些与前词结合并失去重读音的词为这一区分带来更多的障碍③。无论如何，您的观察非常准确。通过研究综

---

① 洪堡在确定墨西哥语中与动词相连、指称代词和介词的不同音节的组合是否为一个词这一问题之上就已经遭遇到了同样的困难（《墨语》(《试析墨西哥人的语言》)，1821年:《全集》第四卷，第258页）。他在其有关古伊比利亚语（ibère）的地名研究中，论及美洲诸语言，尤其是谈论密克斯特克语（mixtèque）时，已经提到了重音决定词的统一性以及忽视重音对词进行切割的困难（《考证》，1820—1821年:《全集》第四卷，第208页）。
② 条件是重音为一个精神现象的质料表现。思考与发音相呼应，重音事实上对应理解综合行为过程（《比较语言研究》(《有关不同语言发展时期的比较语言研究》)，1820年:《全集》第四卷，第4页）。洪堡的这一观点与其最后论著中一个更新的论断相呼应，这一更新的论断为："词的单位是由重音构成的。重音本身更多是精神上的天性，而不只是受到强调的音，而且人们将重音称为言语之魂，不单因为它才会令言语得到本真的理解，还因为比起语言中的其他东西来说，它是伴随言语之感受的真正更直接的交流"（《产生》，1821年:《全集》第四卷，第306页），短时间之后："由于重音才产生了词，重音将概念单位注入词"[《普语类型》(《普通语言类型的基本特征——美洲语言详探导论》)，1824—1826年:《全集》第五卷，第408页]。有关重音的一般观点，参见《论词重音的一般原则兼考希腊语重音学说》(《全集》，第四卷，第315—326页)。
③ 此处暗示其梵语学习起初因重音而遇到的困难。洪堡为威尔金斯（Wilkins）的语法著作并未涉及这一内容而感到遗憾，做了如下评论："语言中的一切生机，甚至是词语的一切区分、语言的个体都要基于它（指重音）"，这也是致使梵语成为"所有欠缺生命力的语言中最缺乏生命力的那种"（致波普的信，1821年6月4日，第15页）。有关其对重音缺乏了解，参见《致雷慕沙的信》，1826年:《全集》第五卷，第303页；《普语类型》(《普通语言类型的基本特征——美洲语言详探导论》)，1824—1826年:《全集》第五卷，第408页；《语法结构》(《论语言的语法结构》)，1827—1829年:《全集》第六卷，第399页。

合形式，我仅关注补语进入动词内部的现象①，墨西哥语正是如此。另外，我承认我越来越坚信这一想法：对于语言来说，重要的是要像（欧洲）古典语言一样向精神提供业已铸造成型的语法形式②。

唯恐继续这个话题会打扰到您，就此停笔。阁下，请接受我对您真诚的感激与崇高的敬意。

洪堡

1824 年 12 月 28 日于柏林

---

① 这一意见非常重要。洪堡认为词形变化的功能与黏着或并入不能相提并论。我们观察到雷慕沙和洪堡都没有在论著中使用"综合形式"这一概念。的确，屈折语言拥有一种可以明示动词本质的表达手段，这一手段正是基于"主语同谓语的综合"（《产生》，1821 年：《全集》第四卷，第 299—300 页；《语法结构》，1827—1829 年：《全集》第六卷，第 363 页），条件是动词承担两个观念"以综合的方式"结合在一起，这一联合可以经得起任何评判标准的检验（《致雷慕沙的信》，1826 年：《全集》第五卷，第 261 页），然而，洪堡并不因此将古典语言中那些用来象征综合（其他语言不能表达）的屈折变化动词的形式认定为"综合形式"。这一表述在此处的出现大概可以用塞西在一篇奠基性的文章中使用该表述加以解释。在这篇文章中，塞西用"综合形式"指"分别在表事物的词语之前或之后加上语法标记"的体系（《产生》，1821 年：《全集》第四卷，第 311 页）。有关这一特性在墨西哥语中重复出现，洪堡在论述其他语言时也常常影射这一现象（《随笔》，1812 年：《全集》第三卷，第 310 页；《考证》，1820—1821 年：《全集》第四卷，第 207 页；《墨语》（《试析墨西哥人的语言》），1821 年：《全集》第四卷，第 244 页；《产生》，1821 年：《全集》第四卷，第 302 页），洪堡之后的著作中也提到了这一内容（《致雷慕沙的信》，1826 年：《全集》第五卷，第 265 页），在其最后的论著集讨论墨西哥语的部分，甚至还详述了这一内容（《卡维语导论》，1830—1835 年：《全集》第七卷，第 144—147 页）。
② 这一暗喻与融合的其他呈现现象相联。在古典语言中用来表达不同语法关系的屈折形式被称作"如同被共铸为一个形态"（《产生》，1821 年：《全集》第四卷，第 300 页），"呈现为一个铸合体"（《普语类型》，1824—1826 年：《全集》第五卷，第 465 页；参见《语法结构》，1827—1829 年：《全集》第六卷，第 341 页、第 397 页）。这一比较得以进行甚至是详述：重音"通过单位给词语盖上了'语法形态'的印记；并像金属一样需要急而猛的火，以便快速而深度地融合，所以，只有融合诸种新形式，以形式区分为追求的强大思考力那强有力的行动才会成功"（《产生》，1821 年：《全集》第四卷，第 306—307 页）。铸型这一形象已经在塞西的论述中出现，洪堡在下文中影射这一文章（第 311 页）。

二、汉语——洪堡语言理论的"透视镜"(1825)

(一)洪堡的汉语研究

洪堡并不打算放弃于他十分重要的理念,但他明白这一理念的表达方式并非无可辩驳。因此,他从此深入研究屈折语语法形式所固有的融合(fusion)现象,且较之与表达方式,他更关注所表达语法关系的特殊性质。另外,因雷慕沙的提问伤及了自尊,又困于其提出的问题,洪堡很快便依靠汉语这门语言更加确定地回应质疑。他在1825年5月写给朋友韦尔克(F.G. Welcker)[①]的信中,曾如此提到与舒尔茨(F.E. Schulz)[②]的通

[①] 弗里德里希·哥特利布·韦尔克(Friedrich Gottlieb Welcker 1784-1868)自1806年秋至1808年春在罗马担任洪堡子女的家庭教师,后来陆续在吉森(Giessen)、哥廷根(Göttingen)、波恩(Bonn)担任希腊文学和考古学教授。他始终与洪堡夫妻保持密切的联系。由R. 海姆(R. Haym)出版的韦尔克通信集对追踪洪堡研究的演变来讲意义非凡。参见莱因哈特·凯库勒(Reinhard Kekulé)的《弗里德里希·哥特利布·韦尔克的一生》(Reinhard Kekulé *Das Leben Friedrich Gottlieb Welcker's* Leipzig, 1880)U.-K.·金史密(U.-K. Goldsmith)的《威廉·冯·洪堡:弗里德里希·哥特利布·韦尔克的良师益友》一文(U.-K. Goldsmith "Wilhelm von Humboldt : Mentor und Freund von Friedrich Gottlieb Welcker" H.-E. Barnes, W.-M. Calder, H. Schmidt (éd.) *Studies in Comparison* New York, Peter Lang, 1989, 371-393)。

[②] 弗里德里希·爱德华·舒尔茨(Friedrich Eduard Schulz 1799-1829)于1822年被任命为黑森州(Hesse)吉森(Giessen)大学的哲学教授,赴巴黎专心从事东方语言的研究,与雷慕沙的挚友圣-马丁一起工作。舒尔茨精通突厥语(turc)、波斯语(persan)和阿拉伯语(arabe),亚历山大曾预言:"他将是德国汉语大师级的学者,其地位与波普在梵语界的地位相当"(《亚历山大致威廉的信》,1824年9月13日,第131页)。舒尔茨受命于法国国王并受其资助于1826年夏离开巴黎,赴亚洲土耳其(Turquie d'Asie)和波斯(Perse)进行为期四年的考察工作,尤其是从琐罗亚德斯教(Zoroastrisme,亦译为波斯教、拜火教、祆教)的摇篮这一角度进行考察。他需要对此做"有关东方诸语言、文学、古代艺术品、地理以及诸民族历史"的观察意见(《新亚洲学报》一,1828年,第68页),尤其要为皇家图书馆(Bibliothèque royale)搜集古波斯语(zend)和中古波斯语(pehlevi)的手稿。这一计划因波斯和俄国之间

信:"有关汉语,尤其是古文,通常被称为是汉语的文体,其实在我看来它只是某个哲学学派处理语言的方式",并补充道:"我读过一些汉语文本的译文,并借助一些卓越的法语工具书深入研究了其中几份原文的语法现象"(《致韦尔克的信》,1825年5月16日,第125页;译文)①。洪堡在1825年10月21日写给雷慕沙的第二封信中,明确介绍了这一研究所采用的视角,并讨论了一些附属问题。其中至少一部分还涉及当时还鲜为人知的日语,这一部分内容后来构成了另一篇发表论文。

(接上页注)爆发战争而受阻。舒尔茨穿越了俄罗斯帝国在亚洲的领土,进入亚美尼亚(Arménie)进行考察工作,最终在库尔德斯坦(Kurdistan)地区被害。参见F. 巴宾格的《弗里德里希·爱德华·舒尔茨:一位黑森的旅行学者和东方研究者1799—1829》(F. Babinger "Fried. Eduard Schulz. Ein hessischer Forschungsreisender und Orientalist. 1799-1829" *Archiv für hessische Geschichte und Altertumskunde. Neue Folge* Bd. VIII, Darmstadt, 1912, 255-275)、《德意志人物传记》(1875—1912),第34卷,第744页(*Allgemeine Deutsche Biographie* (1875-1912) T. 34, 744)、《米修传》(1811—1862),第38卷,第467页(*Biographie universelle Michaud* (1811-1862) T. 38, 467.)。
我们持有三封舒尔茨写给洪堡的信,其中一封写于1824年12月25日,另一封写于1825年9月20日,还有一篇附有译文及评论的汉语文本(缪勒-富尔玛,1993:第157—158页)。洪堡向他与舒尔茨共同的朋友交流后者的近况(《致韦尔克的信》,1826年2月10日,第135—136页,注释中附有韦尔克对舒尔茨的评价)。
① 洪堡在研究汉语的过程中主要参考了马士曼的《中国言法》(Joshua Marshman *CLAVIS SINICA, or Elements of Chinese grammar, with a premiminary dissertation on the characters and the colloquial medium of the Chinese, and an appendix containing the Ta-hyoh of Confucius, with a translation* 2 parties en un vol. Serampore, 1814)以及马礼逊的《中文文法》(Robert Morrison *A Grammar of the Chinese Language* Serampore, 1815)。后者还著有《华英字典》(*A Dictionary of the Chinese language in three parts, I. Chinese and English arranged according to the Radicals II. Chinese and English arranged alphabetically III. Englaish and Chinese* 6 vol. Macao, 1815-1823.)。当时,洪堡似乎尚未收集到马礼逊的整套著作,因为亚历山大稍后为他邮寄了"那本汉语词典(舒尔茨的礼物)"(《亚历山大致洪堡的信》,1827年2月3日,第147页)。洪堡所参考的法语材料显然是雷慕沙的《汉文启蒙》和其出版的一篇短文《中庸》。

第二封信[①]

阁下：

您在 7 月 10 日的来信[②]中所表现出的善意与关注，您在亚洲学会的报告中对拙作的过誉讲评[③]，尤其是您支持任命我为法兰西铭文与美文学院外籍通信院士的善举[④]，诸如种种，感激之情，无以言表。在此，请接受我最真挚的感激与最崇高的敬意。

法兰西铭文与美文学术院对我寄予厚爱，我对此感到万分欣喜。这一厚爱理应归功于阁下您，感谢您在同人面前对我微薄研究的善意肯定。这善意同样让我感受到您与舍弟的友情。我所收获的好评与我同舍弟的手足之情密不可分，也因此倍加珍贵。长期以来，我对舍弟的崇拜并不亚于对他的

[①] 信件手稿。芒特市图书馆文献第 1907 号。写于一张对折的纸上，共四页。
[②] 无论是马特森（Mattson 1980）还是缪勒 – 富尔玛（Mueller-Vollmer 1993）都没有提到这封信。
[③] 雷慕沙在 1825 年 4 月 28 日宣读的《亚洲学会委员会的研究报告》("Rapport sur les travaux du Conseil de la Société Asiatique" Société Asiatique *Discours et Rapport lus dans la séance générale annuelle du 28 Avril 1825* Paris, 1825, 18-48）中做了如下表述："洪堡先生将他的一些论著寄给我们，这些论著论述语了言哲学中最重要、最有意义的问题，表现出这位著名的语史学家的研究天分及深刻的洞察力。这位学者的全部著作也正是因为这些特点而著称"（第 39 页）。
[④] 亚洲学会 1824 年 8 月 2 日召开的会议上通过了接受洪堡为"通信会员"的提议，《亚洲学报》五（*Journal Asiatique* V, 1824, 112）公布了这一决议。洪堡在法兰西铭文学院 1825 年 8 月 19 日的会议上被正式任命为其外籍通信院士（《法国皇家学院的历史及论著——法兰西铭文与美文学院》*Histoire et Mémoires de l'Institut royal de France. Académie des Inscriptions et Belles-Lettres* T. IX, 1831, 46）。

喜爱①。

① 洪堡在一封青年时期的信中表达了这一钦佩和依恋之情："我绝对且始终认为他是我所遇过的最伟大的人。他生来就是为了在观点之间建立联系以及发现事物间的因果联系。如果没有他，一些事物间的因果联系还将会持续多个世纪不为人所知。他惊人的深刻思考、无可匹敌的洞察力、罕见的迅速解决问题的能力，再加上其不知疲倦的工作热情、渊博的学识以及无限的研究兴趣将会带来丰硕的成果，其他任何人都不敢妄想的成果[⋯⋯]我坚信我的预言将会[⋯⋯]丝毫不差地变成现实。赞美与钦佩他人并不是我的本性，然而每当我听到舍弟谈论他最为个人的观点，我总会由衷地对他产生钦佩之情。我本认为已经深入研读了他的论著，其论著带给我有关普遍人类研究领域的全新看法"(《致布林克曼（Brinkmann）的信》，1793 年 3 月 18 日，第 60—61 页；参见 J. 基朗（J. Quillien）的译著《洪堡的理性人类学》(trad. J. Quillien *L'Anthropologie philosophique de Humboldt* Presses Universitaires de Lille, 1991, 224))。这一情感与对他们二人差异的强烈意识密不可分："您会发现他与我之间有非常大的差异。在接受了完全一样的教育的情况下，我们的脾气、性格、爱好，甚至是科研方向从童年开始便愈发地分道扬镳。他的脑子更加敏捷而高产，想象力更生动，他的美感更敏锐，他的艺术感⋯⋯受训练和培养的程度要高得多。在各方面和各种理解力上，他都可以领会并从物的本质本身中提取出更多意义、更多力量和新的观念；我则具备更多形成、比较和处理观念的能力"(《致雅可比（Jacobi）的信》，1789 年 7 月，鲁道夫·弗雷斯（编者）《威廉·冯·洪堡 其人与影响，反映在他的书信日记和那个时间里的文献里》一书中引述（Rodolf Freese (Hrsg.) *Wilhelm von Humboldt. Sein Leben und Wirken, dargestellt in Briefen, Tagebüchern und Dokumente seiner Zeit*[Berlin, 1953], 75-6)，下文中简写为弗雷斯 1953）。因此，洪堡也对亚历山大持有非常批判的态度，正如值亚历山大 1817 年 10 月访问伦敦之际，他们在一个根本性问题上产生了不一致："现在他缺少对自己满足，他也不满足于目前的思考，他认为目前思考的东西都是多余的。尽管他一直和人类生活在一起，并以一直以来研究人类的感觉，但他并不理解人类；尽管他了解所有相关的技法，并且他自己也能相当会画画，但他并不懂艺术；并且他也不能特别大胆，他也害怕这么说，他懂人性，尽管他几乎天天都对此有发现"(《致卡洛琳·冯·洪堡的信》，1817 年 11 月 12 日，安娜·冯·西度（编者），《威廉·冯·洪堡与卡洛琳·冯·洪堡的书信》[Anna v. Sydow (Hrsg.) *Wilhelm und Caroline von Humboldt in ehren Briefen* I-VII, Berlin, 1906-1916, VI 46 sqq.]，弗雷斯 1953[Freese (1953): 778-780 以及贝克 1961（Beck 1961: 43-44）中引述]。洪堡多次在写给卡洛琳的书信中，在表达对亚历山大钦佩之情的同时强调他们兄弟二人之间巨大的差异。后者在他看来过于外向(《致卡洛琳·冯·洪堡的信》，1790 年 11 月 6 日、12 月 23 日，1804 年 8 月 29 日、9 月 11 日、9 月 18 日、10 月 9 日，弗雷斯 1953[Freese (1953): 141-142, 147, 525, 528, 529, 531] 中引述。另外，洪堡这些对亚历山大毫不含糊的评论与席勒（Schiller）对亚历山大的评价一致。席勒在 1787 年 8 月 6 日致柯尔纳（C. G. Körner）的信中严厉地批评亚历山大，指责后者"讲得多做得少"[弗雷斯 1953(Freese 1953：287）以及布鲁恩斯 1872(Bruhns 1872：I 212-213）中引述]。相反，哥特（Goethe）则对亚历山大万分崇拜。

同时，我为能与阁下共事于历史哲学院而倍感荣幸①。学院因您应邀参与其研究工作而如获至宝，这一点我可以向您证明。

您对我语言性质研究的重视让我在这条研究之路上热情倍增。事实上，我已试着分析词的真正概念②。从信中得知您同样认为对于这一问题，我们自认为知晓，实则并不明了③，您的赞同令我十分欣喜。我的研究④需待成熟后才能呈示给像您一样谙悉如何研究这类微妙棘手问题的专家。起初，我时常担心这些研究过于烦琐微妙。实事求是地讲，阁下对我研究的关注，给予我莫大的鼓励。我会尽我所能使之臻于深远。

---

① 雷慕沙于 1825 年 6 月 9 日被吸收为历史哲学部（Classe historique philosophique）的通信院士（E. 安布格《1700 至 1950 柏林德国科学院院士》（E. Amburger *Die Mitglieder der Deutschen Akademie der Wissenschaften zu Berlin 1700-1950* Berlin, 1950, 111））。洪堡自 1810 年 4 月 7 日起就成为该机构的正式院士。
② 这一时期，洪堡影射在其不同著作中有关词的详述，尤其是词与观念的关系（《比较语言研究》《有关不同语言发展时期的比较语言研究》），1820 年：《全集》第四卷，第 21 页）、确定词界限的困难（《墨语》《试析墨西哥人的语言》），1821 年：《全集》第四卷，第 258 页）、当然还有其最新著作中有关词组成元素的一致性对于彻底、完整地表达思想细微差别的重要性（《产生》，1821 年：《全集》第四卷，第 300—301 页、第 306 页、第 308 页）。
③ 词的准确性质以及范围这一问题至少具有两个理论意义："独立存在的观念会否也被联结在一个词当中绝非无关痛痒，或者至少对于概念来说不是这样，逻辑形式在概念之中总是会顺应语言，以语言为度而被或紧、或松地关联、被归属或依次并列，对于言语的悦耳性来说更不是无所谓，因为词汇那些连续与不连续的停顿在言语中扮演着重要的角色。不过，确定一个词由什么组成也不总是轻而易举的"（《墨语》，1821 年：第 4 卷，第 258 页）。
④ 此处指的是 1827 年 3 月 6 日寄出的《致雷慕沙的信》一文。这篇文章的撰写耗费了洪堡几个月的时间。

汉语语法研究应由此出发①，对此我深信不疑并将全力以赴。恳请您可以在研究结果公布之前过目。想到这一研究有您的功劳，我深感庆幸。正因为您的细致研究，新手如我也能读懂一些汉语文本②。我将继续钻研汉语文本，尽管如此，我能够顺利地深化有关汉语结构的研究还应主要归功于您的《汉文启蒙》一书③。

普鲁士联邦开设汉语席位一事意义非凡④。我将抓住一切可能实现这一目标。胜利还很遥远。普鲁士和东方没有

---

① 从这一方面，即从词这一角度出发。这一批注并非毫无根据，因为此后的一系列讨论都围绕雷慕沙为推翻汉语单音节性这一论断而提出的论据的有效性进行。

② 尤其是《中庸》(*L'invariable milieu, ouvrage moral de TSEU-SSE, en chinois et en mandchou*. Avec une version littérale latine, une Traduction Françoise, et des Notes, précédé d'une Notice sur les quatre livres moraux communément attribués à Confucius, Paris, Imprimerie Royale, 1817)。该书为孔子四本道德典籍之一，雷慕沙自1808年对该书进行全本抄誊。他参考了传教士的研究对该书做了拉丁语和法语双语翻译，并基于书中全部的词编制了一个词汇表。尽管该书篇幅较短（汉语文本仅有四十几页），但对汉语初学者非常有用。正如雷慕沙明确地表述，他需要"分析每个句子，翻译每个词，而不是仅仅满足于理解整体意思"（第25页），因为他不想"在这类书中留下任何一个意思含糊的句子或词"（第26页），因此他非常注意"将每个汉字翻译成拉丁词"（第31页）。

洪堡采用了雷慕沙在出版《中庸》时所用的办法："首先重要的是外语文本，然后再是毫无例外地对文本每个单词进行翻译和解释，同样也是在这一步。同样当一个单词不能用一个词来翻译的话，涉及到了很多方面，必然还需要更多的解释和说明，这时可以为这个单词增加一个插入语来进行解释。当单词出现在文本里的时候，字面解释包括了很多的单词，词组，以及插入语，通过字符间距它表明它的不同，就能写出令读者熟悉的文字，做到合适的诚实的翻译，甚至德语翻译"（《语构差异》，1827—1829年:《全集》第六卷，第168页）。

③ 亚历山大于一年前将这一著作寄给洪堡（《亚历山大致洪堡的信》，1824年5月7日，第125页）。

④ 1838年，最终是威廉·硕特（Wilhelm Schott 1807-1889）被任命为汉语和鞑靼语的非全职教授。

任何联系,东方语言①在此只不过是通往博学的一块跳板②。普鲁士的大学通常只设一个东方语言的席位,为波普(Mr. Bopp)开的特例③历经了重重困难。许多人将普鲁士设两个

---

① 传统上,这一表述指可以解释《圣经》的语言,即自1781年起被奥古斯特·路德维希·冯·施洛塞尔(August Ludwig von Schlözer)命名为闪语族(sémitique)的语言。这一术语的覆盖范围最近得以扩大,亚洲语言如梵语、波斯语和汉语也被纳入其中。较之于洪堡对这一术语的传统定义(《语构差异》,1827—1829年:《全集》第六卷,第130页),其词义有些飘忽不定,雷慕沙在谈及蓝歌籁(Langlès)时提到:"有些人乐于混淆那些以研究亚洲语言为乐趣和那些力求深入研究该地区历史的学者,将他们都列入东方学者这一新的名称"(《新亚洲杂文集》二,第320页(Nouveaux Mélanges Asiatiques ou recueil de morceaux critiques et de mémoire relatifs aux religions, aux sciences, aux coutumes, à l'histoire et à la géographie des nations orientales II, Paris, 1829, 320)。
② 不带任何经济利益目的地进行东方学研究是德国东方学研究中特有的现象,这也正是法国学者所羡慕的地方。E. 布赫诺夫强调法国在东方没有经济利益,因为法国既"不像英国一样占领了印度",也"不像德国一样各处都兴建了出色的大学,这些大学为学者们提供了一个个平静的象牙塔,且不阻碍他们收获财富和名誉"(《1831年4月21日亚洲学会秘书宣读的报告》,第57页"Rapport lu par le secrétaire de la société le 28 avril 1831" Rapport sur les travaux du conseil et l'emploi des fonds de la Société asiatique pendant l'année 1830 fait dans la Séance générale du 28 avril Paris, 1831, 13-58, 57)。
③ 波恩(Bonn)首先开设了梵语教席。1818年,波恩大学专门为A. W. 施莱格尔设立了一个教席。较之于柏林大学,施莱格尔更喜欢波恩大学(《致施莱格尔的信》,1818年5月10日,第3页;注释264—265)。在洪堡的支持下,弗兰兹·波普于1821年4月担任柏林大学印度语和语史学这一专门为其设立的教席。参见马克思·伦茨(Max Lenz)的《柏林弗里德里希·威廉国王大学的历史》(Geschichte der königlichen Friedrich-Wilhelms-Universität zu Berlin. Zweiter Band, Erste Hälfte : Ministerium Altenstein Halle, 1919, 16-17, 26-30, 285-6 ; Vierter Band : Urkunden, Akten und Briefe Halle, 1910, 334-343)。
弗兰兹·波普(Franz Bopp 1791-1867,亦译作葆卜),著名的梵语学家与比较语言学家,以其《论梵语和希腊语,拉丁语,波斯语,以及日耳曼语的动词变位系统比较》[Ueber das Conjugationssystem der Sanskritsprache in Vergleichung mit jenem der griechischen, lateinischen, persischen un germanischen Sprache (…) Frankfurt am Main, 1816] 成为比较语法的真正奠基人。这一著作引起了亚历山大的关注,随即被后者在其《新大陆热带地区旅行的历史关系》第一卷(1817年交付)中详述美洲语言结构中的黏着(aglutination)现象时引用(第483—486页)。

梵语教职视为近乎毫无意义的奢侈之举。而且有人会说，柯

（接上页注）威廉于1818年逗留伦敦之际与波普来往密切（《伦敦日记》(*Londonner Tagebuch* 1817-1818：XV 511, 516)）。他四处活动，首先是为波普争取柏林教授一职，之后是为了其1822年成为柏林科学院院士。事实上，洪堡最初是跟随波普开始了其梵语学习。波普在一封1821年12月29日写给J.-L.·布赫诺夫的信中，提及这位著名的学生，写道："我常常与他一起阅读梵语作家，我以此判断其进步迅速"（雷夫曼1891：I 137*）。洪堡与波普保持了密切的通信往来，这些通信被S.雷夫曼（S. Lefmann）在其1897年有关波普的巨著中《补遗》(*Nachtrag*) 部分出版。洪堡非常钦佩波普在印度学领域的研究成果，尤其是其1824—1827年的《梵语大全》(*Ausführliches Lehrgebäude der Sanskrita-Sprache* Berlin 1824-1827)，即后来的《梵语语法》(*Grammatica linguae Sanscritae* Altera emendata editio Berlin, 1828-1832)。这一时期，波普也写出了大量论文，被收入以《梵语和其亲属语言的结构分析比较》(*Vergleichende Zergliederung des Sanskrits und der mit ihm verwandter Sprachen*) 为题的柏林科学院1824—1832年间历史与语史学部论文集。从某种意思上说，这一论文集是《论梵语、古波斯语、亚美尼亚语、希腊语、拉丁语、立陶宛语、哥特语、古斯拉夫以及德语的对比语言研究》(*Vergleichende Grammatik des sanskrit, Zend, Armenischen, Griechischn, Lateinischen, Litthauischen, Gothischen, Lateinischen, Litthauischen, Gothischen, Altslavischen und Deutschen*) 的序曲，后一著作于1833—1852年间分三卷出版。两位学者之间还有一个共同点：波普将在1840年发表的论文《论马来语和波利尼西亚语与印欧语系的亲属关系》(*Ueber die Verwandtschaft der malayisch-polynesischen Sprachen mit den indisch-europäischen*) 中支持印欧语系（indo-européen）与马来波利尼西亚语系（malayo-polynésien）存在亲缘关系。马来波利尼西亚语系这一表述是由波普创建的。这篇论文被收入该学者的《比较语言学小集——1824—1854柏林科学院论文总集》(Franz Bopp *Kleine Schriften zur vergleichenden Sprachwissenschaft. Gesammelte Berliner Akademieabhandlungen 1824-1854* Hrsg. v. Werner Peek, Leipzig, Zentralantiquariat der DDR, 1972, 235-310)。同年，波普还在《科学评论年鉴》(*Jahrbücher für wissenschaftliche Kritik* Nov. 1840, 637-741) 中对《卡维语论著》(*Kawi-Werk*) 的二、三卷做了长篇幅的书评。

有关波普，参见本菲《语言学历史暨19世纪以来的德国的东方语文学研究以及早期回顾》(Th. Benfey *Geshishte der Sprachwissenschaft und orientalischen Philologie in Deutschland seit dem Anfange des 19. Jahrhunderts mit einem Rückblick auf die früheren Zeiten* München, 1869, 370-79, 386-92, 470-515)；恩斯特·温迪斯的《梵语语文学和印度古代文化学》第二卷（Ernst Windisch *Geschichte der Sanskrit-Philologie und indischen Altertumskunde* 2 Bde. Srrassburg, 1917-1920, 67-73），尤其是萨洛蒙·雷夫曼的《弗兰兹·波普：其人与其科学研究：上、下及补遗》(Salomon Lefmann, *Franz Bopp, sein Leben und seine Wissenschaft* 1 Hälfte, 2 Hälfte, Nachtrag, Berlin, 1891, 1895, 1897)。

恒儒① 尽管身在巴黎，仍是我们普鲁士联邦的成员。尽管因

---

① 柯恒儒（Heinrich Julius Klaproth 1783-1835，亦译克拉卜洛特），生于柏林，父亲是著名的化学家。柯恒儒十五岁时在其父亲不知情的情况下自学汉语，年轻时就出版了《亚洲杂志》(Asiatisches Magazin 2 vol. Weimar 1802) 的最初两卷。他被任命为圣彼得堡科学院的助理院士，1805—1807年任戈洛夫金（Golowkin）驻华大使。他在华期间搜集了丰富的汉语、满语、鞑靼语和蒙古语书籍。随后，他1809年结束其高加索（Caucase）任职之后，在极不体面的情况（因手稿失窃事件）下离开了圣彼得堡。他自1815年起定居法国。柯恒儒与洪堡在莱比锡战役之后（Leipzig）于德累斯顿（Dresde）结识。后者对柯恒儒有关罕见语言的知识以及著作（《致乌登的政治信简》Politische Briefe An Uhden, 1812年12月12日：《全集》十六卷，第345页）非常感兴趣，帮助他在1816年8月11日由普鲁士国王任命为亚洲语言和文学教授，待遇丰厚。除了这些优越的条件，他还获准居住巴黎以专心研究，并获得了一笔可观的资金（八万法郎）用以出版其著作。这些非同凡响的待遇使得柯恒儒在法国被公认为普鲁士间谍。1817年，塞西在向俄国询问其信息时附上如下评价："我很难不怀疑他自始至终是间谍，而且是个危险的间谍"，即使他"确实有天分、且学识渊博"［参见高第，亦译高亨利、考狄埃《柯恒儒——一位德国东方学者》一文 Henri Cordier "Un orientaliste allemand J. Klaproth" Mélanges d'histoire et de géographie orientales T. IV, 1923, 53-65 (= Compte rendu des Séances de l'Académie des Inscriptions et Belles Lettres 1917, 297-308)］。另外，塞西在将柯恒儒呈交给亚洲学会的年度汇报转寄给雷慕沙时，建议后者称赞柯恒儒时要有所节制："我认为赞美柯恒儒时需要谨慎。他可能会在将来某一天被判绞刑，且一生名誉不佳"（信件手稿，芒特市图书馆文献第3316号）。柯恒儒极其易怒，曾多次卷入论战，用不同的笔名撰写了多篇讽刺文。他还著有《汉字西译增补》(Supplément au Dictionnaire chinois-latin, du Père Basile de Glemona (imprimé en 1813 par les soins de M. de Guignes) Paris, 1819)、《多语亚洲或根据语言的亲缘关系对亚洲民族的划分》(Asia polyglotta ou classification des peuples de l'Asie d'après l'affinité de leurs langues avec un atlas, Paris, 1823)、《亚洲杂志或中亚和北亚地理历史杂志》(Magasin asiatique ou Revue géographique et historique de l'Asie Centrale et septentrionale 2 vol. Paris, 1825-1826)、《有关亚洲的论文集，包括东方民族历史、地理和语言史研究论文》(Mémoires relatifs à l'Asie, contenant des recherches historiques, géographiques et philologiques sur les peuples de l'Orient 3 vol. Paris, 1826-1828)、《亚洲历史图集：自古代波斯帝国至今》(Tableaux historiques de l'Asie, depuis la monarchie de Cyrus jusqu'à nos jours, accompagnés de recherches historiques et critiques sur cette partie du monde avec un atlas, Paris, London, Stuttgart, 1826) 以及在冯·梅里安-法尔卡赫的《语言比较研究原则》(A.A. von Merian-Falkach Principes de l'étude comparative des langues Paris, 1828 (207-237))一书之后发表的《闪语族语言根源的观察意见》("Observations sur les racines des langues sémitiques")。柯恒儒与冯·梅里

难重重，我绝不气馁。

我满怀兴趣地拜读了阁下的汇报，从而了解了巴黎亚洲学会在过去一年中所取得的进展。您的文章篇幅简短却全面展示了欧洲的亚洲语言研究概况。这种用高水准论文汇报科学发展的方法应在英国和德国大力推广。

（接上页注）安－法尔卡赫一起出版了 Tripartitum seu de analogia linguarum libellus（Vienne, 1820-1823）。柯恒儒在其著作中抛开语法结构而仅基于词汇进行语言比较，为此洪堡对于柯恒儒的原则持保留意见（《美洲语言》，1826 年：《全集》第五卷，第 356 页；《语构差异》，1827—1829 年：《全集》第六卷，第 202 页，第 295 页）。
洪堡对柯恒儒的看法也有所改变。尽管亚历山大与洪堡都认为柯恒儒的语言研究"少有理性"（《亚历山大致威廉的信》，1823 年 7 月 26 日，第 120 页），洪堡对其也有正面的评价（《卡维语导论》，1830—1835 年：《全集》第七卷，第 342 页），尤其是在信件中："在这本亚洲多语对照书中是有许多可用的东西，但在我看来，更重要的是它那个亚洲历史简表"（《致韦尔克的信》，1826 年 2 月 10 日，第 135 页）；"他在他所做的事情方面确实颇为老练而到家，并且我看他是第一位将汉语文献系统用于历史研究的欧洲学者。在我看来，他通晓许多语言，与他的交谈令我曾非常受教"（《致波普的信》，1834 年 11 月 25 日，第 101 页）。柯恒儒通过亚历山大向洪堡提供了有关巴西语和汉语的材料（缪勒－富尔玛，1993：第 157 页、第 237 页），洪堡与这位学者就《论双数》（第 201 页）、《卡维语论著》（Kawi-Werk）（第 222 页）以及代词这一问题（第 201—202 页）进行了通信交流。
有关柯恒儒，参见朗德雷斯（Landresse）的《历史与文学概述》（"Notice historique et littéraire" Nouveau Journal Asiatique T. XVI，1835, 243-273）一文。朗德雷斯还在 1839 年编撰了柯恒儒的著作书目；拉勒诺迪埃（Larenaudière）的《生平概述》（"Notice biographique" Nouvelles Annales des Voyages T. IV, oct. 1835, 5-20：）、《百科全书》中的 G. v. d. Gabelentz 词条（l'article de G. v. d. Gabelentz Ersch und Gruber's Encyclopaedie II, T. XXXVI, 359）；《米修世界人物传记 1811—1862》(Biographie universelle Michaud (1811-1862) T. 68, 532-549)、《佛尔明·狄多新世界人物传记 1857—1866》（Nouvelle biographie générale Firmin Didot (1857-1866) T. 27, 814-818）、《德意志人物汇传 1875—1912》(Allgemeine Deutsche Biographie (1875-1912) T. 16, 51-60)、《新德意志人物传 1953—》(Neue Deutsche Biographie (1953-) T. 11, 706-7)。

我几乎整个夏天都在钻研梵语①。我主要研读了《摩奴法典》②，因为我希望对其中与《博伽梵歌》中所陈述的哲学学说进行比较。我有关《博伽梵歌》的文章将于今冬付诸印刷。一经出版，我将第一时间邮寄给您③。我坚信研究多门语言时，需要尽可能深入分析其中的几种④。这也是我为何毫不

---

① 其书信可以证实洪堡进行了这一研究工作："整个夏天我都在阅读和学习马努法律（手稿的律文），大部分还附着印度语的评论。即使它并不能像之前阅读薄伽梵歌的时候留下那么深刻的印象，却也确保了我能在阅读的时候享受极大的乐趣"(《致韦尔克的信》，1825年10月26日，第129页；参见《致波普的信》，1825年11月16日，第44页；《致施莱格尔的信》，1826年3月5日，第200页；莱兹曼《注释》:《全集》第五卷，第479页）。
② 这一有关《摩奴法典》(Mânavadharmasâstra) 的研究成果为一篇长达148页的手稿，其中包括附带注释和评论的用天城文（devanagari）书写的梵语文本，以及其译文（缪勒－富尔玛，1993：第342—343页）。然而，这一手稿对他来说只是等待1825年G. C. 霍顿（G. C. Haughton）在伦敦出版的新版文本期间的预备材料（《致韦尔克的信》，1826年2月10日，第134页）。
③ 此处指的是《论摩诃婆罗多的著名章节薄伽梵歌》[Ueber die unter dem Namen Bhagavad-Gitâ bekannte Episode des Mahâ-Bhârata (GS V 190-232)]。洪堡自1825年4月起就开始了这一研究（《致施莱格尔的信》，1825年6月17日，第178—179页），该论文于1825年6月30日在科学院宣读。第二部分（《全集》，第五卷，第325—344页）宣读于1826年6月15日。该论文于1826年秋季全篇出版。此时洪堡将全篇论文寄给雷慕沙。黑格尔1827年为《科学评论年鉴》(Jahrbuch für wissenschaftliche Kritik) 做了一篇相关书评，发表于一月份分册（Nr. 7/8, 51-63）和十月份分册（Nr. 181/82-187/88, 1441-1492）。参见米歇尔·胡林（Michel Hulin）《黑格尔与东方》(Hegel et l'Orient suivi de la traduction annotée d'un essai de Hegel sur la Bhagavad-Gitâ Paris, 1979) 以及克雷蒙·孟则（Clemens Menze）的《威廉·冯·洪堡和黑格尔视角下的古印度》一文 ("Das indische Altertum in der Sicht W. v. Humboldts und Hegels" Hegel-Studien Beiheft 27, 1986, 245-294)。
④ 这一原则与更广范围研究的目标之间并不存在矛盾，而是优先性的问题："即使是一般语言研究，也需要从长期研究一门语言入手，尤其是古代文人间使用的语言，了解语史学全部内容并采用经典著作中所用的方法。只有以这种方式熟知那些人类精神所使用过的最为优美的语言，才会了解思想与其表达之间所建立的大量精巧、微妙的

迟疑地将大量时间投入在梵语这门跻身最美、最卓越的语言之列、于我而言却也最难学的语言之上①。

我兴趣十足地反复拜读了朗德雷斯先生讲述日语语法的

(接上页注)关系;也只有通过这种做法才能习惯于对语言进行精准的考察,即使是最为粗劣的语言在这种精准考察下也能得出真正有意义的结果"(《随笔》,1812年:《全集》第三卷,第327页)。在古典语言这一范围之外,正是梵语和汉语这两门完全相对立的语言:"当人们感觉到要很深入地掌握每一种语言是不可能的时候,对普通语言知识的处理改编变得有必要,即着眼于某一些要点,比起来学习梵语和汉语,这样掌握整个很大一部分地区的语言的观点并不是特别吸引人"(《语构差异》,1827-1829年:《全集》第六卷,第141页)。

① 洪堡经常在这一时期的信件中对梵语大唱赞歌:"例如我学过梵语这件事,我无法在自己内心得到的乐趣和满足感方面将其与任何其他财富和乐趣加以比较。它对我来说完全就是一次胜利,就像我当初走入希腊语天地时那样,而且因为梵语跟希腊语在我内部幸运地结合了起来,一下就上了一个高出许多的台阶"(《致韦尔克的信》,1825年10月26日,第129页);"在这门神奇的语言中,有一种用于语法考察以及向各个方面、包括向不完善的结构方向进行探察的材料,它是无穷的,以至于它永远不可能完全枯竭"(1828年12月3日,第145页)。事实上,梵语稍逊于古希腊语:"但是现在梵语和希腊语之间似乎隔着一道鸿沟,因为我认为梵语不能用于完美的思想表达,这种运用的记号和结果在我看来就是精巧的散文"(1821年11月6日,第54页)。因此,应该将古希腊语视为绝对参照:"所有这些语言研究过程中,我总在思量,并希望找个机会很条理地说明一下,希腊语和古希腊文化仍是人类精神创造出的最杰出的东西。不过,人们对梵语加以赞誉的东西,希腊语是无可企及的,也很简单,作为语言来说,不行"(1826年2月10日,第134页),"我现在关注所有的语言,想找到一种语言完全不归属于这些语言当中,对此我有必要进行详细论述,但我考虑还是只在希腊语方面进行深入,并探究一个古老的观念,即所有真实的思想文化(Geistesbildung)都是在阿提卡方言的特性当中产生的"(第134—135页)。参见对古希腊语的赞词(《语构差异》,1827—1829年:《全集》第六卷,第112—113页),对梵语——首先出现纯粹形式的语言的赞词(《吕科特之附录》《吕科特对杜尔施译〈破罐诗〉评论之附录》),1829年:《全集》第六卷,第96页;《语法结构》,1827—1829年:《全集》第六卷,第355页)。

大作①。劳舍弟费心，我持有一本用西班牙语撰写的日语语法

---

① 雷慕沙在亚洲学会启动的最初几个研究计划中就包括委托朗德雷斯（Landresse）核对皇家图书馆收藏的一份不完整的手稿摘要。朗德雷斯参考了一本印刷的日语语法著作，这本著作是蓝歌籁（Langlès）收藏和借出的。手稿与印刷的日语语法著作均由陆若汉（Joao Rodriguez，亦译作罗德里格斯）撰写。陆若汉 1558 年生于葡萄牙，1567 年进入耶稣会，1583 年赴日本，后于 1633 年在日本离世。陆若汉很早就开始学习日语，水平极高。他编撰了一本词典，最初版本包括三万词左右，不仅有词义解释还有大量的例子。这一词典以摘要形式出版，题为《日葡词典》(*Vocabulario da lingoa de Iapam com adeclaraçao en Portugues feito por algvns Padres, e Irmaos da Companhia de Iesv* Nagasaki, 1603 (avec un supplément en 1604))，1630 年被译为西班牙语，在马尼拉（Manille）出版。19 世纪又由莱昂·帕热丝（Léon Pagès）译为法语，题为《日法词典》(*Dictionnaire Japonais-Français, contenant 1° La Transcription des mots et exemples japonais ; les caractères japonais ; l'Interprétation ; traduit du Dictionnaire japonais-portugais composé par les Missionnaires de la Compagnie de Jésus, et imprimé en 1603, à Nangasaqui, et revu sur la traduction espagnole du même ouvrage, rédigée par un Père Dominicain et imprimé à Manille en 1630* Paris, 1868 (933 pp.))。其《日本大文典》(*Arte da Lingoa de Iapam. composta pello Padre Ioao Rodrigues da Copanhia de Iesv. Diuidida em tres livros. Com Licença do Ordinario, e Superiores em Nangasaqui, no Collegio de Iapao da Companhiz de Iesv* Anno 1604) 对于了解古典日语非常重要，后来以简缩版《日本小文典》(*Arte Breve da Lingua Iapoa. Tirada da Arte Grande de mesma lingua, para os que começam a aprender os primeiros principios della*, Pello Padre Joam Rodriguez. Em Amacao 1624 [traduction japonaise de Tadao Doi, Tokyo, 1955]) 得以再版。有关陆若汉的其他著作，参见 R. 斯特赖特（R. Streit）《传教书目》(*Bibliotheca Missionum* 5 Bd2 *Asiatische Missions Literatur 1600-1699* Rom, Freiburg, Wien, 1964)、雷慕沙的《论陆若汉的日语语法》("Sur la grammaire Japonaise du P. Rodriguez" *Nouveaux Mélanges Asiatiques* I, 1829, 347-357) 以及《赴日传教士——陆若汉》("Jean Rodriguez Missionnaire au Japon" T. II, 222-225)、迈克尔·库珀（Michael Cooper）《翻译家陆若汉———位早期赴日本和中国的耶稣会教士》(*Rodrigues the interpreter ; an early Jesuit in Japan and China* New York, 1974)。
雷慕沙，在其 1824 年 4 月 29 日宣读的《亚洲学会委员会的研究报告》("Rapport sur les travaux du Conseil de la Société Asiatique [...]" Société Asiatique *Discours et Rapports lus dans la Séance générale annuelle du 29 avril 1824* Paris, 1824, 13-49) 中表示陆若汉的这一语法著作尽管有其缺陷，却值得翻译："语法观点表达有些问题，条理性差，所使用的葡萄牙语粗陋陈旧，印刷制作质量极差，阅读起来非常困难，令人疲惫"（第 20 页）。他在一年前的另一份《亚洲学会委员会的研究报告》("Rapport sur les travaux du Conseil de la Société Asiatique [...]" Société Asiatique *Discours et Rapports lus dans la*

书。即使较之于陆若汉（P. Rodriguez）的著作，此书仍不失其意义。巴黎似乎并无此书①。我即将寄之于您，并附上我

（接上页注）*Séance générale annuelle du 21 avril 1823* Paris, 1823, 23-61）中表示这一著作事实上在他看来"包含足够多的规则和观点，可以帮助读者了解该门语言的特性以及理解日语书籍"（第 46 页）。朗德雷斯（亚洲学会成员）基于《日本小文典》的手稿完成了译本《日语语法启蒙》(*Elémens de la Grammaire Japonaise par le P. Rodriguez ; traduit du Portugais sur le manuscrit de la Bibliothèque du Roi, et soigneusement collationnés avec la Grammaire publiée par le même auteur à Nagasaki en 1604*, par M. C. Landresse, membre de la Société Asiatique ; précédés d'une explication des Syllabaires japonais et de deux planches contenant les signes de ces syllabiques, par M. Abel-Rémusat. Ouvrage publié par la Société Asiatique. Paris, Dondey-Dupré, 1825）, 并参照由蓝歌籁借出的 1604 年的印刷版本进行修改。雷慕沙在 1825 年 4 月 28 日宣读的《亚洲学会委员会的研究报告》("Rapport sur les travaux du Conseil de la Société Asiatique […]" Société Asiatique *Discours et Rapports lus dans la Séance générale annuelle du 28 avril 1825* Paris, 1825）评价这一译著"比原著更明白、更详细、更准确"（第 25 页），它开启了一门拥有"两个完全相异的方言"、"两个截然对立的语法"、"三个文字体系"，尤其是世界上"唯一一个音节文字"的语言的理解（第 26—27 页）。
① 此处指的是奥央格伦（Melchor Oyanguren de Santa Inés O. F. M.）的著作。奥央格伦，1688 年出生于伦特斯 – 加特萨加（Salinas de Guipuzcoa），1705 年进入方济各会（ordre des franciscains），1717 年赴菲律宾（Philippines）传教，1737 年担任墨西哥方济各会教会（mission franciscaine）的主教，直至 1747 年在该地区离世。他撰写了《日本文典》(*Arte de la Lengua Japona, Divido en quatro libros segun el Arte de Nebrixa, con algunas voces propias de la escritura, y otras de los lenguages de Ximo, y del Cami, y con algunas perifrases, y figuras* Mexico, 1738）。有关奥央格伦对他加禄语（tagalog）的研究，参见 R. 斯特赖特（R. Streit）《传教书目》(*Bibliotheca Missionum* 6 Bd2 *Missions Literatur Indiens, der Philippinen, Japans und Indochinas 1700-1799* Rom, Freiburg, Wien, 1964, 378-9）。《日本文典》在墨西哥出版，亚历山大在美洲旅行期间给其兄长带回了一本。有关亚历山大是如何搜集到这一语法著作的内容，参见亚历山大的《历史关系》第一卷（1817 年交付），第三册，第九章，A 注释:《美洲诸语言语法书目》（第 504 页）。

做的简短说明①,其中谈到了日语的几个特点②。我万分期待

---

① 洪堡之后兑现了这一承诺。雷慕沙在其 1826 年 4 月 27 日宣读的《亚洲学会委员会的研究报告》("Rapport sur les travaux du Conseil de la Société Asiatique […]" Société Asiatique *Rapport sur les travaux du Conseil pendant l'année 1825, lu dans la Séance générale annuelle du 27 avril 1826* Paris, 1824, 11-48) 中做了如下表达: 鉴于 "日语结构显示了文学和语法特性,足以引起哲学家的好奇","陆若汉的日语语法著作自去年出版以来,得到了我们一位最为著名的外籍通信会员的修正",洪堡"在语言哲学方面具有非常卓越观点","在两位传教士所做的描述中观察到一些差异让其印象深刻,认为奥央格伦神父的著作在一些方面更胜一筹。他把所持有的唯一一本奥央格伦神父的著作寄给我们的同僚,一边抄录陆若汉语法著作中缺少的内容"。诚然,"现在还不是时候将欧洲的理性方法运用于"日语,但 "即使在照搬古老拉丁语法模式的著作中,汲取有关表达词之间关系的形式以及有关语言的一般性规则的知识"是可取的(第 23—24 页)。这些摘录的翻译将由朗德雷斯进行,而"这一篇幅简短的著作中最引人注意的部分则是洪堡所做的对比,正如该学者的所有著作,显示出其卓越的精神以及罕见的洞察力"(第 25 页)。
这一著作的全称为: *Supplément à la Grammaire Japonaise du P. Rodriguez ; ou Remarques additionnelles sur quelques points du système grammatical des japonais, tirées de la Grammaire composée en espagnol par le P. Oyanguren,* et traduites par M. C. Landresse, membre de la Société Asiatique ; précédées d'une Notice comparative des grammaire japonaises des PP. Rodriguez et Oyanguren par M. le Baron G. de Humboldt. Ouvrage publié par la Société Asiatique. Paris, Dondey-Dupré, 1826;其中第 1—12 页为洪堡所完成的章节。莱兹曼 (A. Leitzmann) 以《一部墨西哥出版的日语语法著作的简介》("Notice d'une grammaire Japonoise imprimée à Mexico" [*GS* V 237-247= *Notice jap.* 1825]) 为题出版了洪堡的手稿,后来有人对手稿进行了一些文体上的调整,我们至今还无法确定做出这一调整的是雷慕沙还是朗德雷斯。莱茨曼 (A. Leitzmann) 对这一篇分析代词的短文的起源有些不确定 (莱茨曼的《批注》:《全集》第五卷,第 480 页),这些迟疑如今得到确定。
② 洪堡尤其关注两点 (波特 1880 : CCCXC-CCCIC):一是形容词性动词的准确地位 (《日语语法简介》(《一部墨西哥出版的日语语法著作的简介》), 1825 年:《全集》第五卷, 第 237—247 页), 他展示了形容词性动词的多种使用方式, 并借助一般语法的原则将其归纳至统一性。这一内容是基于陆若汉所提供的素材, 后者直至今日仍然值得称赞。Tai Whan Kim 在其论文《论日语形容词研究的历史》("Contribution to the history of the Study of the Adjective in Japanese" J. Morreal (ed.) The Ninth LACUS Forum 1982 Columbia S. C., 1983, 515-522) 中对这一传统的史学史视角表示怀疑, 根据这一视角, 将拉丁语法这一模式应用到日语上会阻碍分析。作者认为: 相反, 陆若汉将一些形容词视为动词的一个子类证明了后者完全理解了其深刻结构关系, 而不是一个纯

您的看法。由于该说明无法在此信寄出之前抄录完毕，恐不能随信寄出。

阁下，此信冗长，望您见谅。敬请允许我再次向您表达我的无限感激及崇高敬意。

洪堡

1825 年 10 月 21 日写于泰格尔

洪堡自 1825 年冬热情饱满地投身于汉语研究，这一研究"对语法研究来说着实不可或缺"（《致韦尔克的信》，1826 年 2 月 10 日，第 134 页；译文）。这项因雷慕沙批评而起的研究工作于 1826 年 2 月告以段落。洪堡关于汉语的理论已相对稳定："这门语言非常精彩，无需高估，但也不能掉以轻心。应通过其某一方面予以万分重视"（同上）。他又加上如下评论："看起来困难重重，可……两周之内足以克服"（同上）[①]。如果我们不相信洪堡对不同语言结构非凡的接受能力或是他长久以来呼吁的有关语

（接上页注）描述性和静止的语法。陆若汉并没有被一个语法模式，即拉丁语语法式束缚，而是对日语和葡萄牙语进行对比分析。其语法是"一个早期语言间对比/语言类型学视角下的语言学的范例"（第 520 页）。

洪堡所关注的第二点为代词的功用（《日语语法简介》，1825 年：《全集》第五卷，第 244—247 页），他解释第三人称的代词后来与一个表达"上"或"下"的名词或形容词连用表达其他两个人称。一条有关处所副词和代词地位的错误意见（第 243 页）将其引向"在这儿或那儿的那个人"这一分析，因此可以"根据使用者所处的关系"用作三个人称。其之后的一篇著作继续并深化了这一观点。

[①] 的确，雷慕沙在亲历了汉语学习困难之后，在《汉文启蒙》的序言部分提到这些困难："如今我们不再认为一个人需要一生的时间才能掌握汉语的基础知识"，但他仍然认为"一个勤勉且持之以恒的人需要两到三年的深刻学习才能阅读"（xxxij）皇家图书馆内的五千册汉语藏书。

言学习的主张①，以上这一评论很容易就被视作夜郎自大或过分天真。

（二）悬而未决的理论问题

如果洪堡没有意识到其理论体系因汉语这一反例而突显出的不足，他肯定不会如此饱含兴趣地接受雷慕沙所提出的挑战。确认这些困难，认真考虑理论所遭到的反例可能会帮助减少困难。汉语的地位也因此迅速改变：随着研究的深入，它出人意料地由最初显示其理论不足的"透视镜"转变为备受威胁的理论严密性的重建手段。

的确，洪堡1821年的《论语法形式的产生及其对观点发展的影响》(*Ueber dans Entstehen der grammatischen Formen*)一文中，不可避免地出现了矛盾和不精确之处。洪堡在该文中提出了若干个系列的论断，矛盾难以避免。

洪堡在该文中首先指出：当一个人使用一门完善性稍逊于其母语的语言时，会用受母语影响下形成的精神对待这门语言，使后者屈从于更高要求的表达意图，因此始终可能存在误用。而传

---

① 事实上，在建立一个普遍的、历史的语言百科全书这一目标下，洪堡主张语言学习随语言而变化："倘若按照如今通常的方法去学习语言，即大部分通过阅读以及说写练习，那么想象那些我们不完全了解的语言的一个特殊用处会非常困难，掌握它会更加困难。相反，如果语言学习完全系统化，不遗漏任何内容，不排除任何语言，那么会有很多语言我们即使一个词也不了解就能彻底了解其组织方式，另有一些语言我们会或多或少地掌握些材料，还有一些语言我们会完全了解，可以说写无误。我们掌握每门语言特性的能力和习惯会大大增加的同时，学习起来也会更加容易，即使不掌握新的语言，对于那些已经掌握的语言所犯的句法错误也会更少"（《随笔》，1812年：《全集》第三卷，第328页）。

教士采用完善语言的角度去描述不甚完善的语言，自然而然地、无意识地将完善语言中的命名比如"不定式"或"虚拟式"用于后者（《产生》，1821年:《全集》第四卷，第286—290页），这一现象不足为奇。这一错误源于以下事实：语法关系总是可以由思想添加，在任何语言中找到表达方式（第287页）。例如：当一门语言通过将介词与无变化的词连用构成格，"不存在任何语法形式，而是只存在两个词，其语法关系是通过思维添加的"（第291页，译文）。"有些语言能够足够清晰、明确地表达大部分，甚至是所有的语法关系"（第304—305页；译文），这一信念的背后，显然是人类精神中语法范畴的普遍性这一观点。这些语法范畴存在于人类精神中，因语言所采用的表达方式不同，而或多或少地在语言中得以实现。因此，"语法关系的表称方式是否为真正的形式、在何种范围内为真正的形式"（第287页；译文）这一问题至关重要。在此问题之外，将语言置于一个"先验的"逻辑框架在这篇1821年的论文中尚处于分析的依据。基于这一框架，一个系统、条理的语言百科全书可以利用普遍语法的方法得以创建。

严格来讲，从这一立场出发，根据语法范畴表达中的隐示程度来断言某一语言比其他语言更为完善毫无理由可言，因为希腊和拉丁语的动词中，"真正的动词特性……并无任何特定的表称，必须通过思想进行添加"（第299—300页；译文）。然而，洪堡显然打算在这一领域内论证希腊语相对于汉语的优越性。事实上，针对希腊语，当洪堡指出"当语法关系准确对应逻辑关系时，思维就会更加灵敏"（第294页；译文），希腊语正是因其明示性与透明度而备受称赞。相反，汉语被归为"缺乏语法形式或拥有极不完善语法形式，对智能活动产生干扰作用"（第312页；译文）的语言，完全成了希腊语的反面教材，后者因丰富的语法形式而使思维变得敏锐（第311页）。尽管洪堡先前宣布毫不在乎语法关系是否得以表达，以上评论中却对汉语多用批评的字眼。这一批评意见与其说是因为汉语中缺少洪堡所定义的语法形式（由屈折变化完美体现），倒不如说是源于汉语中缺少语法形式。

因此，洪堡1821年的论文中存在一个矛盾：一方面，假定存在一个用先验逻辑定义的普遍参照框架，这一框架可操控所有的语法活动，决定了语言平均主义研究角度；另一方面，强烈要求创建有关其认为的（欧洲）古典语言优越性的理论。后一个方面，由对与黏着方法相对（第299—300页）的词形变化这一特殊表达方式进行精确描述出发，洪堡竭力赋予后者一个性质上的区别，并得出"严格意义和真正意义上的"语法形式这一概念（第286页；译文），这一概念是进行语言区分的特有标准。

诚然，洪堡强调这一表达方式在启发对纯粹形式和抽象思维活动的重要性。然而，他对这一启发的性质、方法及媒介却少有提及，尤其是他没有对所认为的屈折变化在语法范畴领域所开启的适合观念发展可能性进行阐释。他对屈折变化的推崇，其备受赞誉的"对思维活动"的反作用（第294页；译文）、"对精神"的影响作用（第310页；译文）以及对观念发展的影响作用出人意料地受到阻碍,将语法置于永恒逻辑框架似乎构成了不可逾越的界限。除非有特殊原因,只要普遍逻辑框架对所有语言起作用,任何一门语言都不能完全省略语法,即使极其推崇隐示的汉语也不能完全弃绝语法。要想打开这一局面,就需要对语法范畴的表现手段换一种方式进行推理。这正是1826年的《致雷慕沙的信》一文中汉语的主要作用。在该文中,洪堡通过讨论屈折变化所展示的语法关系的特殊性质,最终找到了真正具有操作性的区分方式。

三、有关汉语特性的通信(1826)

雷慕沙以隐晦的方式指责洪堡过于欧洲中心主义[1],后者为了否认这一指责而着手进行了汉语研究。该研究在这封写于1826

---

[1] 雷慕沙抨击任何对中国人不屑的态度,对所有那些因为对中国无知而萌生出毫无依据的优越感进行不留情面的嘲讽。在同时代的东方学者中,雷慕沙应该是最没有文化帝国主义思想的学者。他在1828年的《新亚洲学报》中匿名发表了《"亚洲民族与政体"片段摘录,译自丹麦语》("Fragmens d'un ouvrage intitulé considération sur les Peuples et Gouvernemens de l'Asie, traduit du danois")(第27—48页),这篇摘录随后被收入《东方历史与文学遗作》(*Mélanges posthumes d'histoire et de littérature orientales* Paris, 1843, 221-252)中,以《论东方民族特性与习俗》("Discours sur le génie et les mœurs des peuples orientaux")为题。雷慕沙在该文中用数页篇幅愤慨地揭露了东方不变论这一不实的观点、一些空泛的统称如"亚洲的"或是"东方的"所掩盖的对多样性的不甚了解、欧洲商人对东方土著文化的破坏、东方专制神话、欧洲人对于其他民族的蔑视以及对人权的无视。他在文章的结尾呼吁对亚洲民族精神和习俗进行公正的研究:"要想分析和评价源生于每个文明特性的天生细微差别和原初表达方式,需要采用一个更高的视点。这些遗产、遗迹对人类精神历史来说非常宝贵,极具意义,却无时无刻不在丢失,将于不久的将来完全消失。当世界上只剩下欧洲人时,再进行人类研究就为时已晚了"(第252页)。

年3月7日的《致雷慕沙的信》①(《全集》五，第254—308页)中以非常详致的方式呈现。这一研究揭示了直至此时尚未被明确指出的一个理论矛盾，同时也提供了解决这一矛盾的方法。

（一）洪堡的目的与信念

我们无须对洪堡汉语研究的深度和广度进行评价，就能明确洪堡在这封长信中确立了两个任务：一是根据其想法，基于准确标准确定屈折语言的优越性；二是正面肯定汉语无可厚非的文学与文化成就。这一理论转变的基础是早在《论语法形式的产生及其对观点发展的影响》(1821年：《全集》四，第299—300页)就已出现的一个直觉，洪堡对其进行了体系化，在《致雷慕沙的信》中明确表述，还在随后的其他论著中进行了详细论述②。

1. 由语言生成的语法关系

屈折变化是语言特有的运作方式，它所允许表达的、更确切地说激发表现的内容就是语法关系。原则上，这些语法关系在任何情况下都无法由逻辑范畴推出：将主语与谓语联系起来的屈折变化的动词形式中"存在这一概念"(《致雷慕沙的信》，1826

---

① 此处引用来源于莱茨曼（A. Leitzmann）出版的手稿，而不是雷慕沙出版的版本。后一版本得到了一些文体与词汇方面的修改，在某种意义上会影响到洪堡理念的理解。鉴于莱茨曼并没有保留雷慕沙的批注，我们会在最初版本中引用雷慕沙的批注或《有关"致雷慕沙的信"中几个段落的意见》("Observations sur quelques passages de la lettre précédente" Rémusat 1827 : 95-122)。
② 这一发现事关动词分析。参见《普通语言类型的基本特征——美洲语言详细调查导论》(Grundzüge des allgemeine Sprachtypus 1824-1826: V 445-475，尤其是第143段和第144段)、《语法结构》(Von dem grammatischen Baue der Sprachen 1827-1829 : VI 358-378，第35—37段)、《卡维语导论》(Kawi Einl. 1830-1835 : VII 94-96, 211-233)、《卡维语》(Kawi-Sprache 1836-1839 : II 79-80)。

年:《全集》五,第261页)以及较小程度上的词的阴阳性(第262—263页)是"语法概念",而不是逻辑概念。语法关系作为语言的特有产物,仅受到语言以非常方式所提供的可能性的影响。自此,语法明示性与语言表现形式这两个辨认(欧洲)古典语言的标准被一个关键点所取代:考察一门语言时,只需要考虑其对"语法范畴进行区分"(第261页)达到何种程度。因为,从这时起,所表达的语法关系的性质本身被纳入考虑范围之内,能够满足这一条件的只有那些能够在由思维法则直接或不直接地生成的语法范畴之外添加只源于想象活动的语法范畴的语言(第260页),后一类语法范畴反映了该语言使用民族的特性,因此可能会获得不同的发展(第262页)。

2. 汉语的完善性

然而,事态发展为这一标准的应用并不能推出汉语语法的粗劣性。既然汉语拒绝对语法形式进行区分(第269页),又何以指责它没有在这一领域臻于深远呢?汉语选择了"摒弃"语法范畴体系[①]并"拒绝"对其进行标记(第257页),它就不再是梵语或是希腊语的反面教材,而是与其地位相同却具有完全对立而非相异的语法体系(第282页)。从前,学者们无法理解为何汉

---

① 在汉语放弃语法范畴体系这一问题上,传统的法国汉学家并没有继续雷慕沙所开辟的道路。后者对汉语无词类区分表示怀疑。这一看法得到了20世纪一些学者的赞同。葛兰言在《中国语言与思想的几个独特之处》("Quelques particularités de la langue et de la pensée chinoise" *Revue philosophique de la France et de l'Etranger* n° 89, 1920, 98-128, 161-195, 下文简称为葛兰言1920年)一文中肯定了古汉语中"可以说没有任何词类区分"(第123页)。无论是马伯乐(H. Maspero)在《汉语》(载《巴黎大学语言学学院会议》,1933年第一辑,巴黎:1934,第33—70页 ["La langue chinoise" in

(接上页注) Conférences de l'Institut de Linguistique de l'Université de Paris Année 1933/ I, Paris, 1934, pp. 33-70]) 中有关书面语言的观点（第 35 页），还是其在《远东诸语言》[载《法国百科全书》第一部第一卷，1937 年（"Les Langues d'Extrême-Orient", Encyclopédie Française T.1, 1., 1937.）] 中有关口语语言的分析，皆与上述观点一致。他尤其在对西门华德（Walter Simon）的《汉语中是否有词类？》[载《语义学学会汇刊》，1937 年，第 99—119 页（"Has the Chinese Parts of Speech?", Transactions of the Philological Society 1937, pp. 99-119）] 一文所做的报告中详述了自己的观点。此篇报告刊登于 1938 年的《语言学会通报》(Bulletin de la Société de Linguistique 39, 1938, pp. 209-213）。马伯乐在该文中表示"汉语中没有词类，表达思想所需的区分通过完全异于词类的手段实现"（第 211 页）。他还提到了雷慕沙对汉语中任何名词可以当作动词使用，任何动词也可以当作名词使用这一观点提出了异议："有些词像是树、山、森林属于名词，不做动词使用"。针对雷慕沙的这一观点，马伯乐做出了以下回应："雷慕沙的异议毫无价值：名词不是总被当做动词使用，但是它们可以在任何时刻成为动词。其中一些名词，他们用做为动词的时机没有出现，甚至从未出现过，要么是已经出现却尚未被发现"；"汉语中任何一个名词只要后面加上直接补语或表态词缀就是一个动词"（第 212 页）。马伯乐得出如下结论："在我看来西方人解释汉语语法时最让人吃惊的是：一直尝试不同的表达对我们的语言与汉语的根本区别进行展示。也就是我们的语言中用词类表达的内容，汉语则用关系手段进行表达"；甲柏连孜（Gabelentz）和高本汉（Karlgren）"表面上保留了词类和语法范畴的概念，但将其运用于汉语时去除了其实际内容"（第 213 页）。

同样，戴密微（Paul Demiéville）在载于《东方语言学院一百五十周年，国立东方语言学院的历史，组织和教学》的《汉语（1843）》["Chinois（1843）", Cent-cinquantenaire de l'Ecole des langues orientales, Histoire organisation et enseignements de l'Ecole Nationale des Langues orientales vivantes Paris, 1948, pp. 129-161] 一文中写道："从语义学的角度来看汉语中没有词类：汉语词不能始终指示某一事物、事件或性质。在某些条件下，从形态学的角度看汉语中同样没有词类。只有从功能角度来看时，汉语中存在词类这一表述才成立。如果可以说在某种句法背景下，某个汉语词在这儿被用做名词，在那儿做动词或是形容词，只是因为这个词在该背景下担任主语、表语或补语，担任谓语或是担任限定词"（第 148 页）。词类是汉语"应该永远摒弃的幻想。事实上，汉语词在语法方面的多用途性是绝对的"（第 148 页）；"汉语词根据其与句子中的其他词的句法关系，而不是通过规则的词法手段，确定是名词、动词还是形容词，更确切地说是主语或补语、谓语、限定词等"（第 149 页）。

相反，西门华德在其《汉语中是否有词类？》一文中肯定了汉语中"词类"的存在。马伯乐对此文提出了疑问。西门华德认为洪堡的"汉语著作由一系列短小、简单的句子构成，因此就其理解来说，词的语法区分并非不可或缺"（《汉语中是否有词类？》，第 110 页）这一观点是错误的。关于这一点，雷慕沙在其注释中就已经指出。西门华德将洪堡与甲柏连孜（G. von der Gabelentz）的观点进行了比较，后者认为"汉语词语具有难以克服的语法形式缺失,却也可以衍生出如此丰富的文学。而自此,汉语也从学者眼中的无解之谜变成了意愿的作用和一致性的结果。在这一理论表面失误的背后,是洪堡重建语言策略的坚定想法。

(二)理论的发展

洪堡对汉语和(欧洲)古典语言进行对比分析时,词的地位与词形屈折变化的作用成了他详致研究的两个对象。

1. 词

屈折语言中,所有的词或几乎所有的词不仅能够表达观念(或概念),而且即使把它们单独拿出来看(第261页),它们也

(接上页注)在句法使用方面的不同证实了汉语中存在语法范畴"。西门华德对此评论:"这明显意味着一些汉语词通常做名词,其他通常用做动词,等等"(第110—111页)。然而,意识到该论点同时意味着"语法范畴的区分无需通过语音实现",西门华德将该内容与洪堡的观点联系起来:"当洪堡谈论语法范畴的特点时,除了词本身固有的标记之外,还特别提到了词序和他称之为句子的连贯的内容。尽管洪堡在该章节没有对词类和其他语法形式进行区分,他叫做句子排序的内容和甲柏连孜所称的句法行为看起来颇为相似,我们甚至可以肯定,洪堡认为仅仅通过词在句子中的功能所显现的词类这种抽象表征比其有些不甚精细的语音表征更为高超"(第111页)。
马伯乐的立场较为激进,和洪堡一脉相承。高本汉在其载于《语言与社会——阿瑟·詹森七十岁生日献文》的《词类与汉语》[哥本哈根,1961年,第73—78页("The parts of Speech and the Chinese language", *Language and Society. Essays presented to Arther M. Jensen on his seventeenth birthday*. Copenhagen, 1961, pp. 73-78)]一文中对马伯乐的理论立场提出异议。高本汉认为其理论的目的在于"引起公众注意"(第75页)。高本汉认为,相反地"古汉语的使用者""如同当代中国人和欧洲人一样清楚地感知名词、动词间的区别,且经常通过额外的形态或者通过词干音变的语法手段对此进行表达"(第78页)。因此,印欧语言和汉语之间的确存在着相似的情况,其中就有"名词和动词之间的基本区分",所以"将我们众所周知的术语运用到汉语语法中"是完全合理的(第78页)。

能标记其语法意义。事实上，无论是观念或通过自然途径或通过形式所归属的类别，还是将词以及句子所表达的整体观念联系起来的语法关系，二者均由语法范畴表达。也正是语法范畴将"不依赖于语境意义就可以识别"的语法形式赋予了词（第257页）。因此，仅仅表达概念或观念的词变得与其语法形式不可分割。例如，要合理地谈论"动词"，仅仅是"词汇意义""质料"的"动词性概念"得以表达还不足够（第265页），意义还需要具有"词类"这一外衣。词类不仅表达"存在和真实行为的特点"，也使动词成为"命题中的联系成分"（同上）。汉语则完全不同。汉语中，被称为"词"（mot，命名尚待改进）或更为贴切的"词语"（terme）的内容"只表达概念"（第265页），仅满足于呈现"动词意义"（第269页）。因此，"所有的词"都只做"直接表达概念，而不表示任何语法关系"或是"处在纯粹状态"使用（第264页）。汉语与屈折语言相反，词没有任何语法形式。

2. 屈折变化

汉语与（欧洲）古典语言对比分析的另一个研究对象是语法体系结构中词形屈折变化的作用。倘若一一罗列（欧洲）古典语言中那些使得词的语法形式得以辨认的表现方式，显然有词形屈折变化、词序以及语法词。然而，这三种表现方式的地位却不相同。其中，词形屈折变化的作用最为突出：它不仅是语法关系与语法意义最重要的表达元素，而且其存在本身也决定了另外两种表现方式的运行方式，后两种方式具有同样的职能，与其形成竞争关系。词形屈折变化在语言中以压倒性的方式存在，势必使其他两种方式完全服从于其并填补其所留下的缺陷。因此,(欧洲)古典语言的主要特点为词形屈折变化对其他手段所产生的引力以及强加于后者的约束力。从另一个角度来看,词形屈折变化对于语法来说更为关键,因为被视为规则正当条件的约束力正是通过屈折变化作用于语言,且这一作用无比清晰。每个词之所以都要归为某一词类,与命题统一体有某种关系,名词需要有阴阳性,动词则需要有人称,简而言之,语法之所以本质上为规则,它对个体语言所施的最大压力正是在语言的重心——词形屈折变化中得以体现。语法体系这一概念同时既意味着为了实现目标而分级聚合的手段同时也代表了制约体系,这是洪堡语言理论的关键。(欧洲)古典语言中,词形屈折变化足以明确地说明这一概念。

(三)汉语体系

《致雷慕沙的信》全文贯穿了以承担功能为目的的语法结构视角,这一视角可以解释汉语中屈折变化的缺失何以使这门语言所使用的语法词与句序的地位完全转变。汉语中这两个方式与梵语或希腊语中所呈现出的一致仅仅是表面上的。既然汉语中缺乏词形屈折变化,这两个方式在与后者共存的情况下所发挥的作用以及所具有的性质肯定会发生深刻的转变。

汉语语法体系围绕语言表达现象中唯一可辨认的法则建构,那就是"词序"(第272页),由"一些语法规律"(第277页)确定为"语法法则"(第260页)的词的"排列"(第260页)。"严格说来,整个汉语语法都归结于"(第279页)两个,甚至是一个词序规律,因为在这两种情况下,汉语仅限于"明确区分限定概念和被限定概念"（第272页，参照第266页）。当我们观察到某个概念由其前面的另一个概念加以限定时，就用尽了"所有称为语法的内容"（第269页）。

然而，词序作为汉语语法最明显的体现，并不像词形屈折变化一样能够成为汉语语法的"拱心石"。在所有拥有词形屈折变化的语言中，词形屈折变化其实本身就足以承担主要的语法功能，将一系列与其他词和言语统一体之间的关系引入词中，这正体现了其效率和支配权。然而，汉语则全然不同，其唯一的词序规则不能承担词形屈折变化的这一功能。对于"思想的构成部分"来说，"没有其他手段的辅助"，仅靠词序事实上"不足以标记思想的全部构成部分"（第277页）。因此，汉语中缺乏屈折变化这一现象彻底改变了汉语确实使用的两种表达方式的职能和性质。

汉语中词序和习惯上称作语法词（我们无意贬低该词的准确意义）的运作本质上并不属于语法范围。汉语中屈折变化缺失之处，语法并未发挥作用表达其他语言中需要屈折变化介入而表达的内容。汉语表达体系基于词序和语法词，事实上这一原则并不属于传统语法范围。这一体系中，其他两个表达手段屈从于另一个要求："只能求助于词义和上下文的意思"（第278页）。在洪堡看来，如果我们坚持汉语中有"语法"的话，这正是汉语"语法"的基石。诚然，汉语也有其语法目标，倘若抛开语法目标在某一语言中的具体体现而单纯谈论语法目标，语法始终以产生关系和构建话语为目标。然而，汉语中这一目标首先由语言单位的意义所承担，后者有时足以使语法意义得以辨认（第260页，第288页）；而后这门语言的语法目标由这些单位间的联系承担，其"语法结构常常需要……推导"（第279页）。因此，严格说来，汉语并无语法，后者仅满足于让使用者感觉到，而并没有通过形式标记进行表达（第275页，第281页）。

无论如何，汉语这一原则像古典语言中的语法形式一样有效。这一原则在使用者精神中直接发挥效用，如同伺机窥探意义，持续地在出现的意义间建立新的联系并对其进行检验，随着交流的推进决定这些新的联系是否通过。精神始终相连，这足以确保交流正常进行。汉语在这一方面提供了一个极为特别的实证，一个堪称极端的例子。然而，需要注意的是：在这种情况下，即使精神承担了语法功能，而完成这一功能的手段却不属于语法范围。

以上似乎就是洪堡最大的成就。这一成就源于其所持的有机语言观（vision organiciste）。通过以系统为手段进行推理，他创建了一个满足所有话语第一目的（成功进行交流）的词形语义双重网络结构。该结构的词形部分由形式标记构成，所以在某些程度上也属于句法内容；而结构的语义部分由基于概念间相互作用之上的一个概念到另一个概念的过渡构成，也能推出几乎同样的信息。理想的情况下，以上两个组成部分中的任何一个都可以单独起作用，在一些极具代表性的语言中甚至试图根除另一个成分，其本身足以承担思想交流的所有要求，而这需要通过语言有机性质所特有的补偿和重新排列现象得以实现。

这一发现是洪堡在对汉语与梵语这两门截然相反的语言研究中得出的。得益于这两门语言，极性（polarité）这一概念自此出现于分析中，取代了词互相不容的二分法。该概念在描述的各个层次上更易于呈现语言以及其表现的多样性。洪堡不再试图在公认的完善语言中识别那些确定且可观察的表达方式，也不再在表达方式无法识别时对语言进行批判。语言学研究方式基于一系列对立组合进行，如词源语法／句法语法、明示／隐示、具有特性的语法形式／无特性的语法形式、以词为中心／以句子为中心、先验的语法形式／由使用推绎的语法形式等，然而这些组合始终构成一个连续体：在这些不同的极端之间，所有过渡都可以出现在不同语言中，即使这些过渡的组合中存在一些局限。事实上，重要的是一门语言基于以上可能性所建构的体系。梵语和汉语是这一方面的范例，它们不同特点的组合几乎总是无限接近以这种方式设立的界限。

然而，在汉语中，除了勉强称得上语法的体系之外，还有另一个发挥作用的原则——意思相对于形式的优势。本文中并不满足于简单明确这一原则，而是说明那些最为惊人的语言现象如何根据这一原则获得了一致性。这一原则对这门语言中最为重要且紧密相关的两个特点做出了解释。

第一个特点是词的运作。鉴于汉语中只存在那些仅表达自身意义的词，词义的"孤立性"（第280页、第300页，参见第288页）看上去非常重要。孤立语这一概念在《致雷慕沙的信》中就已经得到充分体现，代替了单音节语言这一概念，后一个概念并不成立：中国人"把每个词都视为进行孤立思考的对象，以至于不停地切断它们所在的句子"（第267页），"在汉语句子中，每个词都看起来需要读者慎重斟酌，对其所有的关系进行考虑，而后才能继续看下一个词"（第280页）。

第二个特点则是：鉴于话语意义产生的机制无须语法介入，除了限定规律以外，从词语的意义以及词与词的关系中基本上可以推出语法关系。因此，还是词义决定了结构，生成了思想的连续（第267—268页、第279—280页、第291页），通过一个奇特的反转，即使是虚词和语助词的运作也遵从这一原则。意思产生的活动最终落到语言接受者身上，后者需要分析语言单位，最终重新建构其对话人所表达的几乎全部的思想。

《致雷慕沙的信》首先刊发于1826年的《亚洲学报》上，仅发表了其中部分内容。第三封信围绕读者对首次版本的接受、以及对后来在亚历山大的支持下由雷慕沙出版的全文版的接受进行了讨论。

第三封信①

阁下：

　　鉴于我刚刚得知信使即将出发，迫于时间原因无法充分表达对您的感谢之情。我几日前刚刚收到您八月九日以您和

---

① 信件手稿。芒特市图书馆文献第1908号。写于一张纸上，共两页。

亚洲学会委员会的名义写给我的信①，信中充满善意。您在信中对我冒昧寄给您的研究②不吝过誉的言辞，然而我深知这一善待主要源于您的宽容。这将会鼓励我更加努力，以便将来可以不负您的称赞。

随信寄出我有关《薄伽梵歌》（Bhagaved-Gita）的研究③两份，请您保留一份，另一份如果您认为值得的话，敬请您呈交给亚洲学会。等几周后我从即将动身的旅行回来之后④，将会更加详细地向您谈论这篇论文的内容。

---

① 无论是马特森（Mattson，1980）还是缪勒-富尔玛（Mueller-Vollmer，1993）都没有提到这封信。然而，雷慕沙在1827年4月30日宣读的《亚洲学会委员会的研究报告》("Rapport sur les travaux du Conseil de la Société Asiatique […]" Société Asiatique *Rapports sur les travaux du Conseil pendant l'année 1826 lu dans la Séance générale annuelle du 30 Avril 1827* Paris, 1827, 11-52）中对这封信大加赞美，可以从中了解该信的内容："最后，洪堡先生最近寄了一封信给巴黎的一位教授，这封信有关汉语特性，非常出色。在这封信中，这位学者从一个具体现象出发，主要基于汉语语法与古代精深语言的比较，在有关普遍语法的一些方面，尤其是思想的完整表达和精准的理解行为所依赖的特性方面，得出了极其重要的结论"（第40—41页）。
② 即写于1826年3月7日的《致雷慕沙的信》。
③ 有关这一研究论著。舒尔茨（Schulz）对该论著有所提及（《亚洲学报》七，1825年，第192页），雷慕沙也向法国的东方学者宣告"洪堡有关《薄伽梵歌》的研究重建了该书中以分散状态呈现的哲学体系"("Rapport sur les travaux du Conseil de la Société Asiatique […]" Société Asiatique *Rapports sur les travaux du Conseil pendant l'année 1825, lu dans la Séance générale annuelle du 27 Avril 1826* Paris, 1826, 35）。下一年，在洪堡寄出著作之后，雷慕沙发表如下评论；"为了消除其中所有的费解之处，打破诗歌模式 [……] 以及描述其中叙述的常带有寓意外衣的不同观点；总之需要用理性报告来取代诗歌"；"这正是洪堡在柏林科学院宣读的两篇论文的内容。他将灵感影响下表达的观点归为体系，根据内容对其进行分类，他为我们提出了形而上学，或是说《薄伽梵歌》的宗教学"（1827年的报告，第34—35页）。
④ "我妻子说曼斯菲尔德方言，托她的福，我去了耶拿、魏玛、鲁道尔施塔特旅游了一次"（《致韦尔克的信》，1827年1月28日，第139页）。洪堡尤其在魏玛（Weimar）逗留了十日，每日与歌德（Goethe）会见几个小时。

我不知道如何才能向阁下表达感激之情，感激您不辞辛苦出版我有关汉语的通信。所有舍弟转告给我的消息①以及阁下告知的信息完全符合我的期望，尤其是我将与您一起出现在公众面前，对此我感到非常自豪。您为我的论文加了注释，这是无比的荣耀，在我看来，是您对我以及我文学研究的关注，我感到非常荣幸。舍弟为我寄来了将在《亚洲学报》②刊登的节选的前几页。您为该研究所做的序言③对我来说也是您对我的善意和友谊的见证，我无以向您表达我的感激。我在论文的开头发现了一处印刷错误（如果这一错误不是由我的抄誊人造成的），或许尚可以在论文的分开印刷中避免。我写的是："汉语句子给读者的第一印象"（la première impression que laisse la lecture d'une phrase chinoise），印刷的是："汉语句子的性质"（la nature d'une phrase chinoise）。我认为阁下会谅解我冒昧发表这一意见。

舍弟托我向您转达他的友谊。我非常高兴可以与他在此

---

① 亚历山大从巴黎回柏林时为他带去了消息。
② 此处指论文《论汉语的语法特性》（"Sur le génie grammatical de la langue chinoise comparé à celui des autres langues"，*Journal Asiatique* IX, livraison d'août 1826, 116-123）。雷慕沙在该论文前面附上了他写的几行评论意见（第115页）。这篇文章由《致雷慕沙的信》中的三个段落组成，即1826年版的第1—7页、第20—23页以及第27—28页。莱茨曼（《全集》五，第254页注释）注意到这些段落比雷慕沙出版的《致雷慕沙的信》全文版更接近手稿原文，后一版本中雷慕沙对原稿进行了修改。
③ 雷慕沙对该文也是大加称赞："这一论文像该学者的其他论著一样既深刻又清楚、既细致又可靠、既有巧妙的概述又有重要的观点，其论著将这些难以聚集的优点集中在一起，这正是我们合作院士的著作与众不同的原因"（《亚洲学报》九，1826年8月，第115页）。

共度至少几个星期的时间①。

敬请阁下接受我我最为真挚的情感和最为崇高的敬意。

1826 年 10 月 9 日写于泰格尔
洪堡

洪堡在收到了全文印刷版的开头部分之后,在其第四封信中表达了欣喜之情,感谢雷慕沙为论文所附的注释以及所做的文体层面的修改,却也毫不掩饰他与雷慕沙之间的观点"分歧"以及意见"差异"。

第四封信②

阁下:

舍弟③寄给了我有关汉语的通信中已经印刷的部分,然而我等不到印刷完毕就想向您表达我最热烈和真诚的谢意,

---

① 普鲁士国王腓特烈三世(Friedrich Wilhelm III),对于亚历山大一直延长巴黎旅居时间不满,命他离开巴黎返回柏林。亚历山大为了申请延长其巴黎旅居许可,于 1826 年 9 月回到柏林为其研究进行辩护。然而他仅仅在柏林逗留了十周,于 12 月初返回巴黎准备搬家事宜(贝克 1961:第 77 页;布鲁恩斯 1872:卷二,第 119 页)。
② 信件手稿。芒特市图书馆文献第 1904 号。写于一张对折的纸上,共四页。
③ 亚历山大回到巴黎,写信给其兄交流消息:他忙于"你著作的印刷事宜",将"于两周内完工",并评论说:"正如你可以从随附信件中读到的那样,雷慕沙非常客气。他的注释大大提高了你这本充满理性和巧妙概述的著作的价值,且'告读者'中表明这封单纯的朋友间的通信是在你不知情的情况下出版的,这更能消除注释中呈现出的理论对抗印象。你原想引发讨论,回复这些注释就能实现这一愿望"(《亚历山大致威

感谢您对我学术研究的关注。您为这封信做了双重贡献,您在很多地方进行了文体上的修正以及纠正了不完整、不清楚以及表达不佳的句子①,另外,您还为我的文章加了注释,这些注释具有不可估量的学术价值。我认真研读了您对我手稿所做的所有改动,这一研究对我来说极具教育意义。我极具兴趣地看到您如何在大部分时间仅仅通过改动两三个词就能使我的表达更加清晰、更加精准。我在德语和法语这两门语言所要求的清晰度甚至是清晰类别方面做了一些极其有用的观察②。在使用外语写作时不能抱任何幻想。当我们用一门外语写作时,即使是用这门语言思考,如果没有持续的练

(接上页注)廉的信》,1827年1月24日,第144页)。洪堡完全没有料到雷慕沙在其《致雷慕沙的信》一文后所加注释的规模,也没有料到这些注释难以消除的冲击力,在第四封信中表达了这一遗憾。2月3日,亚历山大为著作出版受到耽搁一事表示遗憾:"我为目前尚不能寄出您著作的样书感到十分遗憾。我在上一封信中附有论著已印刷部分:我仅仅拿到了一页新的注释"(第148页)。1827年3月12日,他为其兄消除疑虑:"终于拿到你著作的三本样书。鉴于《亚洲学报》之前已经刊登了一些片段,因此你在该书出版之前就已经名气在外。你不知道在这里要拿到你论语言的学术著作是多么困难。很多人向我询问[……]希望你会对印刷质量感到满意。这本小册子看起来不错。我将从下周起遵照雷慕沙的建议开始分发"(第149—150页)。
① 这类用词不当极少出现在洪堡的法语著作中。但洪堡在此处提及它们反映出其真实的认真态度,而不只是礼貌殷勤。
② 针对亚历山大的《历史关系》(*Relation historique*)一著,洪堡如此评论:"有些地方可能没有用到真正的德语,因为这些地方听上去过于生活化。无比遗憾的是,亚历山大采取了这样的措辞,由此使之被宽恕和理解,而这本著作本来也不可能以如此高的规格在德国出版"(《致卡洛琳・冯・洪堡的信》,1817年11月12日[西度1906—1916:六,第43页],贝克1961:第43页)。无论如何,本菲(Benfey)认为洪堡在《致雷慕沙的信》中的表述"带有一种明晰感,这在其德语著作中并非一贯如此"(本菲1869:第528页)。

习,就永远无法彻底摆脱母语的习惯①。我用法语表达信中的几个观点时确实有些困难,读者之所以没怎么感觉到我写作时的困难,这多亏了您。我反复拜读了您的注释,我将在收到全部注释之后进行具体研究。第八页最后的内容,将我带入一个非常有意义的对话中。我越来越相信汉语和梵语研究对于语法的理性比较来说最为重要,因为这两门语言构成了海格力斯之柱,即语言的两个极点②。您对我的信所做的注

---

① 这一困难无须消除。事实上,外语掌握水平最终——不合常理地——受母语精通程度的提高这一目标所影响。当洪堡谈到"研究大量语言的必要性",他明确指出"是为了修正和扩展有关其母语的看法"。而"真正掌握大量语言[……]需要特别留意避免损害到观点的清晰性或是纯粹、准确表达自己想法的能力"。因此,"所有那些明智地重视正确使用母语的人,都避免过分投入到使用外语这一习惯。然而通过采取必需的预防措施,始终确保我们更重视语言的优势地位,同时使用几种语言益处良多,即使是对于写作者来说亦是如此。他能更易于、更习惯于打破一个过于狭隘的表达范围,让观点的表达更独立于某种表达方式,这些想法与语言密不可分,却无法被语言决定"(《随笔》,1812 年;《全集》第三卷,第 320 页)。
因此,最好避免使用其母语之外的语言写作,因为只有使用母语才能表达一切:"坦率地讲,我无法决心用外语写作。用外语写作对作者和读者来说都是非常大的牺牲。即使是用母语正确、清晰地表达自己的想法也是一件不甚容易的事情。用外语表达自己的想法从来无法像使用母语表达一样充分,会受到我们所使用语言的影响和阻碍"(《致毕麒麟的信》,1824 年 6 月 29 日,第 300 页);"否认的是,我的确是持有这样的看法:他在童年的时候就已经学会了这个语言,一名作家的精神只有在他使用语言的时候才是充实,纯粹的,自由的,并且我还认为这种,冒着把德语和法语弄混的威胁。在这种优秀的作家身上,人们没有看到他们的作品上那些具有积极意义的不足,仅仅产生了这样的一种怀疑:如果没有那些更加天然的和完美的信息手段的出现,那么这部作品会不会变成另一个样子。但是这种疑虑或许没有必要,或许还会有一些更加重要的外在的顾虑,并且忽略掉一些其他的问题"(《致施莱格尔的信》,1818 年 5 月 10 日,第 4 页)。
② 这两门语言不仅限定了语言可能性的范围,而且看起来使这一范围稳固。事实上,有关梵语与汉语之间不可缺少的互补性,"因为梵语把语法形式这个概念发展成了它最大的完美之处;所以我们必须在汉语身上学习一下,一种优点明确、附带丰富哲学、历史以及诗学文献的语言是多么令人难以置信地缺少这样的概念"(《语构差异》,

释，有效地展示了有关这两门语言之间的差异，我甚至认为我们的观点是背道而驰的。如果我只向公众介绍经由您改正过的观点，会得到好处，在这方面，我本应该在印刷之前依照您的注释改写这一论文，并指明我所参考的原著。然而我承认，我的自尊心更倾向于看到我的名字与阁下的名字列在一起，正如现在这样。我也认为读者会从目前的版本中获益更多，讨论也更有意义。但凡观点分歧存在之处，就更应该充分真实、充分地陈述这两个观点，而不是第一时间找到折中办法。我承认，如果我不想引起讨论的话，我就不会如此确定、坚决地表述我对汉语的评价意见。另外，在拜读完您的前二十条注释之后，我相信我们意见差异的原因并不在于我们看待汉语的方式，而是有关语言完善性的一般意见[①]，我

（接上页注）1827—1829 年：《全集》第六卷，第 141 页），也可以转向截然不同的对立，"所有已知语言范围内，汉语和梵语呈截然对立状态，因为前者将一切语法形式交给头脑的活动，后者则追求将它们纳入到语音的最细微差别当中"（《卡维语导论》，1830—1835 年：《全集》第七卷，第 271 页）。极性这一形象充分发挥其作用，一个原因是这意味着梵语和汉语之间的所有语言被包含在内，"汉语正好和梵语位于两个极端，这两种语言仿佛代表着完美语法和无语法。两者之间存在无数种语法较不完善的方言"（《致施莱格尔的信》，1826 年 3 月 5 日，第 197 页），另一个原因是对中间语言共同的排斥："两种语言在语法结构上彼此对立，它们分割了整个领域，任何第三者都无法介入其中"（《语构差异》，1827—1829 年：《全集》第六卷，第 141 页）；"在缺乏对词汇类别的一切提示——如汉语中那样——和真正的曲折变化之间，不存任何第三种以纯粹组织语言为手段而被接受的可能"（《卡维语导论》，1830—1835 年：《全集》第七卷，第 117 页）。这两门语言所具有的这一特性将其与其他语言区分开来，最终将两者的对立转变为其地位的几乎统一性："汉语和梵语对于精神发展来说互不相宜，只是各自体系同样具有内部一致性以及完美的贯彻效果，两种语言以这种方式构成了整个已知语言领域的两个端点"（第 274 页）。

[①] 第五封信正是基于梵语与汉语和塔希提语的对比，详述了真正的语法形式，在雷慕沙引入的"唤醒"（éveiller）和"表达"（exprimer）这一概念区分上与其观点趋向一致。

们在这一点上达成观点和解并不像看起来那样困难。无论如何,敬请阁下接受我最崇高的敬意。再次向您表示谢意,感谢您为拙作所付出的辛劳。

1827 年 2 月 18 日写于柏林
洪堡

四、雷慕沙的评论与洪堡的辩护（1827）

（一）雷慕沙与洪堡的观点分歧

事实上,洪堡此前和解的言辞并不能掩盖雷慕沙的评论所带来的影响。后者将洪堡的《致雷慕沙的一封信：论语法形式的通性以及汉语精神的特性》全文出版并附加注释。雷慕沙在注释中对该文做出了更正,指出了其不理解之处,也提出了对洪堡诸多观点的异议。毫无疑问,作为专业汉学家的雷慕沙更有说服力。两位学者的观点分歧体现在四个方面：

一是（欧洲）古典语言与汉语的不同是一种错觉,而该错觉源于对文字的印象。

二是较语言的最终目的来说,得出屈折语言所谓的优越性的评判依据仅是次要标准。

三是只有汉语使用者才能觉察到汉语的"完善"。

四若要考虑汉语语言现象,则需调整语法的定义。

1. 语言与文字

雷慕沙通过重复早期论证中所提出的论据指出：一些学者以强调语言功能的差异来孤立和贬低汉语。而该差异在很大程度上取决于一种不合理的映射，也就是将汉语特有的文字体系映射到汉语语言上。雷慕沙指出："虚词、词尾变化和词缀本质上是同一回事。……拉丁语和希腊语中语音融合现象将词尾与名词和动词的词干连成一体。"如果不是因为"汉语中一个汉字对应一个音节"，"语音融合现象则很有可能出现于汉语中"，那么"汉语就会像其他语言一样，词因性、数、格的不同而产生变化和变位"。故而他认为应当"视汉语为从未有过文字的语言"。诚然，"人的复数形式的属格在汉语中为 jin-kaï-tchi[①]，拉丁语中是 hominum[②]，这两种形式本质上则归为一宗"。"若撇开文字研究语言，汉语与我们语言之间的距离则会自然而然地缩小"（雷慕沙：《洪堡致雷慕沙的信：论语法形式的通性以及汉语精神的特性》，巴黎：1827年，注释13）。洪堡对这一评论未做任何回应。论其原因，洪堡很有可能认为其观点超越该注释中的评论。就可表现的语法关系方面，洪堡认为屈折变化与其他现象之间有着性质上的差异。

[①] 汉字：人皆之。此处 jin-kaï-tchi 疑为拼写错误。雷慕沙注释13中出现的拼写为：jin-kiaï tchi。译者怀疑这一表达系雷慕沙为证明其论点所创。——译者注
[②] Hominum 是拉丁语中 homo（人）的复数的属格形式。——译者注

2. 语法与修辞

尽管雷慕沙承认三个汉语词（比如大、哭、说）可能对应多种拉丁语译文[①]，故而需要在种种可能的译文中进行取舍；然而，不管涉及何种语言，字词的细微差异并非不可或缺，翻译实践业已就此予以证实，因此，雷慕沙拒绝将这种语言间的不对称视作不平等。事实上，针对以上三个词的翻译，"只需要记住所谈论的人哭了也讲了话就够了"。因此，（欧洲）古典语言所谓的优越性仅仅取决于其修辞手段多样以及"表达方式更加丰富"（雷慕沙 1827，注释 8）。由此体现出一种过于简化的语法理念。根据这一理念，语法建立在"仅需了解"的内容之上。这一语法理念在两位学者观点分歧的后两个方面产生了一定的影响。

3. 语言的完善性与功用

雷慕沙通过质疑洪堡的方法论来为汉语的完善性辩护。他运用归谬法进行推理：依照洪堡所言，汉语应是"一种粗劣的语言手段，其作用不甚完美"，且"从表达可达到的精准程度……方面来看，它远远落后于其他语言……"，因此汉语能够"部分达到所期待的结果"。然而，"事实"证明"中国人彼此理解"，即使面对"思想最细微的差异"时也不例外。故而，"由汉语的使用情况可以推断出其完善性"。雷慕沙以上述方式重申了能否建

[①] 洪堡在 1826 年宣读于柏林科学院的《论汉语的语法结构》以及在其 1827 年发表的《致雷慕沙的信》两篇文章中列举了此三个汉语词的四种拉丁语译文：1.valde ploravit, dixit. 2.valde plorans, dixit. 3.valde plorando dixit. 4.cum magno ploratu dixit.——译者注

立高效交流是评判语言成就的唯一标准，并借此排除了有关完善性这一毫无意义的问题。自此，"决定语言完善性的条件"表述如下："能在听者或读者的思维中唤起完整的理念，且此理念与说话人或是写作者之构想毫厘不差，亦包含双方理解时间、地点和人物状况所需要的因素"。雷慕沙以这种方式彻底解决了汉语所面对的难题（雷慕沙 1827，注释 20）。由此可见，上述语言功能的定义是完完全全为汉语体系而设。这一定义以语言功能的最小化为基础，对语法观念不无影响。

4. 实践与语法的定义

在这一方面，雷慕沙基于汉语语言现象继续质疑洪堡的观点。确实，"中国人对西方人所称的词类、语法范畴并不十分了解"。当西方人用"两三种不同的方法对同一个汉语句子"进行分析时，"这种过分的自由源于西方人对该领域的不甚了解，……因为多数情况下，面对西方人视为极不明确的汉语句子，中国文人只看到一种合适的分析方法"。同样，"两千年来"，"成千上万的注经者"对经典著作进行了"注解"，然而"他们几乎从未在语法部分有过意见分歧"。再者，近代时期将经典著作译成满语的经验显示："译者需要定夺每个汉语句子中词的语法意义、理念之间的关系及连贯性"，最终"有条理有规律地"完成了此项工作。以上诸多事实引出如下结论：既然汉语读者从未对词的语法意义有所迟疑，那么继续认为"中国作家"缺少"确定所用之词的语法意义的方法"未免有失偏颇。因此，一切都证明了中国人"发展了实践而不是理论"，"他们拥有语法，而不是语法学家"(雷慕沙 1827,注释 20)。

汉语语法以何种方式存在于语言中?较之于汉语语法的理论构建,这一问题显得尤为重要。雷慕沙跟洪堡交流了以下看法:"对于一个毫无语法观念的民族来说,能够保持一整套语法理解体系实属罕见"(雷慕沙 1827,注释 21)。这一表达暗含讽刺。事实上,雷慕沙透过上述话语暗示洪堡应该放弃过于局限的语法定义。在前者看来,这一定义之所以过于局限,是因为受到了(欧洲)古典语言中因"不同时间、地点和人物状况,以及句子各部分之间不同的关系"而存在的"特殊形式"的影响(雷慕沙 1827,注释 20)。雷慕沙认为,"有些方法"取代古典语言中的特殊形式毫无困难可言,如同特殊形式一样,"这些方法的有条理有规则的使用"也能构成语法(雷慕沙 1827,注释 21)。

自此,语法的定义应容纳所有可观察的保障相互理解的语言现象。语法分析也由极易识别出语法的语言单位,转移到"连接句子不同组成部分的……方法",而后到潜在规律体系。在这一转移过程中,语法的合法性毫发无损,但却不能再通过形式标记直接领会,而是需要观察语言使用发现其"规则"。而语言使用本身就意味着"规则"的存在。母语使用者由于完成了语言规则的内化,语言分析对于他们是完全无意识的行为。但这一分析对于外国语法学家来说则十分困难。后者缓慢地汇总"从著作中推理出"的"规则"(雷慕沙 1827,注释 21)。

雷慕沙为汉语的辩护最终导致了他单从语言接受者的角度出发,根据得以满足的交际需求,将语法理解为阐明隐含意义的努力：识别、解译以及发现内在规律的语法。显然，在这方面雷慕沙与洪堡的观点相悖。后者认为应优先从说话者的角度考虑：如果说形式在语言中得以真实地记录，精神形式在语音中易于觉察，那么需要假定一个集体参与的语言工作。也就是说，每个语言使用者以语言为手段在语言中发挥自己的作用，展示和发现自己的创造力。在此过程中所有可能的新表达方式会超越现有公认的诗意禀赋（génie poétique）。

（二）洪堡的回应

洪堡似乎并没有因雷慕沙注释中的批评意见而改变其观点。他在1827年6月致克里斯安·卡尔·约西亚·冯·本森（Christian Carl Josias von Bunsen，1791—1860）的信中写道"雷慕沙在其注释中始终质疑我的观点"，同时补充说"但是我相信自己是正确的"[《致本森的信》，1827年6月8日，第13页，译文，〔德〕阿尔伯特·莱茨曼《威廉·冯·洪堡通信集第一卷》，载《柏林科学院哲学历史部论文集1948年第3号》，柏林，1949年。(Briefe von Wilhelm von Humboldt. I. Abhandl.d. Dt. Akad. D. Wiss. zu Berlin. Phil.-hist. Kl. 1948, Nr. 3. Berlin, 1949)]①。洪堡并没有逐条答复雷慕沙的质疑，而是重新撰写了一封长信寄给雷慕

---

① 两位学者希望继续这一交流。洪堡将《致雷慕沙的信》赠予杜邦索（P.S. Duponceau），写道："您将会看到雷慕沙对我评判汉语的方法并不满意并为汉语辩护。目前我对其批评意见不做任何回应，但我打算以后重提这一主题"[《致杜邦索的信》，1827年9月21日，手稿编号7820，宾夕法尼亚历史学会，格拉茨（Gratz）藏品]。洪堡在给另一位美国语言学家的信件中也写道："阁下将在《致雷慕沙的信》中读到雷慕沙的注释。他对我的一些观点提出了质疑。我认为我能够回应其中大部分。在我看来，雷慕沙太过于重视汉字对语法所带来的影响。我打算在目前撰写的著作中重提该主题"

沙（第五封信）。在此封写于1827年7月6日的信中，洪堡灵活地以提及新语言领域为契机再次叙述了其观点，明确了其表述，准确表达了其语言完善性理论的核心以及这一理论之于翻译的影响。

第五封信 ①

阁下：

阁下在通过舍弟转交于我的信 ② 中对我大加赞誉，以及

（接上页注）[《致毕麒麟（Pickering）的信》，1827年9月22日，第302页，载〔德〕克劳斯·哈马赫编撰《洪堡兄弟著作与影响中的普遍主义与科学及附录〔德〕库尔特·缪勒-富尔玛编撰〈洪堡致毕麒麟的信〉》，法兰克福，1976年。第259-334页。[Klaus Hammacher (Hrsg.) *Universersalismus und Wissenschaft im Werk und Wirken der Brüder Humboldt. Mit einem Anhang: Die Briefe an John Pickering, hrsg. V. Kunt Müller-Vollmer.* Frankfurt, 1976, pp. 259-334)]。雷慕沙同样希望重提这一主题。在该封洪堡与本森的通信所在的手稿文献中有一封雷慕沙写给杜邦索的信。后一封信写于1827年11月14日，雷慕沙对其与洪堡之间的争论有所提及："我竭力呼吁学者们关注语法形式的性质、起源和效用度。我与洪堡就此进行了长且有趣的讨论。他是综合语的热诚拥护者。这一讨论在某种程度上影响了此篇我冒昧寄于您的文章。鉴于洪堡将我的名字置于其论文题目中，以此向我表示敬意，我推迟了应答。尽管如此，我并不认输。这类学术讨论通向真理，却不带有任何尖刻的感觉"（《雷慕沙致杜邦索的信》，芒特市图书馆，手稿）。
① 信件手稿。芒特市图书馆文献第1906号。两张对折的纸，共八页。
② 无论是马特森［Mattson；菲·马特森编辑、〔德〕W. 巴尔纳、A. 弗利特纳、W. 霍夫曼作序《威廉·冯·洪堡通信目录》第二卷。海德堡，洪堡书信档案馆，1980年 (*Verzeichniss des Briefwechsels Wilhelm von Humboldts.* Bearbeitet von Ph. Mattson. Vorwort von W. Barner, A. Flitner und W. Hoffmann. 2 vol. Heidelberg, Wilhelm von Humboldt Briefarchiv, 1980)]还是缪勒·富尔玛的《威廉·冯·洪堡语言学：语言学遗产注解目录（含引言与两附录）》（帕德博恩，薛宁出版社，1993年）[Kurt Mueller-Vollmer, *Wilhelm von Humboldts Sprachwissenschaft. Ein kommentiertes Verzeichnis des sprachwissenschaftlichen Nachlasses. Mit einer Einleitung und zwei Anhängen* Paderborn, F. Schöningh, 1993]中都没有提到这封雷慕沙的来信。

对我冒昧寄出的信件①给予了善意关注，这均令我万分感激。您的注释观察巧妙，思考精深。而您每每谈及时的无比谦逊令我折服。这些注释已为我提供并将继续为我提供丰富的素材，让我重新思考我原本认为已经解决的问题②。若能在不久之后向阁下证明我在该领域的研究③并非毫无见地，我将引以为荣。④

---

① 此处指的是当时整篇出版的《致雷慕沙的信》，而不是两位学者的第四封通信。
② 这一表达并非纯属客套。洪堡不断纳入新的研究对象，其思考也随之持续推进，按其最初目标所建立的理论体系也随之得以不断补充与改进。在此过程中，洪堡的论点逐渐成熟并得到证实。由此其概论得以持续重建，而这些新的综论则是创建其先后关注的诸多语言所需的理论参照框架所不可或缺的条件。洪堡从未认为与雷慕沙的讨论已经完结。《致雷慕沙的信》一文发表一年后，他仍然继续相关研究："如果说该文中体现了一些有关语言性质的概观，还需要对这些观点进行详述。这就是我目前所着手的工作"（《致毕麒麟的信》，1828 年 11 月 15 日，第 305 页）。与雷慕沙的学术讨论也出现在其《卡维语导论——论人类语言结构的差异及其对人类精神发展的影响》[1830-1835 年，《洪堡全集》，第七卷，第 272 页，第 303 页，第 311—337 页 (Einleitung zum Kawi-Werk. Ueber die Verschiedenheit des menschlichen Sprachbaues und ihren Einfluss auf die geistige Entwicklung des Menschengeschlechts. 1830-1835 : Gesammelte Schriften VII p. 272, p. 303, pp. 311-337) 中（此后简称为《卡维语导论》——译者注]。
③ 此处提及的汉语相关讨论的继续研究很可能是洪堡在该时期所做的一篇题为《论语言的语法结构》[《洪堡全集》，第六卷，第 337—486 页 ("Von dem grammatischen Baue der Sprachen", Gesammelte Schriften VI, pp. 337-486)] 的引论（此后简称为《语法结构》——译者注）。这一引论旨在描述语言的主要"方法"。汉语在该文中被视为"无声语法"（第 397 页）的代表性语言。然而，除了引言部分（第 337—398 页）有大量篇幅介绍汉语的运作原则（第 351 页，第 377 页，第 385—392 页），该文仅对以梵语为代表的屈折语言进行了描述。尽管起初预告了梵语的十五个特征，洪堡最终也只对其中的三个进行了论述。
④ 此信在洪堡笔下只有一个段落。为方便阅读，译者在翻译过程中加进了段落。——译者注

在重新钻研以上提及的问题之前,我遵从了您的指引继续研究汉语。一次机缘巧合①让我接触到了太平洋诸岛屿上的语

---

① 洪堡的通信展示了其对太平洋诸岛屿上的语言的关注历程。尽管洪堡一开始了解这些语言只是基于好奇:"所以去年冬天我有四个星期时间花在南太平洋诸岛语言上,仅根据相近方言的微薄助力,努力通读了整部塔希提语版《约翰福音》"[[德]鲁道夫·海姆《威廉·冯·洪堡致韦尔克(Welcker)的信》,1825年10月26日,柏林,1859年。第128页(Rudolf Haym *Wilhelm von Humboldt's Briefe an F.-G. Welcher* Berlin, 1859)],但他一如既往地重视研究材料收集的详尽性。洪堡交给波普(Bopp)其已有书籍的清单,请后者在伦敦为其购买有关太平洋诸岛屿上的语言以及非洲语言的书籍(《致波普的信》,1825年11月16日,第45页)。在洪堡以语法手段结合地理位置考量进行语言分类的念头下,太平洋诸岛语言显得越来越特别,他对这些语言的关注也日益增多。

然而,厘清该处洪堡所指的确切时间却比较困难。与其将这一时间认定为洪堡意外获取了一批语法书和资料,倒不如将其认定为他在柏林罗瑟(Rother)主席家与一位来自瓦胡岛(Oahu)的年轻人相识:"我在同一位现居于此的年轻土著哈利·迈太的交谈中得以对三明治群岛(即夏威夷群岛——译者注)的语言有所了解"[《论南太平洋诸岛屿的语言》(*Ueber die Sprachen der Südseeinseln*, 1828 : GS VI p. 43)](此后简称为《南太平洋》——译者注)。参见提及这位年轻人的其他篇章(《论人类语言结构的差异》(此后简称为《结构差异》),1827-1829年,《洪堡全集》第六卷,第228页(*Ueber die Vershiedenheiten des menschlichen Sprachbaues*, 1827-1829 : GS VI p. 228);《致毕麒麟的信》,1834年7月20日,第313页)。在《卡维语论著》一书中,洪堡不仅通过讲述与这位年轻人的交流情况来强调语言交流的困难:"很难让他用他那种语言说出连贯的习语,以至于跟他学语法倒不如跟他学词汇更有用"[《论爪哇岛的卡维语暨人类语言结构差异及其对人类心智发展影响导论》(此后简称为《卡维语》——译者注),1836-1839年。《洪堡全集》第三卷,第438页(*Ueber die Kawi-Sprache auf der Insel Java, nebst einer Einleitung über die Verschiedenheit des menschlichen Sprachbaues und ihren Einfluss auf die geistige Entwicklung des Menschengeschlechts*, 1836-1839: GS III p. 438)],而且还总结了该相遇的意义:"要是我通过跟他谈话学到的关于三明治群岛语言本身的东西再少点,那我可能总会由此而坚信,旅行者从原住民的只言片语中获得的语言信息极其不值得信任。我敢保证,若不是我始终对哈利·迈太的陈述采用对待别的我所熟悉的方言的那种批判态度,我也要陷入到极大的错误当中去了。如果不尽量加以小心,你就会学到一些误以为是本来意思的比喻性表达,学到误认为是单词的习语,甚至还有对各种概念完全错误的称谓;而且这种小心往往也未必达到目的"(第439页)。洪堡根据这一相遇记录的几页词汇保存于克拉卡夫市(Jagiellonska)市图书馆的洪堡藏品中。其编号为 Coll. ling. fol. 34. 4. Bl. 25-27(缪勒·富尔玛《威廉·冯·洪堡语言学:语言学遗产注解目录》,第180页)。

言、汤加语、塔希提语和新西兰语①。其中我发现一些方言,从语法结构上来看它们介于汉语与语法形式极不丰富的美洲语言之间②。

---

① 后来,洪堡将这些语言称为"波利尼西亚诸语言"(《卡维语》,《洪堡全集》第二卷,第288页,第293页)之时所提到的语言列表与此信中的一致:"当我在本文提及'南太平洋语言'的时候,我一贯将其特别理解为那一些我们有相关语法辅助的,或是——像三明治群岛语言的那种情况——没有相关的语法书,但可以通过解析圣经译本设法取得的语言,具体是指汤加语、塔希提语、三明治群岛语与新西兰语"(第300页)。
② 同一时期洪堡写给其他人的信件显示了从汉语研究到太平洋诸岛屿上的语言研究的传承:"在我在进行您从我给雷慕沙的信中知晓的那些研究,它们首先将我引向了南太平洋诸岛屿的语言。古典语言和梵语的领域之外,还存在一个完全属于语法的语言领域,几年前我就锁定了这一领域,并且愈发深入地扎根于其中"(《致韦尔克的信》,1827年7月8日,第142页);"现在我正致力于有关南太平洋诸岛屿语言的研究,而且发现这些语言就在一点上最值得注意:它们会比任意一种其他已知语言都更多地构成一种由汉语向那些语法讲究的语言的过渡"(《致本森的信》,1827年6月8日,第13页)。语法手段这一概念的出现使得对采用各类语法手段的语言进行研究成为必要,因此太平洋诸岛屿上的语言作为过渡性语言非常值得关注。在这一时期,洪堡常常运用地理类型学三角测量法。这一方法不仅能准确地衡量语言,而且能对比说明语言所处位置周围参照点的性质。美洲诸语言组成了其中的一个参照点:"我最近研究了太平洋诸岛屿上的语言,虽然其语法较之于美洲语言有些缺陷,但仍然值得关注"(《致毕麒麟的信》,1827年9月22日,第302页)。另外两个参照点是汉语和梵语。洪堡在1827年7月8日写给格林(Grimm)的信件中表示尽管波利尼西亚诸语言的语法程度较之于汉语来说更高一些,但仍可以将它们归为一类。[《致格林的信》,第205页。阿尔伯特·莱茨曼《威廉·冯·洪堡致雅各布·格林的信》,载《尤佛利翁》第30期,1929年,第200—208页(Albert Leitzmann "Wilhelm von Humboldts Briefe an Jakob Grimm" *Euphorion* 30, 1929, pp. 200-208)]。马来诸语言与太平洋诸岛屿上的语言归为一类,因此将其同梵语进行比较就自然而然地成为必要。虽然洪堡1827年4月还对"从马来语到塔希提语所有这些语言是否有关联以及如何关联"[《论双数》,1827年,《洪堡全集》第六卷,第15页(*Ueber den Dualis* 1827: *GS* VI p. 15)]这一问题置之不理,他已经决心在未来某一时间对这一问题做出回应:"我正在考虑不久之后发表一些关于塔加洛语及其方言和马来语方面的东西"(《致本森的信》,1827年6月8日,第13页)。1828年1月洪堡明确提出其"姊妹语言"体系的概念(《南太平洋》,第40页)和需要研究的三种关系:"因为一方面,这些语言近似于印度语,其中几门语言含有数量不可低估的梵语词汇。另一方面,这些语言和美洲语言之间可能存有某种联系。……这些语言使人想起汉语,因为那些标示语法关系的词大多与概念

我在材料①允许的范围内对这些语言做了深入研究，目前正准备撰写研究报告②。这一报告对于我的读者来说可能过于详致。在我看来，这些方言的结构非常适合论证语法是如何确

（接上页注）的表达相分离，要么作为先导，要么尾随其后，这样，这些语言就比大多数其他语言更有可能以某种相似于汉字的文字来书写。这些语言通过这些标示的稳定性和规则性，形成了一种由汉语向那些配备词缀的语言的过渡。可以说，它们以很值得注意的方式不偏不倚地处于亚洲及美洲最重要的语言之间，让人起码不能言之凿凿地说，它们是由大陆转移向那些岛屿的"（《南太平洋》，第 41 页；参见《卡维语》，《全集》第三卷，第 428—429 页）。虽然洪堡的兴趣逐渐转移到马来诸语言并专注于此，但他始终将这些语言与另外两个基本类型进行比较："我更早之前就开始致力于马来诸语言，现有一些用于这方面的辅助手段，这些手段部分是我们不曾有的，部分则是我们不曾用到的，现在我相信，我在这些语言以及它们同汉语和梵语两方面的关系中发现了语言处理语法和构词时最主要的区别缘何遭人忽视"（《致韦尔克的信》，1830 年 1 月 29 日，第 152 页）。同样，回顾洪堡关注汉语的过程可以看出他一开始关注汉语也是出于要更好地了解梵语和美洲诸语言这两个研究对象："汉语对我来说是重要的，因为缺少一切屈折变化的语言是向美洲语言过渡的最佳阶段"（《致施莱格尔的信》，1822 年 12 月 13 日，第 100 页，载阿尔伯特·莱茨曼《威廉·冯·洪堡与奥古斯特·威廉·施莱格尔通信集，B. 德尔布吕克导读版》，萨勒河畔哈勒，1908 年 [Albert Leitzmann *Briefe zwischen Wilhelm von Humboldt und August Wilhelm Schlegel. Mit einer Einleitung von B. Delbrück.* Halle a. S. , 1908]）。
① 信中提到的材料按照相关语言的字母顺序排列被收进《语言研究相关书籍目录 1821-1827》（"Verzeichnis der zum Sprachstudium gehörenden Bücher (1821-1827)"，缪勒·富尔玛 [1993]，第 410—444 页）和由乌尔里克·布赫霍茨（Ulrike Buchholz）所创建的《卡维语引论及卡维语论著本身所用资料目录》（"Verzeichnis der in der Einleitung zur Kawi-Werk und im Kawi-Werk selbst verwendeten Quellen"）中。第二个目录被收入《威廉·冯·洪堡的卡维语论著——关于经验的语言描写与对比语法编写的调查》（明思特，威斯特法利亚威廉大学普通语言学学院，1986 年 [*Das Kawi-Werk Wilhelm von Humboldts. Untersuchungen zur empirischen Sprachbeschreibung und vergleichenden Grammatikographie* Münster, Institut Für Allgemeine Sprachwissenschaft der Westfällischen Wilhems-Universität, 1986]) 一书中（第 290—364 页）。
② 鉴于信中宣称该分析工作非常详尽，故而将其与一个规模较大的研究工作，即后来的《卡维语论著》的核心内容联系起来比较合理。这一假设较之于题为《论南太平洋诸岛屿的语言》的论文更为可信。《论南太平洋诸岛屿的语言》1827 年 5 月 1 日宣读于柏林，最终发表于 1839 年（《卡维语》，《全集》第三卷，第 425—428 页）。

立于语言中这一问题①，而这一语言现象的展示将意义非凡。我们所构想的语法一定存在于人类思维中。通过该语法可以理解世界上的任何方言，我称之为先天语法②。目前，先天语

---

① 这一表述及其详述部分出现于同时期洪堡写给杜邦索的信件中："语法是如何建立并扎根于语言中对任何语言来说都是根本问题。即使是那些完善、条理的语言在这方面的呈现也是各不相同。我认为对梵语和希腊语的观察已对此做出了证实。人承载着语法、其形式以及其法则，并在语言中将这些呈现出来，而语言所接纳的印记各不相同。这正是语言之间最根本的区别"（《致杜邦索的信》，1827 年 9 月 21 日，手稿编号 7820，宾夕法尼亚历史学会，格拉茨藏品）。这一表述需要和《语法结构》（第 339—398 页）中所陈述的方法论结合起来理解。其出发点为语言"作为思想的感性化"（《语法结构》，第 349 页）这一理念以及该理念所带来的必然结果：先验地、假定地"让思想的形式在语言中也得到感性的表达"（《结构差异》，第 249—250 页）的必要性。关于语法关系，目标在于知晓"现实语言具有语法观念的方式"（《语法结构》，第 397 页），更准确地说是"语法观念在话语中被表示时所显现的感性程度"（第 387 页）。因此，洪堡的目的在于建立"语言语法结构的方法论，描述并检验语法关系在某一具体语言中得以成立的方式"（第 340 页注释）。在这一角度下，洪堡将会致力于说明不同语法手段的特点（第 364—397 页）。其中，波利尼西亚诸语言代表了"通过事物名称分别进行指称的语言"（第 397 页）。对于洪堡来说，以上述方法建立的一组递进的六种可能的方法（第 386—387 页）既不等于语言形成编年史，也不同于语法结构完善的不同程度。鉴于组个概念没有在任何一门语言得以完全体现，该方法组仅仅使得"每个语法观念（对完整性及纯形式性加以同步观察）在语言的发音方面感性表达的提升程度"更为明显（第 387 页）。但如果说有语言能够完全体现组个概念的话，则会是梵语和希腊语。

② 至少据我所知，尽管洪堡常常提到"先天语法"这一主题，但使用"先天语法"这一表述却只有这么一次。事实上，天生语法相当于"内在的语言能力"[《普遍语言类型的基本特征：美洲语言详细调查引论》（此后简称为《普语类型》），1824—1826 年，《全集》第五卷，第 468 页（*Grundzüge des allgemeinen Sprachtypus. Als Einleitung zu ausführlichen Untersuchungen über die Amerikanischen Sprachen*, 1824-1826: *GS* V p. 468）]。洪堡由一个基本认知出发："人类在身高、肤色、体格和面部特征上会有多大的区别，他们的精神气质便会有同样程度的区别"（《结构差异》，第 196 页）。因为"语法关联的规则是和对于人类精神本身的组织一同被赋予的，自然在所有人身上都是一样的"（《语法结构》，第 390 页），而且，因为"其实语法一直是内在的"（第 367 页），"在一切语言中，语法关系必须是用无论什么方式都可以识别出来的。

法几乎只存在于梵语系诸语言①中,而这些语言也正是先天

(接上页注)因为它们是精神向语言所提出的要求,目的是将语言作为一种思维和传达的工具为己所用"(第340—341页)。这些关系就是普遍语法的研究对象,普遍语法"涵盖并发展了一些东西,这些东西由于思维规则和语言基本性质的统一性而存在于所有方言中,具有共性"(第342页)。任何如此定义的关系,无论其在语言中是否得以指明,全都潜在地存在于语言使用中:"作为思维与表达的形式,这个类型(的关系——译者注)存在于作为人的人类身上,并因此而毫无例外地存在于所有民族中"(第342页);"思维规则在所有民族都是严格一致的,语法形式则因为依赖这些规则而只可能在一定范围内存在差异。确实可以在每一种语言中——在汉语中同样——找出所有的语法形式,无论表明它们用的是明示、暗示或预设当中的哪一种方式……"(《语构差异》,第301页;参见《普语类型》,第451页,第453页)。这一先天性对儿童获得语言的能力做出了解释。对于儿童来说,"与其说是学习语言方式,倒不如说是猜想方式和创造方式"[《关于新大陆语言的随笔》,《全集》第三卷,第300—341页(Essai sur les langues du nouveau continent, GS III pp. 300-341), 1812, p. 324]。儿童说话能力的发展是掌握语言的前提,参见有关说话能力发展的其他呈现(《普语类型》,第384—385页;《语构差异》,第176—177页;《卡维语导论》,第57—59页)。这也是为什么全人类讲同样的话:"人们常说每种语言乃至每种方言都各不一样,同理也能从另一个立场得到一个不同的观点,那就是全人类只有一种语言并且一向如此"(《语构差异》,第301页;参见《普语类型》,第391页)。

① 此处,洪堡对梵语倍加推崇,并扩展至所有与梵语类似却并非源于梵语的语言。鉴于梵语最能代表此类语言,因此洪堡把该组语言称为"梵语系诸语言"不无道理。其实他知道该类语言的另一命名——"印度—日耳曼语系"(《语构差异》,第262页;第269—270页),后一种命名被沿用至今。事实上,这些语言组成了唯一的这样一种语言学领域:"在其中可以切实彻底地研究、清晰地总览语法与词语结构在它最秘密的连接中是如何切分的,同时这样结构有哪些异常情况,以及这样的结构如何演变为一系列的方言"(第133页)。"梵语系诸语言"最接近完善的语言形式,同时,"在这些语言里人类心灵的形成在一系列漫长进步中最为成功地得到发展。我们因此可以把它们看成可以同其他语言比较的一个固定的参照点"(《卡维语导论》,《全集》第七卷,第253页)。洪堡在此前几个月就对"梵语系诸语言"这一术语下了定义,并说明了其理由:"这一叫法可以用在跟梵语有关的语言身上,也就是最近被人们叫做'印度—日耳曼'的语言,不仅因为它的简洁而且还有它内在的适宜性,因为'梵语系诸语言'就词义而言就是指结构优美、艺术性高超的语言"(《论双数》,《全集》第六卷,第18页)。对梵语的赞美使其得到了承认:"这种纯粹的形式性传给了所谓的'印度—日耳曼'语言,不过这些语言或许叫做'梵语系诸语言'比现有的名字更好,因为'梵语'这个名称除了它的起源以外,还在自身中含括了规则的安排和细心的教化这样的理念"[《吕科特对杜尔施译〈破罐诗〉评论之附录》,1829年,《全集》

语法最杰出的体现①。但除此之外，先天语法还有过其他的表现形式。由于之前往往把一切都归为同一种形式②，此种种其他的表现至今方才为人所知，为研究提供了丰厚的土壤。

先天语法的各个范畴在各语言中通过组成各方言内容的大量实体概念寻求表现并力求嵌入其中，通过某种或另一种

（接上页注）第六卷，第 96 页 (Anhang zu Rückerts Rezension von Durschs Ghatakarparam, 1829 : GS VI p. 96)]。
这一命名还有另外一个理由。任何语族中都有一门语言可以最大程度地体现该语族最具代表性的形式，保存该语族的核心原则，永远都有一门语言"更纯粹更完整地包括了原初的形式"（《卡维语导论》，第 51 页），梵语正是如此。在马来—波利尼西亚语族中同样如此："菲利宾群岛的语言（塔加路语、米沙鄢语等等）包含其语族的起源和本质，这一现象在语法方面尤为突出。事实上，只有在塔加路语中才能找到所有分散在马六甲的马来语、爪哇语、马达加斯加语等语言中的语法形式。"（《致毕麒麟的信》，1831 年 8 月 20 日，第 309 页；参见《卡维语导论》，第 13 页，第 222 页，第 323 页；《卡维语》，《全集》，第二卷，第 347 页）。
① 同时期，洪堡经常强调这一问题："梵语系诸语言就是这样的语言，语法形式的概念在其中最为明晰地显现出来，言语联系的规律是由纯粹思索产生的，而语法系统就根据这些规律最为精细、一致地组织起来"（《语构差异》，第 133 页）；"梵语系诸语言把语法形式的概念极为圆满地发展出来了"（第 142 页）。这一情况在希腊语中更为贴切："我目前的观点，也就是我将要坚持的观点是，从它出发，把它作为所有语言的典范，就像一个中心一样，检视所有与边远未开化族群毗邻的民族的区域，并且藉此达成关于人类语言能力的一个生动的观点，把它看做大自然赋予人类的技巧之一"（《致韦尔克的信》，1817 年 1 月 27 日，第 34 页）。
② 此处影射两个错误。第一个错误是盲目求助于普遍语法中纯粹逻辑性的部分，因为如果"在概念的特殊规律仅仅可以从历史角度探讨的地方，把它们的普遍规律强加给各种语言上"（《普语类型》，第 449 页；《语法结构》，第 343 页），就会犯错误；"然而，语言的根基并不是人类心灵与思想的抽象、普遍的概念，而是完整的、鲜活的民族个性，这种个性仅仅在实际的现象上才能被研究"（《语法结构》，第 344 页）。第二个错误则是传教士将所研究语言的任何特点都依托拉丁语法［《墨语》，1821 年，《全集》，第四卷，第 237—238 页 (Versuch einer Analyse der mexikanischen Sprache, 1821: GS IV pp. 237-238)；《美洲语言》，1826 年，《全集》，第五卷，第 353 页 (Untersuchungen über die amerikanischen Sprachen, 1826: GS V p. 353)]。

方式得以表达①，其表达方式却或多或少地偏离了哲学上所认定的真正的语法形式②。抽象概念构成了语法基础，由更加实体的同等概念来表达。例如一个表示空间距离的副词被用来建构动词的过去时态③，从性质上看属于某一词类的关系却与其他词类联系起来。正如塔希提语中否定词随着动词的三种主要时态进行字母变化。值得注意的是，这一变化如此细微以至于无从发现其实体原因④。时间表达在动词部分同样有所标记，但比较不明确。由此得出，在我们看来（"我们"不

---

① 存在于普遍语法的任何语法关系"在每种语言中以某种再现的方式被证实存在，如果这种语言缺少语法关系专门的一个名称的话"（《语法结构》，第342页），它也会以某种方式得以辨认（第340页）。"语法作为安排言语次序的原则也总是存在于说话人的心灵，而正如语法关系可以在语言中被明确地表示出来一样，对语法的理解可从来不是处于心灵中，而是一个纯粹内在的、通过暗示而启发与决定的行为。语法的组合总是由此发生，语法可以融入到词语中，或者从语言自身反射出来"（第389页）。又加上各语言所特有的创造性："语言所留下的空隙，可以通过其他方式来填补"（第355页）；"每种语法形式以某种再现的方式在每种语言中得以证明存在，如果这种语言缺少独特的语法标识的话。即使在这方面极度匮乏的民族也会想出一些必要的形式和规则来，——缺少它们，言语的连接就根本无法辨认"（《普语类型》，第453页）。
② 语言要有真正的语法形式，需要思想的集合或是思想的统一形式在语言中找到与其性质相符的标记，而不是指称。该标记需要完完全全是形式的，也就是不含内容的形式："思想的形式不是通过别的形式，而是通过所有内容的缺失被激发。"（《语法结构》，第362页）。真正的语法形式象征着"内在的形式即概念的联合，通过外在的形式即语音的联合"（第363页）。洪堡用法语对该部分做了表述："如果一门语言的语法形式中，语法理念符号与可单独理解的词交织在一起，虽然该语言拥有真正的语法形式，但确切地讲，它并不拥有语法"；实际上，"只有那些通过词的音变而不是其质料意义对语法形式进行直接标记的语言才有语法"[《关于一部出版于墨西哥的日语语法的概述》，《全集》第五卷，第242—243页注释(Notice d'une grammaire Japonaise imprimée à Mexico, 1825：GS V pp. 242-243n)]。
③ 参见《卡维语》，《全集》，第三卷，第533页。
④ 同上，第549页。

包括塔希提人，因为母语使用者的感受肯定与我们不同），否定句中的时间标记远比肯定句中明确。通常这类语言对语法关系的标记并不稳定：有时标记的出现纯属多余，而且也并非总是遵照同一种方式或是近乎普遍的规则①。语言的使用确立了这种或那种表达方式的变化，但这些变化并无道理可言。

倘若对梵语与塔希提语的差别进行归纳总结，印度人的语言给人如下感觉：语法组织②作为一个整体又具有细微差别存在于民族思维中，同时也在语言中留下其印记。所有的语法关系都处于此组织中，各司其职；其表达，甚至是表达的变化，都有规律可循。反之，塔希提语中语法概念似乎既

---

① 不规律性是语言不完善的重要特征："在不同程度上存在规则的与反常的语言，因为同样的语法关系可以找到一种或者多种表达方法"（《语法结构》，第378页）。
② 洪堡经常使用暗喻。在他看来，任何语言都有"概念和人性的一部分的认识方式的整个组织"（《语构差异》，第180页）；《卡维语导论》，第60页）。当涉及不完善语言时，就像此处所提及的语言，画面就会出现："当人们考察那些在任何程度上都算不上开化的语言的结构时，人类历史本身就在眼前展开。在日常的表达中，在忙于追逐物质需求与快乐的人身上，可以辨认出一种超越所有个体意识而存在于大众身上的精神组织"[《致巴赫（N. Bach）的信》，1827年6月24日，〔德〕卡尔·冯·荷尔泰《两个世纪的三百封信件》两卷本。汉诺威，1872年，第一卷，第60页 (Karl von Holtei *Dreihundert Briefe aus zwei Jahrhunderten*. 2 Bde. Hannover, 1872, I 60)，引自布赫霍茨的《威廉·冯·洪堡的卡维语论著——关于经验的语言描写与对比语法编写的调查》，第24页]；通过不完善的语法手段，"言语不可能享有整个语法类型、语法关系组织的全部功效，不能像言语建立普遍语法那样完整而尖锐，这种尖锐体现在一种关系与另一种关系的对立中"（《语法结构》，第366页）。喻体"组织"（tissu）与"融化"（fusion）或是"铸模"（moule）相似，后者也经常出现于洪堡的笔下："因为每种语言可是或多或少可以看出来是一个铸模做出来的，注入了同一个灵魂"（第341页）；"每种语言必须从它的关联性来看待，看做正在成形而显现的铸模，看做它内部蕴含的活力的一丝气息"（第397页）。

无系统也毫无纯正性可言。例如我们能够感受到对事件时间进行标记的需要，却无法清楚地理解动词概念①，时间概念将被恰当地置于动词中。又如动词的基本概念即使有时能够得以理解，但其他情况仍然不为我们所知，以至于动词并不被视为是施动者的动作，而是被当作施动者所拥有的事物。这一现象绝对是由于思维赋予语言的智力形式②难以在后一类方言中得以表现。故而我认为研究人类如何运用截然不同的手段达到几乎一致的结果③非常有意义。

这令我想到阁下的第 21 条注释。您希望知晓我对这一注释的看法。我完全领会了其重要性，我也经常就其进行思考。我认为我与阁下的观点远比阁下认为的更加一致。我满怀兴趣地拜读了您的论证。您在论证中指出中国文人能准确

---

① 此处应理解为严格意义上的动词概念，即"作为自动合成的装备"（《语法结构》，第 377 页；参见第 346 页、第 351 页、第 413 页）。
② 即"被语言染了色的思想"形式或是"语法的形式"。洪堡对此做出了以下说明："它是言语易懂的条件，因为它包含着指导词语连接的原则。但是它也是语言的官能，语言借助它达到其最高目标。这个目标不仅仅是表示概念，而且是追随思想的展翅疾飞，思想的交替变换，思想层次分明的组合；追随使概念相对从属于思想的需求，并且相应地陪伴思想。在它被生动地理解时，它也会在心灵中唤醒产生新观念的能力。它简直可以跟艺术的形式媲美"（《语法结构》，第 350 页）。
③ 这一研究通向对抽象、普遍原则的探求。正是这些原则支配着语言中各种特殊语法手段的使用："建造语言的心灵懂得应当如此掌握存在于诸语言中的语法技术手段，并且赋予它们不同的作用，不论有它们或者没有它们绝对不会在语言形式本性方面导出具有普遍决定意义的、明白无误的结论。因此当人们考察某一种语言时，几乎不能发现任何反过来想的时候不成立的地方，不管其语言形式的本性如何；这样人们不得不回到语言的总体印象上去"（《语构差异》，第 245—246 页）。依照这一观点，某种专门手段的使用或缺失在语言的根本形式方面证明不了什么："这些技术手段会改变、产生与消亡，它们也互相取代，这样，特定的语法形式缺失的时候，它在语言中产生的作用却不会消失"（《普语类型》，第 369 页）。

理解汉语语法结构，完全赞同所读作者的语法见解，并且能在汉满翻译时正确使用满语，尽管这两种语言的语法大相径庭。由此可以肯定，虽然汉语词类没有专门标记，中国人还是可以对此准确感知。而且他们非常重视句子间的从属关系，尽管汉语中经常缺少表达该关系的虚词。以上就是我一直以来的猜想。

无论语法为何种形式，各民族都能理解其语言，且绝不会出现理解不一的情况。然而，由此并不能推断出汉语具备我们所称的语法或是被称作语法的元素①。我认为应该对语言和民族进行区分②，这便是我与阁下的意见分歧所在。我非常高兴可以引用您注释中的一句话来形容这一差异，这句话远比我的描述有力。在 112 页，您用令人钦佩的方式描述出

---

① 此处指的是显性语法的必要性，更确切地说是语言中用相似于思想形式的形式进行语法表达的必要性，即"语法关系在语言本身可察觉的部分中的一个如此牢固、纯粹的暗示，这个被暗示的语法关系在其中一定被辨认出来，且暗示的方式丝毫不会被当做概念的名称，而是直接通过自身把概念的表示与关系的表示之间的区别清晰地展示出来"(《普语类型》，第 469 页)。参见该主题范围内与汉语相关的其他详述部分(《普语类型》，第 453 页、第 455—456 页、第 461—462 页、第 464—465 页、第 470—471 页；《语法结构》，第 351 页、363—364 页、第 377 页、第 390—391 页；《语构差异》，第 270 页、第 301 页)。
② 针对特拉华(Lenni-Lenabe 或是 Delaware)语中的一个类似的例子，洪堡做出同样的区分。他通过强调美洲印第安人对名词和主有代词不做分隔，进行如下评论："这种无法抛开人称表达名词的现象不是语言所固有的，而是使用当前语言的民族所固有的。"洪堡的通信对象之一——毕麒麟提问印第安儿童所得的答案和语言学家赫克韦尔德(J.G.E. Heckewelder)的分析之间的差异也由此产生。事实上，赫克韦尔德"作为外国人，抛开民族只对语言本身进行研究，因此他看不到抽象表达'父亲'的困难。这个词已经存在，只需要将其代词去掉即可。但是直至今日该民族尚未习惯将这两个概念分开，将来或许是可能的。这种情况下，该语言特点也将会随之消失"(《致毕麒麟的信》，1822 年 3 月 12 日，第 280 页)。

（欧洲）古典语言与汉语的特征，对比了表达与唤起两种方法。我认为，语言应该表达其语法[1]，而不是仅仅满足于在其使用者的思维中唤起语法形式的概念。否则，这一语言就会失去相互理解的关键，只在其与其使用者之间建立起一种专属关系。此外，即使在其使用者中，该语言也不具备像其他表达各概念的语法差别[2]的语言所拥有的影响力。不知道我的表述是否清楚。我认为，任何词都带有其语法性质的明显标记的语言与此类标记完全缺失或是不完善的语言之间[3]存在着明显差异。当然后一类语言也有其语法，其词也都具有语法意义。即使语法意义自身没有明显的标记，但语言使用者完全可以领会[4]。这种情况下，语法意义之所以能够得以辨

---

[1] 洪堡在对《致雷慕沙的信》中所提出的论题深信不疑时，向他的一个通信对象宣布："然而我相信……必须把存在于语言中的语法与被随便带入语言的语法区别开来，并且，如果做不到确切领会每种语言真正的特性，那么这将终结整个语言学的存在"（《致本森的信》，1827年6月8日，第13页）。
[2] 鉴于语法范畴或区分可以是无根据的（《普语类型》，第457—458页），因此，语法范畴或是区分的增加并不是关键。关键仅在于表达，尤其是语言有必要对"那样的语法关系，它们在任何语言中都有这样一个名称，它使得人们有必要又联想到一个新名称"进行标记：对于动词来说，有必要表示"关于真实存在物的概念"（第464—465页）。由此出现了这样一个问题："从整体来看，语言具不具有诸多语法关系的纯粹而完整的名称"（第471页）。这一问题在语言评判中至关重要。
[3] 洪堡提到"在语言中真正包含的语法与说话人放置到语言中、如同带来的语法之间的区别"（《普语类型》，第471页）以及"放置到语言中的语法与语言中现有的语法之间的区别"（第472页）时，常常强调这一比较的重要性。
[4] 这两种类型的语法之间的差别在于真正的语法形式的缺失对语言使用者所产生的影响。诚然，"说话人总是把语法关系的概念放置到语言中去，但语言不总是按照语法关系纯粹而完整的表达方式组织起来的"（《语言类型》，第471页）。这是因为"其中的这个概念，说话人仅仅通过抽象、在其语言之外就能得到。这种抽象很少而且很不完善地表示语法形式，在说话人的心里根本不会激起互相区分的概念符号与关系符号的感性印象。那么，那种根本不会被反思的、对语法关系的赤裸而模糊的感觉，

认，是因为语言使用习惯决定了某个词总是被视作动词或是名词，某种语法关系与某个虚词、某种句子组成部分之间的排列顺序或是某个惯用表达相关联。

在我看来，（欧洲）古典语言与汉语之间存在着巨大差异。这一差异体现在前一类语言的语法可以通过普遍规律来理解和研究，且普遍规律体系与上文中提到的先天语法[①]完全一致；而汉语语法由于其普遍规律极少，几乎完全建立在对个别情况的观察之上，因而，汉语语法取决于词的质料意义，形成一个相对不独立的体系。由此我认为语言的结构反过来影响其使用者[②]。如果语言的语法形式明显脱离词的涵义这一质料，各部分构成一个井井有序的系统，那么由这种规则排列引起的重生的感觉必定在思维中根深蒂固[③]。相反，如

（接上页注）对于这个说话人和对于一个语言的语法关系总是用词语明确表达出来的民族，能够相同吗？"（《语法结构》，第390页）。

① 与共同标准相比，差距因语言而异："不可否认的是，即使是语法形式最精密的分层，只要是按照正确的哲学方式从思想的普遍规律导出的话，它就会存在于所有人类都具有的原型中。如果表达方式缺乏这个分层，并且它也因此不以同样的活力进人心灵意识的话，那么内在的语言能力就会有其中一部分得不到发展"（《普语类型》，第468页）；"我们的普遍语法最纯粹的概念总是存在于充分发达的语言中，以及在同样发达的哲学观点中"（《语构差异》，第162页）。

② "我所要表达的是几乎派生出所有欧洲语言的梵语的语法形式有利于使大脑习惯于有条不紊的理性思考和发展人的各种智力形式。直至今日我都对此确信不疑。文化在此过程中所起的作用微乎其微"（《致毕麒麟的信》，1831年10月27日，第312页）。

③ 这一主题经常出现在洪堡笔下："这样对头脑不同的一种作用必须取决于感性观点的程度，而这种观点是语言赋予语法标识的。抽象的关系概念，在感性的例子中不断重现，更加牢固地印在心灵上，而又将转变为一个语法构型代替词语发挥作用的生命形式"（《语法结构》，第390页）。
"真正的语法结构中，语法关系被精确地分割，正确地领会，通过形式表示出来；真

果一门语言中词除了显示其涵义之外，还带有其在句中所占位置的标记；连续的多个句子中没有任何孤立元素，该语言则更为理想。在我看来，只有此类语言才能让思维按照语言本来的样子和其脱离思维本质[①]的存在方式来感知语言；此感知活动是不由自主地[②]进行的，对此不需要成为语法学家，更不需要对表达方法进行思考。

（接上页注）正的语法结构习惯于把形式与质料互相分离开来，让每一个概念落入正确的范畴，它赋予思想与表达方式以最敏锐的确定性，给予观念的联合以最自由的范围，用最轻巧、最少阻碍它活动的质料包裹着思想"（第391页）。

该语言间的差异还体现在各个概念是否对应确定的词。这一差异跟思想交流是否成功毫无关系，因为思想交流任何时候都能达成。然而这一差异"处于语言的形式之中，处于它对思想的反作用中。所以绝不该忘记，语言作为思想的工具，其本质对思想施加直接影响，让思想更清晰、更确定、更敏捷、更尖锐，或者起到相反的作用；语言给予思想向外的感性方向，或者向内的理性方向。这毫无疑问是语言中最重要的方面"；在这种情况下，只要语言"把外在现实的形式纳入它自身的形式中"，"它就好像是物体互相挤压的世界，应当自立于自然与人类之间，就像世界观一样"（《普语类型》，第435页）。

① 有关这类词汇独立和语言客观化，参见洪堡早期的相关论述："语法上的每个语音组合或者语音变化揭示了形式与内容、语词与语词的结合之间的区别，并且把双方放置在说话人的心灵中相互对立"（《普语类型》，第465页）；"哪里对于形式自身、对于与内容分离的形式有积极活跃的关注（而且……这是仅在语法高度发达的语言影响之下就无意识地发生的），那里的一种形式就会唤醒在同一范围内潜伏的其他形式，而所有形式就会很快成形从而塑造内容"（第466页）；"它将会一直有效，因为每种语言都具有长句结构，作为原初类型，这种结构的形式处于心灵之中，而在语言的使用中进入人的意识。如果没有语言自身的真正语法形式，这个形式类型不会仅仅与其质料割离，所有处于这个类型之中的精密的语法衍生形式也不会发展出来"（第467页）。完善的语言给予词"一个在幻影面前独立的生命，而语法会趋于一个仿照现实建造的世界"（《语法结构》，第364页）。

② 拉丁语中的一个动词形式（amat）重现这一现象。这一形式仅通过其在变位系统中所占据的位置就能显示其承载着不同的含义："正如它被说出来那样，即使人们根本意识不到它，它也会以最短的路径把清晰确定的语法概念引领到灵魂面前"（《语法结构》，第364页）。

针对汉语的翻译工作,阁下表示目前还未找到很好的方法①。对此我十分认同。如果采用逐字翻译,任凭文本中明显的逻辑缺陷继续存在,是对中国读者的不忠实。中国读者认为其语言并无逻辑缺陷,对此我和阁下的意见完全一致。相反,若对上述缺陷加以填补,将汉语特有的表达方式转换为我们惯用的表达,则是对汉语的背叛。因为汉语并非如此,其结构与我们的语言截然不同。面对这个两难境地,我认为应该采用第一种方法②。我们想要了解是汉语,而它本来如

---

① 雷慕沙在其《论东方文字》("Discours sur la littérature orientale")一文中提到了翻译。该论文可能在文艺学会(Société des bonnes lettres)宣读过,最后被收录于1843年出版于巴黎的《有关东方历史和文献的遗作》(Mélanges posthumes d'historie et de littérature orientales, Paris, 1843, pp. 253-321)一书中。雷慕沙在该文中对东方人的暗喻所遭遇的对待提出异议:"如果以该种方式对所有会引起不适、不快感觉的、不知如何表达的、可能无法准确理解的或是完全无意义的部分进行翻译,可能会缓和原著中的生硬部分,但同时也抹去了原著独特的色彩。土耳其作家或印度作家经历过如此改变以后就不再是土耳其人或印度人了,他不再有任何国家的风格。其行为变得不甚自然,表达不甚明确,言语也毫无个性。其作品中不符合习惯的部分大大减少,取而代之的是人人预先知晓且漠不关心的内容"(第273—274页)。雷慕沙对英国人德维斯(J.F.Davis)翻译中国短篇小说时所做的删减提出了异议:"要让读者评鉴这些文学作品的精神,需要以尽可能接近作品原本形式的方式将其呈现,尊重其原本的长度和各式各样的缺憾。译者需要提前明白一点,那就是不喜欢该作品的人不会阅读。其他人则会了解真实的中国小说。较之于经过译者精心修饰的版本,他们可能会更偏爱真实的中国小说……"(《学者报》,1822年,第500页)。

马伯乐(H. Maspero)认为:"一般来说,翻译是雷慕沙著作中最不完善的地方。和18世纪的汉学家一样,雷慕沙仅仅满足于对原著进行释义。他之所以能够重现作品的大致意思,不是因为对句子进行了正确的分析,而是应该归因于其有时近乎禀赋的直觉。"[[法]马伯乐《汉学》,载亚洲学会《百年学卷1822-1922》,第263页(Maspero, "La sinologie", Société Asiatique Le livre du Centenaire 1822-1922, Paris, 1922, p. 263)]。

② 洪堡从一种彻底的不可能性出发。"在我看来,所有的翻译都绝对相当于尝试完成不可能的任务。因为译者必然面临两种困境,并且会在其中一种上失败,那就是,要么以牺牲口味与自己民族语言为代价来过分精确地迎合原文,要么以牺牲原文的风格为代价过分地保持自己民族语言的特性。在两者之间寻求中立不但是困难,而且根本

(接上页注)是不可能。翻译作品错过其原定的最终目标,却无疑达到了另一个重要的目标。翻译之于语言,就像交际之于人类。翻译让语言互相接触,让它们变得灵巧而多才多艺"[《致施莱格尔的信》,1796年7月23日,载〔德〕柯雷特《施莱格尔遗留书信集目录》,波恩,1868年(A. Klette, *Verzeichnis der von A.W.v.Schlegel nachgelassenen Briefsammlung*, Bonn, 1868, VI)],引自《洪堡著作》第五卷,第650页 [*Humboldt Werke* 1981: V p. 650])。尽管如此,即使对于那些认为可以省去翻译的人来说,这项工作仍然必不可少:"可以让打算阅读原著的人暂时熟悉著作,让他受到作品风格与精神的洗礼",因为"通过这一点翻译作品激发了阅读原著的兴趣,并且对于读者自身,以这种方式把他提升到更高的种类,就是说,翻译不是传达单个段落的意味,而是调和读者的心灵与作者的心灵。如果在两种不同语言的媒介中察觉到这个心灵,它就会显得更加清晰。获得最后一项益处就必须考虑到对原著的尊重,所以一部译作最大的益处就是毁掉翻译本身的益处"(《论古典学研究,特论希腊研究》,1793年,《全集》第一卷,第280页 [*Ueber das Studium des Alterthums, und des griechischen insbesondere* 1793: *GS* I 280])。

洪堡首先选择了优先考虑原著和源语言:"我相信可以不带偏见地说,人们本来就是一直用一种原初语言来倾听一个民族个性的诉说,而在翻译之中,仅有思想的材料回归。即使最好的翻译保有的少许形式上的东西,在真正相似性作用下也通过改变而弱化了,材料也在其新的形式中遭受了这种改变。正是这一点,也就是人们倾听民族这件事自身,我认为是语言研究最大也可能是唯一的益处和魅力,与通常要借此获得关于语言的见解与注释的各种目标无关。一个民族越古老,它就越跟它的语言密切相连。这种联系的程度超出了必要的范围,因为即使是为了让这个民族的研究真正富有吸引力,也不必有如此密切的联系"(《致韦尔克的信》,1823年9月25日,第109页)。

洪堡在进行翻译实践时坚持这一选择。他保护原著的真实特性,然而这绝不意味着他转向怪异:"……所以第一个要求就是忠实。这种忠实是说必须忠于原著的真实特性,不能带有改动,以免走向了它偶然的一面。正如每一部优秀的译作都是源自对原著简单的、不求回报的热爱,因为热爱而钻研,并且必须回到这份热爱。跟这个观点必然相关的是另一点,那就是译作会带上某种外来色彩,但是翻译出来算不算一个无法否认的错误,界限也是很容易划清的。只要读者感觉到的不是抽象的外来性,而是外来事物,那么翻译就达到了它的最高目的。若抽象的外来性作为本身出现,并且或许完全遮蔽了外来事物,那就暴露出来译者无法胜任翻译原著";"如果对不寻常的事物心生厌恶恐惧而更远地偏离,以至于连陌生事物本身都想避免掉,那整个翻译和它对于语言与民族的益处就全都毁掉了"[《韵译埃斯库罗斯〈阿伽门农〉》,1816年,《全集》第八卷,第132页(*Aeschylos Agamennon metrisch übersetzt*, 1816: *GS* VIII p. 132)]。不试图缩小原著所带来的差别尤其重要:"在原著仅仅暗示而不是明示的地方,不易理解的比喻出现的地方,中心思想被省略的地方,译者如果由着自己清楚地表达想法而改变原文特点,他就犯错误了"(第133页)。这正解释了法语翻译的缺陷。由于其此。相反，我们完全不需要知晓中国人像我们一样将思想连贯起来，其逻辑与其普遍语法一致。我们所感兴趣的是他们如何借助与我们截然不同的工具达到同样的结果。为此，应该保留这一语言差异，不对其做任何篡改。要想了解中国人对汉语词①的感受，需要了解我们是如何根据自己的想法甚至是语法偏见来观察汉语词。倘若采用第二种翻译方式，所有语言则将以同种形式出现，故可以用同种方式②理解。显然比较语言研究③的对象绝不是后一种翻译方式中所获得的

（接上页注）虚假的清晰性，这些翻译对于丰富目的语毫无效果可言。鉴于翻译对于"拓展自己语言的重要性与表达力"的决定性作用（第130页），任何设计完美的翻译都应在接受国产生积极的影响。
有关洪堡理论体系中翻译这一领域，参见〔德〕荷尔斯特·吕迪格尔《翻译家洪堡》，载《准予印刷——书友年鉴》第七卷，1936—1937年，第79—96页（Horst Rüdiger "Wilhelm von Humboldt als Übersetzer" *Imprimatur. Ein Jahrbuch für Bücherfreunde* Bd. 7, 1936/37, pp. 79-96）；〔德〕恩斯特·霍瓦尔德《洪堡译〈阿伽门农〉》，《瑞士博物馆》第16年度，巴塞尔/斯图加特，第292—301页（Ernst Howald "Wilhelm von Humboldts Agamennon" *Museum Helveticum* 16 Jg., Basel/Stuttgart, pp. 292-301）；〔德〕尤塔·立平《翻译与教育——洪堡翻译学研究》，科隆，1981年（Jutta Lippin *Übersetzung und Bildung. Eine Studie zur Übersetzungslehre Wilhelm von Humboldt* Köln, 1981）；戈特弗里德·伽尔伯《洪堡对希腊诗歌的翻译与理解》，慕尼黑，1957年（Gottfried Garbe *Übersetzung und Auffassung griechischer Dichtung bei Wilhelm von Humboldt* München, 1957）。
① 此处原文（*Il faut premièrement savoir de quelle manière nous regardons d'après nos idées, peut-être même nos préjugés de grammaire, les mots chinois, pour pouvoir concevoir l'impression qu'elle[s] doivent faire sur les Chinois eux-mêmes.*）难以理解。根据逻辑推理，译者将 elle(s) 理解为 les mots（汉语词）。——译者注
② "人身上体现出的共同点，远比语言身上体现出的更多。因此人容易理解其他人，哪怕语言有时候不能搭起理解的桥梁"（《语构差异》，第122页）。
③ 一开始，这一比较语言研究需要"根据语言所有的独特之处来描写它们，不管它们对灵魂的影响"（《普语类型》，第472页）。然而，鉴于这一研究要考虑"每种语言通过哪些原初的心灵和声音类型，借助哪些技术工具，从哪些个性的方式达到普遍语言目标？"（《普语类型》，第370页；《语构差异》，第146页）；"因为寻求特殊性在它的

均一性，而是方法和工具的多样性。以上就是我对阁下注释 21 内容的看法。

阁下在注释 9 中的精妙观察令我兴趣十足。我认为拼音文字中也会出现两个或多个词被写成一个词的现象[①]，这是由于文字不显示读音的所有细微差别[②]所致。阁下在注释中数次提到了汉语文字对语法形式的影响[③]，坦诚地讲，我并不同

（接上页注）历史存在中如何形成一个观念给予的整体，是任何历史哲学，尤其是语言探索的目标"（《语构差异》，第 174—175 页），其意义更为重要，规模也更为宏大。

[①] 洪堡为梵语中的语音同化规则，即连音现象感到可惜，因为它"对于很多词语以及复合词的组成部分也同样成立，于是通过这种方式划分词语似乎在直觉上不大清晰"（《普语类型》，第 405 页）。"梵语著作的编辑"常常"无法展示一组音节组成多个词还是一个词"〔《论梵文文句中词的区分》，《全集》第六卷，第 33 页（*Mémoire sur la séparation des mots dans les textes sancrits*, 1827, GS VI, pp. 31-36, p. 33）〕。参见希腊语和拉丁语中相似的语言现象（《语法结构》，第 405 页注释）。

[②] 此处指的是原则上的不可能性而不是缺陷："对于语音系统的训练来说，最重大最明显的事件之一就是拼音文字的引入。尽管一直衰落的口口相传的语言领域不会因为拼音文字的引入而被剥夺清楚的发音，并且语音不过是得到了一个可以让人想到口头声音的符号而已……"（《普语类型》，第 410 页）；"每个字母虽属于某个类别，但它本身是是个体，并且能够被表示为个体。也有很多这类的个体，以致某个普遍的字母体系，——我现在就在投入研究这样的字母体系——会需要几百个字母"（《致施莱格尔的信》，1829 年 6 月 16 日，第 224—225 页）。

洪堡尤其是在与班克罗夫特（G. Bancroft）的通信（1821 年 9 月 17 日，〔法〕让·卢梭：《论普遍字母。致班克罗夫特的一封信》，载《论题》4，1985 年，第 171—180 页 [Jean Rousseau "On a Universal alphabet. A letter to G. Bancroft", *Topoi* 4, 1985, pp. 171-180]）以及与毕麒麟的通信（《致毕麒麟的信》，1822 年 3 月 18 日，第 286—290 页；第 300 页）中，针对后者发表的著作《论北美印第安诸语言的统一正字法》〔马萨诸塞州剑桥，1820 年（*An essay on a uniform orthography for the Indian languages of North America* Cambridge, Massachusetts, 1820, 42 pp.）〕，对拼音文字进行了重点探讨。

[③] 作为新手汉学家，洪堡也曾对这一现象深信不疑："然而对语言的这次尝试最为怪异，也是因为显然文字有力地塑造了语言"（《致韦尔克的信》，1825 年 5 月 16 日，第 125 页）。

意这一观点。我认为，汉语文字开始出现之时语法形式应该已经稳定。同您一样，我也不明白为何汉字未能表达各类词缀①。完善的语言与其他语言在词缀方面的差异有两种表现：一种是后者完全没有词缀（虚词②）或是词缀（虚词）数量很少；另一种是有足够的词缀（虚词），却不像梵语那样用改变相邻语音的方式将其与词连接起来③。汉语虚词数量相对较

---

① 在其汉语研究初期的某个时刻，洪堡逐渐成熟了有关词尾变化几乎都源于黏着作用的理论。与此同时，他还大胆设想了汉语中词尾变化标记的缺失并非一直如此这一可能性："中国人对于语法的藐视是否能归结于他们自古以来对所有格变化与动词词尾的冷漠，我不想作出判断"（《致施莱格尔的信》，1822年12月30日，第119页）。一个世纪之后，高本汉（Bernhard Karlgren）在《原始汉语是屈折语》一文中对这一假设进行了论证：内在重建可赋予原始汉语一个词形变化期（《原始汉语是屈折语》，《亚洲学报》第十一系列，第十五卷，1920年，第205—232页 ["Le Protochinois langue flexionnelle" *Journal Asiatique* XIème série, T. XV, 1920, pp. 205-232]）。
② 传统的汉语语法区分实词和虚词，且对虚词的定义远比洪堡更为宽泛。实词是指有实际意义的词；虚词没有实际意义，包括抽象词、副词、连词、否定词、疑问词和介词。参见〔法〕海然热的《介词的语言学问题及汉语的解决方法（并附通过多个语族研究类型学的一篇文章）》[C. Hagège, *Le problème linguistique des prépositions et la solution chinoise (avec un essai de typologie à travers plusieurs groupes de langue.* Collection linguistique publiée par la Société de Linguistique de Paris LXXI. Peeters, Louvain, 1975, 22 sqq.] 一书。同样，雷慕沙也仅仅满足于给出如下定义："虚词或是助词，仅用于改变（像名词和动词一样具有特定涵义的词）的意思或是标记词词之间以何种关系连接的词缀"[〔法〕雷慕沙：《汉文启蒙》，巴黎：皇家印刷厂，1822年，第33页（Abel-Rémusat, *Han Ven Khi Meng ; Elémens de la Grammaire chinoise, ou Principes généraux du Kou-wen ou style antique, et du Kouan-hoa, c'est-à-dire, de la langue commune généralement usitée dans l'empire chinois*, Paris, Imprimerie royale, 1822, p. 33)]。
③ 洪堡对梵语中的外连音现象异常重视："对于印度人民真正的民族特性，不需要引证更多的理由了，它就是通过字母变形与结合频繁地将多个词拼接到一起，至于其他民族是不是也知道这种方法，这一点至少还不太明显"（《普语类型》，第404页）。事实上，如果说变音现象只限于词的边缘，该现象则成为一种语音手段，用来"把言语切分成割离的部分，而给人的心智留下感性的印象，那就是言语的元素是词语"（第405页）。该现象以这种方式说明了思维对语言形式有一定的约束力。

少，属于第一种情况。太平洋诸语言用大量虚词标记语法关系，但不通过或者说极少通过改变语音的方式将其与词连接起来，故而属于第二种情况。我深信文字不可能是以上两种特点的起因，但非要论及可能性，应该是第二种。因为作为由字组成的文字，它也可以在读音领域将一些意义相近的词做出区分①。但为何该现象并未出现在太平洋诸岛屿上的方言中呢？更确切地说，为何这些语言，没有自己的文字也没有使用汉语文字，却能够将虚词和实词区分开来呢？语言中标记语法关系的词数量不多这一现象难道不应该归因于民族智力能力的特殊形态，相邻语音未能融合这一现象难道不是源于发音习惯吗？然而我坚信语言与本土的书写方式互相影响，甚至协调一致②。语言禀赋决定了文字③。因此，汉语发

---

① 读音分割有着破坏性的影响，而这种文字更加加重了这一影响："把语音彻底切分成单个的音节肯定对思维的流动带来不利影响。然而在中国本土却从未有人研究这些更细微的语言的心灵方面的影响，而失衡在自然中通常一再伴随着其他状况而产生，所以整体上来看，同样的失衡现象会在没有失衡的地方再次出现"（《普语类型》，第412页）。
② 这一主题常常出现在洪堡著作中，尤其是有关拼音字母的论著中："拼音文字与语言禀赋极为紧密地相连，处于完全的相互关系中"[《拼音文字》，1824年，《全集》第五卷，第108页（*Ueber die Buchstabenschrift und ihren Zusammenhang mit dem Sprachbau*, 1824：*GS* V p. 108）]，因为两种完善形式有一个共同原则："心灵对语言与文字同样有影响，它作用于对文字的获得与选择。较完善的语言伴随着较完善的文字，反过来一样成立"（《论文字同语言的联系》，1823—1824年，《全集》第五卷，第37页 [*Ueber den Zusammenhang der Schrift mit der Sprache*, 1823-1824: *GS* V p. 37]）；"语言观的正确性、以活力与精密为标志的对语音的处理与拼音文字之间相互需要、相互促进，它们又合力在语言真正的独特性方面圆满地完成对它的理解与教育"（《拼音文字》，第122页）。
③ 语法形式最为完善的语言尤其证明了语言对文字的决定性。如果说语音丰富与否取决于这些特点，"尽管发出来的语音是靠身体与本能产生的，它的本质却源自内在

展了由字组成的书写形式①，而梵语则从未有过如此的书写形式。但凡语音多变之处②，必定需要一种文字承担描述语音之任务。文字一旦确定，则会反过来影响语言③。但此时语言业

（接上页注）的灵魂对于语言的禀赋，语言工具仅仅具有在禀赋的驱使下形成的能力"（《拼音文字》，第116页），文字也是取决于这些特点："所以如同语言意识的精密与活力造成牢固的语法形式一样，它们也需要承认作为语音的字母体系。这样，此后发明或者富有成果地使用可视符号就更容易了"（第121页）；"所以，借助敏锐的语言意识可以感受到一个民族语言真正的心灵与音色的特性，同理，也可以促使人钻研语言的元素，也就是基本语音，并把它们区别与表示出来，换句话说就是发明拼音文字，或者热切地掌握现有的文字"（第122页）。
① 中国人拒绝拼音文字，原因在于"由于其语言禀赋和语言结构的关系，中国人还没有悟识到对一种拼音文字的内在需要。要不是这样，中国人以其特有的高超的发明才能，并借助他们已有的文字符号，想必自己就能构造出一种真正意义的、完整和纯粹的字母体系，而不是像现在这样只是把语音符号当做辅助手段（此段引文采用姚小平《洪堡特语言哲学文集》第89—90页译文，商务印书馆，2011年——译者注）"（《拼音文字》，第108页）。
② 这绝非洪堡对梵语的批评。因为，如果为了满足表达"在它的所有关系与细微区别中的概念"的需求，语言"通过个别的字母变化"显示这些异同，那么我们应该肯定其中彰显出来的"朝着智性净化的"（《普语类型》，第402页）积极倾向。参见《语构差异》，第156页，第158—159页）中有关语音之于语言就如同颜色对于绘画的重要性的详述，语言对语音的喜好影响了语法形式的显示。
③ 这一现象首先关系到拼音文字："如果说字母的创造和完善对用其表达语音的语言产生什么影响的话，那么肯定是有助于完善发音，即发音部位准确区分发音因素的习惯。如果说需要在某种程度上拥有该能力才能使用字母，那么字母的使用则能够使该才能得以提高，文字和发音相互完善"[《致雅凯的信——论亚洲波利尼西亚的字母文字》，1832，《全集》，第四卷，第568页（"Lettre à Monsieur Jacquet sur les alphabets de la Polynésie Asiatique"，*GS* VI, pp. 557-574）]。拼音文字对于任何语言来说都具有两个重要的优点："一是语言全部的语音关系更纯粹、更确定地建立，更完整、更系统性地形成。二是为了使理智更精确、更确定地分割与把握语言的基本部件，对语言切分的观念在理智中变得更生动，而对从语言的基础部件出发自下而上的结构的认识更直观、更完整"（《普语类型》，第410页）。拼音文字有助于非常重要的意识的养成："一个民族通过字母体系对于语言的本质获得新的见解。因为语音的分节揭示了语言的本性，而没有语音的分节是不可能的；切分的理念延伸到语言的整个领域，不仅仅局限于言语的发声领域"（《拼音文字》，第115—116页）。拼音文字以此种方式使语言准则臻于完美："相反，读写拼音文字要求在任何时候都能辨认眼耳同时可感

已成型，故此影响无法作用于其原始结构①。

结束此信之前，希望阁下允许我提起您在《鞑靼语研究》一书中做出的许诺：出版鞑靼语语法著作。《鞑靼语研究》一书观点令人折服，分析精深可靠。鞑靼语语法著作的出版也将意义重大。目前我们仅了解一些拥有文献的亚洲语言的语法。即使满语同样拥有文献，我们对其语法仍一无所知。要想将中亚和北亚的语言与太平洋诸岛屿和美洲的语言进行比较，精确了解中亚和北亚诸语言的语法非常重要。例如，美洲语言中有两种相当惯用的第一人称复数：排除式第一人称复数与包括式的第一人称复数②。我观察到此两种人称同样存在于太平洋诸岛屿上的语言与满语中。我至今尚不

（接上页注）知的音素，并且要求人能轻松地分割与组合音素。它因此让人具有一个完全正确的观点，那就是语言可以切分到它的基本部件，而这个民族有多少人可以读写拼音文字，这个观点整体上就普及到什么程度"（《拼音文字》，第 115 页）。

① 梵语的演变过程说明了文字对语言的丰富作用。这一作用固然重要，但并非起到决定性的影响，因为文字对语言的丰富只是延伸了语言起源时就已存在的冲力："一旦文字产生，伴随语法处理的加入，字母就能在这一关系当中获得一个比在该民族原始的语言使用中更稳定、构成更精细的系统，而梵语字母……可能就是这样出现的。仅从总体上来看，类似这样的系统总是存在于各民族的语言构造和语言习惯当中，而它通过幸运中选的文字符号所赢得的确定性再反作用于语言，并变成语言的真正所有物。"（《普语类型》，第 403 页）。

② 这一点非常重要。诚然，"有些美洲语言在第一人称复数上有两种形式，一种排除式和一种包含式，根据我们是要涵盖或者排除此人来处理"[《论确定东方语言亲属关系之最佳方法》，1828 年，《全集》第六卷，第 80 页（An essay on the best Means of ascertaining the Affinities of Oriental languages 1828 : GS VI p. 80）]，但是以杜邦索和毕麒麟为首的美洲语言学家错误地将这一现象视作美洲语言所独有的特点："代词与动词第一人称复数的双重表达取决于受话者被排除与否，它曾被认为是美洲语言所独有，如今在蒙古语和马来语中也可见到"（《语构差异》，第 197 页）。洪堡重述了吉尔吉神父（Filippo Salvatore Gilij）对这一现象的区分（同上，第 136 页；《美洲语言》，第 347 页），其中洪堡对其一本有关美洲历史的著作《美洲史随笔》（Saggio di storia

熟悉上述拥有该两个人称的语言中的任何一种。其他的亚洲语言中动词有两种复数形式，但在我看来，该两种形式具体差异的相关研究尚不足够。我认为中国文献中并没有严格意义上的语法书。但中国人有一些语法观念、富有表现力的词语、虚词和死词①等。您在《汉语启蒙》一书中已对上述概念中的一部分进行了详述。如果能把至今分散的有关概念收集起来并编纂为一本完全针对汉语的语法书，将意义深远。然而此工作只有像您一样的大师才能胜任。

就此停笔。敬请阁下继续关注我和我的研究，并向阁下致以我最崇高的敬意。

洪堡敬上
1827 年 7 月 6 日写于柏林

随信附上我近期发表的一篇论文②。共三份。一份敬请阁下惠存。若阁下认为合适，请将另外两份转交至法兰西铭

（接上页注）*Americana ; o sia, Storia natural, civile e sacra de regni, e delle provincie spagnuole di Terra-Ferma nell'America Meridionale descritta dall'Abate F.S. Gilij* 4 vol. Roma, Liugi Perego, 1780-1784.）比较熟悉。这一区分被纳入著作的第三卷中（Vol. III, pp. 107-108）。事实上，该区分更早出现在南美洲诸语言的语法书中。参见玛丽·哈斯刊于《国际美洲语言学期刊》的《排除式与包括式：早期用法一窥》一文（Mary Hass, "Exclusive and Inclusive : A Look at Early Usage", *International Journal of America Linguistics* 35, 1969, pp. 1-6 ）。

① 此处指中国语法家对实词的区分。他们将实词分为活词和死词。活词表现动作，死词只用来命名或形容事物，参见海然热的《介词的语言学问题及汉语的解决方法（并附通过多个语族研究类型学的一篇文章）》，第 25 页。

② 当时有关双数的论文尚未发表。洪堡提到的论文很可能是《论本地皇家古董收藏品中的四件埃及狮身人面像》[《全集》，第五卷，第 134—157 页（"Ueber vier ägyptische l

文与美文学术院和亚洲学会。

(三)有关语言完善性的问题

对于两位学者来说,这一论证的关键在于对优越性的定义。洪堡想要确立优越性的评判标准。直至彼时,他在《论语法形式的产生及其对观点发展的影响》一文中,对由思维添加语法关系的语法和"像词语一样[应]由语言标示的语法关系的"(《论语法形式的产生及其对观点发展的影响》,1821年,《全集》第四卷,第291—292页,译文)语法进行了区分,并由此讨论(欧洲)古典语言的优势。最终他认定只有词的变化(以及语法词)才是真正的语法形式。另外,在内容方面,洪堡在《致雷慕沙的信》一文中引出了逻辑概念与仅源于纯形式的语法理念之间的区别(《致雷慕沙的信》,第294页)。第五封信避开了后一个区分,雷慕沙对该区分不甚理解。信中洪堡选择分两次进行论述:先对以梵语为例的(欧洲)古典语言和以塔希提语为代表的具有不完善显性语法的语言进行比较并由此得出评判标准,而后将这一评判标准与汉语进行对比。

1. 梵语与塔希提语:优越性的三个评判标准

洪堡在论述的第一部分展示了他认为所有语言评判都应采用

(接上页注)öwenköpfige Bildsäulen in den hiesigen Königlichen Antikensammlungen", *GS* V pp. 134-157)]。该文于1825年3月24日宣读于柏林科学院,发表于1827年夏。洪堡的确在1827年六七月间将其寄给几个朋友(参见莱茨曼(Leitzmann)《批注》,《全集》,第五卷,第478页)。依洪堡所说,这一研究"毫无独到之处,我对其不甚重视"(《致韦尔克的信》,1827年7月8日,第143页)。

的两个原则。第一是人类思维基本统一性的原则。这一原则以语言应表达的普遍范畴为观察角度，以"先天语法"概念为象征。学习任何语言的可能性证明了思维对任何范畴都不陌生，也因此证明了任何语言的任何语言内容对其他语言的使用者来说都是可以理解的。如若缺少了人类思维基本统一性这一人类本性中不可或缺的统一基石，人类语言的无限多样性则会导致自主语言体系唯我主义的普及。

诚然，语法范畴在每个人身上以潜在能力这一形式存在，却未在方言中得以实现。仅有精确表现语法范畴的（欧洲）古典语言的使用者才能理解"先天语法"。故而，"先天语法"不是归纳得出的所有语言的最小共同点，而是根据各民族的智力禀赋所呈现出的或多或少的潜在可能性。因此，"梵语系诸语言"也自然而然地成为其最卓越的体现。重要的是，通过肯定源于梵语的种种语言的语法统一性，得出较之于上述语言所达到的明示的最高程度，其他语言并不能实现如此数量的语法范畴的客体存在，在表现先天语法时也会遭遇种种困难。然而，洪堡评价语言时并没有依靠先天语法表现彻底性这条标准。

洪堡认为评判语言应采用的第二条根本原则为语言的目的性。在他看来，思维仅能以符合其精神实质的形式出现在语音材料中。实现这一过程需要一种能够摆脱物质束缚的特殊方式。这一情况下，精神赋予自己与其性质相对应的形式，而物质可通过此形式转变为思维。诚然，"先天语法的各个范畴"存在于各个语言的背后且力求在语言中得以体现，然而，鉴于各个语言所采用的表达方式不同,这一差别远比语言所明确表达的语法范畴之间的差异更为显著。因为,若从表现语法范畴时所达到的相对于语言的先决条件——词汇的独立程度的角度进行考量,梵语是先天语法最完美的体现。当语法的"抽象概念"不由"质料"概念所表现时,那么真正语法形式的存在则成为完善性的评判标准。

根据第二条原则,思维应使语言的原材料绝对服从于其规则。最后一个评判标准似乎由此而生。事实上,规律体系的出现与否取决于思维在语言中的穿透度和传播度,以及语言中思维成型的清晰度;后者体现了思维对语言的支配关系。"语法关系"则"以同种方式或至少遵循近乎普遍的规律","自始至终地被标示"。不管语言是否对语音材料还原思维时的结构紧密性及系统性进行展示,有关结构紧密性及系统性的要求始终存在。

洪堡运用了一个并非中性的表达总结上述三个标准的意义:"语法组织作为一个整体又具有细微差别""存在于民族思维中",并可能"同时在语言中留下其印记"。对其来源的深入研究则是对任何历史真实性的否认。洪堡越是推崇这类语言的优越性,他越是陷入对这一优越性解释的困境。他用预言本能骤然凝聚的奇迹对此进行解释,即预言本能借用近乎天赋的能力实现了思维在语言中的无所不在。

依照以上三个评判标准,由先天语法先验的普遍性到特别体现的理想目的全都体现了(欧洲)古典语言的优越性。这三个标准有效地将以洪堡所推崇的塔希提语为代表的不完善的显性语法置于劣势地位,在对汉语的评判中更是如此。

2. 梵语与汉语

在其论证的第二部分，洪堡承认了雷慕沙（雷慕沙：《洪堡致雷慕沙的信：论语法形式的通性以及汉语精神的特性》，注释21）有关中国人精准的语法感觉的这一论述的合理性，当然这一精准的语法感觉适用于任何民族。另一方面，他却将语法的显性特征认定为分界线，即"任何词都带有其语法性质的明显标记"和"语法在语言中得以表达"。

语法表达透明性产生的首要结果是：语言使用者和观察者能够即时感知思维活动。此类语言的使用者具有"相互理解的关键"，这也正是像汉语一样缺少"普遍规则"、建立在隐性或暗示基础上的语言无法向其使用者所提供的。

然而，客观意义上可领会的语法规则的存在，其功能不仅仅在于允许进入人类思维共同基础。因为在语言使用中，只要使用者接受独立于"词的质料意义"而存在的语法"体系"，思维因此得以领会，意识变得灵敏；意识更会因其实现形式——也就是语言本身变得灵敏。

故而，形式"明显脱离词的涵义这一质料"的语法体系就是建立所有形式合法性的关键所在。由于各个语言使用者的思维不由自主地感觉到语言"脱离思维本质"，从而激发了新自由的增加。与此同时，因为该语言"更为理想"[①]，实现更高目的的压力

[①] 洪堡以两个基本论点作为结论。一是语言根据其语法形式所达到的自主性和客观性程度进行区分，二是该区分对思维活动产生一定的影响。古代中国的专家葛兰言（Marcel Granet）在其刊于《法国与外国哲学评论》上的《中国语言与思想的几个独

也就更大。

(接上页注)特之处》("Quelques particularités de la langue et de la pensée chinoise", *Revue Philosophique de la France et de l'Etranger* n°89, 1920, pp. 98-128, pp. 161-195)一文中比较了希腊和中国文化,提出的观点与此相同。葛兰言不仅赞同洪堡有关汉语不区分词类的观点,而且在逻辑和分析障碍方面得出的结论与洪堡一致。葛兰言提到中国出现过正名派,在与希腊诡辩家相近的环境下试图发展逻辑。针对这一现象,他评论道:"进行条理思维的重要努力之所以在希腊获得了成功,而没有在中国生根发芽,确切原因是汉语将思维引向具体而使其对分析毫无准备。如果说学习一门语言是对思维的练习,中国人明显不具备任何进行语法分析的手段,不善于对实体和品质概念进行有用的语法分析。汉语中没有任何语言形态可以唤起思维对形容词和名词之间区别的关注;不变符号被赋予的综合表象十分完整,毫无分解的可能性"(第128页)。"句子(甚至详述)如同词、分句一样,是一个综合却富有节奏的图像:该图像的组织遵从思维的活动,意味着在我们语言中明确进行的运作在汉语中以潜在的方式完成"(第182—183页)。中国人的思维没有 "一门可用来记录由各种抽象或概述活动得出的概念的语言,其语言不适合表达任何评判方式,也不能最终将思维导向分析。相反,这一语言可以生动地表达感觉,其节奏将思维从感觉中抽离出来,也仅有节奏能够以直觉的方式显现类似于分析或是概括的现象"(第183—184页)。"我们认为的思维所最需要的活动在汉语中只能以潜在、短暂的方式进行,因此这一语言适合描绘却不适合分类,适合展现最为特别的感觉却不适合说明特性或评判,为诗人和历史学家所称赞,却不能支撑精确清晰的想法"(第184页)。"我们的语言能够即时、精准地传达思想",然而中国人的语言,只要关系到"交流想法,像是通过象征手段,而不是通过表达完成的。在我看来,汉语中想法的传达分两个阶段进行:文字先将想法转换成各种符号,符号将发挥其引发联想的作用以便于重新恢复想法,读者在符号的启发下恢复整体想法"。"在读者的思维中唤起理念活动,像是能引起所要表达的想法的重建一样;而不是将想法进行精准、完整的传达,强迫读者以想法构建时其原本的形式将其接受;仅仅是帮助读者想到某些理念,引导读者。""汉语由图像而不是由概念组成,非常适合进行诗歌创作。它不仅不是分析工具,而且也无法形成丰富的抽象活动遗产。抽象活动每代人都在进行:在这一语言所允许的范围内,语言使用者需要重新进行抽象和总结的努力。在我们看来,这一抽象和总结的努力就是思想的本质。"(第193—194页)

有关该问题,参见〔德〕赫伯特·郎《汉语与语言相对性原理》[博士论文,法兰克福,1981年(Herbert Lang, *Die chinesische Sprache und das sprachliche Relativitätsprinzip* Inaugural-Dissertation. Frankfurt, 1981)];也可参见〔美〕德效骞(Homer H. Dubs)发表于《通报》的《汉语未能创建哲学系统》一文("The failure of the Chinese to produce philosophical systems", *T'oung Pao* 26, 1928-1929, pp. 96-109)。后者对汉语低等地位的观点提出疑问,拒绝将无法创建哲学体系归因于语言。

为了与雷慕沙对话，洪堡选择了紧扣其在《论语法形式的产生及其对观点发展的影响》一文中所提出的理论框架，且对唯有词尾屈折变化方能表现的语法关系的性质相关观点避而不谈。他只是重申了明显标示语法范畴的语法较之于仅以隐性方式反映范畴的语法的优越性。借此时机，洪堡提到了雷慕沙语法实体化的观点。后者认为语法仅是科学家耐心观察建立的结果。与之相反，洪堡则认为语法绝对不能被非反省的使用行为所掩盖，因为所有使用者应要超越此种即时参与而有意识地进入确保表达效率的规律网，并由此进入由语法所表现的思维活动。对洪堡来说，语言学家的工作远不如各语言使用者在日常语言使用时所获得的精神收益重要。

（四）有关翻译的问题

翻译理论延续了以上结论。正如上文所述，语言之间存在着特别的差异，应该强调突出这些差异而不是消除它们。信中描述了两种翻译方式：或"逐字"翻译，任凭"文本中明显的逻辑缺陷继续存在"，或填补"缺陷"，将其他语言的特点改造成"我们的语言"。也就是说译者需要在两者之间做出取舍：要么背叛丝毫未受语言缺陷影响的母语使用者，要么背叛结构存在缺陷的语言。洪堡根据先前的选择做出了如下决定："应该保留该语言差异，不对其做任何篡改。"确切地说，两位学者在该领域观点并不冲突。只是洪堡比雷慕沙更加背离普遍语言学，更加支持保护语言多样性的语言学。出于理论而不仅是意识形态上的考虑，洪堡放弃了减少（缩小）多样性的立场，转向支持多样性，即崇尚语言差异。对于洪堡而言，翻译策略重现了语言理解的矛盾：语言无限的多样性虽是障碍，但也造就了其可能性。

事实上，翻译行为意味着从人类思维的普遍性到其最终目的和从先天语法的统一性到展示先天语法的语言的多样性这两个过程事先得以承认。首先，是从人类思维的普遍性到其最终目的。该目的由一些语言的绝对特殊性中分析得出。在这些语言中，思维为了在语言中体现完美形式而无比专注。其次，由先天语法的统一性到展示先天语法的语言的多样性过程也应该尽可能多地实现。所有翻译活动都包含这一双向探索，因为翻译实践不仅需要调用这一双向探索，而且需要凝聚其全部成果。当然，站在中国人的立场上来理解概念留给他们的印象十分必要；但是，所有的语言都"可以用同种方式理解"，所以，旨在考察"方法和工具的多样性"和理解"他们如何借助与我们截然不同的工具达到同样的结果"的"比较语言研究"视角最终为唯一恰当的观察点。

从这一角度出发，汉语研究所隶属的比较语言研究的确可以运用于世界上所有方言的分析研究，但是需要一直将其分析结果与以梵语系诸语言的语法进行比较，后者被视为先天语法潜在性的最完善发展的体现。比较语言研究也因其超强的解释说明功能成为绝对参照，居于其他所有语言的可能性之上并将其包含在内，能够客观地分析各语言的运作并对各语言的价值做出公正的衡量。

五、与汉语有关的问题（1827—1832）

洪堡所建构的理论因雷慕沙的批评意见而陷入困境。对其理论的捍卫和阐释均取决于一个实质性的讨论。除此之外，第五封信以及后来的通信还专门对汉语进行了分析，对这一时期常常引发激烈讨论的问题进行了论述。洪堡在其最新研究以及语言研究中积累了丰富的经验，毫不犹豫地在这些问题上表明了立场，即使其立场对其通信对象的权威构成了挑战。上述信件还对一些更技术性的问题进行了讨论，加深了洪堡的汉语研究。

汉语在其单音节性、初始性以及文字对语言的影响这些问题上引起了讨论。洪堡的信件对以上三个问题均有涉猎。即使第五封信仅仅论述了文字对语言的影响，其实仍与前两个问题密不可分。

（一）汉语的单音节性

雷慕沙在其早期著作《论汉语的单音节性》（*Considérations sur la nature monosyllabique communément attribuée à la langue chinoise*）中表达的观点有违传统[1]。即使如今重提这一研究，这

---

[1] 雷慕沙同时代的学者认为《论汉语的单音节性质》中的论点"有违传统"。尤金·雅凯（E. Jacquet）即为其中一位："该文纯属一个巧妙的玩笑，思考中真相与怪论混杂，以平复最简单语法中到处出现的异常形式所引起的惊讶，尤其是用来区分汉语的特性和汉语与其他语言的共性"〔［比］菲利克斯·尼夫，《论尤金·雅凯的生活，其有关历史和东方语言的著作》(Félix Nève *Mémoire sur la vie d'Eugène Jacquet de Bruxelles, et sur ses travaux relatifs à l'histoire et aux langues de l'Orient, suivi de quelques fragments inédits , Mémoires couronnés et mémoires des savants étrangers publiés par l'Académie royale de Belgique* T. XXVII, 5. Bruxelles, 1856, p. 127)]。同样，让·雅克·安培（J.J.A. Ampère）认为雷慕沙文中"有些近乎怪论的夸张倾向"。安培还在该文中观察到一个似是而非的断言，其中包含真理，"即中国人将一些单音节词集合

一观点仍是讨论的基础①：在他看来汉语之所以被称为单音节语言，仅仅是因为汉字的缘故。因此只需抛开文字，就会发现汉语与古典语言的运行方式几乎一致。洪堡在 1826 年的《致雷慕沙的信》中谨慎却坚决地反驳了这一论述。他特别指出后置语助词"之"②（tchi）与词尾的相似性是基于不明确的概念而推出的，

起（接上页注）来组成可称为多音节的表达。尽管如此，构成多音节词组的每个音节仍是单独的词，对应着不同的字；如果不是文字将词与其他的词分开，那么什么能对它们进行区分呢？在汉语中找到由两个音节构成并写做一个字的词之前，可以说汉语是单音节语言"〔法〕让·雅克·安培，《论中国与雷慕沙论著》，载于《双世杂志》，1832 年 11 月 15 日，第 381 页（J.J.A. Ampère, "De la Chine et des travaux de M. Abel Rémusat", *Revues des deux mondes*, 15 nov. 1832, p. 381）］。参见下文中洪堡在《卡维语论著》中对这一现象的最终见解。

① 约翰·德范克（John De Francis）在其《民族主义和中国的语言改革》(*Nationalism and Language Reform in China*. Princeton N.J.: Princeton University Press, 1950) 一书中提到了雷慕沙"非正统"的观点并对其赞誉有加："雷慕沙认为有些汉字本身并没有意义，还有些汉字本身是一个意义，跟其他字组合时是另外的意义。这一现象和重叠、语法词的存在以及词语的语法组合等几个特点经常被用来反驳单音节理论。他注意到外国人编写的最优秀的词典收录了多音节词语"（第 17—18 页注释）。相反，洪堡对雷慕沙的"赞赏"其实是对洪堡著作章节的错误解读。这一错误也出现于德范克有关汉语单音节性的章节（第 147—165 页）和（第 160—165 页）。
近代有些学者与雷慕沙观点相似。金守拙（George A. Kennedy）在其刊于《美国东方学会会刊》的《单音节神话》("The monosyllabic Myth" in *Journal of the American Oriental Society* 71, 1951, pp. 161-166）一文中得出如下结论："汉语有许多单音节的词语，这类词语也有许多站得住脚的定义。但是我们在此关注的是音节数量超过一个的词被文字系统彻底伪装起来了，编排的词典以及几个世纪的鸿儒都对此难辞其咎，以至于需要费很大的力气才能看透这个事实。汉语词典严格来讲算不上词语汇典，最多是古今词义符号的集录。西方学者给自己制造的问题是由于他们本末倒置，把词典看得比语言本身重要。显然他们的理论出发点是语言是由词典的条目拼接而成的，而事实上词典是把语言肢解为碎片而编成的"（第 165—166 页）。
与此相关的文献，参见〔法〕戴密微（Demiéville）刊于《巴黎语言学学会公报》(*BSL* 45, 1949, pp. 279-281) 的一篇报告。
② 〔德〕乔治·冯·德尔·贾柏莲孜《汉文经纬》，第四版未删减版，哈勒，1960 (Georg von der Gabelentz *Chinesischen Grammatik-mit Ausschluss des niederen Stiles und*

因此得出以下结论:"我并不认为可以把汉语的语助词称为词缀"(《致雷慕沙的信》,1826年:《全集》第五卷,第298—299页)。另外,他还提醒我们要当心"一门语言有时在语法编撰者的笔下呈现出的某种语法假象"(第297页)。

因此,洪堡在《致雷慕沙的信》中的表述可能会使读者感到意外:"阁下已出色地论证了把汉语称为是单音节语言是个重大错误"(同上,第303页)。当时,学界几乎普遍基于汉语的单音节性将汉语语法视作"人类语言的原始语法"(第299页),并认为这样一门处于初始阶段的语言必定有其根本缺陷。洪堡通过上述表述否定了这一观点,并为此感到欢欣。事实上,洪堡拒绝认为单音节语言必定等同于有缺陷、"不完善的"或是从人种学的角度上看"原始的"语言(第297页)。在他看来,汉语似乎"与最完善语言"性质"相同"(第300页),它甚至"发展出

(接上页注)*der heutigen Umgangssprache* 4 unv. Auflage, Halle, 1960 [3ème éd. Leipzig 1881])中详细讨论了"之"(tchi)的用法(第177—191页)。闵宣化(J.L.M. Mullie)在其刊于《通报》的《语助词之》("Le Mot-Particule TCHE" *T'oung Pao* 36, 1942, 181-400)一文中也对该词进行了探讨。对此有过论述的还有葛兰言(Marcel Granet)。他不仅论述了语助词"之"作为发音赘词("geste vocal explétif")和指示词("démonstratif")的古用法,还有其作为主语赘词标记("marque explétive du sujet")的用法,后面紧跟动词,然而在这种情况下,动词可以被视作名词,所以"之"(Tche)就是属格(génitif)的标记,至少在《诗经》*Che King* 中是这种用法(葛兰言1920:第168—172页)。西门华德(Walter Simon)十分推崇洪堡的分析:"之的指示特性以及其与人称代词者之间的关系在洪堡著作中得到恰当的强调"(西门1937:第105页)。保罗·戴密微(Paul Demiéville)则详述:"限定意群的语助词,口语中的 ti,文字中发音为 tche,与最古老文本所出现的指示意味:里面的内室(li mien ti nei se : la chambre de l'intérieur)。这一表述在词源上可以解释为"内部这个房间(l'intérieur cette chambre)"(戴密微1948:第145页)。该词"与属格词尾不同,其差异在于前者并不归于其前面出现的词的结构中,它可以用于意群或词组、介词或介词词组。然而,如果将其与法语中的 de 相比,差异则会更小"(同上)。

唯有其才拥有的优点"（第 306 页）。在洪堡看来：雷慕沙所持立场的唯一贡献是与过于简单化的认识决裂。洪堡礼节性地称赞了后者这一备受质疑的观点之后，公开宣称他并不同意这一观点："当然，词的单音节性质构成了汉语的一条规则"（第 303 页）[①]。

（二）汉语，一门初始语言？

同时，即使洪堡承认"处于原初阶段""童年时期""的语言的特点"难以确定，"原初阶段""童年时期""仍然属于假设"（第 296 页），他却坚持推出以下结论："所有的语言在起源之初可能都是单音节语言。因为，如果仅用简单的词就足以表达一个事物的话，没有任何理由使用更多的音节"（第 303 页）。只是，他拒绝将这一"语言的起源"（第 298 页）或是"语言的初步发展"（第 295 页）的重构与汉语语言现象联系起来，因为"以下一点同样可以肯定：如今没有任何一门语言仍处于这一状态"（第 303 页），我们需要考虑"汉民族又是因为什么特殊事件才成为唯一保存了所谓纯粹的原始语言状态的民族"（第 299 页）。

由此，单纯依靠单音节性——汉语的这一毋庸置疑的特点无法断定这门语言处于童年时代，停滞在语言形成的初级阶段。它与从时间顺序上来讲属于原初阶段的形式之间的相似性应被视

---

① 洪堡与霍凯特（C.F. Hockett）的结论一致。后者在其刊于《语言》（*Language* 27, 1951, 439-445）对德范克《民族主义和中国的语言改革》（德范克 1950）的报告中也探讨了这一问题，明确其严格的分布语言学的观点，至少是有关现代汉语的观点："汉语中黏着语素的数量远远多于后者，达到了五比一的比例"；"不过汉语中绝大部分（黏着或自由）的音段语素由单音节构成也是个事实，仅有差不多百分之五的音段语素多于一个音节，还有很少一部分更短"。因此，"就语言所偏好的基本语素形式而言，汉语的确算是个单音节语言"（第 441 页）。

为"偶然"(第303页),因为该语言的其他特点证明了它历经了所有发展阶段。因此,与其将汉语在这一方面呈现出来的发展停滞归因于其先天缺陷,我们更应研究该语言为何具有如此奇特、看起来并不属于其的演变模式。为此,洪堡排除了文字的影响因素(第302页),将其归因于"语言的原材料"——"语音数量贫乏"(第304页)。诚然,这一现象属于"自然倾向"(同上),而该民族长期处于相对"孤立"(同上)的状态也有助于这一现象的持续。

洪堡在有关汉语单音节性的讨论中排除了表述中不合理的含义,在有关语言起源问题上表明了自己的观点。尽管他在上述两个问题上所持立场相对传统,但对其进行了清晰、严谨的论述。

(三)文字与语言

文字对语言的影响作用与上文中提到的其他两个方面不无联系,且得到更加彻底的论述。洪堡自1823—1824年针对该主题撰写了两篇论文,对其进行了讨论[1]。

---

[1] 第一篇《论文字同语言的联系》(*Ueber den Zusammenhang der Schrift mit der Sprache*, de 1822-1823 [*GS* V 31-106 = *Schrift* 1823-1824])只刊登在《论爪哇岛的卡维语暨人类语言结构差异及其对人类精神发展影响导论(二):卡维语续篇、马来语系总体及其基本分支》的《副刊》第1—77页,柏林,1838年[*Beilage* (1-77) de *Ueber die Kawisprache auf der Insel Java, nebst einer Einleitung über die Verschiedenheit des menschlichen Sprachbaues und ihren Einfluss auf die geistige Entwichelung des Menschegeschlechts. Il Fortsetzung der Kawi-Sprache, Malayischer Sprachstamm im Allgemein und dessen westlicher Zweig*. Berlin, 1838]。在一篇简短的理论性引言之后,该文主要对埃及象形文字做了论述。第二篇论文《论拼音文字及其与语言结构的联系》[*Ueber die Buchstabenschrift und ihren Zusammenhang mit dem Sprachbau* (*GS* V 107-133 = *Buchstabenschrift* 1824)]于1824年5月20日宣读于柏林科学院,并刊登于《柏林皇家科学院历史与语文学组论文 选自1824年》,柏林,1826,第161—188页(*Abhandulungen der historisch-philologischen Klasse der Königlichen Akademie der Wissenschaften zu Berlin. Aus dem Jahre 1824*. Berlin, 1826, 161-188)。

这一时期，由对埃及语（由宗教体向世俗体转变）与汉语现象的总结而得出的演化论观点在欧洲（至少在法国）被普遍接受。根据这一观点，按照发展等级，文字类型对语言的语法结构类型具有影响。1823年，塞西针对这一问题发表了颇具代表性的表述，并于1825年将下列问题提交给伏尔耐奖（Prix Volney）："一些民族使用某种文字，而一些民族则长期没有文字。文字的缺失或象形文字、表意文字又或是拼音文字的使用是否在一定程度上影响了民族的语言形成？如果文字对语言形成的确产生影响，那么其影响作用具体表现为何？"为了给这一研究提供一个合适的框架，塞西对相关常见论点做了总结："我们曾认为无需深入研究这一问题就可以推出以下结论：在文字缺失的情况下，用来将时间、语式、性数、人称以及关系的不同性质等附属观念与一个主要观念集中在单独一个词中的语法形式极易增加，由此产生了一个非常复杂的语法体系，且该体系在短时间内会遭遇显著、深刻的变化。相反，表意文字为形式的增加和语法体系的复杂化带来了极大障碍，必然会保障语言最高程度的稳定性。最后，使用拼音文字或发音文字所产生的结果介于表意文字与文字缺失之间。"①

---

① 参见〔法〕戴布里埃《伏尔耐奖史》(De Briere *Histoire du prix fondé par le comte de Volney, pair de France, membre de l'Académie française, pour la transcription universelle des langues, en lettres européennes régulièrement organisées, et pour l'étude philosophique des langues* [...] Paris, Doudey-Dupré, [s.d.])；参见1828年《报告》所汇集的材料摘要（第53—55页）。在此之前，塞西在1822年6月的《学者报》中发表了一篇有关雷慕沙《汉文启蒙》的报告（第329—341页）。塞西在报告中专门陈述了其有关汉语的假设："即使是在现代文体中，汉语的特性也得以保留，如词的稳定性与不变性，还有[……]。语言起源之初，这一特性可能为所有语言共有，但最终只在汉语中得以保存，

(接上页注)这与象形文字（écriture figurée ou hiéroglyphique）的必然影响不无关系。这一特性在其他采用字母文字的民族中很早就消失殆尽，而屈折变化与形变在没有发展出任何文字的民族中获得了更大的发展。我很长时间之前就这样认为，至今尚未遇到现象与这一观点相悖，因此在我看来越来越准确"（第335—336页）。引言中的最后一句影射了其有关〔法〕艾蒂安·戴卡特勒梅尔《埃及语言与文学的批评和历史研究》(Etienne de Quatremère *Recherches critiques et historiques sur la langue et la littérature de l'Egypte* Paris, 1800) 一书的书评。这篇文章发表于1808年的《百科全书杂志》(*Magasin encyclopédique* 1808, T, IV, 240-282)（参见塞西1808）(《产生》, 1821年版:《全集》第四卷, 第311页)。塞西的这篇书评具有划时代的意义，其中所推出的语言发展阶段观这一假设与文字对词法发展的影响作用一起构成了法国语言学家的《圣经》。洪堡，一如雷慕沙，引用了此文并对其赞誉有加。塞西关注汉语纯属偶然，他对这门语言的关注始于对下列问题的思考："为何埃及人未像中国人一样被迫停留在这一漫长的童年时期、这一静止状态，该状态无益于任何思辨学或实用科学的进步、任何方法的提升以及任何有利思维的发展？那是因为前者并未局限于这一象形文字的使用。随着符号的增多，其使用也愈加困难。符号的丰富甚至使其不再适合其本来的目的，它并未使人类的思维活动变得便利，而是吸收了其所有能力，耗费了其所有精力，使所有活动陷于瘫痪"（塞西1808 : 第246页）。塞西参照了基于科普特语的"综合体系"得出的一个猜想。他表述如下："语言起源之时，任何词很有可能都是简单的单音节，每个单音节表达一个简单概念。由于其不变性，单音节完全无法承担观念的聚合，后者随后通过词得以表达。"因此，拉丁语中，amamus"首先并主要表达爱这一观念"以及三个"附属观念:1 该属性为一些个体所共有，2 这些个体为说话人，3 此刻这一属性与这些个体相符合"。"从根源上说"，当语言只有单音节时，"我们可以设想人们曾用 nos nunc am 或是 me plus nunc am 进行表达，正如中国人实际上说 ngo muen kin ngai（我们今爱）"。因此，在单音节语言时期，一些民族已经拥有了文字，如果文字为拼音文字，那么人们便"通过一些方法逐渐将表达性、数、时间等次要观念的单音节与那些表达主要观念的单音节组合起来。而如今这些方法大都无法得知。在这一组合中，每个次要单音节都遭遇了删减、改变或对调，直至变得不可辨认。一旦一个单独的多音节词以该种方式形成，它将变成一个模具，其中置入所有可以将同样的次要观念赋予不同单音节的内容"。一种"只用来描述声音"的拼音文字"经受了类似由四个单音节词 me plus nunc am 变为多音节词 amamus 所经受的所有变化"。

"中国人可能也曾倾向于缩短表达，然而其文字为多个单音节合并为一个多音节词设置了一个无法逾越的障碍。汉字并不表达语音，而是概念。如果汉字的组合像单音节的组合一样，它们的数量将会大大增加，将会具有如此多数量的线条与笔画，而记忆则无法承担这些。因此中国人保留了他们这一不变单音节体系，通过删去那些表达次要观念的单音节实现了表达的简洁性，而其代价是表达的清晰性。因此他们删除了单同一时期，雷慕沙在其著作中①论述了同样的理论假设。

洪堡并不认为文字对汉语的特性起了决定性的影响，因为文字在他看来始终是第二位的："语言早在文字出现之前就具备了该形式"，他对此深信不疑（《致雷慕沙的信》，1826年：《全集》，第五卷，第302页）。有关这一点，雷慕沙完全同意洪堡的看法："言语活动远远早于文字的出现"（雷慕沙1827：注释9），但两位学者在两个体系建立的相对时间性上持有不同的看法。

从上文可以看出，洪堡对语言形成过程的看法一开始是将时间视角搁置在一旁：语言仿佛是以某种突如其来的"结晶"方式出现的，且一经出现更具备了所有最终品性，其基本特征一蹴而

（接上页注）音节 kin 这一表达现在时间的符号，说 ngo muen kin ngai（je plus amour）"（塞西1808：第256—259页）。

① 雷慕沙基于这塞西这篇具有开创性意义的文章（参见原注169，即上一条脚注）在《鞑靼语研究》（Recherches sur les langues tartares）一书的序言（xxj-xxij）做如下表述：拼音文字中"通过逐一书写词的组成部分，这些表达同一个意义的组成部分自然而然地被合并或汇合起来"；相反，象形或更确切地说"象征"文字中，"名词和动词的词干应保存更为确定的形式：行为的特征则通过附加符号表达，词干不经改变则无法与后者相联"。

同样，雷慕沙在《学者报》（1828年10月，第603—615页）上发表了关于马西亚斯子爵的《论文字对思想和语言的影响》（baron Massias Influence de l'écriture sur la pensée et sur le langage Paris, 1828）一书的评论。他在其中写道："一位著名院士[……]倾向于认为不同语言因其是否拥有文字、拥有象形文字还是拼音文字而语法有所差异。"然而，这一次雷慕沙对塞西的观点表示怀疑。人们希望"看到用语言现象论证这一观点"："语言的综合方法、性数格变化和动词变位体系、冠词和代词的创造、语助词与词干的融合、其向词缀和后缀的转变、形式的过度组成或复式综合、构成复合词的名词组合、词类的区分、反向或直接结构"均属于需要收集并检验的语言现象。正如马西亚斯已经开始这一工作："一门方言的分支可能有一些语言，它们使用拼音文字或表意文字或是没有文字，保存了完全相似的形式：如果我们考虑到所有的结果，仅仅一个这样的例子就足以让我们怀疑文字对语言的重要影响作用"（第614页）。

就，除非一种新语言以全新形式诞生。事实上，这一研究视角与种类稳定观非常接近。根据这一研究视角，只要将文字的出现时间参照语言的产生时间稍作挪移就能减弱其影响。而雷慕沙认为语言是永恒变化的，与文字始终相互影响，语言中当前存在的现象都是可追溯的演变。这一观点对洪堡来说完全不可理解。

1. 文字与语言的共同原则

另外，在洪堡理论中，有关汉字对汉语语法所可能产生的影响这一讨论反映了一种文字分类法，这一分类法是洪堡在针对这一主题的两篇论著中所设想的，而分类依据的根本前提却并不支持一个如此的假设。事实上，他从原则上对两类文字进行区分：一类文字表达概念或表意文字（Ideenschrift），既包括图画文字（Bilderschrift）也包括汉语的形意文字（Chinesische Figurenschrift），另一类文字表达语音或拼音文字（Lautschrift），包括字母文字（Buchstabenschrift）、音节文字（Sylbenschrift）与语素文字（Wortschrift）。的确，这一区分受到一个现象干扰，那就是任何表意文字（Ideenschrift）对于其日常使用的民族来说，一方面变得与拼音文字（Lautschrift）相同，因为它也通过确定的词对确定的概念进行表达。（《文字》（《论文字同语言的联系》），1823—1824年，《全集》第五卷，第40页；译文）。

然而，这并不意味着所有的文字体系都可以被平等看待。即使是同样表达概念的两种文字也有所不同：在图画文字中，对事物的表现是实实在在的（第39页），"然而，表达概念的形意文字（Figurenschrift）看起来有利于语言的观念存在（idealité）。

因为这些任意选择的符号与字母符号一样都无法分散思维注意力。其结构内在的规律性使思想活动回到自身上来"(《拼音文字》,1824年,《全集》第五卷,第111页;译文)。然而,所有的概念文字(Begriffschrift)都不如拼音文字(Lautschrift)优越:"所有图画文字通过激起真实事物的直观形象,肯定会干扰而非协助语言活动",因为"文字,本来只是符号的符号,同时也成了事物的符号"(同上)。即使形意文字有其优点,却依然无法摆脱这一现象。事实上,"一个寻求概念而忽略语音的符号(Zeichen)只能不完整地表达词的个性"(第112页,译文)。

考量不同文字类型的优点需要一些分析原则,如今这些原则都为人所熟悉:"对我来说,文字与语法形式一样,都可以被简单的相似成分完全替代,我竭力展示这一点"(第133页,译文)。因此,同一个标准将带有质料意义的表达方式从真正的语法形式中排除出去,在此处得出"感性现象"也具有"质料"意义(第112页,译文)。

自从洪堡识别出最终对语法形式与文字的运行方式起决定性影响作用的是同一个因素之后,两者显然无法由一些相互矛盾的原则所支配。事实上,洪堡一直影射在语言中,尤其是文字中一个同时对两者产生影响的因素,这一因素处于"语言的内在理解与处理中、在思想的塑造中、以及在思考与感受能力的个性之中"(第133页,译文),与"与每个民族的语言(Sprachanlage)能力"(第119页,译文)息息相关。因此,洪堡在强调了"汉字与汉语语法体系的一致性"之后,将汉字描述为必须适应"民族精神的发展方向",且"确定"民族精神的"这一趋向"(《致雷慕沙的信》,1826年,《全集》第五卷,第302—303页),或当他提及文字所受的影响时,这一影响"取决于其语言能力和语言结构"(《拼音文字》,1824年,《全集》第五卷,第108页;译文),民族精神起到首要并最重要的影响作用。

  文字体系与语法表达体系之间只能完全对应,洪堡对此非常坚持。汉字力求"将人们的关注从语音以及语音与概念之间的关系上引开",因为它们"代替语音……,根据语言与概念的关系选择了一种约定符号,因此,精神就完全转向了概念。汉语语法正是如此,由于词缀和屈折变化的缺失,言语中语音的数量得以减少"(《致雷慕沙的信》,1826年:《全集》第五卷,第301页)。在"中国人从其观点出发看待一般语言问题的方式"中(同上),我们在这一基本特点的源头看到一种民族智力禀性。尤其是,文字完全适合并反映了这门语言最显著的两个特点。第一个特点是自"语法体系"到其所遵循的"原则",在"概念的孤立性、词的孤立性……"之外,这门语言的"文字"也具有孤立性。汉语"通过一个单独的符号表示每个简单词和复合词的每个组成部分"(第300页)。第二个特点是"读音体系""所使用的语音数量较少",因为文字提供了"一种无须增加语音就增加符号的手段"(第301页)①。

---

① 葛兰言的观点与以上结论相近:"词语具有拟声的特性,因此自起源之时就具有某种语音稳定性。汉语的这一性质使得其难以获得其他通过创造语法形式以及使用派生的语言同样的发展。当单音节词与无形态变化的表意文字相结合,语言就完全不可能

2. 汉字影响作用的有限性

基于这一理论根据，洪堡在第五封信中坚决反对汉字对语法形式产生影响这一观点。雷慕沙解释"同一个语助词或同一个词尾"多义性所用的论据，使得起初形式与意义均不同的词最终"在象形文字中只有一种表现形式"看起来非常可信，同样，"在其他情况下，不同的词的确是由同一个字符或是由发音相同的不同汉字表现"看起来也确实确定无疑（雷慕沙1827：注释9）。洪堡所持的观点与雷慕沙所述论据截然相反。他首先提出如下反对意见：在"拼音文字中"，一个书写方式也可以对应不同的词，因此汉语中这一类语言现象便不再具有独特性。

洪堡尤其反驳了雷慕沙的以下断言："一个汉字对应一个音节，……并未实现词的统一性，即表达同一个意义的一个词的组成元素的统一性"（雷慕沙1827：注释13）。为了论证汉语中词缀、语助词的缺乏与文字毫无关系，洪堡将所谓的词缀与其所修饰词的融合现象的匮乏和完全缺失区分开来。在他看来，如果汉字对汉语产生影响，严格来讲，那也只表现为联诵的缺失，由汉字构成的文字体系导致了语音中词的明显分离。然而，即使承认这一假设，那些太平洋诸岛屿语言拥有词缀，事实上却从不将其"通过改变发音的方式与词"联系起来，且将虚词与实词区分

（接上页注）通过上述渠道获得发展。不变的单音节词与表意文字的这一结合完全终止了语法或句法的任何发展。自此之后，通过具体图像的形式来反映现实这一需求只能通过创造新的书写符号来满足。这也就是这一单音节语言中虽然语音贫乏，而表意文字却得到了蓬勃发展的原因"（葛兰言1920：第122—123页）。

开来。鉴于这些语言并不拥有文字，这一现象说明了应在文字之外寻找原因。汉语有两大特点：其一，语法词的匮乏，这一特点应归因于该民族"智能力量"（des forces intellectuelles）的特殊性；其二，相邻发音不相连，这一现象可归因于"发音习惯"。汉语的独特性源于这两个现象的综合，而太平洋诸岛屿的语言只呈现第二种特点。

这一结论为洪堡提供了一个时机重申其坚信的两个观点。语言中并非只有文字对语法形式单方向起影响作用，而是语言与"本土"文字之间全方位"相互"影响。然而，有一点需要注意：所观察到的"完美和谐"的背后是"语言的特性对文字起决定性的作用"这一重要因素。从这一角度来看，汉语由于语音匮乏倾向于采用"对整个词进行书写的文字"，而梵语拥有一系列语音，意味着要"对语音进行描绘"。另外，当文字"反过来影响"语言时，语言业已"形成"，因而其无法影响到其"原初结构"。

洪堡在论证有关汉语的论点时援引了许多塔希提语的例子。1827年，他意图撰写一本有关太平洋诸岛屿语言的著作。为了实现这一兼备百科全书与比较性质的研究计划，洪堡力图了解已知地理区域的大多数语言。由此，其研究重心逐渐从美洲语言转向马来波利尼西亚语言。洪堡自其弟亚历山大返回欧洲以及自己接触到耶稣会士赫尔伐斯神父的文献时起就开始关注马来波利尼西亚语言群。他对马来波利尼西亚语言的研究持续了8年，直至其离世。然而，正是因为这些语言在"语法结构"上不仅与汉语有些共同之处，与某些美洲语言也有相同之处，汉语并没有完全退出其思考范围,而是至少作为语言类型学的一个极点。在汉语研究方面,洪堡一直对雷慕沙这位当时西方汉学无可争议的领军人物非常欣赏。第六封信也证实了这一态度。

第六封信①

阁下:

我于几天前刚收到您于上个月5号寄出的信②。我由衷地感激阁下对我的关注。您在信中对我的研究不吝过誉言辞,这令我深感惭愧。我有幸得到您的建议,这同时也令我十分不安。起初,法兰西铭文与美文学院(Académie des belles lettres)屈尊接受我为通信院士,我倍感荣幸,同时也意识到随之而来的责任:那就是以某种方式证明这一选择的正确性,特别是为学院的研究贡献我的微薄之力。我将在您的支持下首次于法兰西铭文与美文学院露面,我对此非常珍惜。您建议我年底之前寄一篇论文给学院③,当然,这也是我的愿望。然而,这一计划面临重大困难,我不敢做出任何承诺。请阁下宽恕我的力不从心。近几年来,我对一些

---

① 信件手稿,芒特市图书馆藏品,编号为1905。这封信写于一张对折的纸上,共三页。
② 无论是马特森(1980)还是缪勒-富尔玛(1993)在提及洪堡的文件时均未提到这一封信。
③ 此处影射一篇有关希腊语愈过去时的论文,题为《希腊语与梵语语法形式的比较》(*Sur la comparaison de quelques formes grammaticales dans les langues Grecque et Sanscrite*)。

粗劣、不相干的语言①展开了研究，超出了学院古希腊、古罗马经典文化以及其美文这一研究范围，因此不敢向学院呈

（接上页注）1828年4月至5月，洪堡在巴黎逗留四周。他在此期间在法兰西铭文与美文学院宣读了这篇论文（致韦尔克的信，1828年12月3日，第145页）。莱茨曼（Leitzmann）读到了该文手稿（莱茨曼的《批注》:《全集》第四卷，第58—75页），出版了其德语版《论希腊语的过去完成时、叠加式不定过去时、阿提卡语的完成时与梵语时态构成的亲缘性》（《全集》第六卷，第58—75页）[*Ueber die Verwandtschaft des Griechischen plusquamperfectum, der reduplicirenden Aoriste und der Attischen Perfecta mit einer Sanskritischen Tempusbildung* (GS VI 58-75)]。后一版本早于1828年2月26日宣读于柏林科学院。洪堡不仅在其自传中提到该篇文章："我用法语写了这篇关于阿提卡语叠加现象的论文，后来在学院宣读过"（《生平》，1828年，《全集》第十五卷，第530—531页），在《卡维语论著》中也对其有所提及（《卡维语导论》，1830—1835年，《全集》第七卷，第135—136页）。

雷慕沙在1828年4月29日宣读的《1827年亚洲学会委员会研究及经费使用报告》（*Rapport sur les travaux du conseil et l'emploi des fonds de la Société asiatique pendant l'année 1827 fait dans la Séance générale du 29 avril[...]* Paris, 1828, 11-50）中提到了这一论文："最后，一位专门为解释语史学深奥领域而生的学者在将印度语言与欧洲古典语言关联起来的语法关系方面做出了出色研究之后，在这一领域内对几个动词时态进行比较分析，这些时态在希腊语和梵语中由相似的形式表达。希腊语和梵语被认为是最为精深、也是人类有史以来所使用的最难的语言。从事这一比较研究需要对这两门语言非常精通，其研究结果由这位学者宣读于法兰西铭文与美文学院"（第37页）。

① 洪堡真诚地拒绝了雷慕沙的提议，并礼貌地表达了其遗憾。事实上，这一言辞掩盖了洪堡回归语史学研究的某种不快。该研究与其新研究对象差距较大。洪堡在巴黎之行之后写给韦尔克的信证实了这一既成的断裂以及其研究的新方向："我相信自己已经锁定在语言问题上了，甚至已得出了语文学走惯常路径所不会引出的洞见。今年我才写了一篇关于阿提卡语叠加现象以及若干相关情况的论文，不久就会印出来了。不过，阅读百家、美学与古典部分的研究这些事自然会受影响，因为我在自己的主要研究中取了另外一个方向。可是，因为我选了这条路，现在就必须走下去；我也没有将这些研究看成是向无止尽进发。若它们仅在某种程度上在外部层面把全部语言当作最终目的，那就不好去为这件事真正设定什么目标了。只是我的目的单纯很多，并且似乎是个深刻的目的，具体来说就是一项研究，该研究将语言内在的能力当作人类的能力，而将其效用——那些语言——仅用作解释过程中认识与实例的源泉。我想说明决定某种语言为彼类或此类的东西就是其语法结构，而且想要解释，语法结构如何能够在保持自身所有差异性的情况下，仅仅遵循特定的、屈指可数的几种方法，

交任何成果。现有研究已经占据了我所有的空闲时间。我给阁下寄了一封长信，信内附有我刚发表的一篇论文，您从中可以了解到我正准备撰写一本有关太平洋诸岛屿语言的著作①。我非常希望可以应阁下之邀出席您主持的学院会议，但这会打断我的现有研究，而且我并不确定这一研究方向的成果是否值得呈示给诸位科学界杰出学者。另外，还有一件事使我更加不安：我将中断研究赴萨尔茨堡地区②（le païs de Salzbourg），此行将大大缩短阁下所规定的期限。尽管我无法做出任何许诺，我仍肯请阁下相信我将认真考虑开展您建议的研究，恳请您原谅我目前无法进行这一研究。请带我向哈斯（Hase）先生致歉，我万分感谢他对我研究③所给予的

（接上页注）使得每一种语言都可在本研究中得到说明，说明其中具有统治性的和混杂着的是哪些方法。而我当然也会用这些方法本身去观察每种方法对精神和感情的影响以及——在可能的范围内——该方法从语言成因出发所作的解释，进而将该语言研究同人类学识能力的哲学概观、同历史联系在一起"（致韦尔克的信，1828年12月3日，第144—145页）。

① 这一研究计划不仅远远超出了一篇有关太平洋诸岛屿语言的学术论文的范围，也超出了洪堡于1829年11月24日在柏林宣读的题为《论马达加斯加语与马来语系》（*Ueber die Madecassische Sprache und den Malayischen Sprach-Stamm*）的论文。这一时期所设想的研究不可能只生成了《卡维语论著》。这一研究工作始于1830年这一通常认定的日期之前，其酝酿工作在第五封信中已有提及。（《洪堡著作集》*Humboldt Werke* 1981：V 488）

② 七月十二日，我们启程前往加斯泰因（Gastein）"；"九月二日，我们从加斯泰因返回"（《生平》，1828年，《全集》第十五卷，第529页）。

③ 夏尔·伯努瓦·哈斯（Karl Benedikt Hase 1780-1864），出生于图林根州（Thuringe）苏尔察（Sulza）。他曾在耶拿（Iéna）跟随黑尔姆斯特学习希腊语与（Helmstedt）

关注。舍弟①要我向您转达他的敬意。他不久前在柏林科学院宣读了其有关地球上热量分布原因的论文②，开拓了有关这

（接上页注）阿拉伯语。他于1801年步行到了巴黎，进入皇家图书馆钻研希腊语手稿。他曾担任孔多塞侯爵夫人（veuve Condorcet）的德语教师，1812年成为奥坦丝王后（reine Hortense）子女的家庭教师，其学生中就有未来的拿破仑三世。他在1815年获得了东方语言学院（Ecole des langues orientales）现代希腊语与希腊古文字学的教席，在该机构执教长达半个世纪之久。1824年当选为法兰西铭文与美文学学院院士，1830年起在巴黎综合理工学院（Ecole Polytechnique）教授德语，1832年之后被任命为国家图书馆希腊语手稿部主任负责人。1852年，路易·拿破仑在索邦大学为其专门设立了首个比较语法教席。1811，亚历山大正是在哈斯的陪同下赴维也纳拜访了洪堡（贝克1961：第30页）。
有关哈斯，参见法国历史学家米歇尔·布莱尔（Michel Bréal）于1833年3月15日刊于《双世杂志》（Revue des deux mondes）上的一篇论文。后者于1864年继承了哈斯的比较语法教席，该席位被移至法兰西工学院；参见〔法〕普雷沃等的《法国传记词典》（M. Prevost, Roman d'Amat, H. Tribout de Morembert Dictionnaire de Biographie française Fasc. XCIX Paris 1986, col. 698-9）、《德意志人物传记1875—1912》[Allgemeine Deutsche Biographie (1875-1912) T.10, 725-7]、〔法〕吉纽刊于《学院著述》的《夏尔·伯努瓦·哈斯生平与著作的历史评述》一文（M. Guignaut "Notice historique sur la vie et les travaux de Ch. B. Hase" Mémoires de l'Institut T. 27, 1867, 247-273）、亚历山大·冯·哈斯《桥接巴黎：1824年与兰克在夏尔·伯努瓦·哈斯处的不期而遇》《文化史档案》第60卷，1978年，第一册，第213—221页（Alexander von Hase "Brückenschlag nach Paris, Zu einem unbekannten Vorstoss Rankes bei Karl Benedikte Hase, 1824" Archiv für Kulturgeschichte, 60, 1978, I, 213-221）、〔法〕佩蒂门金《法德哲学的两个领军人物》一文 [P. Petitmengin "Deux têtes de point de la philologie allemande en France : le Thesaurus linguae Graecae et la Bibliothèque des auteurs grecs (1830-1867)" M. 波拉克，H. 威斯曼编：《十九世纪的语文学与阐释学（二）》，哥廷根，1983年，第76—98页 M. Bollack, H. Wismann (eds) Philologie und Hermeneutik im 19. Jahrhundert II, Göttingen, 1983, 76-98]。
① 洪堡在自传中对1827年记录如下："亚历山大春天从巴黎经伦敦而来，并落户于此，开始阅读他同行们的著作"（《生平》，1828年，《全集》第十五卷，第530页）。亚历山大于1827年4月14日自巴黎出发，途经伦敦和汉堡，最终于5月12日到达柏林（贝克1961：第78页）。
② 亚历山大的《论地球上温度差异性的主要原因》（"Ueber die Hauptursachen der Temperaturverschiedenheit auf dem Erdkörper"）一文，于7月3日宣读于柏林科学院的一场公开会议之上，之后刊发于该学院1827年的论文集中，另外该文也被分开刊印，在［波根多夫的《物理与化学年表（六）》，1827年，第1—27页 (les Poggendorff's Annalen der Physik und Chemie XI, 1827, 1-27)］中也有摘录。

一问题的新认识。我刚给小布赫诺夫先生[1]寄去了一些内容，

---

[1] 小布赫诺夫，生于 1801 年，由其父让 - 路易·布赫诺夫领入古希腊、罗马文明研究领域。其父让 - 路易·布赫诺夫是语史学家，在法兰西公学院担任拉丁语与修辞学教授一职，也是波普的首位译者（雷夫曼 1891：I 135）。小布赫诺夫于 1822 年进入文献学院（Ecole des Chartes），与其父一起同时跟随谢兹（Chézy）学习梵语。在后者离世之后，小布赫诺夫于 1833 年继承了其席位。
小布赫诺夫与拉森（Christian Lassen）合著的《论巴利语，恒河上游半岛的圣典语，附皇家图书馆巴利语手稿的说明》（*Essai sur le Pali ou langue sacrée de la presqu'île au delà du Gange avec la notice des manuscrits palis de la Bibliothèque du Roi* Paris, Dondey-Dupré, 1826）为其处女作。他随后著有《布赫诺夫与拉森论巴利语论文一些片段的语法评论》（*Observations grammaticales sur quelques passages de l'essai sur le Pali de MM. E. Burnouf et C. Lassen*, Paris, 1827）。小布赫诺夫通过学习巴利语首次清晰地推出梵语、巴利语以及普拉克利特语（pracrit）之间的继承关系，也开始关注印度之外的佛教。小布赫诺夫在《印度佛教研究入门》（*Introduction à l'étude du bouddhisme indien* T. I, Paris, Imprimerie royale, 1844.）一著中对后者进行了论述。该学者最重要的贡献是利用梵语，基于法国学者安基提尔 - 杜佩隆（Anquetil-Duperron）于一个世纪之前带回的原始手稿，重建了古波斯语（langue zend）或阿维斯陀语（avestique）。其《Yaçna 评论》一文（*Commentaire sur le [premier chapitre du] Yaçna, l'un des livres religieux des Parses, ouvrage contenant le texte zend expliqué pour la première fois [...] et sa version sanscrite inédite de Nériosengh* Paris, Imprimerie royale, 1833-1834, A Meillet "XVII. - La Grammaire comparée au Collège de France" *Le Collège de France 1530-1930. Livre jubilaire composé à l'occasion de son quatrième centenaire*. Paris, 1930, 279-289）可做如下评价："一眼看上去，文本得以注释、分析，是语言学家和宗教史学家们的共同财富"。除了一本不甚准确的梵语译本之外，布赫诺夫还持有一本帕拉维语译本。帕拉维语译本中，《阿维斯塔经》的近期部分只能使用其中的"词语和句子"。而梵语语法"使其几乎可以立刻对形式进行分类"（第 280—281 页）。另外，布赫诺夫还出版了《阿维斯塔经》的《伏魔法典，据皇家图书馆的古波斯语手稿，古波斯琐罗亚斯德教的石印经书之一》（*Vendidad Sadé, l'un des livres de Zoroastre lithographié d'après le manuscrit zend de la Bibliothèque royale*, Paris, 1829-1843）。该学者自 1832 年起接替商波梁当选为法兰西铭文与美文学院院士。他自 1852 年担任学院的终身秘书，直至其离世。
布赫诺夫于《亚洲学报》上发表了有关波普第一篇论文《比较剖析》（*Vergleischende Zergliderung*）（*Journal Asiatique* T. VI 1825, 52-62, 113-124）以及《梵语大全》（*Ausfürliches Lehrgebaude der Samskrita Sprache*, 第 298—314 页，第 359—371 页）的评论文章。洪堡随即非常正面地肯定了其研究（致施莱格尔的信，1825 年 6 月 17 日，第 180 页）："我看这位年轻的布赫诺夫当真不凡"（致波普的信，1826 年 7 月 17 日，

若阁下认为有价值,可以发表在《亚洲学报》上 ①。阁下,请允许我借此时机重申我对您的忠诚与敬意。

洪堡敬上

1827 年 7 月 7 日写于柏林附近的泰格尔

(接上页注)第 46 页)。洪堡尤其对其古波斯语研究表示赞赏:"它们很重要,而且在我看来干得很出色"(致波普的信,1829 年 5 月 29 日,第 64 页),认为它们"优秀且确实值得钦佩"(致施莱格尔的信,1830 年 6 月 11 日,第 250 页),即使布赫诺夫"在相当多基本知识上其实没有掌握真正的语感"(致波普的信,1832 年 5 月 2 日,第 83 页)。洪堡写给布赫诺夫父子的多封信件得以保存,尤其是 1829 年 6 月 18 日和 1830 年 5 月 20 日的两封信。这些信件被收入一本通信集,题为《布赫诺夫父子与波普以及洪堡兄弟通信集 1820—1850》,共 111 页。这一通信集构成了《让 – 路易·布赫诺夫(1773—1844)与欧仁·布赫诺夫(1801—1852)通信与文件集》的第 XIV 卷(编号 10600)。该通信与文件集共二十卷,编号为 10587 至 10606,是德利勒女士(Mme L. Delisle)的遗赠(参见欧蒙《国家图书馆法语手稿总录新入馆手稿 四 编号 10001—11653 以及 20001—22811》[H. Omont *Bibliothèque nationale Catalogue général des manuscrits français Nouvelles acquisitions françaises IV N° 10001-11653 et 20001-22811* Paris, Ernest Leroux, 1918])。

有关欧仁·布赫诺夫,参见本菲 1869:第 609—611 页,第 620 页;温迪施(Windisch)1917—1920:第 123—140 页;[法]诺代《布赫诺夫父子的历史说明》(J Naudet *Notice historique sur MM. Bournoff père et fils, lue dans la séance publique annuelle de l'Académie des Inscriptions et Belles-lettres le 18 août 1854* Paris, 1886),[法]帕维《欧仁·布赫诺夫著作的历史说明》(T. Pavie *Notice sur les travaux de M. E. Burnouf* Paris, 1853),[法]朱尔·巴特尔米-圣伊莱尔《欧仁·布赫诺夫:著作与通信》(J. Barthélémy Saint Hilaire *Eugène Burnouf : ses travaux et sa correspondance* Paris, 1891);《国家图书馆收藏的欧仁·布赫诺夫文件》(*Papiers d'Eugène Burnouf, conservés à la Bibliothèque nationale. Catalogue dressé par Léon Feer. Augmenté de renseignements et de correspondances se rapportant à ces papiers* Paris, Champion, 1899);《1825 至 1852 年间欧仁·布赫诺夫通信选编》(*Choix de lettres d'E. Burnouf 1825-1852* par Mme L. Delisle née Burnouf, Paris, H. Champion, 1891),《欧仁·布赫诺夫图书馆书籍与手稿目录》(*Catalogue des livres et manuscrits composant la bibliothèque de feu M. Eugène Burnouf* (rédigé en partie par lui-même), Paris, B. Duprat, 1854[cote BN: Delta 17940])(其中部分内容由小布赫诺夫自己整理)。

① 即 1827 年刊于《亚洲学报》十一中的《论梵语文本中词的区分》一文("Mémoire sur la séparation des mots dans les textes samscrits" *Journal Asiatique* XI 1827 163-172 [GS VI 30-36 = mots sanscrits 1827])。洪堡 1825 年写给小布赫诺夫的信件原件保存于国家图书馆的手稿部,编号为 N.a.f. n°10600。

如果说第六封信整封内容都围绕将要进行的巴黎旅行而写，那么洪堡在 3 年后的第七封信中通过提及其在马来波利尼西亚语言领域开展的新研究，回归到有关汉语所引出的两个理论问题。

第七封信[①]

阁下：

您可能已经获悉了我去年的不幸遭遇。拙荆在旅行返程之际[②]身染重病，于三月离世[③]。这件事完全摧毁了我的家庭生活，自此我深感孤独，研究成为我生活的唯一。我投身于马来语以及印汉语言（langues Malayes et indo-Chinoises）的研究[④]，

[①] 信件手稿，芒特市图书馆藏品，编号为 1898。该信写于两张纸上，共三页。
[②] 信中提到的巴黎之行是指洪堡借由护送其女加布里埃尔·冯·毕罗（Gabriele von Bülow）及外孙赴伦敦与女婿团聚之机在巴黎暂作停留。其女婿自 1827 年初出任普鲁士驻伦敦大使。洪堡与家人自 1828 年 3 月 31 日动身，途经卡塞尔和法兰克福。洪堡于 4 月 15 日到达巴黎并逗留至 5 月 15 日。他于 5 月 19 日到达伦敦，7 月 19 日返程。返程经由加来、巴黎、斯特拉斯堡、奥格斯堡、慕尼黑到卡斯汀，之后由卡斯汀出发至纽伦堡、柏林，最终于 10 月 4 日回到泰格尔。短时间之后，其妻身染重病（《生平》，1828 年，《全集》第十五卷，第 531 页），自 12 月起就被诊断为回天乏术。洪堡对第二次巴黎逗留非常满意"我们那儿没有任何一座城市能与这样一座城市媲美。即便是德国最大的城市也带着些小镇气。如果不住乡下的话，这样的城市自然要优选于任何别的城市"［致迪德（C. Diede）的信，1828 年 4 月 23 日，第 144 页］。
[③] 1829 年 3 月 26 日。
[④] 直至彼时，他仅对太平洋诸岛屿语言进行了研究。因此，这一研究转变非常明显：其研究自此向两个方向扩展：一是同语族内的语言，二是地理上相近但并不因此相似的语言。在洪堡的论述中，"马来语言"（langues Malayes）的定义具有可变性。最终，他使用"马来语"（Malayischen Sprachen）来指"马来语系"（Malayische Sprachstamm）(《卡维语》，1836—1839 年，第二卷，第 233 页）。换言之，在他看来，

(接上页注)被波普自1840年称其为马来波利尼西亚语言的语族正是如今被叫作南岛语系(austronésienne)的语言。洪堡是首位承认这一语族中语言统一性的学者:"我所进行的有关所有这些方言研究使我对一个观点深信不疑,并为其提供了实质性的证据。这一观点便是:只需排除居住在新几内亚岛、新荷兰(Nouvelle Hollande,16世纪中期起欧洲人对澳大利亚的命名——译者注)等印度洋中几个岛屿上的黑肤色、毛发卷曲的部落所使用的语言,自马达加斯加岛到复活岛的语言只有一种类型"(《致毕麒麟的信》,1831年8月20日,第309页;参见《地点副词》,1829,《全集》第六卷,第311页)。相反,洪堡拒绝将"波利尼西亚"这一术语认定为一个纯粹的地理表述(《卡维语》,1836—1839年,第二卷,第208页,参见第296页;第三卷,第433页)。他倾向于使用"马来"这一表述,在他看来其中特点最为明确的一门语言来为一组语言命名完全合理,"其余语言可视为由其派生而来"(《卡维语》,1836—1839年,第二卷,第210页)。

然而,洪堡也使用"狭义上的"(im engeren Sinne)"马来语"(Malayischen Sprachen)(《卡维语》,1836—1839年,第二卷,第294页),以此代指如今我们称为"印度尼西亚语言"(langues "indonésiennes"),即这一语族中西方语语支。这一语支与另一由波利尼西亚系列语言或"南太平洋岛屿诸语言"("Sprachen der Südsee")(第294—295页)组成的语支相对。对洪堡来说,狭义上的马来语言包括卡维语(kawi)、爪哇语(javanais)、马来语(malais,)、马拉加斯语(malgache)以及他加禄语(tagalog)。马来语用作单数时,特指马来半岛(la péninsule de Malacca)上所使用的语言(《卡维语导论》,1830—1835年,《全集》第七卷,第85页、第139页、第164页;《卡维语》,1836—1839年,第二卷,第210页)。洪堡在《卡维语论著》*Kawi-Werk* 第一卷中常常区分狭义上和广义上的马来语。前者包括马拉加斯语和他加禄语(《卡维语导论》,1830—1835年,《全集》第七卷,第81页、第221—222页、第279页、第322页),而后者则指一种语言类型或一个语系(《卡维语导论》,1830—1835年,《全集》第七卷,第150页、第163页、第233页、第265页)。参见布赫霍茨(Buchholz)有关这一术语的论述。

这一表述在该信中指准确意义上的马来语言或印度尼西亚语言。事实上,一段时间以来,洪堡在有关这些语言的问题上使用了一些经典著作,如〔英〕威廉·马斯登《马来语语法》(William Marsden *A grammar of the Malayan language, with an introduction and praxis* London, 1812)(《语构区别》,1827—1829年,《全集》第六卷,第164页、第166页、第211页;《地点副词》,1829,《全集》第六卷,第310页),可能还有《马来语词典》(*A Dictionary of the Malayan language in two parts, Malayan and English, and English and Malayan* London, 1812)以及〔西〕塞巴斯蒂安·德·托塔奈斯《他加禄语语法》(Sebastian de Totanes, *Arte de la lengua tagala, y Manual taglog* Sapaloc, 1745, 马尼拉重印本, 1796)(《地点副词》,1829,《全集》第六卷,第313页)。

最后,洪堡用印汉语言(langues indo-chinoises)这一表述不仅指暹罗湾(Siam)和努力弥补我已发现的知识缺陷。我的巴黎之行①以及与您的交流使我受益匪浅。在此过程中,我意识到要进行语言普遍性研究,我尚欠缺很多知识,为此我将以更大的热情与勤奋,充分利用乡下孤独的生活来填补这一知识缺欠。我希望可以在不久之后向您呈现一本论著②,以不负您对我微薄研究的善

(接上页注)安南半岛(Annam)所使用的语言,还指介于印度和中国的缅甸语(birman)。这些"在中印两地居住的"居民的民族语言有单音节性这一共同点(《卡维语导论》,1830—1835年,《全集》第七卷,第300—301页)。事实上,洪堡对这些语言的认识已经不亚于后来莱登在《亚细亚研究》上发表的《论印度支那民族的语言与文学》(J. Leiden "On the languages and literature of the Indo-Chinese nations" *Asiatick Researches* 10, 1808, 158-289)(《南太平洋》,1828年,《全集》,第六卷,第40页)以及柯恒儒《亚洲多样性或亚洲民族根据其语言亲属性的划分》(Julius Heinrich Klaproth *Asia polyglotta ou classification des peuples de l'Asie d'après l'affinité de leurs langues avec d'amples vocabulaires comparatifs de tous les idiomes asiatiques* Paris, 1823)(《美洲》,1823年,《全集》第五卷,第6页;《美洲语言》,1826年,《全集》第五卷,第353页、第356页;《普语类型》,1824—1826年,《全集》第五卷,第390页;《双数》,1827年,《全集》第六卷,第9页;《语构区别》,1827—1829年,《全集》第六卷,第202页、第262—263页、第295—296页、第299页)。在这一方面,洪堡参照了〔英〕费里斯·克里《缅甸语语法》(Felix Carey, *A grammar of the Burman language. To which is added a list of the simple roots from which the language is derived* Serampore, 1814)(Anh. Zu Rückerts 1829: VI 108),可能还有〔美〕艾多奈拉姆·贾德逊《缅甸语词典》(Adoniram Judson *A dictionnary of the Burman language, with explanations in English. Compiled from the manuscripts of A. Judson and of others missionaries in Burmah.* Calcutta, 1826)、〔英〕霍夫《英语与缅甸语词汇》(G.H.Hough *An English and Burman vocabulary, preceded by a concise grammar.* Serampore 1825)以及〔英〕詹姆斯·洛《泰语语法》(James Low *A grammar of the Thai, or Siamese language* Calcutta, 1828)。洪堡在《卡维语论著》*Kawi-Werk* 中使用了以上所有著作。
① 有关此次巴黎之行,可参照洪堡于1828年4月23日写给夏洛特·迪德(Charlotte Diede)的信(第140—144页)。
② 此处再次提到的著作为《卡维语论著》*Kawi-Werk*,此时洪堡业已动笔:"但我此刻在做一项工作,如果我可以依自己的计划实施这项工作的话,它会澄清并更明白地解释我迄今为止所把握的所有关于语言的观念,不谦虚地说,通过这项工作,我就又多搞到一大块关于语言形成的认识"[《致韦尔克的信》,1830年1月29日,第151—152页]。

意鼓励。

随信附上一篇我近期在柏林科学院宣读的论文①。该文对一些语言中人称代词的起源进行了论述,这一观点在我看来非常值得关注②。这一发现主要归功于我三年前进行的亚美尼

(接上页注)同样,洪堡在 1829 年末的论文中论及汤加语时,也提到这一著作:"我正盘算一篇有关散布范围从马达加斯加到复活节岛的所有马来语言的详尽文章"(《地点副词》,1829,《全集》第六卷,第 311 页)。并且,他在一个未出现于手稿的注释中:"我在皇家科学院的一次小组级别会议上宣读过一篇论文,论文内容有这项工作最初的、现在要单独撰文论证的构思"(第 311 页),暗示其 1831 年 6 月 9 日于柏林科学院宣读的有关卡维语的介绍。其中两个部分保存于克拉卡夫市图书馆的洪堡藏品中,编号为 Coll. ling. fol.12E. Mappe 2, 3 (穆勒 - 弗梅尔 1993:第139—141 页;莱茨曼的《批注》:《全集》,第七卷,第 350 页)。
① 即 1829 年 12 月 17 日宣读于柏林科学院的《论几种语言中地点副词与代词的亲缘关系》Ueber die Verwandtschaft der Ortsadverbien mit dem Pronomen in einigen Sprachen[GS VI 304-330])。这篇论文发表于《柏林皇家科学院历史与语文学组论文选自 1827 年》,柏林,1832,第 1—47 页(*Abhandlungen der historisch-philologischen klasse der Königlichen Akademie der Wissenschaft zu Berlin. Aus dem Jahre 1827* Berlin, 1832, 1-47)。洪堡在同一时间给许多朋友寄了复本(《致韦尔克的信》,1830 年 5 月 8 日,第 154 页;《致施莱格尔的信》,1830 年 6 月 11 日,第 251 页)。
② 洪堡向施莱格尔宣布想要证实"在一些语言中,代词'我''你''他'产生于地点副词'此处'(hic)、'对面'(istic)、'那边'(illic),其他语言则会对调这些概念"(《致施莱格尔的信》,1830 年 6 月 11 日,第 251 页)。三种情况得以介绍:汤加语(tongien),"地点概念成为这三个代词的惯常伴随者,以至于人们常常认为这门语言不再需要这些代词,就让地点概念代表代词";汉语,即使"它真的成了代词,却没有系统性地贯通整个代词形式";还有日语与亚美尼亚语(arménien),当"地点与代词性概念被用完一样的音称呼而关联在一起时,两者只能被视为是一致的"(《地点副词》,1829,《全集》第六卷,第 311 页)。

亚语研究①。拙作中提到了诺伊曼先生②的一篇文章③，其论述在我看来非常巧妙，我希望阁下像我一样认同其论述言之有据。诺伊曼先生先寄给我一篇摘要④，对"乃"字进行了长篇

---

① 洪堡确实对这门语言进行了论述（《双数》，1827年，《全集》第六卷，第14页）。他所参考的语法书为〔亚美尼亚〕雅克-沙昂·戴西尔比耶德（Jacques-Chahan de Cirbied）的《亚美尼亚语法》（Grammaire de la langue arménienne Paris, Everat, 1823）(《语构区别》，1827—1829年，《全集》第六卷，第171页）。另外，洪堡还持有雅克·维约特神父（Jacques Villotte）所编撰的词典（Dictionarium novum Latino-Armenium. Ex praecipuis armeniqe linguae scriptoribus concinnatum. Roma, 1714）。洪堡与诺伊曼主要围绕这门语言（《地点副词》，1829，《全集》第六卷，第321页）进行通信交流。参见克拉卡夫市（Jagiellonska）市图书馆的洪堡藏品，编号为 Coll. ling. fol. 56, Mappe 3. Bl. 17-39（缪勒-富尔玛1993：第234页）。
② 卡尔·弗里德里希·诺伊曼（Carl Friedrich Neumann, 1793-1870），德国犹太人，曾在海德堡和慕尼黑师从著名古希腊学者——蒂尔希（F. Thiersch）学习历史，并在此期间转信新教。诺伊曼自1822年在施皮雷中学（gymnase de Spire）担任教职，但因其自由思想在1825年被免职。之后入住威尼斯Mekhitaristes教派修道院学习亚马尼亚语。他1828年赴巴黎、之后赴伦敦学习东方语言，于1830年出发去中国。次年，他从中国带回一万册书籍，并将这些书籍出让给巴伐利亚政府，在慕尼黑大学担任亚美尼亚语和汉语教授直至1852年从该校退休。洪堡提及诺伊曼之时，后者发表的论文数量比较少，仅著有《历史性的尝试》，海德堡，1825年（Historische Versuche Heidelberg, 1825）以及《论亚美尼亚哲学家大卫的生平及著作》（Mémoire sur la vie et des ouvrages de David philosophe arménien Paris, Imprimerie royale, 1829）。诺伊曼的汉语学识令人怀疑。有关其生平，参见《德意志人物传记1875—1912》（Allgemeine Deutsche Biographie 1875-1912 T. 23, 529），《新菲尔曼·迪多人物传记1857—1866》（Nouvelle biographie générale Firmin Didot 1857-66 T. 37, col. 806-7）。
③ 洪堡再现了诺伊曼（K. F. Neumann）对汉语的分析（《地点副词》，1829年，《全集》第六卷，第321页）。根据这一分析，"乃"在古文中看起来是第二人称代词，由用于这一人称的空间概念发展而来。
④ 克拉卡夫市图书馆洪堡藏品，编号为 Coll. ling. 17 Materialen b. Briefe an W. v. Humboldt III, Bl. 131-137，其中有诺伊曼的一篇概述性文章（Bl. 135-136）以及其于1830年1月19日写给洪堡的信（Bl. 131-132, = Mattson n° 12242）。这篇摘要共三页，可能是文中影射的材料。这封信似乎是诺伊曼针对洪堡1830年1月8日写给他的信（Mattson n° 8145）所做的回复（ib Materialen c. Briefe W. v. H. an Neumann 1 Bl.

幅论述①。阁下曾向我谈起他的汉语研究②并赞誉有加,因此我对他的信任有增无减。在此之后,我与他有过几次会面,在我看来他非常睿智,在一些领域的学识稳固可靠。我自然没有立场评判其汉语学识,而我并不否认他有时候对短时间内获得的知识显得过于自信③。然而,看到报纸杂志对其展开了猛烈的攻击我感到非常遗憾④。更正错误固然重要,礼貌和

(接上页注)138-141),因为这封信的开头为"我在修改近期的论文时候仍然遇到几点关于汉语'乃'的疑问"(缪勒-富尔玛 1993:第 153 页)。
① 有关"乃"字的使用,参见甲柏连孜(G. von der Gabelentz)的一篇报告(1960,第 264—268 页)
② 雷慕沙在在 1829 年 4 月 30 日宣读的《1828 年亚洲学会委员会研究及经费使用报告》(*Rapport sur les travaux du conseil et l'emploi des fonds de la Société Asiatique pendant l'année 1828 fait dans la séance générale du 30 Avril 1829,* Paris, 1829, 5-48)中提及诺伊曼时用词极为谨慎:"另一位巴伐利亚学者,诺伊曼教授,在居住威尼斯期间查考了亚马尼亚文学中最纯粹的原始资料,专门为汉语研究来到巴黎。他热情满怀地推进这一研究,在极短时间内毫不畏惧地开展朱熹(Tchu-hi)的一部玄学论著的翻译工作,而这部著作无论从主题还是风格上来说都非常困难"(第 29 页)。事实上,后来诺伊曼出版了《中国人的自然哲学与宗教哲学(附石印图一幅):依循人称"理学之王"的中国哲人朱熹之著作》,莱比锡,1837 年(*Die Natur-und Religionsphilosophie der Chinesen : mit 1 Steindrucktaf. Nach dem Werke des Chinesischen Weltweisen Tschuhi, Fürst der Wissenschaft genannt* Leipzig, 1837)。
③ 洪堡在写给波普的信中就诺伊曼研究表达了与此相似的观点。他提到了这封致雷慕沙的信,并为其寄去了有关代词论文的副本,称"力求防止这位不幸的诺依曼因我论文的汉语部分而再遭非礼待遇。我认为人们在第一篇报纸文章中对他的指摘大概是有根据的。诺依曼过分相信快速获得的知识了"(致波普的信,1830 年 5 月 23 日,第 72—73 页)。信中也提到近期这一争论。
④ 诺伊曼是否具备汉学家的能力这一问题引发了一场争论。海因里希·库尔茨(H. Kurz,参见原注 207)和柯恒儒(H.J.Klaproth,亦译克拉卜洛特)同属反对阵营,两位学者在著作中均对这一争论有所记录。1830 年,库尔茨在亚洲学会 1830 年 4 月 29 日的公开会议中宣读了《根据〈书经〉论公元前 2300 年中国的政治和宗教状态》(《新亚洲学报》五,1830 年 6 月,第 401—436 页;《新亚洲学报》六,1830 年 12 月,第 401—451 页)的片段,用谨慎的言辞提到了(第 450 页)诺伊曼的《中国哲学

(接上页注)与文学》一文("Chinesische Philosophie und Litteratur" *Hermes oder Kritisches Jahrbuch der Literatur* Bd XXXII, 325-350)。然而,库尔茨同年还发表一本十九页的小宣传册《中国文学中的若干最新成果——致哥廷根埃瓦尔德教授先生的长信》,巴黎,皇家印刷局,1830 年(*Ueber einige der neuesten Leistungen in der chinesischen Litteratur. Sendschreiben an Herrn Professor Ewald in Göttingen*, Paris, Imprimerie royale, 1830)。他对诺伊曼的抨击主要源于后者所著的一篇概述性文章。该文对亚历山大·德·洪堡从西伯利亚带回来的中国书籍进行概述,首先刊发于《柏林科学评论年鉴》,1830 年 2 月,附刊第 2 期(*Berliner Jahrbüchern für wissenschaftliche Kritik* Février 1830, Anzeigblatt n°2),之后重刊于《普鲁士汇报副刊》第 83 期,1830 年(*Beilage zur allgemeinen Preussischen Staatszeitung* n°83, 1830)。文中包含诺伊曼对三国史序言的翻译,这一篇目附录也刊于 4 月 22 日的《普鲁士汇报》第 111 期(*allgemeine Preussische Staatseitung*)中。库尔茨还提到了诺伊曼之前发表于地理学年刊《异域》(*Das Ausland*)中的两篇文章。一篇发表于 1829 年的第 237 期,针对英国人德庇时(J.F. Davis,又译作约翰·弗朗斯西朗·戴维斯)翻译的一出中国戏剧提出了修改意见,另一篇则发表于 1828 年第 223—224 期,呈现了孟子翻译中的诸多例子。库尔茨主要指责诺伊曼以含糊其词的方式到处散播"雷慕莎之汉语学说不过是对法国耶稣会士马若瑟之《汉语札记》的重复。他(指诺依曼——译者注)不仅在德国,就连在巴黎这里,甚至是雷慕沙将自己那本《汉语札记》传给他使用和誊抄的时候,都在无耻地散播这一点",并竭力证明"这位诺依曼先生完全缺少一种对汉语相当基本的认识,所以他绝没有权力对他人的成果加以评判"(库尔茨 1830:第 4 页)。次年,柯恒儒在文学评论专栏《新亚洲学报》七,1831 年 5 月,第 373—397 页)中介绍了库尔茨的这本宣传册,指出库尔茨将该篇备受指责的序言进行了"准确的翻译",并认为"它并不包含任何诺伊曼先生认为读到的内容"(第 380 页)。后者的译文极其"难以理解"(第 383 页),因为他"犯了所有汉语初学者同样的错误",即"借助字典进行逐字翻译,而不知道组合词"(第 385 页)。
继库尔茨之后,柯恒儒影射了另一篇对诺伊曼的评论意见。这篇评论意见刊发于 1830 年 4 月 20 日的《柏林国务与学人报道》(*Berlinische Nachrichten von Staats - und gelehrten Sachen*),柯恒儒表示该篇评论内有 "对诺伊曼的汉语学识非常不利的意见"(第 387 页)。他针对诺伊曼对德庇时翻译的修改建议发表了一条恶意评论(*Quot correctiones, tot corruptions*)(第 397 页),致使诺伊曼名誉彻底扫地(参见柯恒儒《对德庇时版中国小说〈好逑传〉Hao khieou tchhouan 序言译文中一些段落的回应意见》,《新亚洲学报》五,1930 年,第 97—144 页)。后来,依然是在文学评论专栏,柯恒儒在《俄国大神父乙阿钦特(Hyacinthe Bitchourin)在北京出版的汉语教理书〈天神会课〉(Thian chin hoei kho)节选的评论》(《新亚洲学报》八,1831 年,第 67—80 页)一文的开头部分提到(第 67 页)诺伊曼(由广东返回)1831 年 6 月 17

宽容也不可或缺。

（接上页注）日在《柏林地区报》(Gazette d'Etat de Berlin, n°166)上对库尔茨的回应以及1831年7月在《亚洲学报》(Asiatic Journal)上发表的一篇文章（第77页）。尽管诺伊曼在后一篇文章中对库尔茨的批评观点进行辩解，而柯恒儒仍继续认为库尔茨的批评意见有根有据。

此处，洪堡很可能影射1830年4月的这篇对诺伊曼充满敌意的文章。他向波普提及这些对诺伊曼的指责，并加上"我绝不信任硕特和普拉特对于汉语的理解，也不想他们替我辩护"（致波普的信，1830年5月23日，第72—73页）。这场针对诺伊曼的争论的两个发起人是威廉·硕特（Wilhelm Schott）和约翰·海因里希·普拉特（Johann Heinrich Plath 1802-1874）。硕特著有《中国语言的特点》[De indole linguae sinicae Halis Saxonum, 1826(25pp.)] 一书、《中国》一文（"China", dans l'Ersch und Gruber's Encyclopaedie T. XXI) 一文以及《威廉·硕特博士号称译自原文的孔夫子著作：一出文学骗局》[esischen Weisen Kung-Fu-Dsü und seiner Schüler zum erstenmal aus der Ursprache ins Deutsche übersetzt und mit Anmerkungen begleitet Halle, 1826 (étrillé par Klaproth sous un pseudonym : Dr. Wilhelm Schott's vorgebliche Übersetzung der Werke des Confucius aus der Ursprache : eine literarische Betrügerei, dargestellt von Wilhelm Lauterbach, Leipzig, Paris, 1828)]。普拉特著有《满洲人》，两卷本，哥廷根，1830—1831年（Die Völker der Mandschurey 2 vol. Göttingen, 1830-1831）一书。在同一封信中，洪堡还寄给了波普库尔茨对儒连的一本著作的书评，并提及了该书评中所述的围绕雷慕沙进行的争议："评论里值得注意的是旨在为雷慕莎辩护的离题陈述。此处明显意指诺依曼。在我看来，这不过是建立在一则虚假谣言上的判断。诺伊曼从未向我表露过这样的东西。即使他确实在其他场合有所表述，那是很不公道的，因为即便一本更早先的著作中有同一见解的素材，雷慕莎的语法书明显带着一种鲜明的原创性印记"（第74页）。另外，洪堡在其《卡维语导论》中的一个注释中表达了他认为仍然需要对雷慕沙所谓的抄袭行为进行确认。

儒连先生①赠予了我一部著作②。其中讨论了一些汉语语

---

① 〔法〕诺埃尔又称斯塔尼斯拉斯·儒连（Noël, dit Stanislas, Julien, 1797-1873），出生于奥尔良市，于该市神学院学习，之后进入巴黎法兰西公学院师从法国古希腊学者让-巴蒂斯特·加伊（J.-B. Gail），并于1821至1824年间代替其师担任希腊语语言与文学教授一职。1823年，儒连出版了古希腊诗人的诗歌《诱拐海伦》（*l'enlèvement d'Hélène, poème de Coluthus*），并在法语译文后附上意大利语、西班牙语、意大利语和德语四语译文。与此同时，他在法兰西公学院学习阿拉伯语、希伯来语、波斯语与梵语。在拜访了一位师从雷慕沙的朋友之后，后者当时正在翻译一段汉语文本，儒连开始跟随雷慕沙学习汉语。仅仅6个月后，他开始借助一个满语版本（他同时也学习了满语）将《孟子》译成拉丁语。该项翻译工作（参见原注201，即下一条脚注）历时四个月，于1824年结束。1827年儒连被任命为学院助理图书管理员（sous-bibliothécaire），1832年8月5日继任了法兰西公学院雷慕沙之职。他1833年当选法兰西铭文与美文学院院士，后成为皇家图书馆的副馆长（conservateur adjoint），负责汉语书籍。他著有大量论文和译著，是19世纪法国汉学的关键人物。依据马伯乐（Henri Maspero）在《汉文与鞑靼文、满文语言文学教席》（"XXI.-La Chaire de langues et littérature chinoises et tartares-mandchoues" *Le collège de France 1530-1930. Livre jubilaire composé à l'occasion de son quatrième centenaire* Paris, 1930, 353-366）一文中的观点，儒连想通过阅读简单文本这一方式教授汉语："其方法完全基于文本阅读，有其理由"，因为"尤其是在一门没有构词法的语言中，对文法规则的理论学习并不如对选择和分类的文本进行直接、专门地分析有利于其学习"（第360页）。这正是其著作《汉文指南》（*Syntaxe nouvelle de la langue chinoise fondée sur la position des mots, suivi de deux traités sur les particules et les principaux termes de grammaire, d'une table des idiotismes, de fables, de légendes et d'apologues* 2 vol. Paris, Librairie de Maisonneuve, 1869-1870）的指导原则，"对大量例子细致分析使读者一眼就能注意到句子结构的所有组成方式"（同上）。戴密微在《法国汉学研究史》（"Aperçu historique des études sinologiques en France", *Acta Asiatica* II, Tokyo, 1966, 56-110）一文中称该著为"准确与敏锐观察的典范"。
有关儒连，参见〔法〕莱昂·戴罗斯尼（Léon de Rosny）《佛尔明·狄多新世界人物传记 1857—1866》（*Nouvelle biographie générale* Firmin Didot 1857-1866）T. XXVII, coll. 219-221）以及〔法〕瓦隆（H. Wallon）《法兰西铭文与美文学院论文集》（*Mémoires de l'Académie des inscriptions et belles-lettres* XXXI 1884, 409-458，附有完整传记）。
② 该书为从满语版翻译而成的拉丁文版《孟子》（*Meng Tseu vel Mencium, inter Sinenses philosophos ingenio, doctrina, nominisque claritate Confucio proximum*, edidit, latina interpretatione, ad interpretationem tartaricam utrumque recensita, instruxit, et perpetuo commentario, e Sinicis deprompto illustravit Stanislas Julien（Societatis Asiaticae

法现象,非常值得关注。我满怀欣喜地拜读了其大作。儒连认为其研究论证了汉语具有屈折变化和真正意义上的语法标记①。我并不完全同意这一观点。事实上,一些汉语语助词的质料意义在使用中几乎消失殆尽。阁下已经对此进行了论证。然而,上述现象在语言中总是孤立地出现,并未形成规则与特性,即使那些是由这些语助词标记的关系并不总是由其标记,所以根本无法确定这一类词中其质料意义与原初意义在何种程度上消失。

(接上页注)et C. de Lasteyrie impensis),1824-1829)。其第二部分附录中包含了 "Brevis Tractatus in quatuor litteras sinicas quae apud Mencium ejusque interpretes officio maxime notabili funguntur" 一文。这一内容第二年重新以 Vindiciae philologicae in linguam sinicam, Dissertatio prima de quibusdam litteris sinicis quae nonnunquam, genuina significatione deposita, accusandi casum mere denotant 为题得以出版(Vindiciae philologicae in linguam sinicam, Dissertatio prima de quibusdam litteris sinicis quae nonnunquam, genuina significatione deposita, accusandi casum mere denotant. Conscripsit et exemplis sinice impressis instruixit et illustravit Stanislaus Julien philosophi Meng Tseu editor et interpretes. Paris, 1830)。"自该书开始,儒连清楚地展示了其最主要的优点,那就是最大程度地保证译文的准确性"(马伯乐 1922:第263页)。
① 儒连在一篇针对其眼中钉——纪约姆·鲍狄埃(Guillaume Pauthier)的评论文章中,宣布在对"决定词的语法意义以及根据词在句中的位置而改变其意义的结构规律、恒定规则"进行研究之外,还有必要研究"一些介词的意义,它们时而像其他语言中介词一样具有意义,时而舍弃其常用意义而变成补语纯粹的语音标记,我认为我在拉丁语版《孟子》结尾的论文中已经对此进行了论证"。对儒连来说,这正是那些"汉学家认为能够替代其他语言中词元音变音的规则"[《与印度有关的汉语文本的评论》Examen critique de quelques pages de chinois relatives à l'Inde, traduites par M. G. Pauthier, accompagné de discussions grammaticales sur certaines règles de position qui, en chinois, jouent le même rôle que les inflexions dans les autres langues Paris, Imprimerie royale, 1841(Extrait du Journal Asiatique mai 1841, 401-556),tire à part, 5]。儒连通过努力论证一些汉语虚词失去其原初意义而变成宾格的标记,以此来呼应雷慕沙希望看到的论点,即许多虚词具有真正的格词尾。这正是洪堡特意澄清的原因所在。

舍弟亚历山大让我向您转达他最真挚的友谊。他正受国王之托陪同王子（Prince Royal）赴华沙（Varsovie）拜见俄国沙皇与皇后。这次旅行①为期仅两三周。

敬请阁下接受我最特别且最诚挚的敬意。

洪堡敬上
1830 年 5 月 18 日写于柏林附近的泰格尔

这封信中所提出的问题仅仅是先前讨论的继续。洪堡在阅读了儒连的著作之后，只能重述其提醒要注意的内容。即使洪堡接受了某些汉语语助词的质料意义随着时间消失这一观点，他也并未改变论据弱化这一观点的影响。他认为，鉴于"上述现象在语言中总是孤立出现"，推理需要从整个体系进行；这些关系并不只有这一种可能的表达方式，故而推出其局限性；最后，从形式方面来讲，语助词的原初质料意义并没有完全丢失。

另一个问题与代词的方位起源这一假设有关，因此超出了汉语这一框架。然而正因为洪堡非常希望用汉语来论证这一假设，所以援引了一个汉语例子。该例子的有效性还有待讨论。洪堡与

---

① 亚历山大在 1827 年 11 月至 1828 年 4 月期间于柏林出版了《宇宙讲坛》（Kosmos Vorlesungen）一著，引起了轰动。之后，他自 1829 年 4 月至 12 月赴俄国的亚洲部分旅行。亚历山大通过这两件事赢得了沙皇的青睐。这也促使普鲁士国王邀请亚历山大于 1830 年 5 月陪同其子赴华沙——沙皇将召开立宪大会之地，之后护送王位继承人以及夏洛特女王（la tsarine Charlotte）赴菲斯巴赫堡（Fischbach）会晤（贝克 1961：第 158—159 页）。

雷慕沙后期通信的部分内容都围绕这一内容进行。此时，两者间的通信已近尾声，雷慕沙于不久之后病逝。

（四）日语代词的词源学

几年前，洪堡通过比较陆若汉神父（P. Rodriguez）与奥央格伦神父（P. Oyanguren）的两本日语语法著作中对动词的处理方式，讨论了代词的性质。他基于两位学者在著作中对所引用形式真实意义含混不清的表述，大胆地推出有关代词起源的双重假设。他在《墨西哥出版的日语语法说明》(《关于一部出版于墨西哥的日语语法的概述》，《全集》第五卷，第236—253页）中推出如下结论：所有的代词都曾是"第三人称代词"，"仅仅在使用中按照其质料意义获得了第一和第二人称的用法"，且那些"起初用来表达下级的名词或形容词，变成了第一、第二人称代词"（第245页）。在他看来，"这两个人称和第三个人称的混合"与其说是源于"阶级和身份的约定观念"，倒不如说是取决于"人类精神的组织形式本身"（同上）。

洪堡意欲借此向人的能力致意：无论使用哪门语言，人总是能够"在思想表达的需要之处，靠自然本能将'我'和'你'这两个观念"注入到可用的词汇材料中。他尤其想要对这一自然禀性与直至"代词的抽象观念"的非凡能力做出区分，后者意味着"更加深刻的思考"（第246页）。事实上，第一种情况下，"通过某种方式表达说话人的名词"就足以满足需求，然而意识的更高层次要求对"说话人与听者间的对立关系"进行直接表达，"你、我观念的差异正是建立在这一对立关系之上"（同上）。

根据后一个视角，即使词类的阶段性形成［其中代词是"最后发展起来的"（同上）］这一观点得以宣告废除，洪堡看起来接受了一个发展观。这一发展观应用在不变的"材料"之上（第247页），代词观念通过语言和思想共同、恒定的运作应运而生："虽然话语与语法形式没有任何形式上的变化，而人类思维却实现了进步，后者赋予了其更为普遍、准确以及抽象的意义；虽然话语和语法形式看起来没有不同，但性质却发生了变化"（同上）。

当代词的真正概念得到公认，其最初的出现以及在"最粗陋民族的语言"中的存在与完善语言影响下智力运作不容置疑的优越性并不冲突，它与以下这个多次重复的观点也并不冲突：诚然，没有任何一门语言能满足语言使用者，解决存在于所有语言的普遍问题，然而，这一普遍能力与基于语言对思维的不同呈现而建立起来的语言等级并不矛盾。

根据这一对人类精神手段的普遍思考，对代词的识别虽然短暂却始于其初始阶段：日语中代词"根据其使用者所处的关系可作……三个人称所用"，亦可作"地点副词"所用（第245页）。

（五）这一假设的推广

此处首次提出的介词的地点副词起源说，在之后的亚美尼亚语研究中得到了论述，最终在1829年《论几种语言中地点副词与代词的亲缘关系》［*Ueber die Verwandtschaft der Ortsadverbien mit dem Pronomen in einigen Sprachen*（《全集》第六卷，第

304—330页，以下简称为《地点副词》）]一文中取代了代词的名词性起源说。该文中，洪堡对代词的真正概念进行了更加严格的论述："所有三个人称的代词通过语言指称语言活动中原初的、必要的关系支点，并在个人身上予以实现"（《地点副词》，1829年，《全集》第六卷，第306页；译文），它们只是"替代关系概念"（同上）。然而，基于空间概念，洪堡自认为发现了"一些语言中观念在词源上的联系，这一联系最大程度地保存了纯粹的代词概念，作为关系概念它们尚未混入任何物质实体的属性"（第310页，译文）。

因此，这一联系为代词首先是纯粹概念这一观点提供了可能。如果一门语言中动词的人称形式最初是通过真正屈折变化产生的，那么该民族本应该"自其语言萌生之初"（第309页，译文）就具有纯粹的代词概念。由此，代词与名词便没有了联系，两者间的区别变得明显："人绝不会像谈论他人一样谈论自己"（第308页，译文）。同样，代词的发展观也遭到了舍弃。根据这一观点，所有语言中，代词基于同一词汇载体由模糊感觉发展到充分意识。自此，洪堡用更接近代词推定性质的假设来解释其存在，这一解释更符合他所持的民族、语言的不平等观。

（六）一个不可靠的汉语例子

洪堡主要基于亚马尼亚语推出了代词的空间概念起源说，在此过程中还使用了日语（1825年所使用的例子）、一些马来波利尼西亚语言还有汉语对这一观点进行论证。有关汉语，洪堡只引用了一份仅有三页的摘要（第315—317页），该摘要出自诺伊曼之手。后者认为语助词"乃"（naï）也可以做第二人称代词使用。传统分析认为这一语助词的特点为具有"困难呼气的画面"。诺伊曼基于这一特点推出该语助词"真正"表达"……除说话人或行动人之外出现的内容，即一个空间概念"（第315页，译文）。与表达"靠近听者位置"的地点副词"那"（na）相比，"乃"应被视作强化在其前面出现的词［根据"大矣"（ta-i）这个结构："很大"/ta：大（第316页，译文）］。这种情况下，"乃"应充当第三人称代词。事实上，在许多例子中，"乃的用法与拉丁词ille完全相同，因此是远距离指示代词"（第317页，译文）。洪堡通过重述诺伊曼的论点来支撑自己的观点："乃这个词中，外在存在概念显然充当……代词，而人称由其在空间中的位置来表达"（同上）。

然而，在第七封信随附的这一篇论文的副本之后，洪堡在与雷慕沙的交流中似乎对这一假设的合理性产生了怀疑。他对雷慕沙介绍的这位东方学者的态度也有所改变，在减少对其的称赞之外，也增添了对其真实才能的质疑。

下一封信（第八封信）重新回归到代词这一问题上来。介时，洪堡已经收到诺伊曼两个"死对头"的意见，因此暂时推出了不利于诺伊曼的结论。这些汉学家的信件继续引发了洪堡对一些问题的思考，而在这些问题上只有雷慕沙才能给出权威意见。

第八封信 ①

阁下：

前段时间我冒昧给您寄了一封信。阁下出于善意将这封信转交给了柯恒儒。后者就我最近一篇学院论文中所收入的诺伊曼的摘要（note）向我交流了一些看法②。随后，我获悉库尔茨③

---

① 此封信为秘书手书，由洪堡签名，收藏于芒特市图书馆，编号为1902。此封信写于一张对折的纸上，共三页。其草稿被发现于克拉卡夫市图书馆的洪堡藏品《地点副词》(Ueber die Verwandtschaft der Ortsadverbien) 文件中，编号为 Coll. ling. fol. 49 4. b., Bl. 116（缪勒－富尔玛 1993：第201—202页），即马特森著作中的第8307号信件。
② 此处指柯恒儒写于1830年7月1日的信件，克拉卡夫市图书馆洪堡藏品，编号为 Coll. ling. fol. 49 4. b., Briefwechsel, Bl. 109-111。藏品中还有洪堡八月回信的草稿（同上，Bl. 112-114 ; = Mattson n°8265）。随后（1830年12月22日），柯恒儒寄给洪堡一些补充信息，附有《书经》中有关段落的摘要（同上，Bl. 125-130）。有关这一学术交流，参见缪勒－富尔玛 1993：第201—202页。
③ 海因里希·库尔茨（Heinrich Kurz 1805-1873）在德国度过其青年时期后，于1827年返回其出生地巴黎学习东方语言，尤其是跟随雷慕沙学习汉语。同时，他担任法国历史学家米什莱（Michelet）的德语家教。除了与勒瓦瑟尔（J.C. Le Vasseur）合著的《汉字音素表》(Tableau des éléments vocaux de l'écriture chinoise Paris, 1829) 之外，库尔茨还发表了许多与汉语相关的论文。他于1830年赴巴伐利亚（Bavière）进行一系列政治与新闻活动，后自1834年起定居瑞士，担任德国语言与文学教授，并自此专攻出版领域。国家图书馆里印刷书籍目录中"海因里希·库尔茨"（Heinrich Kurz）与"亨利·库尔茨"（Henri Kurz）同属一人。有关库尔茨，参见傅海波（H. Franke）：《海因里希·库尔茨 1805—1873，慕尼黑大学的第一位汉学家》，《大西洋汉学研究——E. 汉尼施八十诞辰纪念文集》，1961年，第58—71页（"Heinrich Kurz 1805-1873 der erste Sinologe an d. Univ. München" Studia Sino-Altaica, Festschrift für E. Haenisch z. 80 Geburtstag 1961, 58-71 一文；《佛尔明·狄多新世界人物传记 1857—1866》(Nouvelle biographie générale Firmin Didot (1857-1866) T. 28, 285)；《德意志人物汇传 1875—1912》(Allgemeine Deutsche Biographie (1875-1912) T. 17, 421-424)；《新德意志人物传 1953—》(Neue deutsche Biographie (1953-) T. 13, 334-335)；《厄施格鲁勃百科全书（二）》第四十部分，第381—383页（Ersch und Gruber's Encyclopaedie II T. XL, 381-383）。

有一封信与这一主题相关[①]。通过拜读以上两位学者的论述，我明白了诺伊曼在其摘要中犯了一些错误，然而我主要关注"汉语中乃这个词是否证明了代词源于语助词，尤其是方位副词？"这一问题尚未得到解决，至少在我看来尚未得到解决[②]。

当我准备论文写作查考诺伊曼研究时，其"乃"既是代词也是语助词这一观点给我留下了深刻的印象。后一个特性毋庸置疑。依照阁下的《汉文启蒙》第266条[③]，我认为其第一个特性也不容怀疑。若非阁下的肯定断言，诺伊曼先生也不能推出其假设，我也不会接受这一假设。

因此，看到柯恒儒完全否认"乃"词曾被视为代词，库尔茨称以上观点引起了诸多质疑以及阁下在一本入门书籍中

---

① 此处指库尔茨于1830年7月1日写给波普的信（Coll. ling. fol. 49 4. b. Briefwechsel, Bl. 123-4）。洪堡与波普的往来信件中提到了该信（致波普的信，1830年11月2日，第76页）。洪堡针对观点调整给库尔茨回信的草稿（通过波普转收）写于1830年12月4日（同上，Bl. 117-121；= 马特森，编号8312（缪勒－富尔玛1993：第202页）。
② 洪堡在与波普的通信中提到了库尔茨有关"乃"的信件，这封信由波普转寄给洪堡，信中对诺伊曼的论点进行了批评。这封信也提到了雷慕沙观点的起源："如今我从中看清了一点，即这位先生宣称，雷慕沙'乃是一个代词'的说明不正确。但这个说明构成了诺伊曼对我论文批注的基础，没有这个说明我压根不会接受那些批注。就是说目前可以得出这样的结论：倘若情况属实的话，诺伊曼比雷慕沙对我的误读要少一些。现在我不仅要给库尔茨先生去信，还要直接问询雷慕沙，问他如何看待被克拉卜洛特和库尔茨归咎于他的那个错误"（致波普的信，1830年11月2日，第76页）。
③ 雷慕沙在其《汉文启蒙》第266和267条目（原文标码有误，实为条目262—263——译者注）中指出："乃"古时候曾被用作第二人称代词"，而且"也是某种连词和说明性连词，一如拉丁语中的quidem，常常做纯粹的赘词所用"（雷慕沙1822：第99—100页）。

无意进入对该观点质疑的讨论,这使我感到非常吃惊。恰恰相反,在我看来,您不会在入门书籍中将您看来不确定的内容论述为肯定的现象。另外,我不知道您为了证明这一意义所援引的句子是否还有其他意思。按照库尔茨的看法,一些学者对此持不同意见。在引起众多质疑的这一问题上,我认为阁下的意见将起到决定性作用。

若能获知阁下目前对这一问题的看法,我将不胜感激。您是否继续认为语助词"乃"的第二人称代词用法是其古用法,您是否认为该语助词的意义可能源生出了其代词用法?

鉴于收录这篇论文的著作尚未出版[1],我希望可以按照您的回复意见增加一些内容。

我非常羡慕舍弟可以与阁下当面讨论[2]更为重要的事情。当然,语法细节[3]也完全值得关注,且不会引起不安,这正是我专注这一领域的原因。不久之后,我将向您提交我有关卡维语的研究结果。

---

[1] 出版前,洪堡并没有时间按照雷慕沙的回复意见修改其学院论文。
[2] 亚历山大返回柏林后向普鲁士国王腓特烈·威廉三世(roi Friedrich Wilhelm III)申请协商,获准每年在巴黎居住四个月。亚历山大本想按这一批准行事,可他还有另一个任务:观察新的君主政体。他负责加强与自七月革命起掌权的奥尔良王朝(la maison d'Orléans,亦译七月王朝)的关系。亚历山大自9月28日离开柏林,直至12月末返回,但仅于柏林停留18天,他于1831年1月(贝克1961:第160—161页)重新返回巴黎,在该城待至1832年4月,共15个月。直至1848年,亚历山大因公务重新居住巴黎近四年之久。
[3] 洪堡也曾对其朋友韦尔克提及这一主题:"所有关于语言的论文都有个讨厌的地方,就是不能忽视对于某一重大词汇和语法细节的深挖"(《致韦尔克的信》,1830年1月29日,第151页)。

请阁下接受我崇高的敬意和真诚的友情。

洪堡

1830 年 12 月 9 日写于泰格尔

备受柯恒儒和库尔茨质疑的"乃"的代词用法，正是基于雷慕沙《汉文启蒙》中的一个段落得出的，之后那些急需回答的问题皆由此而生；因此，有关代词这一悬而未决的问题只取决于雷慕沙的意见。雷慕沙在 1831 年第一季度的一封长篇幅的信中进行了回答。

（七）雷慕沙的调整意见

幸运的是，雷慕沙的这封回信得以保存。在其英年早逝之后，洪堡第一时间将这封信刊发于 1833 年的《亚洲学报》之上以向其致敬。雷慕沙在这篇篇幅较长且论述翔尽的报告中，不仅论证了"乃"词与拉丁语中 *ille*、法语中 *un tel* 的用法的一致性，也首次肯定了其另一个用法，即作为第二人称代词的古用法，而且用诸多例子论证了后一种用法。柯恒儒和库尔茨所持观点与此相反。尽管雷慕沙认为语助词"乃"具有赘词（归纳的标记）或说明性词（并带有某种优先意义）*idio*，*scilicet* 意义，却并不认同诺伊曼有关"乃"的代词用法可能源于其意义的观点。事实上，后者由中国人赋予该词的初始意义重新出发（"该词发音比较费力，引起话语中断"），试着从中寻找"因主体在考虑自己之前将其想法传达给对话人而造成的观念暂停与过渡"在雷慕沙看来"相当形而上学和牵强"。雷慕沙反对"在符号形式与一个词义间推测这类联系"，并否认代词与语助词间一切的词义联系。

他提出代词源于字的借用这一假设:"乃"与现在的第二人称代词"你"发音相近,这"可能是对语助词'乃'标记第二人称代词这一用法的简单且近乎普通的解释"。因此,雷慕沙排除了"字形起源说"这一牵强解释,同时也终结了基于这一解释的代词方位起源说。洪堡在其第九封信中确认收悉了雷慕沙的回信,第一时间接受了后者的论证。

第九封信①

阁下:

我有幸收到了阁下写给我的一封长信,其中详致地论述了"乃"和其作为语助词以及代词的用法②。直至今日方做回复,实属不该。阁下信中论述的字里行间均展示了您在这一领域的超凡见解。我不知道如何表达这一论述对我来说有多么珍贵,谨请阁下接受我的感谢之情。问题现已有了答案③,

---

① 此封信为秘书手书并由洪堡签名,收藏于芒特市图书馆,编号为1899。该信写于一张纸上,共两页。其草稿被发现于克拉卡夫市图书馆的洪堡藏品"致雷慕沙的信"文件中,编号为 Coll. ling. fol. 17 3. b, c, Bl. 142(缪勒-富尔玛1993:第159页),即马特森著作中的第8391号信件。
② 雷慕沙离世后,洪堡随即令人刊发了这封讨论"乃"字用法的信(马特森,编号12415)以向其致敬。文章题为《雷慕沙先生致洪堡男爵的一封信(节选)》("Extrait d'une lettre de M. Abel Rémusat adressée à M. le baron G. de Humboldt"),《新亚洲学报》,十一,1833年,第273—282页。
③ 洪堡一收到这封讨论"乃"字用法的回信就将其转寄给了波普并对其赞誉有加。在他看来,这封信论述了"一项其为基础的研究",并加上"所以我曾给他去信提起库尔茨先生给您的那封信。您会看出雷慕沙的信比另一封那粗浅而狂妄的腔调强出多少"(致波普的信,1831年1月31日,第78页)。

得知在这一方面我严格坚持《汉文启蒙》中的观点这一选择无误，我十分欣喜。这也再次证明了阁下大作中的论断不仅简洁、条理清晰，更是以广泛的阅读和渊博的学识为基础。根据阁下的清晰论证，"乃"的代词用法与副词用法之间是否真正存在某种联系这一问题在我看来难以确定。一方面，这一假设并非毫无根据，然而我更倾向于您有关这一表面上联系起源的想法。如果在拙作发表之前拜读到阁下的来信，我绝不会引用汉语来论证代词起源于方位副词[1]。至少，后一个观点尚不确定。我认为应该只坚持那些论证无疑的内容，努力解释词与语法形式的起源，并揭示它们之间常常几乎难以觉察的联系[2]。语言分析研究最怕想要过于体系化或对所有现象做出解释[3]。尽管亚马尼亚语以及太平洋诸岛屿的一些语言证实了一些语言中代词源于方位副词，但我们并不能期望这一现象符合所有的语言。

我在赴柏林之际收到了阁下刚刚发表的有关佛教的大

---

[1] 洪堡并未能修改其论文。《卡维语论著》（*Kawi-Werk*）中没有任何汉语例子。而当他提及代词起源时（《卡维语导论》，1830—1835年：《全集》第七卷，第103页），也没有在论述中援引任何语言。
[2] 又被他称作"语言的内在经济"（《修正》，1811年，《全集》第三卷，第248页）。诚然，我们可以在一门语言中找到"结构的明显相似之处，我们总能在其中找到一系列或短或长的相似之处，对其准确分析可以追溯到其起源"，但是却"无法发现其全部相似之处并直至最细微的组成部分"（《随笔》，1812年，《全集》第三卷，第323页）。
[3] 有关词源学研究中的谨慎原则，参见洪堡针对［西］阿斯塔洛亚（Astarloa）有关巴斯克语所做的大胆推论的调整意见（《考证》，1820—1821年，《全集》第四卷，第70—72页）。

作①。临行前我仅有时间对其进行快速浏览,我将于返回后对其做深入研究。目前我十分关注爪哇岛(île de Java)以及其过去与印度的关系②,因此对这一主题更感兴趣。施莱格尔先生③智慧渊博,业已在卡维语遗存文本中发现了一些佛教

---

① 此处应指由《学者报》中三篇论文组成的著作,题为《中国作家笔下佛教徒的宇宙志和宇宙起源论》(*Essai sur la cosmographie et de la cosmogonie des bouddhistes, d'après les auteurs chinois* Paris, 1831)。
② 《卡维语论著》(*Kawi-Werk*)引言的第一部分题为《马来民族部落的栖居场所与文化关系》("Wohnplätze und Culturverhältnisse des Malayischen Völkerstämme")(《卡维语导论》,1830—1835 年:《全集》第七卷,第 1—13 页)建构了一个历史概要,对这一点进行论述(第 7—10 页)。
③ 洪堡此处影射施莱格尔(A.W.Schlegel)先前的一篇文章。这篇文章稍早之前发表于《印度图书馆期刊》第一卷,伯恩,1823 年(*Indische Bibliothek. Eine Zeitschrift.* Erster Bd. Bonn, 1823)。第十章《关于加尔各答的亚洲社会最新报告》("Neueste Mitteilungen der Asiatischen Gesellschaft zu Carcutta")(第 371—432 页)是针对《亚细亚研究》1821 年第 3 卷(*Asiatick Researches* Vol. III, 1821)的评论。尤其是《民族志与古代研究》("Ethnographie und Alterthums-kunde")(第 400—432 页)中第一节《爪哇语与巴利语》("Java und Bali")(第 400—425 页)整篇对克劳福德(J. Crawfurd)的两篇文章《论巴厘岛印度佛教》("On the existence of the Hindu Religion in the Island of Bali")与《论爪哇岛波兰斑南寺庙群遗址》("The Ruins of Prambanan in Java")进行研究。施莱格尔关注卡维语这一诗意语言(langue poétique),其中"从梵文词汇到一些爪哇族人读不出的字母都神奇地保留了自身的纯正和原貌,使得它们多数时候都能被十分原原本本地写回到那门传统的语言。照这么看,爪哇人显然在这最真的源泉进行了直接的汲取"(第 404 页)。他开创了卡维语的真正研究计划:"梵文和马来语的行家能够轻松地从眼前这些材料中……把它还原出来,这对一般语言研究来说是梦寐以求的。类似这样早在某个历史时期就由更古老的已知语言通过混合而产生的语言越多,现有的语言构成规则就会显得越是确定,也就可以更加可靠地决定,这种或是那种源自某一未知史前时期的语言因其结构而不可能以这种意外混合的途径由外来元素产生"(第 411—412 页)。洪堡对这篇文章十分满意,第一时间推荐给韦尔克阅读(《致韦尔克的信》,1823 年 9 月 25 日,第 107—108 页),并写信给作者:"关于爪哇的研究本身既是重要且触觉敏锐的,也充满了关于对民族史中相似要点进行探讨的有效提示"(《致施莱格尔的信》,1823 年 5 月 6 日,第 149 页)。更早时,施莱格尔在通信中向洪堡提到了"爪哇人的诗歌语言,大多是纯梵文"(1821 年 7 月 23 日至 30 日,第 18 页)。

表达方式①，我也在莱佛士爵士（Raffles）②翻译③的卡维语诗

---

① 随着第一个千年下半叶印度尼西亚的逐渐印度化，尤其是定居爪哇岛的印度婆罗门僧侣带来了梵语文学：《摩诃婆罗多》（Mahâbhârata）和《罗摩衍那》（Râmâyana），这一富有诗意的语言于 10 世纪产生于爪哇。Kavi 一词在梵语中指"诗人"（《卡维语》，1836—1839 年，第二卷，第 1 页）。这门语言使用于爪哇、马都拉岛（Madura）以及巴厘岛（Bali），于 13 世纪消失。关于这门语言，参见《古爪哇语》{A.S. Teselkin *Old javanese [Kawi] [Drevneiavanskii iazyk(kavi)]* Moscow, Nauka, 1963] translated and edited with a preface by John M. Echols. Ithaca, N.Y. Modern Indonesia Project, South Asia Program, Cornell University, 1972 }。该语言最主要的特点是其混合性，将印度尼西亚语的词形与几乎单一的梵语词汇相结合："卡维语是岛上最早期和最多数印度移民所掌握的印度和本土文化（Bildung）的最近分支"（《卡维语导论》，1830—1835 年，《全集》第七卷，第 13 页），"即使吸收再多的梵语词汇，卡维语都不会停下成为一种马来语系语言的脚步"（第 51 页）。
② 莱佛士爵士（Sir Rhomas Stamford Bingley Raffles，1781-1826，亦译来福士），英国著名学者、新加坡海港的创建者。基于一部同一类型的经典著作〔英〕威廉·马尔斯登《苏门答腊史》（William Marsden *The History of Sumatra, containing an account of the government, laws, customs, and manners of the native inhabitants, with a description of the natural productions, and a relation to the ancient political state of that island* Londres, 1783, 1812）的模式，莱佛士著有《爪哇史》（*The History of Java*. With a map and plates. 2 vol. London. 1817）。
③《爪哇史》中《〈摩诃婆罗多〉分析》一文（"An analysis of the Brata Yudha, or the holy war, or rather the war of woe : An epic poem, in the Kawi or classic language of Java" *The History of Java*, 1817, Vol. 1, 415-468）。正如洪堡与〔荷〕Roorda van Eysinga 的通信所显示的那样：直至 1831 年，洪堡只持有莱佛士版（缪勒 - 富尔玛 1993：第 224 页，第 354 页）。洪堡向 Roorda van Eysinga 就这篇有缺陷的文章提出了一些问题，当时他已经请布殊曼（J.C.E. Buschmann）列出其词汇表（第 184 页）。后来，洪堡收到了该诗歌的手抄本，附有约翰·克劳福（John Crawfurd）对其的语言分析。后者与莱佛士合作，并继续了其工作，著有重要著作《东印度群岛志》（*History of the Indian archipelago. Containing an account of the manners, arts, languages, religions, institutions, and commerce of its inhabitants*. 3 vols. Edinburgh, 1820）。洪堡表示："托克劳福的鸿福，我终于得到了莱佛士这篇印刷错误百出的卡维语诗歌的文本。其中一部分是个别词汇的爪哇语改写版以及一篇爪哇语译文。这个新帮手促使我对一篇已完成的关于卡维语的文稿重新进行了通篇修改"（《致施莱格尔的信》，1832 年 8 月 24 日，第 258 页）。洪堡向其秘书布殊曼明确"它的安排是这样的：每段卡维语诗后都有一段逐字说明，后面往往还有整段诗的爪哇语译文"（穆勒 - 弗梅尔 1993：第 177 页）。布殊曼基于该文编写了《关于克劳福之摩诃婆罗多战争手稿及卡维语词汇目录的表格》（"Tabellle über Crawfurd's handschrift des Brata Juddha et Kawi Wortverzeichniss"）（Coll. ling. fol. 30, 38, 39）。

歌① 中找到了其他一些表达方式。这一语言被错误地与梵语以及巴利语（le Pali）② 归于同一类③，我正准备围绕这一语言撰写一篇论文。迄今为止，欧洲学者仅仅通过莱佛士所收集的材料来了解爪哇语（le Javanois），而这些材料远不足以让我们彻底了解卡维语的性质。迄今为止，我也仅靠马来语（Malais）才对其有了一些了解④。如今我收到了一批高质量

---

① 该诗歌为 Brata Yuddha，是梵语 Bhâratayuddha 的爪哇语版。该诗歌流行于10至11世纪，用五十二章叙述《摩诃婆罗多》中著名的一段：般度家族（Pandavas）与持国家族（Kauravas）之间的战争。洪堡在其最后的著作中对此进行了详尽的分析（《卡维语》，1836—1839年，第二卷，第 8—23 页）。该诗歌在洪堡看来"是我们卡维语知识的唯一来源"，由冈宁（J.G.H. Gunning）于 1903 年在海牙（La Haye）出版。参见《印度对爪哇和巴利文学的影响》（Himansu Bhusan Sarker *Indian Influences on the Literature of Java and Bali* Calcutta, Greater India Society, 1934, 249），《古爪哇语文学概观》（Piet J. Zoetmulder *Kalangwan. A survey of Old javanese literature.* Koninklijk institut voor taal-, land- en volken-kunde. Translation series. 16. The Hague, Nijhoff, 1974）以及《古爪哇语言文学入门》（Mary S. Zurbuchen *Introduction to Old Javanes language and literature. A Kawi prose anthology.* The Michigan series in Southeast Asian languages and linguistics. 3. Ann Arbor, University of Michigan, 1976）。
② 巴利语为撰写佛经阐释的语言，自公元前 3 世纪起在锡兰（Ceylan）、缅甸（Birmanie）及暹罗（Siam）广为流传。在梵语后来的演变中，巴利语介于梵语与普拉克利特语（les prakrits）之间。
③ 洪堡尤其不同意布赫诺夫（E. Burnouf）与拉森（C. Lassen）在两者合著的《论巴利语》（*Essai sur le Pali*）中所表达的观点。他们认为卡维语源于梵语（布赫诺夫，拉森 1826：第 152 页及随后一页）。洪堡对此表达其遗憾之情："受到神圣语言或经典语言这种概念的诱惑，人们将卡维语同巴利语联系在了一起，因为两者彼此完全没有任何共通之处。绝不能把卡维语当成是一种腐烂或是变了质的梵语"（《卡维语》，1836—1839 年，第二卷，第 190—191 页）。相反，他坚持："卡维语产生于爪哇语本身，不是被移植过去的"（第 191 页）。从结构上来说，该语言是卡维语："我认为卡维语是今天爪哇国语的前身，但是在从印度移植到爪哇的科学知识的加工处理以及对印度诗歌加以效仿的过程中，吸收了未知数量的纯梵语词汇，因此，同时也是因为纯诗歌用语的特性，该语言变成了一种偏离惯常语言的、自我封闭式的语言类型"（第 188 页）。
④ "不把梵文和他加禄语同对爪哇语的认识联系起来，就不可能对卡维语进行真正的钻研"（《卡维语》，1836—1839 年，第二卷，第 203 页）。

的爪哇语材料①，希望可以借此对该语言进行更加深入的研究。

阁下在信中提到我可能有幸与阁下在柏林见面，倘若阁下没有将这次会面与令人气馁的思考联系在一起，这一希望将让我感到万分满足。幸运的是，情况已有了好转。几个月的柏林之行对您来说也许算不上什么，却足以让那些钦慕您的读者感到无限幸福。我无需向您表达我的激动之情。希望阁下不要完全放弃这一计划。谨请阁下接受我深深的敬意与真诚的友情。

洪堡
1831年8月7日写于诺德奈岛

洪堡不仅解决了代词用法这一问题，也解决了引起争议的例子。诚然，他对在论证中轻率使用汉语感到非常遗憾，提醒自己在词源学领域要万分谨慎，然而他并未放弃其普遍假设，对其进行了充分论证。

---

① 这些材料很可能是由约翰·克劳福（John Crawfurd）邮寄给洪堡的。后者居住在伦敦，1831年初受洪堡托付。1831年8月5日，洪堡给其写了一封信，信的开头写道："阁下，您随5月16日的来信寄来一册书。这本书对我的马来语研究帮助极大"（Coll. ling. fol. 53, Bl. 124, 127）。根据1831年秋天的一封信（Bl. 131），后来还寄了两本爪哇语词典手稿，严格意义上说是一本爪哇语词典（缪勒－富尔玛 1993：220）。亚历山大确实在其《告读者》中感谢了克劳福，并认为他的两部手稿由"三本手书版爪哇语词典以及一本手书版爪哇语语法书"组成（A. v. H. Vorwort zum Kawiwerk, 1836= Kawi. Einl. 1830-1835：VII 346）。在第二部中，洪堡明确指出，除了一本英爪哇/爪哇英字典，还有一本"全爪哇语词典，其中会用一个同义词或是另外的说法来解释一个爪哇语或卡维语单词"（《卡维语导论》，1830—1835年，第二卷，XVIII）。

六、有关汉语和雷慕沙的结语

雷慕沙于1832年因霍乱离世。他在离世前，对其观点做了最终调整。洪堡从此终止了其汉语研究。尽管后者后期著作论证中继续引用汉语的独特性，但所述的语法特性以及引用的例子都与先前分析毫无差异。洪堡至多意识到雷慕沙离世之后他可以更加清楚地陈述他与雷慕沙的意见分歧。

雷慕沙所收集的"汉语完整的性、数、格变化"无法被视为"真正意义上的格"（《爪哇语导论》，1830—1835年，《全集》第七卷，第272页，译文）。同样，尽管汉语并非单音节语言这一论断建立在一个非常准确的直觉之上，然而单音节与多音节性之间的区分不甚准确且定义不够明确（第313页）。洪堡揭示了雷慕沙的"一些错误"，认为这些错误增加了讨论的难度，尤其是雷慕沙混淆了两个概念："毫无疑问，汉语绝非由原初多音节构成"（第312页，译文）。要想证明汉语的多音节性，雷慕沙本应证明"词的全部语音只有在共同、一致的情况下才有意义，而不是在各自孤立的状态下"（同上）。因此，雷慕沙误认了"汉语的原初形态"（同上），这些错误在洪堡看来源于其"低估了汉语结构与其他语言之间的差异"（第312—313页注释，译文）。

另外，洪堡认为：雷慕沙开始研究汉语之时学界所流行的一些有关这门语言的错误认识对其产生了一定的影响（同上）。其注释的结尾部分为雷慕沙《汉文启蒙》做了辩护，表示这一著作的价值远远超过马若瑟（P. Prémare）1831年出版的语法著作①。洪堡不屑于正面应答近来诺伊曼对雷慕沙抄袭行为的指责，仅回应如下②："这位杰出的学者是学界中第一个真正进入理性语言视角中心的人，他还普及了其普遍研究结果，由此首次建立了真正意义上的研究"（同上）。洪堡借这一公正的评价向雷慕沙致意。对他来说，后者不仅是汉语领域"最伟大的学者之一"（第272页，译文），也是其所代表的语言知识的捍卫者。

七、结语

我们有幸发现了洪堡的这几封通信。其研究远远超出了满足

---

① 在雷慕沙的推动下，儒连为英国新教传教士抄写了马若瑟神父的《汉语札记》(*Notitia Linguae Sinicae*, Malacca, cura Academiae anglosinensis, 1831)［参见高第《中国图书目录》(H. Cordier *Bibliotheca Sinica* Vol. III, 1906-7, coll. 1664-1666)］。有关这一研究，参见雷慕沙《马若瑟神父在中国》一文（"Le P. J. Plémare missionnaire à la Chine" *Nouveaux Mélanges Asiatiques ou recueil de morceaux critiques et de mémoires relaifs aux religions, aux sciences, aux coutumes, à l'histoire et à la géographie des nations orientales* II, Paris, 1829, 262-278）："他用句子代替规则，遵照这些句子可以重新组构句子，这样以来任何方法都显得多余"（第270页）。该著作包括一万两千个例子和五万个汉字。儒连还编写了《雷慕沙所持书籍及手稿索引》［*Catalogue des livres imprimés et manuscrits composant la Bibliothèque de feu J. P. Abel-Rémusat*（par J.G.-Abel Jeandet），Paris 1833 n°477, 50］。
② 雷慕沙离世后，诺伊曼（参见原注199）增加了其批评意见。他在刊于《新亚洲学报》的《东方民族及文学历史观》一文中（"Coup d'œil historique sur les peuples et la littérature de l'Orient" *Nouveau Journal Asiatique* T. 14, 1834, 39-73, 81-114）将雷慕沙的《汉文启蒙》介绍为"一部分内容来自于马若瑟神父著作，由雷慕沙巧妙地进行整理"，并毫不犹豫地将雷慕沙等同于那些像傅尔蒙（Fourmont）一样竭力"将传教士优秀著作占为己有"的人，因为其对声誉的无理性热爱远远超出良知（第71页）。诺伊曼在一本12页的小册子（à 2 coll.）《传教士马若瑟、马士曼与雷慕莎——致敬诸位汉学家对汉语语法之功绩》（*P. Premare, Marshman und Abel Rémusat ; Würdigung der Verdienste dieser Sinologen um die chinesische Grammatik*. München, 1934）里继续揭露雷慕沙抄袭。

单纯好奇心之需，也超出了历史文献这一纯粹用途。这些信件阐明了1826年《致雷慕沙的信》一文的写作前提与后续，展示了该文的意义。另外，对两位学者自1824—1831年间通信的研究为推出其他结论提供了时机，而这仅能通过该种方式对洪堡的汉语研究进行全面审视才能实现。

（一）有关汉语的新理论

新理论中，最重要的是汉语语法理论史。得益于本书中的研究，汉学研究中最重要概念的起源和前提都得以凸显；而洪堡根据何种条件首次将汉语定义为孤立语也得以再现。虽然"孤立"这一概念尚未被明确表述，但1826年就已出现在洪堡笔下，"概念的孤立性、词的孤立性以及字的孤立性"被视为"汉语语法体系"的特点（《致雷慕沙的信》，1826年，《全集》第五卷，第300页）。自此，洪堡论证汉语独特性时着重强调这一点："其他语言中成为一体的内容，在汉语中往往以孤立的形式出现"（《论汉语》，1826年，《全集》第五卷，第320页；译文），甚至强调其"惊人的孤立性"（第321—322页；译文），又或是"词与词之间完全孤立"（《卡维语导论》，1830—1835年，《全集》第七卷，第143页；译文）。即使洪堡有时更倾向于坚持对汉语的负面描述，正如他提及其"无言的语法方式"（《语法结构》，1827年，《全集》第六卷，第387页；译文；参见第397页）或是将其纳入"缺少屈折变化的语言"（《卡维语导论》，1830—1835年，《全集》第七卷，第271页；译文）。至于汉语的"单音节"这一古典性质，这一表述的确无误，因为它确实是汉语的特性。这一特性完全可以继续出现于洪堡笔端（第300页），却因表述中的含混不清趋于消失（第312—319页）。

同样，洪堡似乎也是首位将语句的停顿与节奏作为意义关系标记来阐释汉语语法运作方式的学者。洪堡基于这一表达手段在语义基础中的优先权，重建了汉语语法体系的内部逻辑，由此不仅与近期所出现的将汉语与欧洲语言模式相比的意图决裂，而且与一个传统假设拉开了距离，那就是汉语的初始结构注定了该语言缺乏语法。再者，洪堡找到了论据来论断汉语语法类型具有"更为纯粹形式的标记"，其他语言远远不具备这一性质（《语法结构》，1827—1829年，《全集》第六卷，第387页，译文；参见第392页；参见《卡维语导论》，1830—1835年，《全集》第七卷，第255页），这使其在诸语言研究中援引汉语时理由更加充分。

（二）汉语——洪堡理论的转折点

汉语在洪堡的语言理论中的作用同样值得关注。洪堡的语言理论在两个方面获得了发展，这与其汉语研究密不可分：后者不仅是这些发展的基础，也是其有效性的有力支撑。第一个理论发展是经由经验论数据检验"体系"是不是进行语法分析的唯一可行框架：在体系缺失的情况下，如何考察分散的语言特征在整体上真正的一致性，尤其是通过与其他语言的对比来评判语言的优点。"体系"是洪堡这一时期在语言百科计划的视角下所创建的抽象概念工具。

第二个发展事关放弃。洪堡在 1821 年《论语法形式的产生及其对观念发展的影响》(*Ueber das Entstehen der grammatischen Formen*) 中呈现了各种语法表达方法：由单音节的简单排列直至真正的屈折变化。以上方法不再被视为语法纯粹、简单发展中的不同阶段。洪堡在这一述著中已经放弃了通过或长或短的概述对语法线性组成过程这一时间性阐释进行论述，而只是简单论述了生成模式（《语构区别》，1827—1829 年，《全集》第六卷，第141—142 页），这也会使我们认为价值论类型演变中具有同样多的阶段。由于汉语这一反例，洪堡舍弃了"语法结构程度式的完善"（《语法结构》，1827—1829 年，《全集》第六卷，第 387 页，译文）这一概念。随着其语言研究的深入，其演变论观点的应用领域越来越被局限于语言词汇手段的使用这一阶段，这正是其凝结观的起源，后者在其论著中得以保留（《卡维语导论》，1830—1835 年，《全集》第七卷，第 314 页及随后几页）。因此，对汉语现象的研究可以使我们更好地考察洪堡在其理论正面遭遇异议后所采用的方法。若无汉语研究，在洪堡理论重要转折中起决定性影响的因素则会起源不明。

另外，与其他学者进行交流是洪堡面对一门短期内学习的语言所使用的研究方法。其短期内掌握复杂现象的能力、所达到的学术能力、从细节到整体对其理论阐释进行调整的能力令人钦佩。从这些信件中，我们可以读出洪堡在从各个方面对一个主题进行研究和阐明之前从不言放弃，从不毫无根据地追求细节详致，因为更高层次的研究无法离开对最基础事实的观察而进行。

洪堡的这种独特研究方法,即从一个具体事实出发对其基本观点的真实性进行检验,并由此为跳板通过理论的深化与扩展来拓展后者的适用范围,代表了其研究策略。由此可以得出他如何在人类语言研究中追求真理:以执着的态度对一门接一门的语言进行研究,研究范围广泛,理论方向稳定,即使后者有所改变,研究的一致性也始终能够保证。

附录一　公开学术讨论

论语法形式的产生及其对观念发展的影响 *

洪　堡

我力图探求语法形式的起源以及这类形式对观念发展的影响，意图并不在于穷尽所有具体的语法形式，而是限于探讨一般而言的语法形式这一概念，以便回答以下两个问题：

1. 一门语言中，被称为"形式"的语法关系的表称方式是如何产生的？

2. 这些语法关系由实在的形式或其他手段表称，这一现象对思维以及观念的发展有何重要作用？

鉴于此处探讨语法的逐渐形成，因此从这一角度看，语言之间的不同呈现了语法发展的不同阶段。

然而，我们应该避免为语言的逐渐形成构想一个普遍范式，并试图根据这一范式评判所有具体的语言现象。在各种语言中，

---

* 德语题目：*Über das Entstehen der grammatischen Formen, und ihren Einfluss auf die Ideenentwicklung*，1822年1月17日宣读于柏林科学院，收录于《洪堡作品集》第四卷，第285—313页。

时间的作用均与民族个性的作用相结合。因此，美洲和亚洲北部那些未开化的游牧民族的语言特点不必与印度[286]①或希腊的原始部落的语言特征一致。无论是由单一民族所使用的一门语言还是由不同民族所使用的那些语言，都无法归于一条完全均衡的、由自然所规定的发展道路。

然而，就其最广的意义而言，语言存在于普遍人类本性中。如果我们从"至今为止，人在何种程度上实现了语言"这一问题出发，便可以找到一个稳固的基点。在其基础之上，其他同样稳固的基点也可以得以确立。事实上，通过这种方式，语言能力的逐渐发展可以根据某些征象得以辨认，在此意义之上就可以谈论各种语言发展阶段的不同。

既然此文仅限于探讨一般而言的语法关系这一概念以及语法关系在语言中的表达，因此，我们只需要明确观念发展的最初需求以及确定语言完善的最低等级。

第一个误解是：人们往往质疑每一门语言（即使是最不完善、最不开化的语言）均具有严格意义和真正意义上的语法形式，其实这一质疑看起来有些奇怪。人们仅仅是在语法形式的目的性、完整性、明晰性和简洁性中研究语言的不同。此外，人们还会提出如下依据：正是未开化民族的语言，尤其是美洲的诸多语言，具有数量众多的合乎规律的语言形式。上述现象完全属实。然而，我们仅有一个问题：这些形式能否被称作"语法形

---

① 此处"[286]"不是日标注引文或出处，而是当时在《全集》中整页内容的排版页码。下同。——译者注

式",而这就要看该词所被赋予的概念。为了明确这一问题,首先需要消除研究过程中极易产生的两个误解。

当我们谈论一门语言的优点和缺陷时,不应该随便以任何一个学习过该语言的人的意见为准,除非他只学习过这一门语言。每一门语言,无论它对精神产生的影响如何强大或生动,它同时也是一个 [287] 僵死且被动的工具。所有的语言都具有一种自然秉性:做不仅是正确而且是最完善的使用。如果一个人在学了一些其他语言之后再学习并掌握一门不甚完善的语言(无论是何种语言),那么他能够借助先前所学的那些更为完善的语言产生异于后一门语言的作用,并将异于只处于该语言影响下的民族的另一种看法引入该语言之中。一方面,语言被稍稍拽离了其原本的圈子;另一方面,由于一些理解行为都是由客观因素和主观因素组成的,所以新的内容被带入该语言中,因此很难断定这门语言所可以表达的内容以及无法表达的内容。

如果仅仅从一门语言的表达能力来看,那么得出如下结论并不足为奇:所有语言基本上具有相似的优缺点。尤其是语法关系,完全取决于与其相关的意图。语法关系很少黏附于词,更多的是由听者和说话人在思维中添加。倘若语法关系得不到表达,那么任何言语或理解都无法想象。一门语言,即使它极不开化,也应具有语法关系的某些表称方式。即使其表称方式贫乏、极不常见,尤其是作为质料起作用,在更完善语言的作用下形成的知性(entendement)总是能够成功地使用以上表称方式,并通过其明确表达观念之间的所有关系。较之于词义的重大扩展和精雕细琢，在思维中给一门语言添加语法更为容易。因此，在粗陋、开化程度低的语言中见到高度文明的语言所具有的一切形式的表称并不奇怪。所有的语法关系之所以实实在在地被感知，是因为人总是以完整而并非以部分的形式地拥有语言。语法关系的表称方式是否为真正的形式、在何种范围内为真正的形式以及是否对母语者观念的发展有所影响这些问题很容易就被忽略。

然而，差别就在于此。决定一门语言优点或是缺陷的并不是这门语言能够表达什么，而是它依靠其内在力量所能激发和激活[288]的东西。相关评判标准为语言在其所属民族中所能启发的观念的清晰性、确定性以及灵活性；语言由民族精神构成，反过来又影响了民族精神的形成。然而，倘若抛开语言对观念发展和情感启发的这种影响作用不谈，对语言作为工具所能创造或实现什么进行评价，那么观察领域就会变得难以限定。原因在于使用语言的精神缺少明确概念，而一切由言语激发的内容始终都是由精神和语言共同创造的。每门语言都应按照它是由特定民族构成的这一方式进行理解，而不是从异于它的角度把握。即使一门语言不具有任何真正的语法形式，它也从不缺少表称语法关系的其他方式，不仅言语可以作为物质产品可以继续存在，而且各种言语或许能够转移到该类语言中并得以发展。然而，后者仅仅是外力按照完善语言的方式使用不完善语言的结果。

因此，几乎每门语言所具有的语言关系表称方式都可以标记所有的语法关系，但这并不意味着每一门语言都拥有高度发达语言所具有的全部语法形式。物质产品和形式作用之间存在着一个细微却易察觉的差别。下文中将对此做出明确论述。在此我们暂做一个区分，那就是一个任意选取的力量可以带给语言的影响与该力量自身通过持续不断地影响观念以及观念发展所能发挥的作用。这一区分可以消除有可能发生的第一个误解。

第二个误解源于一个形式与另一个形式的混淆。正如人们通常从一门已知语言——母语或拉丁语出发去研究一门未知的语言，探求前者的语法关系是如何在未知语言中得以表达，按照已知语言中语法形式的名称或是根据语言的一般法则来处理[289]未知语言所使用的的词形变化或词序。然而这些形式在未知语言中往往根本不存在，而是由其他形式所代替。因此，为了避免这种错误，我们应根据各门语言的特性对其进行研究，通过精确分析各成分，以探求它根据其结构特点用何种确定的语法形式来表达每种语法关系。

在美洲语言方面，这类错误的语法表现比比皆是。我们所能做的最重要的事就是修正用西班牙语和葡萄牙语编写的美洲语言语法，去除其中与事实有出入的见解，从而真实地呈现这些语言的本来结构。

让我们用几个例子对上段内容加以说明。加勒比语中 a, aveiridaco 被认为是虚拟式、未完成时、第二人称单数的形式，相当于德语的 wenn du wärest（假如你曾是）。若对该词进行进一步分析，veiri 相当于"是"，词首的 a 相当于第二人称单数代词

---

① 参照本书附录一中《关于洪堡所列举的印第安语言的附注》中有关语言的注释。

（也可以与名词配合），daco 是指时间的语助词（particule）。尽管我并未在词典中发现，daco 甚至可以表示一段确定的时间，因为 oruacono daco 的意思是"第三天"①。因此，aveiridaco 的字面翻译为"在你是的那天"（au jour de ton être）。这一转写表达出了虚拟式所包含的假设语气。故而，此处我们所说的虚拟式是一个与介词相联的动词性名词，若从接近动词形式的角度解释，它是不定式的夺格（ablatif）或是拉丁语中的动名词 -do。一些美洲语言中虚拟式正是通过这种方式进行表达的。

鲁勒语（lule）中，过去分词 a-le-ti-pan 意为"泥土做的"。若对其进行逐字翻译的话，该音节组合的意思为"土—用—它们—做"，其中 -ti- 是 tic（我做）的现在时、第三人称复数形式②。

希腊人和罗马人所熟知的不定式概念，被混同于大多数甚至是全部美洲语言中的其他形式。巴西语中的不定式是一个十足的名词，iuca 意为"杀害"（动词）和"杀人"（名词），caru[290] 意为"吃"（动词）和"饭"（名词）。"我要吃饭"可以表达为 che caru aipota（逐字翻译为"我的饭我想要"）或是通过置入动词的宾格表达：ai-caru-pota。该词组只有在支配其他宾格名词时才体现出其动词性。墨西哥语中，不定式采用宾格的形式嵌入支配它的动词中。然而，不定式是由相关的将来时的人称来体现的：

ni-tlaçotlaz-nequia（我曾想爱）

其字面翻译为"我，我将爱，曾想"。Ninequia 意为"我曾

---

① 姚小平译本中"在第二天"——译者注
② 姚译本中为第三人称单数。——译者注

想",当它接纳将来时第一人称单数 tlaçotlaz(我将爱)时,整个短语就变成了一个词。但同一种将来时也可以作为一个独立的词置于支配动词之后,这种情况下,正如墨西哥语中常有现象,它仅仅由嵌入动词的代词 c 来暗指:ni-c-nequia tlaçotlaz(我—这—曾想,即:我将爱)。名词相对于动词来说也具有类似的双重位置。墨西哥语以这种方式在不定式中将将来时的概念与名词的概念联系起来,通过词形变化表达前者,通过结构关系指示后者。在鲁勒语中,两个动词(其中一个支配不定式)可以像两个定式动词(verba finita)一样直接连接起来。如 caic tucuec(我习惯吃),按字面翻译为"我吃,我习惯"。正如波普教授(Bopp)以其敏锐的眼光所观察到的那样:甚至在古印度语中,不定式是一个宾格的动词性名词,在形式上与拉丁语的动名词(supin)[①]非常相似。因此,该不定式比不上古希腊语或拉丁语中的不定式使用自由,后二者具有更多的动词性。另外,该不定式也没有被动式。当必须用到它的被动式时,其支配动词而非不定式变为被动式。比如,要说"它被能吃",而不是"它能被吃"。

由上述诸例可知,在所有这些语言中,都不该把不定式视作一个独立的形式,而是应该真实呈现替代不定式的那些表达形式

---

① 《那罗传》,第 202 页,注释 77。第 204 页,注释 83。[波普版, *Nalus (Carmen sanscritum e Mahabharato)*, Londres (Paris, Treuttel & Würtz), 1819. 弗朗兹·波普 (Franz Bopp, 1791-1967),在柏林任教职,其 1816 年发表的著作《论梵语动词变位系统兼与希腊语、拉丁语、波斯语和日耳曼语动词变位系统比较》(*Über das Konjugaitionssystem der Sanskritsprache in Vergleichung mit jenem der griechischen, lateinischen, persischen und germanischen Sprache*, Francfort sur le Main, 1816)为对比语法的奠基之作]。

的真实本质，分析每种形式在何种条件下承担不定式的功能，因为没有任何一种形式能够承担不定式的所有功能。

在一门语言中，如果语法关系[291]的表称常常与真正的语法形式的概念不完全相符，而这类情况构成了该语言的特性，那么，即使该语言能够表达一切，仍远未达到适合观念发展的程度。当人在除了话语的物质目的之外不再对语言的形式构成漠不关心时，该语言就已开始适合观念的发展。然而，如若缺少了语言的作用或反作用，这一阶段无以实现。

在概念层面上，词与其语法关系截然不同。词是言语中独立的客体（objets），而语法关系仅仅是一些联系，只有两者结合言语才能变成可能。语法关系并非始终在语言中有所标记，它们可以在思维中添加，因此语言结构至少可以在一定程度上避免不精确或误解的产生。所以，只要语法关系具有其确定的表达，那么该语言则拥有一种没有真正意义上的语法形式的语法供其使用。例如，当一门语言通过将介词附于词（词保持永恒不变）的方式构成格，那么就不存在任何语法形式，而是只存在两个词，其语法关系是通过思维添加的。姆巴依语（mbaya）中，e-tiboa 意为"我通过"而不是我们翻译的"通过我"。这种联系只存在于语言使用者的头脑中，而不是作为标记存在于语言中。同样是姆巴依语中，l-emani 不是"他希望"，而是"他"和"愿望"（名词）或是"希望"（动词不定式）的联合。该联合并不是动词，相反更接近于"他的希望"这一表达，因为前缀 l- 其实是一个物主代词。在此，动词属性也是由思维添加的。然而，以上两种形式皆可以自如地表达名词的格和动词的人称。

然而，观念若要得到准确、迅速、有效的发展，就必须解除这种单纯由思维添加的知性行为，语法关系也必须像词一样在语言中[292]得以表达。语言的所有语法努力都体现在借助语音描述知性行为上。然而，语法标记不能同时又表示事物，否则，它仍然是孤立的，需要建立新的联系。

倘若把真正的语法关系表达同以下两种手段（一是词序加上由思维添加的关系，二是借用表达事物的命名）进行区分，那么真正的语法关系表达就只剩下表达事物的词的形变（modification），而这才是语法形式的真正概念。除此之外，还有语法词，它们一般不表称事物，只表称关系，即语法关系。

只有当精神投身于单纯的思维生成，且思维生成始终依赖对纯粹形式的兴趣时，观念才能开始获得真正的发展。如果一门语言尚未习惯于将形式当作形式进行表称，这一兴趣则不能得以唤醒。即使该兴趣自发产生，也无法在该语言中寻到乐土。相反，兴趣一旦得到唤醒，它将改变其所在的语言。而一旦语言通过其他途径发展了纯粹的形式，这一兴趣也将被瞬间激发。

在那些尚未发展到这一阶段的语言中，思想常常在若干语法形式之间摇摆，满足于具体的结果。巴西语中，tuba一词既可以用作名词性表达"他的父亲"，也可以用于动词性表达"他有一个父亲"。该词甚至也可以用作"父亲"的一般称谓，因为"父亲"始终是一个关系概念。同样，xe-r-uba意为"我的父亲"和"我有一个父亲"。其他的人称如此类推。在这种情况下，语法概念的摇摆还表现为：根据语言中存在的其他类推法，tuba 也可以表示"他是父亲"；仅仅存在于巴西语南部方言中的 iaba 与 tuba 情况非常相似，它还可以表达"他是人"。这种情况下，语法形式仅仅是一个代词与一个名词的并列组合，知性需要添补与意义相对应的联系。

[293] 显然，土著人在 tuba 一词中只把"他"与"父亲"联想在一起，对他们来说，区分在我们看来相互混杂的表达十分费力。使用该语言的民族在诸多方面都表现得聪明、灵活和特别具有实用精神，然而，这种语言结构无法促进观念自由、纯粹的发展，同样也无法引起对形式思维的喜好。倘若这一民族通过其他途径引起了智能上的转变，那么其语言必然会经历剧烈的变化。

因此，翻译这类语言的句子时应该非常注意，这类语法形式的转译几乎总是错的，带来的语法观也与说话者的全然不同。若要避免这一情况，转译时就只能使用源语言中存在的语法形式，有时就不得不尽可能地舍弃一些形式。正如华斯特卡语（huastèque）中，nana tanin-tabjal 意为"我由他治疗"，然而，其准确的译法为："我、我治疗、他"，即一个主动的动词性形式与一个作为主语的受动宾语相联。华斯特卡人似乎感觉到了被动形式，却转向了上述形式，因为其语言中只有主动式。看来华斯特卡语中完全没有格的形式。Nana，第一人称单数，可以指主格"我"，属格"我的"，与格"是我的"和宾格"我"，因此它只表达主观性这一概念。在语法层面上，nin 和前置的 ta 只指示第一人称单数代词①由动词所支配。由此可见，土著人并未把握被动形式与主动形式之间的区别，而只是把语法上未成形的主观性这一概念[294]与对该概念起作用的外力的观念联系起来。

这样的一门语言与古希腊语之间存在着一道无法跨越的鸿沟！后者在我们所知的语言中当数最完善的语言。在由长复合句构成的巧妙结构中，语法形式井然有序，构成一个独立的整体，强化观念的作用，并通过对称及和谐激发其作用。由此产生了一种独特的吸引力，它伴随着思想，并围绕着思想，如同古典主义雕塑，在形体设计、组合的简单轮廓中产生了令人愉悦的形式。然而，在语言中，该吸引力并不仅仅为了一时满足想象。当语法关系准确对应逻辑关系时，思维就会更加灵敏。当语言使精神习惯于语法形式的严格区分时，精神日益被引向形式的、纯粹的思维。

倘若抛开处于不同发展阶段的两门语言间的这一显著差异不谈，我们也必须承认：即使是在那些被我们视为缺乏形式的语言中，有许多仍拥有大量表达丰富观念的手段，可以通过将少量要素人为地、有规律地联系起来来表达观点间的多种多样的关系，从而取得简扼、有力的结果。这类语言与构造更完善的语言之间的差异并不在此。前一类语言，在精心加工之后，在表达内容方

---

① 事实上，正如大多数美洲语言一样，华斯特卡语具有不同的代词形式。其用法取决于代词是否独立使用，是否支配动词，或是否由动词支配。*Nin* 只适用于最后一种情况。音节 *ta* 指出宾语在动词中得以表达，但只有当宾语为第二或第三人称时才前置。华斯特卡语中在动词中标示宾语的方法非常值得注意。

面几乎可以达到同等程度。然而，尽管它们拥有如此多的手段，却缺少一样东西：真正语法形式的表达以及语法形式之于思维的重要且有益的反作用。

姑且暂时将这类语言置于一旁，以同种方式来观察最为开化的语言。我们很可能会见到与上类语言类似的现象，尽管其形式有所不同。由此可见，我们对前一类语言的指责其实并不成立。

词与词的位置或结合一旦用于表达一种确定的语法关系，无论这些表达是否[295]通过本身有意义且指示实在事物的词实现，形式关系是否仅仅在思维中添加，就可以被视为一种实实在在的语法形式。真正的语法形式可能不会以另外的形式存在，即使那些被认为是等级更高、体系更完善的语言也是从粗陋构造之上发展而来的，且至今仍保留该构造的痕迹。

上述异议无疑非常重要。若想本研究立足于可靠的基础之上，就需要对上述异议进行细致分析。首先，应该承认该异议中有一部分内容无可置疑，而后需要指出遭到质疑的观点中确实的部分。

一门语言中，语法形式是指该语言中以特有方式对语法关系的表达（这一表达在相同场合下始终重复出现）。在大多数最为发达的语言中，未开化语言中所使用的元素组合方式至今仍然可见，而通过黏着（agglutination）——有意义音节的黏附（adjonction）——这一真正语法形式的生成方式接近普遍。这一现象在语言中表达这类形式的手段中明显可见。上述表达手段为：

——有意义音节的黏附或插入，这些音节已构成或是仍然可以构成独立的词；

——无意义字母或音节的黏附或插入，其唯一的目的是指示语法关系；

——元音变化：一个音转变为另一个音，或借助音量、重音的变化；

——词内辅音的变化；

——遵守恒定规则的相互独立的词的位序；

——音节的重复。

单纯依靠词序只能生成很少的变化，且若想避免一切可能产生的歧义，单靠词序只能表达很少的关系。墨西哥语和其他一些美洲语言中，词序用法的确有所扩展[296]：动词可以接纳或是归并名词。然而，即使如此，关系的表达仍然十分有限。

倘若一门语言应该产生于真实的约定，那么无意义词素的黏附或插入、元音或辅音的变化将是最自然、最合适的手段。这不是黏附，而是真正意义上的屈折，既可以生成对应形式概念的词，也可以生成对应事物概念的词。上文中已经讲到，事实上，对应事物概念的词无法表称关系，因为这样的词本身就需要借助一个形式与其他的词相联。不过，难以想象在语言产生之时，以语法关系的清晰认识和区分为前提的表称方式竟然曾经占据主导地位。如果我们说曾经有些民族以这种方式拥有过清晰且具有渗透力的语言意识，这样仅仅是对问题进行直接武断的判定，而并非真正地解决难题。如果我们以这种方式按事物的自然状态想象事物，其中的困难则可见端倪。就表称实物的词来讲，概念来自对事物的感知，而符号形成于事物可供类比的特性，理解生成于对事物的指示。语法形式则全然不同。它只能根据其逻辑概念或是伴随其的含糊的感觉来识别、表称和理解。概念只能从业已存在的语言中抽绎而出，且缺少足够明确的类比来表称概念，并使得表称清楚易懂。一些表称手段的确可以由感觉生成，比如长元音和双元音、希腊语和德语中表达虚拟式和祈愿式所使用的持久、飘荡的音。然而，语法关系绝对的逻辑本性不允许它们过多地借助想象和感觉，因此这类场合所产生的表达语言关系的手段少之又少。但是一些美洲语言中有些现象非常奇特。墨西哥语中，以元音结尾或是复数形式时去除尾辅音的词，其复数构成的形式为：尾元音[297]伴随着该语言特有的气音，气音非常强烈，发音因此而停顿。同时复数的构成也经常伴随着音节的重叠，比如：ahuatl（女人），teotl（神）的复数形式分别为 ahuâ、teteô。没有比重复首音节、舍去尾音节中清晰、短促的尾辅音以及强化、拖长尾元音（该音听起来像是消散在远处空气中）更形象的手法来用语音表达复数的概念了。在瓜拉尼语（guarani）南部方言中，完成体后缀 yma 发音的长短取决于其所表达的过去是不久之前还是离现在较远。这样一种表达方式几乎已经超出了语言领域，涉及肢体动作。除了与上述情况类似的少数情形外，经验与语言中屈折变化的原初性相悖。一旦对一门语言进行细致分析，就会在所有的方面都发现有意义音节的黏附。而在无法再证明该现象之处，则可以通过类推重新发现，至少难以确定黏附现象从未存在。美洲语言中的一些例子可以清楚地说明，明显的黏附极易变得形似屈折形变。在姆巴依语（langue mbaya）中，daladi 意为"你将扔"，nilabuitete 意为"他已离开"，词首的 d 和 n 是将来时和完成体的标志。这样仅仅因一个音引起的变化似乎满足所有条件被称为真正的屈折形变。然而，这其实是纯粹的黏附。这两个时态的完整标志是 quide 和 quine，它们现在仍然经常使用，但是 qui 被省掉了，de 和 ne 在其他元音前面丢掉了其尾元音。Quide 意为"迟""将来"，coquidi（co 来自 noco，"白天"）意为"晚上"。Quine 是个语助词（particule），意为"也"。我们语言中所谓的屈折音节应该就是源于从前有意义的词的这种缩简。再者，认为但凡如今无法证明黏附存在之处，黏附曾经存在是一个虚无、无以维持的假设这一观点不甚正确。真正的、原初的屈折变化在所有语言中确实只是罕见的现象[298]。即便如此，任何有疑问的事例都值得谨慎对待。在我看来，根据上文所述，屈折变化于原始之时就已存在不容怀疑，因此，屈折变化可能像黏附一样在形式中存在，只不过如今已经无法区分。我认为，我们还应该更进一步，应该承认一个民族的精神个性较之于其他民族可能更适于语言的构造以及形式思维（这两者相互关联、密不可分）。这一民族，和所有其他民族一样，起初也拥有黏着和屈折两种手段，但之后更经常、更敏锐地使用屈折形变，且将黏着更快、更可靠地转化为屈折形变，从而更早地彻底舍弃黏着这条路。然而在其他情况下，外部条件，如由一门语言过渡到另一门语言，可以赋予语言构造更快速、更有力的冲力，正如相反的影响也可以引起语言趋向不甚完善。

以上所有这些均为自然途径，可以通过人的本质以及民族的历史进行解释。有观点认为某些民族自一开始就拥有一种仅由屈折形变和内部变化推动的语言构造，而其他民族则不具备这种语言构造。我的意图仅仅是证明这一观点不实。在我看来，这一区分过于绝对，脱离了人类发展的自然道路。按照我对诸多语言所进行的详细研究的结果，这一看法将会被经验所推翻。

除了黏着和屈折形变之外，还存在一种常用的构造手段。鉴于这一手段始终具有目的性，它给一个词形打上确定的语法形式的标记，而不是通过黏附或是屈折形变使其带有语法形式的标记，所以应该将其归于屈折形变这一类。

音节重复以一种由某些语法关系激发的含混不清的感觉为基础。但凡这种感觉引起概念的重复、强化和扩展时，[299] 音节重复就会发生。当情况与上述现象不同时，音节重复是由语音特性引起的，如一些美洲语言中所出现的现象，或者古印度语中属于第三变位的所有动词。元音变化如出一辙。关于元音变化，没有任何一门语言比得上梵语中元音变化那么常见、重要和富有规律。然而，语法形式的特性却很少依赖于元音变化。元音变化只跟某些语法形式相关，而且大部分同时与若干个语法形式相关，以至于每个语法形式的特征都需要在别处寻找。

因此，语法形式构成最重要、最常见的手段始终是有意义音节的黏附。在这一点上，未开化语言与开化语言是一致的。认为未开化语言中每个语法形式可以分解为明显可辨认的元素是大错特错的。这类语言中，语法形式的差异基于完全具体的音素。我们不必借助于黏附的概念，可以把这些音素视作标记屈折形变的音。在墨西哥语中，根据词根的不同，将来时就由一些这样的具体字母标记，未完成时用 ya 或尾音 a 标记。O 是过去时态（prétérit）的增音，就像梵语中的 a，希腊语中的 ε。这门语言中没有任何迹象可以说明这些音素是过去某个时间的词的残余部分。既然我们不把希腊语和拉丁语中类似的情况视为来源如今已不为所知的黏附，那么也应该承认墨西哥语与古典语言一样具有屈折形变。在塔玛那卡语（langue tamanaque）中，tareccha（该动词意为"带着""背负"）为现在时，tarecche 为过去时，terecchi 为将来时。我列举以上这些例子仅仅是为了证明，只要对具体语言进行深入研究彻底了解其结构之后，那么认为黏着是某些语言的特征而屈折变化是其他语言的特征这一观点看起来是绝对站不住脚的。

如果需要承认高度开化的语言中也存在着黏附，在许多情况下黏附可以明显辨认，那么提出如下异议则是完全合理的：即使是在这类语言中，真正的语法关系也需要靠思维来添补。如拉丁语中的 amavit 和希腊语中的 εποίησας，这两个结构都无疑是词根、代词和时态的组合，而真正的动词特性存在于主语和谓语的综合[300]，并无任何特定的表称，必须通过思维进行添加。暂且不去确定这些形式，仅仅说助动词可以嵌入至某些这一类型的形式之中并能够指示该综合关系，这一点并不足够，因为助动词本身需要得到解释，也不总能嵌入到另一个动词中。

然而，以上所述并不能消除真正的语法形式（如 amavit 和 εποίησας），与大多数未开化的语言表达语法关系所使用的词序或音节位序之间的差别。该差别在于：前一类表达确实像是浇铸成型的一个形式，而后一种表达中其所使用的元素看起来像是一个接一个排列起来的。整体的共同成长使得各个部分的意义遭到遗忘，各部分在一个重音之下紧密相联，各自原来的重音，甚至常常是读音同时得到改变，最终形式的统一体便变成了确定的语法关系的表称。有关形式的统一体，语法学家往往不能按照其理论进一步分析。人们把从未被见过被拆分的事物视为统一体；把凡是无法拆分、不能随意将其用至其他组合的东西被视为一个真正的、有坚固组织的有机体。如果一个部分从未在语言中显示出其要素各自独立，它也不会被视作要素各自独立的部分。该现象产生的方式对于其结果来说无足轻重。关系的表称，无论其之前是否独立，是否有意义，如今变成一个纯粹的形变（modification），始终附着于同一个概念之上。曾经单纯在思维中添加于有意义的元素的关系，通过各部分共同成长成为一个紧密的共同体，如今变成了语言中实实在在的存在，变得既看得见，又听得见。

一些语言因其语法形式不那么具有形式性而备受批评。不过这类语言在许多方面同以上描述的语言非常相像。

即使要素与要素之间只是松散地串联在一起，它们仍在多数情况下构成一个词，且由同一个重音统领。然而一方面，该现象并非总会产生，而另一方面，其他情况也会出现，会或多或少[301]干扰形式特性。形式的构成要素既可分割，也可移动，每个要素都有其完整的发音，既无缩减，也无改变。另外，这些要素在语言中又可以独立存在，或是用作表达其他的语法联系，比如代词性词缀可以用作和名词一起使用的物主代词或是和动词一起使用的人称代词。尚未有屈折变化的词，不像在语法构造精深的语言中那样带有不同词类的标记，而是首先通过语法要素的黏附才能凸显出词类标记。整个语言的结构使得研究者直接对要素进行区分，该区分无须费力。除了利用形式或是类似于形式的词语联系对语法关系进行表达，也可以通过简单叠加，即通过思维添加的联系来表达同样的语法关系。

以上列举的情况或集中出现或分散存在于一门语言中，这一特点决定了该语言在何种程度上有利于形式思维的发展，其语法关系的表现形式在何种程度上符合语法形式的真正概念。因为，此处起决定作用的因素不是语言中单独或分散出现的现象，而是一种可以使语言对精神产生影响的力量。而这一力量取决于完整的印象与整体的性质。如上文所言，单个的现象只能构成对过于笼统的论点的反证，而不足以否认两种语言在语言结构整体方面所属发展阶段的差别。

一门语言距离其起源越是遥远，在其他条件相同的情况下，其形式发展的成就也就越高。仅仅是长期使用就能使词的组成要素牢固地融合在一起，使各要素原有的读音得以减弱，使过去曾经独立的形式变得更加难以识别。无论如何，我坚信语言无一不是基于黏附发展起来的。

　　一旦将语法形式的表现视作由或多或少可分割的具体要素构成，[302]那么与其说是讲话人使用现有形式，倒不如说他每时每刻创造着形式。语法形式因此变得更加丰富多样。因为人类精神的自然禀性正是追求完善。而每种语法关系，即使其使用还较为罕见，也和其他的语法关系一样成为语法形式。相反，如果从更加严格的意义上理解形式，它形成于使用，且惯常的言语与新的形式构造无关，那么就仅会有一些表达常见关系的形式，而更为少见的关系则通过其他迂回方式由独立的词语进行表达。还有另外两种情况与该方法相关：

　　其一，尚未开化的人乐于描述每一个具体事物的所有特点，而不是为了满足每次的具体目的所需要的特点。

　　其二，有些民族习惯于把整个句子构成所谓的"形式"，比如将一个动词支配的对象（尤其当该对象是一个代词）插到动词之中。

　　这就是为什么有些语言虽然本质上缺少真正的形式概念，其所拥有的所谓的形式却数量惊人。而且，这些形式具有严格的类比性，组成一个完整的整体。

　　如果说语言的优点取决于形式的多样性以及其严格的规律性，取决于最细微特点的表达［如在阿比坡人（abipones）的语言里，第三人称代词根据人是否在场、站着还是坐着、躺着还是正在走动而呈现出不同的形式］的数量，那么许多野蛮民族的语言应该被置于文明高度发达民族的语言之上。即使在当代，这一现象也屡见不鲜。然而，一些语言相对于另一些语言的优点只能根据其适合观念发展的能力进行评判，而上文中野蛮语言和文明语言的情况应该倒过来理解。事实上，形式的多样化使得观念的发展更为困难。许多词需要接纳次要的限定语，而这些限定语并非思维在每个场合都需要的，这一现象对于观念发展来说实属阻碍。

以上我只谈到了语法形式。然而，每门语言中还有语法词，[303] 有关语言形式的有效论证大部分都适用于语法词。语法词主要包括介词和连词。作为语法关系的表称，这类词可被视为真正语法关系的标记，其起源同语法形式的起源一样都难以解释。唯一的区别在于：并不是所有的语法词都像纯粹的语法形式一样产生于纯观念，而是需要借助于经验的概念，如空间和时间。因此，我们有理由怀疑鲁姆斯登（Lumsden）在其《波斯语语法》①中坚持的观点。他认为在语言起源之时，真正意义上的介词和连词业已存在。霍恩·图克②的理论看起来更为合理：一切介词与连词都可能源于用以表达事物的具体的词。一门语言的语法、形式作用也取决于这类语助词距离其词源的远近程度。有关这一现象，没有比墨西哥语的介词更合适的例子了。墨西哥语里介词可以分为三类：

---

① 马修·卢姆斯登（Matthew Lumsden, 1777-1835），《波斯语语法》，加尔各答，1810 年（*A Grammar of the Persian language ; comprising a portion of the elements of Arabic inflexion*, Calcutta, 1810.）

② 约翰·霍恩·图克 (John Horne Tooke, 1736-1812),《有翼的话语》（'Επεα πτερόεντα, 1786/1805.）

第一类可能源于名词概念，但已经完全看不出词中的名词概念，比如 c（在……里面）

第二类介词通常与一个未知要素连用。

第三类介词清清楚楚地包含一个与介词相联的名词，如 itic（在……里面）。实际上该词是由 ite（肚子）和 c（在……里面）组成的，其本义为"在肚子里"。因此，Ilhuicatl itic 的意思并不是大家所译的"在天空中"，而是"在天空的肚子里"，因为其中"天空"为属格形式。代词只跟后两种介词搭配，且从不使用人称代词，而是使用物主代词，这样就可以清晰地显示出隐藏在介词中的名词。Notepotzco 一词虽然译为"在我之后"，其本义实为"在我的背的后面"，中间的部分 teputz 意为"背"。由此可见原始意义逐渐丢失，每次需要把名词（肚子，背）作介词用时，该民族所特有的语言构造精神为其添加一个已存在的介词，以保持词语的语法联系（就像拉丁语中的 ad instar，德语中的 immitten）。在这一方面，语法构造不甚完善的密西特加语（langue mixtèque）用 chisi huahi（肚子、房屋）、sata huahi（背、房屋）来表达在"在房屋的前面"和"在房屋的后面"。

不同语言中，屈折形变与语法词之间所形成的关系也有所不同。例如，有些语言主要用格表达限定，另一些则用介词；有些语言主要用屈折形态表达时态，而另一些则使用助动词组合。这类助动词，当它们只表达句子成分的关系时，其功能仅限于语法词。希腊语 τυγχάνειν（遭遇、达到）一词中真正的实物意义已无以得知，同样，梵语中使用 shtha（站立），但使用相对较少。在这一方面，评判语言优点的标准可按照一般原则设定。有待表达的关系，无须添加任何特殊概念，只取决于等级更高、更加一般的关系，那么其表达最好由屈折形变来承担，或是由语法词来承担。因为，屈折形变本身没有任何意义，仅仅含有纯粹的关系概念。而在语法词中，除了关系概念，还有附带概念。当纯粹的思维不能满足需要时，就需要添加后者来明确关系。梵语变格体系中的第三格甚至第七格之所以并不是该语言值得称赞的优点，因为它们所表达的关系不够明确，仍需要借助介词来确立界限。真正形成语法的语言始终排除第三种情况，即把一个具有实物意义的词用作语法词。这一现象在上文中有关介词的部分就已经讨论过了。

无论从屈折变化还是从语法词方面考虑，结果始终一致。有些语言能够足够清晰、明确地表达大部分，甚至是所有的语法关系，[305]且拥有丰富多样的"所谓的"形式。然而，这类语言无论从整体上还是细节上都缺少的真正的语法形式性。

至此，我主要对语法形式和与其相似的形式进行了区分。各门语言都力图接近语法形式。我坚信对语言研究来说，最有害的无疑是基于不恰当认识之上的过于普遍的推理。为此，我为每一类具体情况都提供了一些实例进行说明，而没有进行过于详尽的论证。尽管我明白只有对文中所提及语言中的至少一门进行全面性的研究，才能提供真正有说服力的证据。为了得出一个关键性的结论，我们有必要抛开具体事实，把文中讨论过的问题汇集起来做个总结。

一切有关语法形式性的起源与作用的研究都归于一个区分：

事物（objets）表称与关系表称的区分，即实物（choses）表称与形式表称的区分。

说话作为物质活动与实际需要的结果，仅与实物的表称直接相关。而思维这一观念活动始终与形式有关。思维能力若占据优势地位，它就能赋予语言形式性；而形式性若在语言中占据优势地位，思维能力就会得到提高。

1. 语法形式的产生

语言起初只表称事物，而把表达言语连接的形式留给听话人处理，由他在思维中添补。

而语言寻求简化思维添加形式的难度：一是利用词序，二是借用表称事物和实物的词来指示关系和形式。

由此，在语言发展的最低阶段，出现了由习语、简单句和分句承担的语法表达。

这一方法的使用具有一定的规律性。词的位序变得稳定，语法表达所使用的词也逐渐失去[306]其独立的用法、具体的意义以及原初的发音。

于是，在语言发展的第二个阶段，语法表达由固定的词序和摇摆于具体意义与形式意义之间的词来承担。

词序逐渐一致，具有形式意义的词也被加入其中，成为词缀。不过它们之间的联系尚未稳固，连接之处仍然明显可见。整个形式还只是一个聚合体，而不是统一体。

于是，在语言发展的第三个阶段出现了由形式的类推造就的语法表达。

形式性终于得以确立。词成为统一体，只通过改变屈折音来表达不同的语法关系。每个词都属于一个确定的词类，兼具词汇特性和语法特性。表达形式的词不再具有附带意义（附带意义带有干扰作用），而是成为纯粹的关系表达。

由此，在语言发展的更高阶段，语法表达由真正的形式，即屈折形变和纯粹的语法词来承担。

形式的本质在于其统一性，在于词相对于其所附带的音所具有的优势地位。在长期使用中，语法要素逐渐丧失了其原有的实物意义，附带的音逐渐弱化，词的优势地位就这样毫无困难地建立起来。然而，语言的产生绝对不可能完全用僵化力量的机械作用进行解释，也不能忽视强大、独特的思维力量的作用。

词的统一性是通过重音形成的。较之于重读的音，重音更具有精神性质。后者之所以被称作言语的灵魂，不仅因为它带来了真正的理解，而且它比语言中任何其他要素都更称得上是伴随言语的感觉的直接体现。当重音通过统一性的作用给词打上语法形式的烙印时，情况也是如此。正如金属要想迅速、紧密地融合，需要炽热、强烈和有力的火焰，新形式的融合只能通过追求形式界定的思维能力强有力的作用[307]才能实现。这种思维力量在形式的其他特性上也有所显现，所以，毫无疑问，一门语言无论其命运如何，如果它不曾被一个具有创造精神或是深刻思想的民族所使用，就不可能实现完善的语法结构。除此之外，无论什么也无法将语言从松散结合的形式的平庸之中解救出来，这种形式从来不能精确地表达思维力量。

2. 语法形式的影响

思维，经由语言产生，或导向外在的物质目的，或导向思维自身，即精神目的。在这个双重方向中，思维要求概念得以区分与界定。而概念的区分与界定在很大程度上取决于语法形式的表达方式。

借助简单句或尚未成为固定规则的词序，甚至是类似于语法形式的手段来辗转表达语法形式往往会导致含混不清。

当理解活动及其外在目的被隐藏，概念自身常常不甚明确。但凡概念明显可以以两种不同的方式进行理解时，那么其特性就还尚未形成。

当思维转向真正的内在观察，而不仅仅专注于外在活动，概念的区分与界定会产生其他一些要求，而这些要求即使通过内在的途径也难以达到。

因为，任何思维都以必要性和统一性为目标，而这也正是人类全部努力的方向。人类所追求的目标就在于寻找发现规律性或是通过界定规律性将其确立。

如果说语言应与思维保持一致，那么它就应该尽可能地在结构上与思维有机体保持一致。否则，鉴于语言在一切方面都是象征，就与其联系最为紧密的思维有机体而言，语言恰恰就是这一对象的不完善实现。一方面,语言全部词汇展现了其世界的广度,另一方面,其语法结构也体现了它对思维有机体的看法。

[308] 语言应当伴随思维。因此,思维应该能够在语言中以稳定的序列方式从一个要素到另一个要素过渡。思维本身所需的联系应在语言中都有其相应的符号。否则,当语言背离思维而不是伴随思维时,缺陷会应运而生。

最后,即使精神始终并处处追求统一性和必要性,它也只能逐渐从自身出发并借助于更加敏感的手段达到统一性和必要性。语言就是这些有效手段中的一种。即使是针对其最有限、最低级的目的,语言也需要规则、形式和规则性。精神越是能够在语言中促成其自身所追求的目标,精神与语言的结合就越紧密。

按照对语言提出的所有这些要求来审视语言,只有当其拥有真正的语法形式而不是类似于语法形式的形式时,它才能满足(或是很好地满足)这些要求。这一差异的重大意义就在于此。

这一点,也是最重要的一点,是精神要求语言完全区分实物和形式、事物与关系,且避免将二者混淆。如果语言使精神习惯于这一混杂,或是使精神难以对二者进行区分,那么精神全部的内在作用会因此受损并走上歧途。只有在真正的语法形式由屈折形变或是语法词构成时,这一区分才能彻底完成。关于这一点,上文中有关语法形式表达阶段性的部分已有论证。在只拥有类似于语法形式的手段的语言中,原本只应具有形式性的语法标记中却包含质料成分。

正如上文所述,但凡在形式融合尚未完全实现之处,精神仍然把要素视为分离的成分，而该语言则无法与精神作用的规律保持必要的一致关系。

精神一旦察觉到漏洞，便力图对其进行填补。它要处理的并不是数量有限的离散的统一体，而是大量半分半联的统一体。比起借助适合的、与其自身规则相一致的语言形式，精神显然无法同样迅速、自在[309]地运作，也无法对特殊概念与更为一般的概念之间易于建立的联系产生同样的兴趣。

如果这一问题以一种更为明确的形式提出，很显然，一个语法形式即使除了可以不完全替换它的类似语法形式的形式所包含的要素之外，不包含任何其他要素，它对精神的作用也显然完全不同于类似语法形式的形式。这一作用完全取决于语法形式的统一性。而创造语法形式的思维能力，其能量于语法形式之中得以体现。

若一门语言的语法不是以上述方式①进行构造的，精神则会感到言语连接的一般程式在构建上有缺陷，不够完善，而该程式在语言中得到合适的表达是任何思维轻松、完全展开的必要条件。该程式本身不一定要被人们意识到，有些文化高度发达的民族照样会缺乏这一意识。鉴于精神总是无意识地按照该程式运作，只需要赋予每个具体成分一个表达就足够了，而该表达反过来又会促使精神重新生成另一个准确的表达。

在语言对精神的反作用中，真正的语法形式，即使它没有受

---

① 指具有真正的语法形式：屈折形变或语法词。——译者注

到有意识的关注，也会造成形式的印象，并产生一种形式文化。由于真正的语法形式除了纯粹的关系表达之外，并不含有任何可以引起知性偏离正途的质料成分。然而，当知性在语法形式中观察到词的原初概念发生改变时，知性应当把握形式本身。当面对虚假形式时，知性就无法进行这一行为，因为它无法在形式中足够准确地识别关系概念，且被附带概念分散了注意力。这两种情况都发生在一个民族所有阶层最普通的话语行为中。如果语言对精神起有利影响，概念就会得以区别和普遍限定，一般的理解能力甚至是纯形式的理解能力也会得以发展。该能力一旦产生，一直趋于完善，这也是精神特性所决定的。因为，当一门语言为知性提供不纯正、有缺陷的语法形式时，该消极作用越久，纯形式认识就越难摆脱该混沌。

对于一门语法构成不同于此[310]的语言，无论如何评论其适合观念发展的能力，一个现象始终难以理解：一个民族在其语言稳固不变的基础之上何以凭借自己的力量实现高度发达的科学修养。精神不能从语言方面，语言也不能从精神方面获得彼此所需要的东西。两者的相互作用要想取得有益的效果，就必须首先让语言发生变化。

根据上述方式可以确立起一些标准，对那些具有发达语法的语言以及其他语言进行区分。或许，没有任何一门语言可以夸耀自己与语言的普遍法则完全一致，没有任何语言在每一部分都实现了形式化。处于较低发展阶段的语言之间也有大量的细微差异。然而，明确区分两类语言的这一差异并不是相对的，即不只是数量多一些或少一些的问题，而是绝对差异，因为形式是否占优势地位始终清晰可见。

毫无疑问，只有形成了语法的语言才具有完全适合观念发展的能力。至于其他语言还需要完成的东西，需要由实践和经验来证明。然而，有一点是肯定的：这类语言从来不可能像语法发达的语言对精神产生同等程度的影响。

在这一方面，汉语是一个杰出的例子。它几乎没有通常意义上的语法，却拥有几千年的文献。众所周知，孔子和其学派的著作是用"古文体"（style ancien）撰写而成的。如今，这一文体仍然被重要的哲学和历史著作所普遍采用。其语法关系仅仅通过词序和独立的词来表达。读者往往要通过上下文猜测一个词应该被理解为名词、形容词、动词还是语助词①。的确，官话和文学语体[311]力图使语言在语法方面变得更加明确，然而仍然不具有任何真正的语法形式。上文中刚刚提到的孔夫子的著作是这一民族最为著名的典籍，和近代对汉语的这种处理毫无关系。

艾辛纳·伽托麦尔（Etienne Quatremère）②洞察力敏锐，曾力图证明：倘若科普特语（langue copte）是古埃及人的语言，那么该民族可能达到的高度科学修养就需要考量。因为科普特语的语

---

① 参见〔法〕雷慕沙，《汉文启蒙》（Grammaire chinoise），第35和37页
② 参见〔法〕艾蒂安·马克·卡特勒梅尔（Etienne Marc Quatremère，1782—1857），《埃及语言和文学：批判和历史的研究》（Recherches critiques et historiques sur la langue et la littérature de l'Egypt）。艾蒂安·马克·卡特勒梅尔，法国东方学者，巴比伦语专家，自1815年起当选为法兰西铭文与美文学院院士。

法体系，用塞西（Silvestre de Sacy）[①] 的话来讲，完全是综合性的，即语法标记是分离的，或前置或后置于指称实物的词。塞西还将该语法体系中的这一方面与汉语语法体系进行了明确的比较。

　　以上两门语言完全或几乎没有语法形式，如果说这两个民族使用其语言实现了如此高的智力修养水平，这一现象似乎构成了语法形式的必要性理论的一个有力反证。然而，这两个民族的文献是否正好具有此处所说的语言特性所促成的优点，这一点并未得到任何证实。毋庸置疑，丰富多样、明确、自在形成的语法形式使得思维变得快捷、敏锐，而思维的快捷和敏锐在雄辩和辩术中表现得最为明显。也正是为此思维在雅典散文中展示了其最为强大的力量和最为细微的特点。关于汉语古文体，即使是那些对该民族文献赞赏有加的人也承认它不够明确、不够连贯，因此，能更好适应生活需要的文体应运而生，这一文体力图使前者变得更加清晰、明确和丰富。所以，这一事实证明了我们有关语法形式必要性的断言。[312] 有关古埃及的文献，我们知之甚少。但就我们所知的有关这一奇特国家的习俗、法制、建筑和艺术而言，与其说它们显示了精神对观念轻松、自由的处理，倒不如说是严格的科学修养。在我们看来，这些优点不应该是以上两个民族所能拥有的。即使它们实现了以上优点，那也不足以推翻我们的理论。通过寻找有利的条件、其各力量之间的平衡，无论人类精神

---

① 参见由法国学者米林（Aubin-Louis Millin de Grandmaison）主编的《百科杂志》第 4 卷，1808，第 255 页（*Magasin encyclopédique*, tome IV, 1808, p. 255），该处介绍了有关象形文字和拼音文字对语言语法构成的影响的大量新颖观点与论述。

使用何种手段都能实现其目标，即使道路会更加艰难、更加漫长。它需要克服困难，然而困难不会因此而减少。缺乏语法形式或拥有不完善语法形式的语言对智能活动产生干扰作用，而不是促进作用，这是由思维和言语的本性决定的。我认为我已经对此做出了说明。事实上，其他一些力量可以削减或消除这些干扰作用。然而在科学考察中，为了得出纯粹的结论，我们必须将每一个作用作为一个独立的因素来看待，将其分离出来，假定其不受任何其他因素的影响。此处，有关语法形式的讨论就是如此进行的。

关于美洲语言在何种程度上达到了较高教养阶段，没有任何纯粹的经验可供参考。有关墨西哥语，我们所拥有的土著人的文字材料①来源于殖民征服时期，已经显现出了外来影响。十分遗憾的是：在欧洲，我们对这些材料完全不了解。殖民征服时代之前，这个地方不存在任何文字记录手段。这一现象似乎已经证明了那里没有一个任何民族显现出决定性的思维力量可以使其能够打破阻碍，创造出字母。不过，字母的发明一般来说非常罕见，因为大部分的字母文字来源于传承，一种字母文字往往是在另一种字母文字的基础之上产生的。

[312] 在目前已知的语言中，梵语是最古老并最早具有一个真正语法形式结构的语言，且其组织非常完善，十分完整，之后添加的

---

① 参见〔德〕亚历山大·冯·洪堡（A. v. Humboldt），《论新西班牙王国》，第 93 页 [*Essai politique sur le royaume de la Nouvelle Espagne.* (Paris, F. Scholl, 1811 ; rééd. Nanterre, Erasme, 1989 ; Paris, Utz, 1997) p. 93]；也可参见其著作《美洲山脉及美洲土著民族建筑》，第 126 页 [*Vues des Cordillières et monuments des peuples indigènes de l'Amérique* (Paris, F. Scholl, 1810 ; réédi. Nanterre, Erasme, 1989) p. 126]

东西微乎其微。在这一方面,闪米特诸语(langues sémitiques)可以与梵语相提并论。然而毫无疑问,只有希腊语才达到了结构完善的顶峰。在这些视角下,不同语言之间的相互关系,以及古典语言衍生出现代语言而带来的新现象,这一切为未来研究提供了丰富的材料。未来的研究会更加细腻,因而也更为困难。

(本译文译自德尼·杜阿赫的法语译版,并参考了姚小平先生的德语译文。)

关于洪堡所列举的印第安语言*的附注

让·卢梭

洪堡在 1821 年的论著①中提到的印第安语言达十门之多，

---

* 有关美洲语言的著作：
- 〔法〕安东尼·梅耶，〔法〕马赛尔·柯恩（编），《世界语言》，新版，语言学丛书（巴黎语言学会）16，巴黎：法国国家科学研究中心，1952，1294 页，附 26 页地图 [Antoine Millet et Marcel Cohen (dir.) *Les langues du monde* par un groupe de linguistes. Nouv. éd. Collection Linguistique (Société de linguistique de Paris) 16. Paris, Centre national de la recherche scientifique, 1952, 1294 p. + 26 cartes.]
- 〔澳〕克里斯托弗·莫兹里，〔英〕R.E. 阿舍（编），《世界语言地图》，伦敦：纽约：卢德里奇出版社，1994 [Christopher Moseley and R.E. Asher (eds.) *Altas of the world's languages* Routledge reference. London, New York, Routledge, 1994 (cité Atlas)].
- 〔美〕梅里特·鲁伦，《世界语言导览》，第一卷，《分类》，斯坦福，加利福尼亚：斯坦福大学出版社，1987（Merritt Ruhlen *A guide to the world's languages* v. 1. Classification. Stanford, Calif., Standord University Press, 1987.）
- 〔美〕约瑟·哈罗德·格林伯格，《美洲语言》，斯坦福，加利福尼亚：斯坦福大学出版社，1987（Joseph Harold Greenberg *Language in the Americas* Stanford, Calif., Standord University Press, 1987.）
- 〔美〕约瑟·哈罗德·格林伯格，《中南美洲语言的一般分类》，收于〔加〕安东尼·F. C. 华莱士（编），《第五届人类学与民族学国际研讨会论文集》，费利德菲亚，1960，第 791—794 页 [Joseph Harold Greenberg "The General Classification of Central and South American Languages" Anthony F.C. Wallace (ed.) *Selected papers of the Fifth International Congress of Anthropological and Ethnological Sciences* Philadelphia, 1960, 791-794.]
- Cipriano Muñoz y Manzanno Conde de la Viñaza *Bibliografía española de lenguas indígenas de américa* Madrid, 1892 (reprint Leipzig, 1972)
- 〔美〕查尔斯·F. 沃格林，《世界语言分类及索引》，语言学基金会系列，纽约：爱思唯尔出版社，1977（Charles Frederick Voegelin *Classification and index of the the world's languages* Foundations of linguistics series. New York, Elsevier, 1977.）

① 此处所指论著为《论语法形式的产生及其对观念发展的影响》。——译者注

在之后的《致雷慕沙的信》一文中又提到了三门①。

北美诸语言中，洪堡只是迅速提及了特拉华语（delaware）（《致雷慕沙的信》，《全集》，1826 年版：第四卷，第 284 页）。

特拉华语，又称勒纳普语（lenni lenape），是居住在大西洋沿岸自哈德孙河（Hudson）下游至巴尔的摩地区（Baltimore）的印第安人所使用的语言，属于阿尔贡金语族（langues algonquines）的东方语组（梅耶 & 柯恩，1952：第 974 页）。这门语言在 17 世纪初大约有 8000 名使用者，而如今仅能观察到其使用痕迹：安大略省（Ontario）南部地区、俄克拉荷马（Oklahoma）和新泽西州（New Jersey）尚存大约 3500 名使用者（《世界语言地图》：编号 5）。

洪堡对这门语言的了解得益于约翰·戈特利布·厄恩斯特·赫克维尔德神父（Johann Gottlieb Ernst Heckewelder, 1743-1823）。赫克维尔德神父为宾夕法尼亚（Pennsylvanie）伯利恒（Bethlehem）莫拉威亚兄弟会（Frères moraves）的传教士，在特拉华印第安人中生活了 40 年，著有《宾夕法尼亚及邻邦印第安民族历史、生活方式和习俗》一文［被收入《历史学与文学委员会纪要》，美国哲学学会 1，1819，第 1—348 页（"Account of the history, manners, and customs of the Indian nations, who once

---

① 这一数据主要参考了缪勒 - 富尔玛有关洪堡语言学论文目录。〔德〕库尔特·缪勒 - 富尔玛：《威廉·冯·洪堡语言学：语言学遗产注解目录》，帕德伯恩：薛宁出版社，1993（Kurt Mueller-Vollmer *Wilhelm von Humboldts Sprachwissenschaft. Ein Kommentiertes Verzeichnis des sprachwissenschaftlichen Nachlasses. Mit einer Einleitung und zwei Anhängen* Paderborn, F. Schöningh, 1993）。

inhabited Pennysylviania and the neighboring states", *Transactions of Historical and Literary Committee* American Philosophical Society 1, 1819, 1-348)][1]。在同一文集中他还有另一篇有关语言的论文《伯利恒神父约翰·赫克维尔德与彼得·S. 杜邦索先生[2]有关美洲印第安人语言的通信》("A correspondence between the Reverend John Heckewelder, of Bethlehem, and Peter S. Du Ponceau, Esq. Corresponding Secretary of the Historical and Literary Committee of the American Philosophical Society, respecting the Languages of the American Indians", 351-448），该文后配有附录《印第安人特拉华语单词、句子与短对话——由伯利恒神父约翰·赫克维尔德整理》("Words, Phrases and Short Dialogues, in the Language of the Lenni Lenape, or Delaware Indians. By the Reverend John Heckewelder of Bethlehem", 451-464）。洪堡正是基于这一通信体对话录[3]中分散的语料，重新整理了语法材料（NHu Coll. Ling. Fol. 50；缪勒-富尔玛，1993：第205页），整编了一个词汇表（NHu Coll. Ling. Fol. 64；缪勒-富尔玛，1993：第249—250页）。

---

[1] 德语译本：哥廷根，1821（En traduction allemande : Göttingen, 1821）；法语译本由杜邦索完成，巴黎，1822（française par Du Ponceau Paris, 1822）。
[2] 皮埃尔·艾蒂安·杜邦索（Pierre Etienne Du Ponceau 1760-1840），又名彼得·斯蒂芬·杜邦索（Peter Stephen Duponceau）——译者注
[3] 另外，该通信体对话录在很大程度上呈现出虚假性质。将费城美国哲学学会图书馆（American Philosopical Society de Philadelphie）馆藏的信件原件与印刷版本进行比较，可以看出赫克维尔德的信件几乎完全被皮埃尔·艾蒂安·杜邦索（Pierre Etienne Du Ponceau, 1760-1840）改写。

洪堡与杜邦索（Du Ponceau）一直保持通信往来，[①] 收到了后者赠送的两本有关特拉华语的书：《赞歌集——北美联合兄弟会印第安基督徒用书》（*A Collection of hymns : for the use of the Christian Indians of the missions of the United Brethren*, in North America Philadelphia, 1803）和《论特拉华—印第安语和英语拼写——马斯京根河流域印第安人基督教学校用书》（*Essay of a Delaware-Indian and English spelling book : for the use of the schools of the Christian Indians on Muskingum River*, Philadelphia, 1776）。这两本书由传教士大卫·蔡斯伯革（David Zeisberger，1721-1808）所著。除此之外，蔡斯伯革还用德语编纂了一本特拉华语语法书[②]。杜邦索承诺将该语法著作翻译成英语，很长时间之后，这一译本才得以问世。洪堡坚持先阅读这一译本再公布他对这门语言的看法。他甚至宣称：在拿到译本之前，自己"不敢针对北部地区的语言发表任何意见"（《致毕麒麟的信》，1824

[①] 有关洪堡与两位美国语言学家 P. S. 杜邦索（P. S. Duponceau）和约翰·毕麒麟（John Pickering 1777-1846）的交流，参见：
－〔德〕克劳斯·汉马赫（主编）：《洪堡兄弟著作及影响中普遍性及科学——配附录"威廉·冯·洪堡与美国语言学的开端：致约翰·毕麒麟的信件"》，〔德〕库尔特·缪勒－富尔玛，法兰克福，1976年，第256—334页（*Klaus Hammacher (Hrsg.) Universalismus und Wissenschaft im Werk und Wirken der Brüder Humboldt*. Mit einem Anhang : Wilhelm von Humboldt und der Anfang der amerikanischen Sprachwissenschaft. Die Brife an John Pickering, hrsg. V. Kurt Müller-Vollmer. Frankfurt, 1976, 256-334.）
－〔美〕彼得·斯蒂芬·杜邦索：《哲学笔记》，第5卷，第40—55页（手稿复印件），手稿集，美国哲学协会图书馆，费城（Peter Stephen Duponceau, *Philological notebooks*, Vol. V, 40-55 [copies manuscrites]. Manuscript Collection. Library of the American Philosophical Society. Philadelphie）
[②] 〔德〕蔡斯伯革，《特拉华语或勒纳普语语法》——译者注

年6月29日，第297页）；"唯有基于这些地区主要语言的语法形式的论述，才能可靠、详致地评价这门语言以及与之类似的语言"（同上）。而且，他之所以没有意愿完成其有关美洲语言的巨著，部分原因在于他不甘心"在没有拜读蔡斯伯革语法大作之前就着手进行这一研究。事实上，我认为这一著作是理解该大陆大部分区域语言的钥匙"（第300页）。

洪堡最终在1828年收到了杜邦索由德语手稿译为英语并做序加注的《特拉华语或勒纳普语语法》（*A Grammar of the Language of the Lenni lenape or Delaware Indians*, translated from the German manuscript of the author by Peter Stephen Du Ponceau ; with a preface and notes by the translator. Philadelphia, 1827）[①]。他在《卡维语导论——论人类语言结构的差异即其对人类精神发展的影响》中提及特拉华语时几次援引了这部蔡斯伯革的著作。特拉华语中的组合现象（《卡维语导论》，1830—1835年版:《全集》第七卷，第266—270页）与动词中包含代词这一现象（第152页，第279页）颇值得关注，体现了黏着（anfügende）这一语法手段（《语法结构》，1827—1829年版:《全集》第六卷，第397页）。

洪堡并未能参考蔡斯伯革的语法著作这一事实也解释了其于1823年6月3日在柏林科学院宣读的有关美洲语言中动词的论

[①] 该文也被刊于《美国哲学学会纪要》，第三卷，1830，第65—251页，纽约重版，1980（Transactions of the American Philosophical Society N. S. Vol. III 1830, 65-251 ; republication New York 1980.）

文①中为何没有提及特拉华语。相反,这篇论文中援引了以下语言和另外一些语言②。

---

① 其翻译版首先发表于丹尼尔·G·布林顿(Daniel G. Brinton)的著作中:《美洲语言的哲理语法》,收入《美国哲学学会会议录》,第XXII卷,1884,117号,费城:1885,第306—350页,单独再版,费城,1885,51页。["The Philosophic Grammar of American Languages, as set forth by Wilhelm von Humboldt ; with the translation of an unpublished memoir by him on the American verb" *Proceedings of the American Philosophical Society* Vol. XXII (1884) n° 117, Philadelphia, 1885, 306-355; en édition séparée, Philadelphia, 1885, 51p.]。在该版本之后,洪堡的德语原文的副本得以发现,由 M. 令马赫发表(《论美洲语言中的动词》,载于〔德〕于尔根·特拉班特主编:威廉·冯·洪堡《论语言:在科学院的演说》M. Ringmacher "Ueber das Verbum in den Americanischen Sprachen" *in* Jürgen Trabant (Hrsg.) Wilhelm von Humboldt *Über die Sprache. Reden vor der Akademie* Tübingen, Francke, 1994, 82-97)。

② 有关特拉华语在北美洲其他语言中的情况,参见:
-〔美〕查尔斯·弗雷德里克·沃格林,《特拉华语,阿尔贡金东部的一门语言》,收入科尼利尔斯·奥斯古德(编),《美国本土语言结构》,1946,第 130—157 页(重印版,1967);《阿尔贡金语所属语系书目》。Charles Frederick Voegelin, "Delaware, an eastern Algonquian language", Cornelius Osgood (ed.) *Linguistic structures of native America*. Viking fund publications in anthropology n° 6. New York, The Viking Fund, 1946, 130-157 (reprint : New York, Johnson, 1967); "Bibliography of Algonquian according to language groups", 123-129.
-〔美〕艾夫斯·戈达德(编),《语言》,1978 年 [Ives Goddard (ed.) *Languages*. Handbook of North American Indians v. 17. Washington, Smithsonian Institution, 1978.]
-〔加〕布鲁斯·G.崔格尔(编)《东北地区》,1978 年 [Bruce G. Trigger (ed) *Northeast*. Handbook of North American Indians v. 15. Washington, Smithsonian Institution, 1978.]
-〔美〕詹姆斯·康斯坦丁·皮林,《阿尔贡金诸语言书目》,1891 年(James Constantine Pilling *Bibliography of the Algonquian languages* Washington, 1891)
-〔美〕詹姆斯·康斯坦丁·皮林,《北美印第安诸语言书目校样》,1885 年(James Constantine Pilling *Proof-Sheets of a bibliography of the languages of the North American Indians* Washington, 1885)
-〔美〕威廉·布莱特(编),《北美语言学》,1973 年 [William Bright (ed.) *Linguistics in North America*, Current trends in linguistics Thomas Sebeok (ed.) v. 10. The Hague, Mouton, 1973]

洪堡提到了中美洲的四门语言①。

洪堡文中的墨西哥语（《产生》，1821年版：《全集》第四卷，第290页，第295页及下一页，第299页，第303页，第312页；《致雷慕沙的信》，1826年版：《全集》第四卷，第265页）可以理解为纳瓦特尔语（langue nahuatl）或是纳瓦语（langue nahua）②，亦称为阿兹台克语（aztèque）。作为阿兹台克帝国的主要语言，阿兹台克语在西班牙人到达美洲之时被原住民普遍使用，享有较高的文化地位。在殖民占领时期，自墨西哥城到图斯

---

① 有关中美洲语言的情况，参见：
-〔美〕特伦斯·考夫曼，《中美洲印第安语言》，收入《不列颠百科全书》第15辑，祥编，第11卷，第956—963页（Terrence Kaufman "Meso-American Indian languages" *Encyclopaedia Britannica* 15e éd. Macropaedia vol. 11. 956-963）
-〔美〕R.沃乔普,〔美〕N. A. 麦奎恩（编者），《语言学》，1967年〔尤其是：N. A. 麦奎恩《中美语言学研究历史》，第3—6页；〔美〕W·布莱特，《描述性材料清单》，第9—62页；〔美〕RE朗格克，《系统比较与重构》，第118—159页 [R. Wauchope et N. A. McQuown (eds.) *Linguistics*. Handbook of Middle American Indians. Vol. 5. Austin, University of Texas Press, 1967 (en particulier : N.A. McQuown "History of studies in Middle American Linguistics" 3-6 ; W. Bright "Inventory of descriptive materials" 9-62 ; R.E. Longacre "Systemic comparison and reconstruction" 118-159）]
-〔阿根廷〕豪尔赫·A.苏亚雷斯，《中美印第安语言》，1983年（Jorge A. Suarez *The Mesoamerican Indian languages* Cambridge Language Surveys. Cambridge & New York, Cambridge University Press, 1983）
-〔美〕塞勒斯·托马斯、〔美〕约翰·里德·斯万顿，《墨西哥和中美洲印第安语言以及其地理分布》，1911年（Cyrus Thomas et John Reed Swanton *Indian languages of Mexico and Central America and their geographical distribution*. Bureau of American Ethnology. Bulletin 44. Washington, Government Printing Office, 1911）
-〔美〕罗伯特·拉多,〔美〕诺曼·A.麦奎恩,〔美〕索尔·萨波塔（编），《伊比利亚美洲和加勒比海地区语言学》，1968年 [Robert Lado, Norman A. McQuown, Sol Saporta (eds.) *Ibero-American and Caribbean linguistics* Current trends in linguistics v. 4. The Hague, Mouton, 1968]
② De nahua-tlatolli, "清晰可见的话语"

拉（Tuxla，位于维拉克鲁斯州 Veracruz），自帕丘卡（Pachuca，位于伊达尔戈州 Hidalgo）直到伊瓜拉（Iguala，位于格雷罗州 Guerrero）（梅耶 & 柯恩，1952：第 1057 页）都属于其使用范围。最初，传教士与各级政府对该语言在其他地区的扩展做出了重要的贡献。后来自 18 世纪起，在西班牙语的影响下，其使用范围逐渐缩小。如今，它仅仅在文人中间被当做书面语言使用。然而，从其口语用途来讲，这门语言的使用人群大约有 130 万人，主要居住在墨西哥河谷，一直到墨西哥海湾：自索诺拉州（Sonora）到危地马拉（Guatemala），一直到太平洋沿岸（参见《世界语言地图》：编号 59，39）。纳瓦特尔语的使用族群更加广泛，传统上被称为犹他——阿兹台克语支（uto-aztèque）。

洪堡在研究这门语言的过程中参考了一本语法手稿的抄本（NHu Coll. ling. fol. 51；缪勒-富尔玛，1993：第 206 页）。他认为该手稿为洛伦索·赫尔伐斯神父 [abbé Lorenzo Hervas（1735—1809）] 所著，事实上其作者为耶稣会士弗朗西斯科·哈维尔·克拉维赫罗 [jésuite Francisco Javier Clavijero (1731-1787)，令马赫 1994：第 62—68 页）。洪堡还参考了后者的另一本著作 *Storia antica del Messico, cavata da'migliori storici spagnuoli, e da'manoscritti, e dalle pitture antich degl'Indiani; divisa in dieci libri... e dissertazioni sulla terra, sugli animali, e sugli abitori del Messico*（4 vol. Cesena, 1780—1781①，《卡维语》，1836—1839 年

---

① 其德语译本：莱比锡，1789 年。

版：《全集》第三卷，第 453 页）。除此之外，哈维尔还编纂了一本语法，近期才得以出版①。这本语法正是洪堡研究所用语法手稿的基础。洪堡还持有阿隆索·德·莫利纳神父所著的《西班牙墨西哥语及墨西哥西班牙语词典》[Alonso de Molina（?-1585), Vocabulario en lengua Castellana y Mexicana y en lengua Mexicana y Castellana 2 vol. deuxième éd. Mexico, 1571②]。

根据 J. 理查德·安德鲁斯（J. Richard Andrews）在其《古典纳瓦特尔语入门》（*Introduction to Classical Nahuatl*, Austin & London, University of Texas Press, 1975）一书中所述，如果说莫利纳神父所编撰的词典"仍是所能见到的词典中最好的"（第 410 页），洪堡所参照的其他语法著作则大多属于二流水准。事实上，洪堡既没有莫利纳神父所著的 *Arte de la lengua Mexicana y Castellana*（Mixico, 1571）③一书，甚至也没有奥拉西奥·卡洛奇（Horacio Carochi ?-1662） 的 *Arte de la lengua mexicana con la declaracion de los adverbios della*（Mexico, 1645） 一

---

① *Reglas de la lengua mexicana con un vocabulario,* edicion, introduccion, paleografia y notas de Arthur J. O. Anderson ; prefacio de Miguel Leon-Portilla. Serie de Cultura Nahuatl. Monografias, no. 16. Mexico, UNAM, Instituto de Investigaciones Historicas, 1974 ; *Rules of the Aztec language ; classical Nahuatl grammar.* A translation by Arthure J. O. Anderson, with modifications, of Francis Xavier Clavigero's Reglas de la lengua mexicana. Salt Lake City, University of Utah Press, 1973.
② 再版：由朱利叶斯·普拉茨曼再版，莱比锡，1880 年（Republications : par Julius Platzmann, Leipzig, 1880 ; in Anales du Museo nacional de arqueologia, historia y etnologia, t. 4. Mexico, 1886 ; Puebla, 1910 ; par D. Antonio Graino in Coleccion de Incunables Americanos, siglo XVI v. 4. Madrid, 1944 ; avec une étude de Miguel Léon-Portilla Mexico, 1970.）
③ 再版：Coleccion de Incunables Americanos, Siglo XVI v. 6. Madrid, 1945.。

书，① 后者可以称得上是"开源之作"。洪堡仅拿到后一著作的精缩版《墨西哥语语法简编》(Compendio del Arte de la lengua mexicana del P. Horacio de Carochi, despuesto con brevedad, claridad, y proprieda, por el p. Ignacio de Paredes de la misma compania… y dividido en tres partes, en la primera se trata de todo lo pertineciente a reglas del arte… en la segunda se ensena la formacion de unos vocablos, de otros… En la tercera se ponen los adverbios mas necessarios de la lengua. Mexico, 1759) ②。

除了上文中提到的哈维尔的语法手稿以外，洪堡就只有亚历山大旅行带回来的三本语法论著(《致毕麒麟的信》，1821年2月24日，第278页)，它们的学术价值非常一般。这三本语法论著是：

D. 卡洛斯·塔皮亚·森特诺(D. Carlos de Tapia Zenteno)，《新墨西哥语语法》[Arte novissima de la lengua Mexicana, Mexico, 1753(《卡维语导论》，1830—1835年版:《全集》第七卷，第146页)] ③

奥古斯丁·德·维坦库特(Agustin de Vetancurt, 1620-

---

① 再版: Coleccion de Grammaticas de la Lengua Mexicana vol. 1 Mexico, Museo Nacional, 1892, 395-538 ; avec une introduction de Miguel Leon-Portilla Fascimiles de linguistica y filologia nahuas 2. Mexico, UNAM, Instituto de Investigaciones Filologicas, 1983.
② 再版: Puebla, 1910 ; Mexico, 1902 ; Mexico, 1979.
③ 再版: Coleccion de Grammaticas de la Lengua Mexicana vol. 3. Mexico, Museo Nacional, 1885, 1-42 ; en fac simile Guadalajara, 1967, 1995.

1700），《墨西哥语语法》[*Arte de lengua Mexicana*, dispuesto por orden, y mandato de N. Rmo P. Fr. Francisco Trevino. Dedicado al Bienaventurado S. Antonio de Padua Mexico, 1673（《卡维语导论》，1830—1835 年版：《全集》第七卷，第 223 页）]①

D. Antonio Vazquez Gastelu el Rey de Figueroa, *Arte de la lengua Mexicana,* Puebla de los Angeles, 1693（第二版）②

洪堡自 1805 年开始关注纳瓦特尔语，时值他担任驻罗马大使一职。后来他在维也纳居住期间撰写了一篇有关墨西哥语言的简述，其题《按语言亲缘关系表中的定位特性简述墨西哥语》（"Kurze Schilderung der mexicanishen Sprache nach ihren Eigenthümlichkeiten zu Bestimmung ihres Platzes in der Verwandtschaftstafel der Sprachen"）清晰地揭示了该文的目的（令马赫 1994：第 201—214 页）。

洪堡除了未完成就由 A. 莱茨曼（A. Leitzmann）发表的《墨西哥语言试析》一文（"Versuch einer Analyse der Mexicanischen Sprache"，《全集》第三卷，第 300—341 页），还编纂了一部以《墨西哥语语法》（"Mexicanische Grammatik"）为题的纳瓦特尔语语法，近期得以出版（令马赫 1994：第 83—199 页）。除此之

---

① 再版：Coleccion de Grammaticas de la Lengua Mexicana, Mexico, Museo Nacional, 1901, 539-620.
② 1689 版的再版（Republication de l'édition de 1689：Mexico, 1885.）

外,他还与 E. 布殊曼(E. Buschmann)一起合作编撰了一本 600 页的词典。该字典最近将由令马赫出版,与《墨西哥语语法》列入同一系列。

《卡维语导论》中,墨西哥语在洪堡论证并合(incorporation)方法(《卡维语导论》,1830—1835 年版:《全集》第七卷,第 143—156 页;第 223—224 页;第 228 页)以及社会阶层的差异在语言形式中得以系统体现(《语构差异》,1827—1829 年版:《全集》第六卷,第 212—216 页)①等方面起到了重要的作用。这门语言在与屈折变化的相近性方面也颇具代表性(《语法结构》,1827—1829 年版:《全集》第六卷,第 398 页)。

密科斯特克语(le mixtèque)(《产生》,1821 年版:《全集》

---

① 有关洪堡与纳瓦特尔语语法有关的著作,参见:
-〔德〕曼弗雷德·令马赫《洪堡与关于墨西哥语的著作:从语法到词汇》,载于〔德〕克劳斯·齐默曼、〔德〕于尔根·特拉班特、〔德〕库尔特·穆勒-弗梅尔主编《威廉·冯·洪堡与美洲语言》,伊比利亚美洲学院国际学术交流会,1992 年 9 月 24—26 日于柏林,洪堡研究,帕德博恩:勋宁出版社,1994,第 43—78 页(Mandred Ringmacher "Humboldt bei der Arbeit am Mexicanischen. Von der Grammatik zum Wortschatz" in Klaus Zimmermann, Jürgen Trabant, Kurt Müller-Vollmer (Hrsg.) Wilhelm von Humboldt und die amerikanischen Sprachen. Internationales Symposium des Ibero-Amerikanischen Instituts PK 24-26 September 1992 in Berlin. Humboldt-Studien. Paderborn, Schöningh, 1994, 43-78.),还有库尔特·缪勒-富尔玛《洪堡的语言学获取方案:逻辑与理论》(Kurt Mueller-Vollmer "Humboldts linguistisches Beschaffungsprogramm : Logistik und Theorie", 27-42.)
-〔德〕威廉·冯·洪堡,《墨西哥语语法》附曼弗雷德·令马赫编撰之导言与点评,关于语言学的文稿,第三部,美洲语言/威廉·冯·洪堡,第二卷,帕德博恩:勋宁出版社,1994(Wilhelm von Humboldt Mexicanische Grammatik mit einer Einleitung und Kommentar herausgegeben von Manfred Ringmacher. Schriften zur Sprachwissenschaft. Dritte Abteilung, Amerikanische Sprachen/Wilhelm von Humboldt 2. Bd. Paderborn, F. Schöningh, 1994.)

第四卷，第 304 页）是墨西哥瓦哈卡州（Oaxaca）附近的一个使用几种方言的部落的一门语言，其使用者接近 30 万人，使用区域还包括瓦哈卡州的西部、普韦布拉（Puebla）和格雷罗州（Guerrero）的部分地区（梅耶 & 柯恩，1952：1081；《世界语言地图》：编号 49，39）。该语言构成了欧托—曼格语系（oto-mang）的一个分支。欧托—曼格语系语系和印欧语系（indo-européen）大小相当。

有关这门语言，洪堡主要的资料来源是安东尼奥·德·洛斯·雷耶斯（Fr. Antonio de los Reyes，?-1603）所著的《密科斯特克语语法》[Arte (de la lengua) Mixteca...(conforme a lo que se habla en Tepozcolulal) Mexico, 1593]。他所参考的版本是 1750 年的重印版（《卡维语导论》，1830—1835 年版：《全集》第七卷，第 224 页）①。他认为这一著作"模糊与缺陷"（"dunkel und mangelhaft"）（缪勒-富尔玛，1993：第 316 页）。洪堡自己也编撰了一本《密科斯特克语语法》（NHu Coll. Ling. Fol. 145 Mappe VIII；缪勒-富尔玛，1993：第 315 页）。他在论述动词功能（《卡维语导论》，1830—1835 年版：《全集》第七卷，第 224 页）与社会阶层差异在语法中的体现（《语构差异》，1827—1829 年版：《全集》第六卷，第 211 页）时多次提到了这门语言。

---

① 再版：由 H. 德·沙朗塞伯爵重印，阿朗松，1889；该重印版的复制品，范德堡大学。《人类学》第 14 辑，纳什维尔，1976（Republications: par le comte H. de Charencey Alençon, 1889；fac simile de cette réédition Vanderbilt University. Publications in Anthropology n° 14. Nashville, 1976.）

另外一门被洪堡提及的语言是瓦斯特克语（le huastèque）（《产生》，1821年版:《全集》第四卷，第293页）。在殖民占领时期，其使用者多达100万，使用地区包括坦皮科（Tempico）、自图斯潘河（Rio Tuxpam）至塔毛利帕斯山脉（Sierra Tamaulipas）、自墨西哥湾沿岸至东马德雷山脉（Sierra Madre orientale）（梅耶&柯恩，1952：第1070页）。这个地区的印第安人在进行了三次反抗之后，17世纪末仅剩1万人。如今，瓦斯特克语（《世界语言地图》：编号1，37）有近10万名使用者，他们集中在墨西哥的维克拉鲁斯州（Veracruz）、圣路易斯波托西州（San Luis Potosi）与瓦哈卡州（Oaxaca）。这门语言属于玛雅语族。

有关瓦斯特克语，洪堡参考了D.卡洛斯·塔皮亚·森特诺（D. Carlos de Tapia Zenteno）的《瓦斯特克语基础》[(*Noticia de la lengua Huasteca,* Mexico, 1767 (《卡维语导论》，1830—1835年版:《全集》第七卷，第227页)]一书①。他还自己编写了一本《瓦斯特克语语法》(NHu Coll. Ling. Fol. 145 Mappe X；缪勒-富尔玛，1993：第316页)。洪堡在论述动词时（《卡维语导论》，1830—1835年版:《全集》第七卷，第226—227页）提到了这门语言。

最后，洪堡在《致雷慕沙的信》中简单提到了玛雅语（la

---

① 卡洛斯·德·塔皮亚·森特诺（Carlos de Tapia Zenteno），*Paradigma apologetico y noticia de la lengua huasteca : con vocabulario, catecismo y administracion de sacramentos estudio bibliografico y notas de Rafael Montejano y Aguinaga ; edicion de Rene Acuna. Filologia. Gramaticas y diccionarios 3. Mexico, UNAM, Instituto de Investigaciones Filologicas,* 1985.

langue maya）(《致雷慕沙的信》,1826年版:《全集》第四卷,第263页)。

玛雅语属于玛雅语系。这一语系比较庞大,包括玛雅—基切语族（la famille maya quiche）和米克西—佐克语族（le groupe mixe zoque）。其中前一语族又包括瓦斯特克语、准确意义上的玛雅语以及东西玛雅语支。玛雅语系包括30多门语言,目前大约有200万使用者,隶属于由E.萨丕尔（E. Sapir）所命名的佩纽蒂语群（pénutien）。佩纽蒂语群范围更广。

西班牙人到达美洲时,玛雅语或尤卡坦语（yucatèque）的使用者实现了最高程度的文明并拥有文字。如今,这门语言仍然有大约60万使用者,分布在尤卡坦州（Yucatan）和坎佩切州（Campeche）、金塔纳罗奥州（Quintana Roo）以及伯利兹（Belize）(梅耶 & 柯恩,1952：第1071页;《世界语言地图》:编号3a,37)。

有关玛雅语,洪堡持有一份长达32页的语法手稿的抄本（NHu Coll. Ling. fol. 79；缪勒－富尔玛,1993：第270页)。该手稿是赫尔伐斯在唐·多明戈·罗多里格斯神父（abbé Don Domingo Rodriguez）的帮助下,从梅里达（Merida）修道院的一个由法国方济各会修士所著的语法著作《玛雅语语法》（*Arte de la lengua maya*, compuesto por el R. P. Fr. Gabriel de San Buenaventura predicador, y difinidor habitual de la provincia de San Joseph de Yucathan del Orden de N. P. S. Francisco. Mexico,

1684^①）中节抄而得的。

洪堡基于这一手稿编制了一个玛雅语的词汇表（NHu Coll. ling. fol. 65；缪勒-富尔玛，1993：第 250 页），而且重新编撰了该门语言的语法（NBu Coll. ling. fol. 145 Mappe IV, VI；缪勒-富尔玛，1993：第 314—315 页）。洪堡在论述动词功能时提到了玛雅语和其他一些中美洲的语言（《卡维语导论》，1830—1835 年版:《全集》第七卷，第 227—232 页）^②。

而后，洪堡在著作中还提到了南美洲的诸多语言。^③

---

① 再版：en fac simile Mexico, 1888；éd. Critique et annotée par Rene Acuna Fuentes para el estudio de la cultura maya, 13. Mexico, UNAM, Instituto de Investigaciones Filologicas, Centro de Estudios Mayas, 1996.
② 洪堡宣称曾在罗马学院（Collegium Romanum）的图书馆查找过这一语法著作的印刷版，但没有找到。该印刷版似乎在赫尔伐斯借阅后遗失《卡维语导论》，1830—1835 年版:《全集》第七卷，第 227 页）
③ 有关南美洲语言，参见：
-〔法〕贝尔纳·鲍狄埃（编），(Bernard Pottier (éd.) *America Latina en sus lenguas indigenas* Coleccion especial temas venezolanos. UNESCO, Caracas, 1983.）
-Antonio Tovar, Consuelo Larrucea de Tovar *Catalogo de las lenguas de America Del Sur. Con clasificaciones, indicaciones tipologicas, bibliografia y mapas.* Nueva ed. refundida. Madrid, 1984.
-〔捷克〕斯特米尔·路科特卡，《南美洲印第安语言分类》，1968 年（Cestmir Loukotka *Classification of South American Indian languages* Johannes Wilbert (ed.) Latin american Center, University of California v. 7. Los Angeles, 1968.）
-〔美〕朱利安·海恩斯·斯图尔德，《南美洲印第安人手册》，1946—1959 年。尤其是〔美〕J. 奥尔登·梅森，《南美洲印第安人诸语言》，收入第六卷，1950，第 157—317 页（Julian Haynes Steward *Handbook of South American Indians*. Series Bulletin (Smithsonian Institution. Bureau of American Ethnology) 143. 7 vol. Washington, U.S. Govt. Print. Off., 1946-59. v. 1. The Marginal tribes；v. 2. The Andean civilizations；v. 3. The tropical forest tribes；v. 4. The Circum-Caribbean tribes；v. 5. The comparative ethnology of South American Indians；v. 6. Physical anthropology, linguistics and cultural geography of South American Indians；v. 7. Index. En particulier, J. Alden Mason "The languages of South American Indians" vol. 6 1950, 157-317.）

首先是加勒比语（langue caribe）和塔玛纳基语（langue tamanaque）。如今这两门语言都已经消失。

洪堡所称的加勒比语言（Caribensprache,《产生》，1821 年版:《全集》第四卷，第 289 页）或是加勒比语（caraïbe），在其著作中指两门不同的语言。

一是泰诺语（taïno,《世界语言地图》：编号 102，58），是安的列斯群岛（les Antilles）原住民在西班牙人到达之前所使用的语言。布道兄弟会修士（l'ordre des frères prêcheurs）雷蒙·布列东神父（Raymond Breton 1609—1679）描述了泰诺语①，

（接上页注）-〔美〕罗伯特·拉多,〔美〕诺曼·A. 麦奎恩,〔美〕索尔·萨波塔（编），《伊比利亚美洲和加勒比海地区语言学》，1968 年 [Robert Lado, Norman A. McQuown, Sol Saporta (eds.) *Ibero-American and Caribbean linguistics* Current trends in linguistics v. 4. The Hague, Mouton, 1968.）]

① 关于这门语言以及布列东神父，参见：

-〔法〕西尔万·奥鲁,〔法〕弗朗斯瓦·凯沙洛丝,《加勒比赞歌：语言及元语言》，收于〔法〕西尔万·奥鲁, 弗朗斯瓦·凯沙洛丝（编），《向贝尔纳·鲍狄埃致敬, 法国美洲印第安人语言学史, 印第安美洲, 美洲印第安民族语言学刊》，特刊 6，1984 年，第 127—144 页（Sylvain Auroux et François Queixalos "La geste du Caraïbe : Langue et métalangue" S. Auroux et F. Queixalos éds. *Hommage à Bernard Pottier. Pour une histoire de la linguistique amérindienne en France. Amérindia Revue d'ethnolinguistique amérindienne* n° spécial 6 A.E.A. 1984, 127-144.）

-〔法〕奥鲁 & 凯沙洛丝,《加勒比语与女性语言：语言学理论与语料》，收入《语言学理论史材料》，1981 年（Auroux et Queixalos "Le caraïbe et la langue des femmes : théories et données en linguistique" *Matériaux pour une histoire des théories linguistiques. Actes de ICHOLS II*. Université de Lille III, 1981.）

-〔法〕奥鲁 & 凯沙洛丝,《法属安的列斯群岛语言首次描述：布列东神父 1609—1679》，收入〔法〕Cl·布朗卡特,《美洲人类学与传教会：十六至十七世纪》，1985 年 [Auroux et Queixalos "La première description linguistique des Antilles françaises : le père Breton 1609-1679" Cl. Blanckaert éd. *Anthropologie et missions en Amérique (XVI-XVIIe siècles)* Paris, Le Cerf, 1985.]

他 1641—1653 年住在多米尼克岛（île de la Dominique）。这门语言属于一个非常庞大的语系——阿拉瓦克语系（arawak）。这一语系是新世界最重要、使用范围最广的语系（梅耶 & 柯恩，1952：第 1102—1108 页）。然而，自从加勒比士兵进驻安的列斯群岛之后，泰诺语从加勒比语中借用了许多词汇。这一语言因男女用语有别而独树一帜，因此男人语言中加勒比语词汇借用现象较少出现（《语构差异》，1827—1829 年版：《全集》第六卷，第 206 页）。其最后的使用者于 1920 年在多米尼克岛和圣文森特岛（Saint Vincent）相续离世。

有关这门语言，洪堡最主要的语料来源当数布列东神父所著的《加勒比语语法》（*Grammaire Caraïbe,* Auxerre, 1667）①。1828 年，洪堡差人在巴黎抄誊了这一著作的原稿。洪堡还持有布列东神父的《加勒比——法语词典》（*Dictionnaire caraïbe-françois meslé de quantités de remarques historiques pour l'esclaircissement de la langue,* Auxerre, 1665）与《法－加勒比语词典》（*françois-caraïbe,* 1666）②。除此之外，洪堡还持有约翰·塞弗林·华特（Johann Severin Vater, 1771—1826）的《关于加勒比诸岛语言中基督教信仰的三篇附带语法解释的文章》一文（"Die drei Artikel des Christlichen Glaubens in der Sprache der Karaibischen

---

① 再版：由 L. 亚当和 C. 勒克莱尔再版，收入《美洲语言学丛书》，第三卷，1877 年（Republication : par L. Adam et C. Leclerc *in* Bibliothèque linguistique américaine t. 3 Paris, 1877.）

② 再版：由朱利叶斯·普拉茨曼复制，莱比锡，1892—1900 年（Republication : fac simile par Julius Platzmann Leipzig 1892-1900.）

Inseln mit grammatischen Erläuterungen", *Königsberger Archiv für Philosophie, Theologie, Sprachkunde und Geschichte* 4. 473-482）。

洪堡笔下的加勒比语还指一门属于加勒比语系、在内陆地区使用的语言。有关这门语言，洪堡持有《加勒比语言语法》（*Arte de lengua en Caribe,* compuesto por el R. P. Fr. Fernando Ximenez）手稿的抄本（缪勒 - 富尔玛，1993：第 295 页）。这一抄本长达十几页，可能是其于罗马生活期间所得。基于这一抄本，洪堡编写了其自己的语法论述（NHu Coll. Ling. fol. 147 Mappe III et IV；缪勒 - 富尔玛，1993：第 328—329 页）。本论文中所援引的一些例子应该与该语法论述有关。

这门语言与圭亚那（Guyane）的加勒比语（galibi）非常接近，甚至完全一致。有关这一语言，洪堡参照了由 Simon Philibert de la Salle de l'Etang（?—1765）所著的《加勒比词典》（*Dictionnaire galibi 1. commençant par le mot françois 2. par le mot Galibi,* précédé d'un essai de grammaire par M.D.L.S. Paris, 1763.）。他还参考了皮埃尔·佩尔普拉（Pierre Pelleprat, 1606—1677）的《南美洲内陆原住民的语言：加勒比语入门》一书（*Introduction à la langue des Galibis, sauvages de la terre ferme de l'Amérique méridionale,* Paris, 1655）。

希梅内斯（Ximenez）的加勒比语（caraïbe）和/或加勒比语（galibi）属于一个在南美北海岸地域所广泛使用的语族。之前，该语族的使用人群分散在安的列斯群岛（梅耶 & 柯恩，1952：第 1123—1128 页）。这一语族与图皮—拉瓜尼语族（tupi-guarani）有诸多相似性。加勒比语族至今仍包括大约四十门语言，有 15000 名使用者。严格意义上的加勒比语（梅耶 & 柯恩，1952：第 1126 页）或卡里纳语（calinya）(《世界语言地图》: 编号 384，73）仅存 6000 名使用者，分布在巴西北部、圭亚那（Guyane）、法属圭亚那以及苏里南（Surinam）地区。

洪堡也提到了塔玛纳基语(《产生》，1821 年版:《全集》第四卷，第 299 页）。它的使用范围在上奥里诺科河右岸地区（haut Orénoque），也属于加勒比语族（梅耶 & 柯恩，1952：第 1127 页）。如今，这门语言几乎完全消失(《世界语言地图》: 编号 409，74）。

有关这一语言，洪堡研究了赫尔伐斯基于一些出版著作编纂的一本语法（NHu Coll. ling. fol. 87；缪勒-富尔玛，1993：第 275 页）。这些著作之中，有两本最为重要：一本是何塞·古米拉神父（père José Gumilla, ?—1750）的《图解奥里诺科河》(*El Orinoco illustrado, y defendido, historia natural, civil, y geographica, de este gran rio, y de sus caudalosas vertientes : govierno, usos, y costumbres de los Indios sus habitadores, con nuevas, y utiles noticias de animales, arboles, etc. 2a impression, revista, y aumentada 2 tomes Madrid, 1745*[①]），另一本是费利佩·萨尔瓦多·吉尔吉神父（abbé Filippo Salvadore Gilij, 1721—1780）所

[①] 重版: par José Rafael Arboleda Biblioteca de la Presidencia de Colombia 8. Bogota, 1955；dans la série Fuentes para la historia colonial de Venezuela, Biblioteca de la Academia Nacional de la Historia 68. Caracas, Academia Nacional de la Historia, 1963.

著的《美洲史随笔》(*Saggio di storia americana ; o sia, Storia naturale, civile e sacra de'regni, e delle provincie spagnuole di Terra-Ferma nell'America Meridionale*, 4 vol. Roma 1780-1784 ; en particulier le t. III. *Della religione, e delle lingue degli Orinochesi, e di altri Americani*. 1782)。

洪堡基于以上两本著作编写了塔玛纳基语的动词变位表（NHu Coll. ling. fol. 147 Mappe XIV, XV；缪勒-富尔玛，1993：第332页），并在《论双数》中援引了这门语言（《双数》，1827年版：《全集》第六卷，第15页）。

随后，洪堡提到了巴拉圭地区（Paraguay）之前使用过而现已消失的一些语言。这些语言属于约瑟·格林伯格（Joseph Greenberg 1960）所命名的马克若帕诺（macro pano）语族中的不同语支。现今，这一语族包括五十余门语言，使用人群约五万人，使用区域自贝鲁（Pérou）直至乌拉圭（Uruguay）。

这些语言其中就有亚皮蓬语（abipon）(《产生》，1821年版：《全集》第四卷，第302页）。其使用民族——亚皮蓬族（Abipones）曾经生活在格兰查科（Gran Chaco）平原地区、巴拉那河（Parana）以西、贝尔梅霍河（Rio Vermejo）右岸（梅耶&柯恩，1952：第1120页）。这支游猎部落与姆巴亚人（Mbayas）相似。亚皮蓬语属于圭库鲁（Guaikuru）语支（《世界语言地图》：编号264，68）[1]。

---

[1] 有关这门语言，参见：
-〔阿根廷〕塞缪尔·A·拉丰·克韦多（Samuel A. Lafone），Quevedo *Lenguas argentinas*.

洪堡在研究亚皮蓬语时参考了一本语法论著的摘要（NHu Coll. ling. fol. 80；缪勒－富尔玛，1993：第271页）。该摘要是由赫尔伐斯基于耶稣会会士马丁·多布里茨霍费尔（Martin Dobritzhoffer，1717—1791）的著作 *Historia de Abipoibus equestri, bellicosaque Paraquariae natione*（3 vols. Viennae 1784,《卡维语》，1836—1839年版:《全集》第三卷，第296页）[①]中第16—18章（第161—211页）内容编撰而成。后者在亚皮蓬人中生活了18年。

洪堡编制了亚皮蓬语变位表，编写了该语言的语法（NHu Coll. ling. fol. 147 Mappe I, II；缪勒－富尔玛，1993：第328页）。他在论证双数（《双数》，1827年版:《全集》第六卷，第19、24页）、语言禁忌（《语构差异》，1827—1829年版:《全集》第六卷，第190页）和日历推算法（第229页）等内容时提及了这门语言。

（接上页注）*Idioma abipon ; ensayo fundado sobre el "De Abiponibus" de Dobrizhoffer y los manuscritos del padre J. Brigniel, S. J.* con introduccion, mapas, notas y apendices. Buenos Aires, 1896

－〔阿根廷〕埃琳娜·L. 纳杰里斯（Elena L. Najlis）《亚皮蓬语》（*Lengua abipona*. Archivo de lenguas precolombinas 1 Buenos Aires, Centro de Estudios Linguisticos, 1966.）

① 译本:《一个巴拉圭的骑马征战民族——阿比波尼史。借对该地区野生族群、城镇、河流、四足动物、两栖动物、昆虫、怪蛇、鱼类、鸟类、树木、植物以及其他特征的观察所报道》，由阿·克莱尔自拉丁语译得，维也纳，1784（Traduction : *Geschichte der Abiphonen, einer berittenen & kriegerischen nation in Paraguay. Berichtet mit einer menage beobachtungen über die wilden völkerschaften, städte, flüsse, vierfüssigen thier, amphibien, insekten, merkwürdigste schlangen, fische, vögel, bäume, pflanzen, & andern eigenschaften dieser provinz.* Aus dem lateinischen übersetzt von A. Kreil ; Wien, 1784 ; traduction espagnole Resistencia, 1967.）

洪堡之后还提到了同属于圭库鲁语支的姆巴亚语（mbaya）（《产生》，1821 年版:《全集》第四卷，第 297 页），又称圭库鲁语（guaicuru），亦称厄依瓜耶盖（eyiguayegi）语。这门语言由一个居住在格兰查科（Gran Chaco）地区（今阿根廷北部地区）的民族（梅耶 & 柯恩，1952：第 1119 页）所使用。如今，这门语言的痕迹或许还可以在卡地维语（la langue kadiweu）中找到，后者的使用者不足一千人（《世界语言地图》：编号 260，68）。

有关姆巴亚语，洪堡参考了赫尔伐斯所做的一份语法摘要编写了自己的语法（NHu Coll. ling. fol. 147 Mappe IX；缪勒 - 富尔玛，1993：第 330 页）。这份语法摘要所参考的原作信息不详（NHu Coll. ling. fol. 84；缪勒 - 富尔玛，1993：第 273 页）。姆巴亚语中近乎屈折变化的语言现象引起了洪堡的关注（《语构差异》，1827—1829 年版:《全集》第六卷，第 221 页）。

律勒语（langue lule）（《产生》，1821 年版:《全集》第四卷，第 289 页），又称托诺科特语（tonocote）（梅耶 & 柯恩，1952：第 1132 页）属于另一个语支——律勒—维勒拉（lule-vilela）语支。这一语支同样也属于庞大的马克若帕诺（macro pano）语族，其使用民族居住在巴拉那河（Parana）西部的格兰查科地区，是这个地区众多民族中的一个（《世界语言地图》：编号 273，68）。

洪堡对律勒语的研究是基于赫尔伐斯对安东尼奥·马霍尼·德·撒丁尼亚神父（père Antonio Machoni de Cerdena，1671-1753）的 *Arte y Vocabulario de la Lengua Lule y Tonocoté*, compuestos con faculdad de sus superiores（Madrid, 1732[①]）一书所做的摘要而进行的（NHu Coll. ling. fol. 83；缪勒－富尔玛，1993：第273页）。后者是巴拉圭耶稣会会士的总会长。

洪堡编写了其有关律勒欧萨摩斯语的语法（NHu Coll. ling. fol. 147 Mappe VI；缪勒－富尔玛，1993：第330页）。

瓜拉尼语（guarani）也是巴拉圭地区众多语言中的一门（《产生》，1821年版:《全集》第四卷，第297页），属于图皮—瓜拉尼（tupi-guarani）语族（梅耶＆柯恩，1952：第1143—1147页）。图皮—瓜拉尼语族是因格林伯格而得名的赤道语族（équatorial）中最重要的语族，常常与加勒比语族相提并论，然而格林伯格并不认同这一分组。

图皮—瓜拉尼语族中的这些语言在居住于巴西南部、巴拉圭、乌拉圭、阿根廷和玻利维亚地域的许多部落中使用。其中，只有瓜拉尼语（《世界语言地图》：编号335，71）成了文化语言。而这应归功于耶稣会会士，后者将该语言认定为其讲道时的唯一用语（《语构差异》，1827—1829年版:《全集》第六卷，第192页）。如今，这门语言的使用人群仍超过300万人，主要集中在巴西、阿根廷尤其是巴拉圭。该语言与西班牙语并列为巴拉圭的官方语言。

1821年，洪堡得到了由赫尔伐斯基于耶稣会会士安东尼奥·鲁伊斯·德·蒙多雅（Antonio Ruiz de Montoya, 1585—1652）

[①] 再版：由 J. M. 拉森再版，布宜诺斯艾利斯，1977（Republication : par J.M. Larsen Buenos Aires, 1877.）

神父的著作 Arte y vocabulario de la lengua Guarani（Madrid, 1640[①]）和 Tesoro de la lengua Guarani que se usan en el Peru, Paraguay y Rio de la Plata（Madrid 1639[②]）所做的摘要。蒙多雅神父的创办了巴拉圭南部耶稣会集合化传教村（réductions）。该摘要对古典瓜拉尼语和南部瓜拉尼语进行了描述[③]。1826年，洪堡在巴斯克博学之士胡安·包蒂斯塔（Juan Bautista Erro y Aspiroz）帮助下获得了上述两部著作。

另外，1828年，洪堡获得了弗朗西斯科·勒加尔（Francisco Legal）的 Breve noticia del arte, y arteficio de la lengua Guarani 的原始手稿[④]。该手稿中所描述的语言也是南部瓜拉尼语（《卡维

[①] 再版：由 C. F. 赛波特再版，斯图加特，1892（Republication : par C.F. Saybold Stuttgart, 1892.）

[②] 再版：Arte, Vocabulario, Tesoro y Catecismo de la lengua guarani. Publicado nuevamente sin alteracion alguna por Julio Platzmann 4 vol. Leipzig, B. G. Teubner, 1876 ; Gramatica y diccionarios (Arte, Vocabulario y Tesoro) de la lengua tupi o guarani. 2 vol. Vocabulario y Tesoro de la lengua guarani, o mas bien tupi. En dos partes : I. Vocabulario espanol-guarani (o tupi). II. Tesoro guarani (o tupi)-espanol. 2 vol. Viena, 1876 ; Arte de la lengua guarani con introduccion y notas por Bartomeu Malia Asuncion, 1993.

[③] 有关瓜拉尼语，参见：
－〔西〕巴托洛梅乌·马利亚（Bartolomeu Melia）, "Fuentes documentales para el estudio de la lengua guarani de los siglos XVII y XVIII" Suplemento antropologico (de la Revista del Ateneo Paraguayo) 5 1970, 113-161.
－〔西〕巴托洛梅乌·马利亚，《巴拉圭瓜拉尼语》（"La lengua guarani del Paraguay"），收入鲍狄埃1983：第43—59页（Pottier 1983 : 43-59.）
－〔捷克〕斯特米尔·路科特卡（Cestmir Lokotka），《图皮—瓜拉尼语族诸语言》（Les langues de la famille tupi-guarani Sao Paulo, 1950.）

[④] 这一手稿来自国务委员施勒泽（Schlözer）。其父是著名的语言学家奥古斯特·路德维希·冯·施勒泽（August Ludwig von Schlözer）。洪堡在哥廷根（Göttingen）时期曾师从冯·施勒泽。该手稿是在后者的文件中找到的。

语》,1836—1839 年版:《全集》第二卷,第 40 页注)。

即使南瓜拉尼语与洪堡论文中称作"巴西语"(langue brésilienne,《产生》,1821 年版:《全集》第四卷,第 289、292 页)的北瓜拉尼语非常相近,我们仍然需要对两者进行区分。后者指最初在巴西东海岸所使用,而后被耶稣会士讲道时作为常规语言(lingua geral)所使用的语言。在洪堡时代,这门语言仅仅在亚马孙地区的印第安人和卡布克罗人(caboclos)中间被当作通用语(lingua franca)使用。它其实就是现如今的图皮语(langue tupi,《世界语言地图》:编号 341,71)。巴西的图皮人是瓜拉尼人的一支,面临灭绝。

在洪堡所参考的著作中,其中有路易斯·菲盖拉神父(Luiz Figueira, 1573-1643)的《巴西语语法》(*Arte da grammatica da lingua do Brasil,* Lisboa, 1621)一书,洪堡持有的是第四版(Lisbonne, 1795[①]),还有安瑟伦·埃卡特神父(Anselm Eckart 1721-1809)的"Speciment linguae brasilicae vulgaris"[②]一文,后者由克里斯托弗·戈特利布·穆尔(Christophe Gottlieb Murr)[③]刊发于《艺术史与普通文学学刊》(*Journal zur Kunstgeschichte und*

---

① 再版:由 J. 普拉茨曼(J. Platzmann)对 1687 年版进行了再版,莱比锡,1878
② 该文为哈特维希·路德维希·克里斯蒂安·巴克麦斯特(Hartwig Ludwig Christian Bacmeister)所做的 *Idea et desidaria de colligendis linguarum speciminibus*(Petropoli, 1773)的译文,该计划的目的是收集可用于语言研究的材料(《语构区别》,1827—1829 年,《全集》第六卷,第 148 页注;《美洲语言》,1826 年,《全集》第五卷,第 353 页)。
③ 亦译作克里斯托弗·戈特利布·冯·穆尔——译者注

allgemeinen Litteratur, vol. 6）[1]。

相反，泽维尔·何塞·马里亚诺·达·孔塞桑·韦洛索神父（père Xavier Jose Mariano da Conceicao Velloso，1742-1811）在其著作《葡萄牙巴西语词典》(*Diccionario Portugues, & Brasiliano, obra necessaria aos ministerios do altar que emprederem a conversao de tantos milhares de almas,* Lisbonne, 1795) 中描述的是南瓜拉尼语（缪勒－富尔玛，1993：第178页）[2]。

最后，洪堡还提到了贝托依语（langue betoi）(《致雷慕沙的信》，1826年版:《全集》第四卷，第263页）。该语言属于奇布查语族（chibcha，梅耶＆柯恩，1952：第1115页），曾用于哥伦比亚的上卡萨纳雷地区（Casanare），如今已经消失（《世界语言地图》：编号13，53）。它与贝托亚语（langue betoya）（梅耶＆柯恩，1952：第1142页）因发音几乎相同常常被混淆，后者又称图卡诺语（tukano）（《世界语言地图》：编号160，62）。

洪堡还持有一本由赫尔伐斯编撰的语法手稿的抄本（NHu Coll. ling. fol. 82；缪勒－富尔玛，1993：第272页）。该手稿仅有24页，事实上由何塞·帕迪拉（José Padilla）所编。后者在贝托依人（Betoi）中传道直至1767年耶稣会会士被驱逐。洪

---

[1] 样本再版：由朱利叶斯·普拉茨曼再版，莱比锡，1890（Republication du specimen : par Julius Platzmann Leipzig, 1890.）
[2] 有关洪堡对图皮—瓜拉尼语言的研究成果，参见：
〔德〕特里希·沃尔夫:《威廉·冯·洪堡之美洲语言描写项目中的图皮－瓜拉尼语言》，载于齐默曼，1994，第213—228页（Dietrich Wolf "Die Tupi-Guarani Sprachen in Wilhelm von Humboldts amerikanischem Sprachbeschreibungsprojekt" *in* Zimmermann 1994, 213-228.）

堡研究了这门语言的动词（NHu Coll. ling. fol. 145 Mappe III；缪勒 - 富尔玛，1993：第 313—314 页①），在论述动词名词差异时对其有所提及（《卡维语导论》，1830—1835 年版:《全集》第七卷，第 231 页）。

洪堡多次回顾了美洲印第安语言研究的历史：②

"自从欧洲向美洲土著人传播基督教的热情日益高涨，但凡欧洲国家占领的地区，教士们皆努力研究美洲语言。许多以美洲语言的语法与词汇为研究对象的著作③在不同的传教区或得以出

---

① 这一研究被 E. 布殊曼（E. Buschmann）在《卡加纳河贝托依人语言的动词》（"Das Verbum der Betoy-Sprache vom rio Caganare"）一文中据为己有。布殊曼 1872 年 7 月 11 日在柏林科学院宣读其论文时并没有提到洪堡。
② 洪堡有关语言学以及美洲语言的论述，参见：
-《随笔》，1812 年版，（《关于新大陆语言的随笔》），《全集》第三卷，第 301—307 页。
-《墨语》，1821 年版，（《试析墨西哥人的语言》），《全集》第四卷，第 237—241 页），有关传教士、华特、赫尔伐斯、亚历山大·德·洪堡的内容。
-《美洲》，1823 年版，（《如何从语言残余评价土著美洲人当时的文化状况？》），《全集》一至四卷，有关施勒泽、吉里吉、赫尔伐斯、华特、杜邦索、毕麒麟、莫尔斯的内容。
-《拼音文字》，1824 年版，（《论拼音文字及其与语言结构的联系》），《全集》第五卷，第 123—131 页，有关文字和墨西哥象形文字的内容。
-《美洲语言》，1826 年版，（《有关美洲语言之探索》），《全集》第五卷，第 349—351 页，有关亚历山大·德·洪堡、华特、杜邦索、毕麒麟的内容；第 353 页，有关语言统一性的内容；第 355 页，有关传教士研究缺陷的内容；第 356—359 页，有关文字的内容。
-《双数》，1827 年版，（《论双数》），《全集》第六卷，第 6—7 页，有关这些语言重要性的内容。
-《语构差异》，1827—1929 年版，（《论人类语言结构的差异》），《全集》第六卷，第 134—137 页，有关多布里茨霍菲尔（Dobrizhoffer）、吉里吉、华特的内容；第 140 页，有关亚历山大·德·洪堡和其旅行的内容；第 192—193 页，有关土著人多语现象以及语言结构的统一性的内容；第 197—198 页，有关土著人多语现象以及语言结构的统一性的内容，有关其语法特点的不寻常特性的内容。
③ 语言同时与全部观念和全部情感相连，其形式与特点仅在对其进行整体把握时可见。因此，要想以使历史学家和哲学家都满意的方式了解这些未开化民族的语言，需要在荒漠地区度过一生。传教士正是如此，需要承认我们所有有关新大陆语言的知

版或以手稿形式得以保存……然而，很长时间以后，学者们才想到利用这些分散的材料增加其对语言的认识，介时这些材料已经很难被聚集起来。① 耶稣会被解散之后，美洲内陆的许多传教区遭到破坏，其他的那些虽然得以保留，却也不再活跃。就在这一时期，吉尔吉（Gilij, 1721—1780）开启了利用传教士的著作进行语言研究这一事业。在此需要特别提到的是：关注所有可以推进真实历史研究内容的施勒泽（Schlözer, 1735—1809）十分关注吉尔吉的研究。鉴于这一事实鲜有人知，② 因此更值得被提及。

（接上页注）识都源于他们。他们非常值得我们尊敬，然而在深入研究这些对他们来说构造非常独特且完全陌生的语言方面却不擅长。他们企图将这些语言套进安东尼奥·德·涅布里加（Antonio de Nebrixa）或是其他任何一个西班牙学院院士（Régent de Collège Espagnol）所著的拉丁语语法中的部分规则里，在摧残这些语言的同时自己也备受折磨，这一现象让我们感到无比痛心。他们用整页整页的篇幅来论述某个未开化民族的语言是否拥有分词、副动词或类似拉丁语语法中的动名词等语法形式。更难处理的词汇部分谬误更多。大部分传教士只掌握了少量的词汇，因此在编撰词典时往往会徒劳无益地强调大量的派生词，而省掉许多词根，后者才真正具有意义。我们还需要特别警惕那些与心理或是精神方面有关的词，传教士为了顺利地布道和传播基督教思想而杜撰了一些词。鉴于他们唯一的目的是使这些未开化民族改信基督教，因此他们最初的想法是使原住民脱离所有与其传统和民族记忆有关的习惯，以这种方式来彻底改变他们的思想和感知体系。因此，传教士部分破坏了他们所考察、说明和论述的对象，而这对我们来说是无益的（《随笔》，1812 年版：《全集》第三卷，第 303—304 页）。

① 许多美洲语言具有非常奇特的结构，如果对这些语言的处理方式没有将它们那些不寻常的特点变得面目全非的话，语言学家本该更早、更严肃地注意到这些语言。这些语言的语法有些非常完整，因此需要对其进行精准的分析方能在其体系中发现表面上类似于我们语言中的变格和变位，事实上它们是完全不同的有机体，从每个这样的语法中我们都可以总结出一个更符合语言本性的新的语法体系。幸运的是，这一目标在大多数语言中都可以实现，因为语法编码者坚持不懈地将大量的语言财富植入语法中，几乎所有这些语言中都有大量无法用异语形式表达的材料，因此需要用不同的名称（如语助词、惯用语等）来组织这些材料，语言的真实本性因此清晰可见（《语构差异》，1827—1829 年版：《全集》第六卷，第 135 页）。

② 已故的学者奥古斯特·路德维希·施勒泽让语言研究界认识到了美洲语言的价值。

吉尔吉用西班牙语编写了麦普尔语（langue maypure）与塔玛纳基语（langue tamanaque）的词汇表和语法书，遗憾的是这些著作并未出版。现如今，我们只能像我一样将其著作中分散的词汇与语法说明汇集起来。吉尔吉的研究让我们获益良多，其缺陷却也处处明显可见。不过在奥里诺科河（Orénoque）区域的语言①研究这一领域，其研究始终堪称经典。然而，在收集其他前传教士的手稿、利用其所持手稿以及他对有关领域的了解等方面，他做的远不完美；其描述也常常局限于表面，存在缺陷。其《美洲史随笔》一书中有许多内容可以满足业余爱好者对美洲语言单纯的好奇心，却少有内容可以为严格意义上的语言研究所用。该书更多关注语言结构中惊人、奇特的特点，而非力求单纯地展示语言结构。因此，在编撰这一领域，赫尔伐斯（Hervas，1735-1809）更为出色。

（接上页注）他是自莱布尼茨以来的第一位真正理解了语言研究理念的西方学者。他搜集了大量的语言，数量之多让同时代的人感到惊讶。他在其《普通世界史》第31卷《普通北欧史——来自最新近最出色的北欧作家》（August Ludwig Schlözer *Allgemeine Nordische Geschichte. Aus den neuesten und besten Nordischen Schriftebauer*, 1771）中奠定了更为可靠的语言评判的基础。他在1782年逗留罗马期间，通过吉尔吉神父了解到美洲诸语言，是开拓这一领域的首位学者。吉尔吉神父附录在其著作《美洲史随笔》第三卷的一封拉丁语写就的通信见证了该学者对吉尔吉神父所从事的美洲语言的研究工作持有极大的热情，极其关注（《语构差异》，1827—1829年版:《全集》第六卷，第135—136页）。

① 参见其《美洲史随笔》第三卷，1972（*Saggio di storia Americana ; o sia, Storia naturale, civile e sacra de regni, e delle provincie spagnuole di Terra-Ferma nell'America Meridionale descritta dall'Abate F[ilippo] S[alvatore] Gilij* 4 vol. Roma, Luigi Perego, 1780-1784, le tome III : *Della religione, e delle lingue degli Orinochesi, e di altri Americani*. 1782)。

赫尔伐斯邀请居住在意大利的前耶稣会会士向他交流其所持有的有关美洲语言的手稿。当一些已有著作无法收集到时，赫尔伐斯请求他们重新撰写有关他们在宗教职务中所使用语言的论文。他以这种方式收集到大量材料，并在汇编中 ① 使用了这些材料以及自己的著作。

由于前传教士所著材料 ② 的使用缺少方法以及不甚严谨，因

---

① 洛伦索·赫尔伐斯神父的主要著作有：
Catalogo delle lingue conosciute e notizia delle loro affinita et diversita Cesena, 1785 [republication par Jesus Bustamante Alcobendas, Madrid, Soc. General Española de Libreria, 1987].
Vocabolario poligloto con proligomeni sopra più di CL lingue. Dove sono delle scoperte nuove, ed utili all'antica storia dell'uman genere, ed alla cognizione del mecanismo delle parole Cesena, 1787.
Saggio pratico delle lingue con prolegomeni, e una raccolta di orazioni Dominicali in piu di trecento lingue, e dialetti con cui si dimostra l'infusione del primo idioma dell'uman genere, e la confusione delle lingue in esso poi succeduta, e si additano la diramazione, e dispersione della nazioni con molti risultati utili alla storia Cesena, 1787 [重印时，后两本著作被印作一卷。由曼努埃尔·布雷瓦-克拉拉蒙特（Manuel Breva-Claramonte）和拉蒙·萨米恩托（Ramon Sarmiento）出版并作序，阿尔科文达斯，马德里，西班牙图书总公司，1987]。《语言目录》，共六卷，1800—1805（*Catalogo de las lenguas de las naciones conocidas, y numeracion, division y clases de estas, segun la diversidad de sus idiomas y dialectos* 6 vols Madrid 1800-1805 1. Lenguas y naciones americanas. 2.Lenguas y naciones de las islas de los mares Pacifico e Indiano austral y oriental, y del continente del Asia, 3-6. Lenguas y nationes europeas. [Deux republications ; partielle par Fernando Horcasitas et Alfred E. Lemmon Catalogo de las lenguas conocidas. Vol. I cap. VI [-VII]. Reimpresos 20-21, 2 vol. Mexico, UNAM, Instituto de Invertigaciones Antropologicas, 1979 ; complète par Agustin Hevia Ballina 6 vol. Madrid, Atlas, 1979]）
有关赫尔伐斯，参见：Jose Ignacio Mereno Iturralde *Hervas y Panduro, illustrado espanol* Lingüistica filologia n°6 Cuenca, 1993。有关洪堡与赫尔伐斯的关系，参见 M. Battlori "El archivo lingüistico de Hervas en Roma y su reflejo en Wilhelm von Humboldt" *Archivum Historicum Societatis Jesu* 20 1951, 56-119。
② 这位勤勉的学者本可以在论述其观点时更加有条理，更加注意所引用的外语词书写和印刷的正确性。我将其著作与其他有关书籍进行对比，发现了大量谬误（《随笔》，1812年版：《全集》第三卷，第303—304页）。

此这些材料汇编在使用性上更逊一筹。然而,倘若没有这些汇编,我们对一些语言如玛雅语(maya)、姆巴亚语(mbaya)、亚皮蓬语(abipon)、莫科比语(mocobi)、律勒语(lule)、欧玛古纳语(omagua)以及雅鲁拉语(yarura)的语法结构将一无所知。对于有些语言来说,没有任何一本出版著作对其有所涉及,而对于另外一些语言,先前出版的有关著作已经在欧洲遗失不见了。

赫尔伐斯这种无私的精神十分值得尊重。我非常感激他允许我在罗马担任大使期间抄录了这些语言述著。我比对了耶稣会总会图书馆(Bibliothèque de la maison mère des Jésuites)中所保存的该学者的手稿,确认我没有漏抄任何一本他所持有的与美洲语言相关的书稿。我从与其的交流及其著述中得知,他还持有一些尚未出版的语法和词汇手稿,是耶稣会总会图书馆藏书中所没有的。这些手稿一旦丢失,将非常令人惋惜。

与此同时,德国有位学者与意大利的赫尔伐斯情况相似,这位杰出的学者就是穆尔(Murr,1733—1811)。他基于德国传教士在其修会被解散之后所带回国的纪念品和收藏品出版了两本著作:《期刊》(*Journal*①)与《拉美各国消息》(*Nachrichten von verschiedenen Ländern des Spanischen Amerika*②)。这两本著作中

---

①《艺术史与普通文学期刊》(*Journal zur kunstgeschichte und allgemeinen litteratur* vol. 1-17, 1775-1789)

②《拉美各国消息——来自部分耶稣会传教士的亲笔文章》,〔德〕克里斯托弗·戈特利普·冯·穆尔编,两卷本,哈勒出版社,1809—1811 年出版(*Nachrichten von verschiedenen Ländern des Spanischen Amerika.* Aus eigenhändigen Aufsäzen eigiger Missionare der Gesellschaft Jsu herausgegeben von Christoph Gottlieb von Murr 2 vol. Halle, 1809-1811.)

有一些材料对了解新世界语言来说非常重要。(洪堡接下来非常详致地介绍了以同样方式出版了著作的 8 位传教士)。这些出色的学者在语言研究这一领域拥有非常渊博的知识，我应当一一介绍。穆尔创建美洲语言体系的计划因为年纪的原因无法继续。他在其《消息》第 11—第 22 卷（Nachrichten XI-XXII）第一部分的序言部分中展示了这一体系的提纲。然而，他所掌握的材料看起来并不足以支撑美洲语言体系的创建。

舍弟亚历山大·德·洪堡（Alexandre de Humboldt）[①]旅行带回来许多出版著作并善意地将其赠予我，这些材料对于美洲语言的研究意义非凡。另外，他在游记中描述了新世界语言现象并记录了其观察评述，这些内容极具价值。他明确论述这一部分内容的章节中观点新颖巧妙，遗憾的是只涉及某些具体民族的语言。不过，他这部篇幅极其重要的游记中每一部分都分散记载了一些语言材料与观察评述，这些材料和观察评述只有由对知识各个领域所有方面及其关系都持有相同热情的学者在语言的原使用地区才能完成。对这些分散的材料进行细致汇集将会使未来的研究工作受益匪浅（《美洲语言》，1826 年版：《全集》第五卷，第 346—349 页）。

[①] 有关洪堡的弟弟亚历山大收集的著作列表，参见《新大陆热带区域旅行记》，第一卷，第三册，巴黎，1816，第 504 页（*Relation historique du Voyage aux Régions équinoxiales du Nouveau Continent* Vol. I Livre III Paris 1816 p. 504）。

关于洪堡《论语法形式的产生》一文的评论

雷慕沙

译者按:

该文刊于《亚洲学报》,第五期,巴黎,顿德——杜普赫父子东方学书店,1824年,第51—61页。该文亦被收入雷慕沙,《亚洲杂文集》,巴黎卷,1825年。(in *Journal Asiatique*, t. V. Paris, Dondey-Dupré, 1824, pp. 51-61; également in Rémusat : *Mélanges Asiatiques*, t. Paris, 1825.)

[51]① 《论语法形式的产生及其对观念发展的影响》,威廉·冯·洪堡,柏林,1823年,收入第4卷《论梵语中由后缀 twâ 和 ya 构成的动词形式》,洪堡;《印度图书馆》,第一卷,第433页以及第2卷,第72页。([51]"Ueber das Entstehen der grammatishen Formen, und ihren Einfluss auf die Indeenentwicklung", von W. von Humboldt. Berlin 1823, in-4°-*Ueber die in der sanskrit Sprache durch die Suffixa twâ, und ya gebildeten Verbalformen*; von demselben. –Indisch.

---

① 该数字对应《亚洲学报》中的页码。本文后文中方框内出现的数字亦是如此。——译者注

Biblioth. I Th. S. 433 und Th. II, S. 72)

1822年1月27日 [①]，洪堡先生在柏林科学院宣读了一篇有关语法形式起源的论文。近日，这篇论文得以出版。该文与作者以往围绕梵语语法中一些问题所撰写的一系列论文一样，也以其新颖的观点、准确深刻的观察引起了众位学者的关注。无论是哲学家、语法学家还是语史学家都能从中找到素材以进行长期且深刻的思考。

洪堡并未在该文中探讨语法形式的不同类型，而是仅仅致力于研究两个问题：

1.语言中，被称为语法形式的这种语法关系的表达方式源自何处？

2.语法关系由严格意义上的形式而不是由其他方式进行标记，这一现象在何种程度上[52]有助于思维能力的锻炼以及观念的发展？[②]

洪堡确定了以下内容：从某种观点看，所有的语言都可以被视作同一等级；即使那些对其使用者来说是一个僵死或被动工具的语言，它们也具有进行准确、完善表达所必需的东西。这一原则由常理得出，只要需要，就可以找到足以论证它的实例。倘若没有一些思想家提出与此相反的观点，那么指出像洪堡如此渊博的哲学家支持上述观点实属多余。这些学者坚信一些民族所使用

---

① 事实上，该论文宣读于1822年1月17日。
② 参见《洪堡全集》第4卷，第285页，或前文第79页 (cf G.S. IV, 285, supra p. 79)

的语言并不能使其使用者达到相互理解,并认为这一独特的交流手段属于亚洲一些民族,而这些民族无论是政治、文学还是文明都具有四千年以上的历史。

然而,即使我们应该承认所有语言的最终目的都是为其使用者提供准确交流思想的工具,但它们具有不同程度的激发特性,即在他者的思维中激发我们所设想的内容的特性;另外,这些语言在其使用民族中所能唤起的印象也有所不同,差异主要体现在印象的清晰、准确以及[53]活力方面。

关于这一方面,洪堡指出词与语法关系标记完全不同:词构成语言的本质,而语法关系标记仅仅是连接词;它们共同构成了言语。语法关系的标记可以是隐性的,然而观念要想得到准确、迅速的发展,思维需要免除添加隐性内容这一活动。因此,语法关系与词一样需要被明确表达。以上便是洪堡得出的结论,其准确性毋庸置疑。

洪堡并不局限于此。他认为语言的语法趋势是每个思维活动均由语音表现。在他看来通过词序,甚至借用通常表达意义的词都无法清晰地表达观念之间的关系。因此,要想完完全全满足智力最迫切的需求,只剩下表达事物的词的形变,这才是"语法形式"的真正概念。然而,我们还可以将通常不表达任何具体事物只[54]指示语法关系的词归入这一范畴。后者在另一种情况下①被称为"语助词或小品词"。

---

① 《汉文启蒙》,第35页,第62节。

洪堡用其机智、巧妙的推理巩固了这些他刚刚创建的原则。他认为，观念只有在精神乐于管理思维生成时才能真正获得发展，而这在某种程度上始终取决于思维所具有的形式。换言之，理性语法研究、辩证法研究以及修辞学研究从这些规则且又对称的形式中受益最大。智力观念通过这些形式得以显现。若语言中缺少这些形式，那后者所能引起的关注也就无从谈起了。一旦该关注得以激发，人们便不再安于一个无法满足该关注的语言。因此要做的第一件事便是改革这一语言，弥补其不足。

洪堡宣称："这样的一门语言与古希腊语之间存在着一道无法跨越的鸿沟！后者在我们所知的语言中当属是最完善的语言。在由长复合句构成的巧妙结构中，语法形式井然有序，构成一个独立的整体，强化观念的作用，并通过对称及和谐[55]激发其作用。"① 语言的这一特点远远不是为了一时满足想象而创造的无意义的游戏。当语法关系与逻辑关系完全对应时，思维就会更加精准；精神也会更多地参与到思想能力的活动中来；观念的准确陈述、语言的微妙之处以及作家的典雅文风也都因这一影响作用而受益匪浅。

在洪堡看来，单纯依靠词序来表达语法关系或是将有具体意义的词暂时用作这一目的是最不完善也是最令人不甚满意的方式。一个重要的问题由此而生：据最新发现，亚洲语言中最富有表现力、具有最为丰富和最为精巧文学的一门语言，除了洪堡此

---

① 《论语法形式的产生及其对观念发展的影响》，《洪堡全集》第四卷，第 294 页

处所提及的方式之外，毫无其他手段可用；毫无疑问，洪堡此处所说的语言正是汉语。他还指出："单纯依靠词序只能生成很少的变化，且若想避免一切可能产生的歧义，单靠词序只能表达很少的关系。"然而，我们有必要指出：世界上没有任何一门语言将词序作为标记语法关系的唯一手段，汉语也使用大量的辅助词或是连接词来增加组合的数量。除此之外，还需要承认以下现象[56]：思维可以以不同的方式想象某些关系，这些关系通过共同方式（如词序）得以表达而没有任何内容上的损失，这一方式留给听者或读者绝对的自由来增添自己想添加的内容。这种情况下，标记的清晰度只是思想表达精确度的另一个衡量标量。那些最精巧的语言为此提供了可靠的实证，即同一个语言形式通常对应着非常多样的关系，如拉丁语中的属格（génitif）可以表达整体与部分、部分与整体、主语与表语、表语与主语、原因与结果，结果与原因等关系而毫无歧义。在类似情况下，"可以免去形式"相对来说是一个优点，而非缺陷。德语和英语的组合词恰好采用了与汉语相同的方法，相反，如若采用更加多样、精确、严格的形变从而可能损失严重，其自由度、速度和活力也可能会因此减弱。

洪堡体系中的第二个阶段是指上文中所述的一部分缺陷业已消失的语言。在这些语言中，词序变得稳定，关系由原本表达事物或实物而逐渐丧失了其初始意义的名词进行标记。第三个阶段与第二个差别不大，是指语法词以某种聚合的方式（黏着）附于词干，[57]其中所有部分都清晰可辨。以上两种方式（或它们之间，或与通常被我们认为是最完善的方法之间）的区别在实际表现中并不明显，因此我们似乎可以通过词的书写方式强调这一区别或将其消除。因此，正如我在别处论述的那样[①]，汉语中的 jintchi，满洲语中的 niyalmaï，日语中的 fitono，都是简单词。论及逻辑意义，它们与 homin-is, ἀνθρῶπου 等复杂词一样清楚地标记人受所属关系支配这一概念。

在洪堡看来，第四个阶段也是最后一个阶段，这一阶段最为完善：语法表达采用最为适合的方式，即真正的语法形式，或是一个词因逻辑关系变化而产生的不同的元音变音，还有纯粹的语法词，后者摆脱了一切其他的附带意义。这种情况下，重音将词应具有的不同附带内容赋予受其支配的组成部分，通过这一方式建构了词的统一性。

既然语言表达思维，其结构应该能表现其所源生的思维活动；既然语言和思维因此应在某种程度上保持一致，那么某些具体征象则需要为精神提供其所需的一切以使其从一个要素到另一个要素过渡而不留下任何缺陷。以上便是洪堡的语言哲学原则。然而，在他看来，只有在那些可以轻易区分事物与附带要素、事物与关系的语言中，所有这些条件才能得到满足。在另一些语言中，要素仍然彼此分离，而不是通过元音变音融合在一起并通过重音进行区分。这种情况下，精神总认为遇到了漏洞，并疲于填补这些漏洞。这一过程中需要使用大量不确定的词，而非少量的固定

---

① 《论汉语单音节的一般性质》（Considérations sur la nature monosyllabique attribuée communément à la langue chinoise : *Mercure* de mars, 1814）。

形式。前者会阻碍精神运作，使其活动的迅速性和准确性受损。

我们所做的这一概述只能不甚完整地总结洪堡的语言体系。另外，我们用一门外语表述其观点时也无法完美地传达作者深刻且微妙的思想以及其精巧准确的推理。然而，这一简短的摘要可以让其读者感受类似研究的意义以及理性比较不同民族语法的重要性。大部分语史学家为追求方便往往选择忽略语法对比，只比较仅仅具有实体意义的词[59]，他们常常在后一对比研究中一无所获。因此，我们万分期望洪堡先生能够继续其渊博、极具价值的研究，充分利用其有关亚洲的深奥语言，尤其是有关梵语的学识。汉语似乎也引起了他的关注，这门语言在我们看来完全值得关注。一门与其他语言语法体系如此相异的语言不该在研究思考时被忽略；它似乎可以扩大普遍语法的范围。洪堡通过研读一些汉语优秀著作对这门语言进行研究，找到了进一步思考的素材，而这则是入门书籍所无法提供的。因为，在这种情况下，实践远比理论可靠。我们所习以为常的与古文有关的一些观点可能源自一个不甚完善的分析，或至少是从对少量短语的分析中得出，论证有关中国人古代文学的一些观点所选取的例子也往往经不起推敲。因此，这么一个久悬未决的问题完全值得学者探讨：在一门缺乏语法形式的语言中，几乎所有的词都可以无一例外地轮流承担名词、形容词、动词、副词甚至是语助词的功能，并遵循明晰、恒定且实证的规则，尽管思想多有变化，却始终可以清楚、准确地得以表达[60]。以上便是汉语语法大致上所呈现的现象，还需要补充一点：在我们所观察的范围内，该语言曾像希腊语一样可以清晰地阐述柏拉图学说和婆罗门僧侣精妙的形而上学。

洪堡就梵语中所使用的 twâ 与 ya 这两个动词形式的意义所撰写的论文是施莱格尔（M.G. de Schlegel）所创办的《印度图书馆》的重要组成部分，被陆续收入两卷中。在此之前，即使是非常优秀的语法书对这两个动词形式用法的论述也不甚完美，而洪堡先生在该文中所采用论证方式不仅可靠而且合理。许多欧洲语法学家将研究西方语言时惯用的概念与命名带入东方语言研究中，这一行为可能会导致严重的应用错误。为了避免这一缺陷，洪堡以引证《益世嘉言》（Hitopadesa）、《那罗传》[①]（Nalus）与《罗摩衍那》（Râmayâna）包含其所研究的语法形式的段落作为开始。在没有印度语法学家著作可供参考的情况下，他对这些段落予以分类，并归纳推出这两个词尾的意义。他考察了这两个形式应该被视为与主命题主语共同构成的分词还是从属于同一命题动词的副动词。他以此为契机就分词和副动词的性质与用法做了深刻研究。论文中一些段落引用了有误的印刷版本，需要做出更正。施莱格尔为该论文添加了注释，显示了其一贯的博学与远见。鉴于这一研究超出我们的研究范围，我们暂不对其展开评论。我们仅仅为一个现象感到遗憾，那就是熟悉这一领域的评论界人士鲜少有时间与其读者交流德国、印度和英国出版的一些有关梵语的优秀著作。

[①]《那罗传》是印度史诗《摩诃婆罗多》中的片段。——译者注

致阿贝尔－雷慕沙先生的信

——论语法形式的通性和汉语的特性

洪 堡

> **译者按**：本文原出版信息如下：巴黎版，1827，顿德－杜普赫父子东方学书店（Librairie Orientale de Dondey-Dupré père et fils），八开本，121 页，收入《洪堡全集》第五卷，第 254—308 页。①

阁下：

我遵照您的建议，对汉语进行了研究。您的两本著作：《汉文启蒙》②和《中庸》③展现了您在汉语研究方面的成就[255]④。您的成就令人敬佩，对我的汉语研究帮助颇多。我认真地比较[256]了这两本书中的汉语文本和您的译文，想以此了解汉语的特性。现在我在这一领域已经有了一些看法，我将在信中向您一一展示，

---

① 该文为雷慕沙校对后的版本。雷慕沙对洪堡原文所做出的修改大多出于其对文章风格的考虑。修改之处，洪堡原文所使用的表达方式将会以注释的方式附上。
②〔法〕雷慕沙，《汉文启蒙》。——译者注
③〔法〕雷慕沙，《中庸》，巴黎，皇家印刷厂，1817 年 [J.-P. Abel-Rémusat (éd.), (Chung yung) L'invariable milieu par Tseu-sse, Paris, Imprimerie Royale, 1817]
④ 该数字对应《洪堡全集》中的原页码，本文以下数字皆是如此。——译者注

敬请阁下检验指正。我对汉语的了解还远远不足,而在尚未深入研究一门语言之前就尝试对其特性做出评论实属危险。因此,在这一对我而言全新和困难重重的研究领域,我非常需要您的指导。

汉语句子给读者的第一印象①趋于让其认为这门语言与几乎所有其他已知语言截然不同。然而论及语言,我们应该避免太过笼统的论断。汉语与其他语言全然不同这一说法恐怕不实。下面,我将先谈论古典语言,它们将是比较的参照。当我提到汉语不同于其他语言时,这里的"其他语言"主要是指古典语言。之后,我将考察是否有语言与汉语有着或多或少的相似之处。

我认为汉语与其他语言之间的区别可以归结于一个根本的差异,那就是汉语完全不使用语法范畴来指示其句子中词与词之间的关系,其语法也并非以词的分类【1】②为基础,而是用另一种方式将语言要素之间的关系固定于连贯的思维之中。其他语言的语法由词源部分和句法部分组成。而汉语语法只有后一部分。

[257] 汉语句法结构的规律和特点由此而来。一旦涉及语法范畴的领域,我们就会篡改汉语句子的独特性。

或许阁下会认为我的这些观点过于宽泛,过于肯定;或许您会做如下猜想:我只是单纯地想表达汉语忽略了将语法范畴的标

---

① 洪堡此处使用的是"文本的第一印象"(la première impression du texte)。其最初的表达为"汉语句子的性质"(la nature d'une phrase chinoise),洪堡在1826年10月9日的信中(第三封信)肯请雷慕沙对这一表述做出修改。
② 雷慕沙对该文所作的评论意见被整理成文,即紧跟本文的《关于"致雷慕沙的信"中一些段落的意见》(Observations)。文中加粗体的号码对应"意见"中的内容。

记黏附到词上，没有将该分类贯穿到其最小的单位。① 然而，我承认：与其说是忽略，倒不如说是汉语不屑于标记语法范畴，因此，就语言性质而言，汉语属于完全不同的领域。我明白我需要对这一观点展开论述，并用具体事实加以证明。因此我将向阁下说明，在我对于语言的一般思考以及汉语研究② 中，是哪些要素使我得出了以上观点。

我将语法赋予词的形式③ 称为语法范畴，即词类和其他与之相关的④ 形式。词类本身就带有某些语法特性，人们可以通过词本身所带有的标记，或是通过词在句中的位置，又或是通过句子关系来辨认这些特性⑤。或许没有任何一门语言可以区分所有的语法形式并加以标记。但是如果一门语言满足下列条件之一，就可

---

① 在"贯穿到其"（jusqu'à ses）这一部分，洪堡原文中使用的是"贯穿到"（jusqu'aux）。
② 此处，洪堡原文中使用的词为"消遣"（occupations），雷慕沙调整为"研究"（études）。
③ 雷慕沙调整后为"语法赋予词的形式"（les formes assignées aux mots par la grammaire），洪堡原文中使用的是"词的语法形式"（les formes grammaticales des mots）。
④ 雷慕沙调整后版本中出现的表述为"与之相关的"（qui s'y rapportent），洪堡原文中使用的是"被列入"（rangées sous elles）。
⑤ 雷慕沙调整之后的版本为"词类本身就带有某些语法特性，人们可以通过词本身所带有的标记，或是通过词在句中的位置，又或是通过句子关系来辨认这些特性"（qui emportent avec elles certaines qualifications grammaticales, que l'on reconnaît, soit par des marques inhérentes aux mots mêmes, soit par la place que les mots occupent, soit enfin par la liaison de la phrase），而洪堡原文中的表述为："词类赋予了它们某些语法特性，这些特性或可以通过词本身所带有的标记，或是通过词在句中的位置，又或是通过句子关系得以辨认"（qui leur attribuent certaines qualifications grammaticales, qui sont reconnues, ou à des marques inhérentes aux mots mêmes, ou à la place que les mots occupent, ou à la liaison de la phrase）。

以说它使用语法形式标示词与词之间的关系①：

如果这门语言将其语法建立在词的分类的基础之上，或者至少②其主要的语法形式或范畴不依赖于语境就可以得以识别；如果语言性质反应其使用者的精神，将每个词都归于某个类别，即使这个词③不带有任何明显的类别标记。

根据语法范畴对词进行分类有两个起源：一是语言赋予思想的表达④的性质，二是语言和真实世界之间的类同。

鉴于讲话时人们用一个接一个的词表达观念，因此这些要素的组合必然存在着一个固定的顺序，它们才能组成⑤所表达思想的统一体[258]。而这个顺序在说话人和听者的精神中势必是一致的，他们才能相互理解⑥。这也是所有语法的基础。一方面，这一顺序必然在句子中词与词之间建立关系，另一方面，它也在这些

---

① 雷慕沙调整之后的版本中使用"标示词与词之间的关系"（pour indiquer la liaison des mots），洪堡原文使用的表达为"标示词之间的关系（à l'indication de la liaison des mots）。
② 雷慕沙调整后的表达为"至少"（du moins），洪堡的表达为"至少"（au moins）。
③ 雷慕沙调整后的表达为："即使这个词"（même là où ce mot），洪堡原本的表达为："即使它"（aussi là où il）
④ 经由雷慕沙调整后的表述为：语言赋予思想的表达的性质（de la nature de l'expression affectée à la pensée par le langage）。洪堡原文表述为：由语言表达的思想的性质（de la nature de l'expression de la pensée par le langage）
⑤ 雷慕沙调整后的表述为"它们才能组成"（pour qu'ils puissent former），洪堡原文表述为"为了组成"（pour en former）
⑥ 雷慕沙调整后的表述为："而这个顺序在说话人和听者的精神中势必是一致的，他们才能相互理解"（cet ordre doit être le même dans l'esprit de celui qui parle et de celui qui écoute, pour que l'intelligence soit mutuelle entr'eux），洪堡原文表述为"而这个顺序在说话人和在听者的精神中势必是一致的，理解才能是相互的"（cet ordre doit être le même dans l'esprit de celui qui parle et dans celui qui écoute, pour rendre l'intelligence mutuelle）

词与思想统一体之间建立了关系①。如果抛开这些关系所依附的具体观念，从整体看待它们，它们就是语法范畴。因此，我们通过分析被转化为语词的思想，就可以推断出词的语法形式。然而这一分析仅仅展示了原本就存在于具有话语能力的人的精神中的东西。遵照这些形式说话②与通过思考形成与其有关的认识是截然不同的两件事③。假如这些形式没有像原始意象（archétypes）一样存在于人的精神中，或用一个更为精确的表述④来讲：假如人的语言能力没有像自然本能一样地服从这些形式所强加的法则，那么人既不能理解自己⑤，也不能理解他人。

语法范畴与命题统一体之间之所以关系密切，是因为前者是词与后者之间关系的呈现。当语法范畴被准确、清晰地理解时⑥，

---

① 雷慕沙调整后的表述为："一方面，这一顺序必然在句子中词与词之间建立了关系，另一方面，它也在这些词与思想统一体之间建立了关系"（des rapports entre les mots d'une phrase, d'une part, et de l'autre, entre ces mots et l'ensemble de l'idée）。洪堡原文表述为"这一顺序必然在句子中词与词之间，在这些词与思想统一体之间建立了关系"（des rapports entre les mots d'une phrase et entre ces mots et l'ensemble de l'idée）
② 雷慕沙修调整的表述为"说话"（parler），而洪堡原文表述为"而说话"（et parler）
③ 雷慕沙将洪堡原文中该句后的句号改为逗号。
④ 经由雷慕沙调整之后的表述为："假如这些形式没有像原始意象一样存在于人的精神中，或用一个更为精确的表述"（si ces formes ne se trouvaient comme archétypes dans son esprit, ou pour me servir d'une expression plus rigoureusement exacte）。洪堡原文表述为"假如这些形式没有像原始意象一样存在于人的精神中，或用一个更为合理的表述"（si ces formes ne se trouvaient pas comme des archétypes dans son esprit, ou pour me servir d'une expression plus rigoureusement juste）。
⑤ 经由雷慕沙调整之后的表述为"自己"（ni lui-même），而洪堡原文表述为"自己"（ni soi-même）
⑥ 雷慕沙调整后的表述为"当语法范畴被准确、清晰地理解时"（et si elles sont conçues），而洪堡原文表述为"被准确、清晰地理解时"（et conçues）

它们会更好地标记句子统一体，使其更易于被感知。① 句子越长越复杂，词与词之间的关系也就越丰富② 多变，因此，将语法范畴或是语法形式区分至最小单位这一需求也就自然而然地源于创建长且复杂的复合长句这一趋势。如果句子的长度极少超过简单句的规模，其理解并不需要人们对词的语法形式进行准确分析③ 或者将这些形式④ 进行一一区分直至每个形式⑤ 都完全展现出其个体性。通常只需要知道哪个词是句子的主语就足够了，而人们无须⑥ 考虑它是名词还是动词不定式；只需明白哪个词⑦ 限定着另一个词，而人们无须⑧ 考虑限定词是分词还是形容词⑨。

　　由此可见，人们在不标记甚至是不明确区分词的语法形式的情况下，也是可以说话和被理解的。然而在以上述方式使用语言的人的精神中，这些语法形式同样存在，同样需要遵照语法形式

---

① 雷慕沙调整后的表述为"它们会更好地标记句子统一体，使其更易于被感知"（elles en marquent mieux cette unité et la rendent plus sensible），而洪堡原文表述为"它们会更多地标记句子统一体，使其更易于被感知"（elles marquent davantage cette unité et la rendent sensible）
② 雷慕沙调整后的表述为"丰富"（se multiplier），而洪堡原文表述为"增长"（augmenter）
③ 雷慕沙调整后的表述为"并不需要"（n'exige pas qu'on se représente），而洪堡原文表述为"使……并不必要"（ne rend guère nécessaire de se représenter）
④ "这些形式"（de ces formes）这一表述为雷慕沙所加。
⑤ 雷慕沙调整后的表述为"人们（……）将（……）区分"（qu'on en porte），而洪堡原文表述为"区分"（d'en porter）
⑥ "人们"（qu'on ait besoin de）这一表述为雷慕沙所加。
⑦ "词"（mot）这一表述为雷慕沙所加。
⑧ "人们"（qu'on doive）这一表述为雷慕沙所加。
⑨ 雷慕沙调整之后的表述为"限定词是分词还是形容词"（à le considérer comme participe ou comme adjectif），而洪堡原文表述为"限定词应该被看做是分词还是形容词"（s'il faut le prendre pour participe ou adjectif）

的规律，只是他仅仅满足于^①一般性地应用这些法则来表达其思想。他感觉不到^②详细说明语法形式规则的必要，由于词的语法形式并没有被一一区分并得以详细说明，它们无法对说话人的精神产生适当的影响作用，原则上也无法引导^[259]其语言。这一问题对于一切有关汉语的研究都非常重要。在继续论述这一问题之前，我将先讨论存在于^③语言和真实世界之间的类似，该类似也致使人们^④将词划分为^⑤不同的、纯粹的语法范畴。

　　词类的划分自然而然地根据它们所表现的客体的范畴而定。这就是为什么每门语言中都有具有名词性意义、形容词性意义和动词性意义的词。这三种语法形式的观念自然而然地源于这些词^⑥。然而，后者^⑦也可以用作其他范畴：一个具有名词性意义的词可以转变为动词，反之亦然。另外，还有一些词，其观念意义与真实世界毫无类同^⑧可言，不过它们也可以^⑨像其他的词一样进

---

① 雷慕沙调整后的表述为"仅仅满足于"（en se bornant），而洪堡原文表述为"以便于满足于"（de manière à pouvoir se border）
② 雷慕沙调整之后的表述为"感觉不到"（se sent pas），而洪堡原文表述为"没有"（n'est pas dans）
③ "存在于"（qui existe）这一表述为雷慕沙所加。
④ 雷慕沙调整后的表述为"（……）类同也致使"（analogie qui donne），而洪堡原文表述为"因为致使"（comme donnant）
⑤ 雷慕沙调整后的表述为"分为"（sous），而洪堡原文表述为"分为"（dans）
⑥ 经由雷慕沙调整后的表述为"这些词"（de ces même mots），而洪堡原文表述为"此处"（de là）。
⑦ 雷慕沙调整后的表述为"后者"（ceux-ci），而洪堡原文表述为"这些词"（ces mêmes mots）
⑧ 雷慕沙调整后的表述为"类同"（la même analogie），而洪堡原文表述为"类同"（une pareille analogie）
⑨ 雷慕沙调整后的表述为"也可以"（peuvent aussi），而洪堡原文表述为"可以也"（aussi peuvent）

行分类。每门语言中都存在着两类词：第一类词的意义、所表示的客体（实体、活动或属性）赋予其一种①语法范畴；第二类由全然不同的词组成②，这些词可以用作不止一种范畴③，具体范畴取决于人们的观察角度。

语言如何对待第二类词，这一点④至关重要。如果它将这些词同样按照以上三种范畴分类，并赋予它们相应的形式，这些词就真正获得⑤了一种语法价值，真正成为⑥名词或是动词。这些词之间的关系仅仅存在于观念中，它们本来只有⑦在一种对待⑧语言活动的特殊方式下才能被察觉到。也正是因为同样的原因，它们才为语言活动所使用⑨。相反，如果一门语言中这些词的范畴模糊不清，即便那些由意义决定词性⑩的词也不再具有⑪语法价值，它

---

① 雷慕沙调整后的表述为"一种"（une），而洪堡原文表述为"其"（leur）
② "组成"（est formée）这一表述由雷慕沙所加。
③ "范畴"（catégorie）这一表述由雷慕沙所加。
④ "一点"（une chose）这一表述由雷慕沙所加。
⑤ 雷慕沙调整后的表述为"真正获得"（acquièrent véritablement），而洪堡原文表述为"真正拥有"（ont vraiment）
⑥ 雷慕沙调整后的表述为"成为"（; ils deviennent），而洪堡原文表述为"是"（, sont）
⑦ 雷慕沙调整后的表述为"它们只有"（; ils n'ont），而洪堡原文表述为"只有"（, n'ont）
⑧ 雷慕沙调整后的表述为"对待"（considérer），而洪堡原文表述为"看待"（regarder）
⑨ 雷慕沙调整后的表述为"也正是因为同样的原因，它们才为语言活动所使用"（et c'est par cette même raison qu'ils seront à son usage），而洪堡原文表述为"因为同样的原因为语言活动服务"（et servent par cette même raison à son usage）。
⑩ 雷慕沙调整后的表述为"即便那些由意义决定词性的词"（ceux même dont la signification annoncerait la catégorie），而洪堡原文表述为"即便那些由意义决定词性的词"（aussi ceux dont la signification annonce la catégorie）
⑪ 雷慕沙调整后的表述为"不再具有"（de），而洪堡原文表述为"不再具有一个"（une）

们①不是动词或是名词,而仅仅是动词性概念或名词性概念的表达。事实上,动词关系和名词关系既不是由语言活动②所赋予的,也不是为了语言活动而生的,因为即使没有它们,人们也可以构建出许多句子。即便③在它们所出现的句子中,它们也并不总是依照其意义所决定④的性质发挥语法作用。一个动词性概念的表达不一定构成句子的主语和表语之间的联系,然而这却是动词的特质。名词性概念的表达可以以动词相同的语法方式支配补语,[260]无论这个名词是否被用作动词不定式⑤,只要没有介词介入,就可以带直接宾语。

只有在一个民族倾向于将其使用的语言视为一个与真实世界类同,却又独立存在的世界⑥时,人们方可以经由这一途径达到语法范畴⑦;即每个词都被视为一个个体,没有任何一个词⑧不能被归为某个词类。这一倾向尤其产生于运用于语言活动的想象力

---

① "它们"(ce)这一部分由雷慕沙所加。
② "语言活动"(le language)这一部分由雷慕沙所加。
③ 雷慕沙调整后的表述为"即便在(……)句子中"(Dans les phrases même),而洪堡原文表述为"即便在(……)句子中"(Même dans les phrases)
④ 雷慕沙调整了洪堡原信中的词序(qu'annonce leur signification),而洪堡原文表述为(que leur signification, annonce)
⑤ 雷慕沙修改后的表述为"用作动词不定式"(passe à l'infinitif),而洪堡原文表述为"用作动词不定式"(passe en infinitif)
⑥ 雷慕沙修改后的表述为"独立存在的世界"(un monde à part),而洪堡原文表述为"自己的世界"(un monde à lui)
⑦ 雷慕沙对句序稍作调整:经由这一途径达到语法范畴(parvenir, par cette voie, aux catégories grammaticales),而洪堡原文表述为经由这一途径达到语法范畴(parvenir aux catégories grammaticales par cette voie)。
⑧ "任何一个"(un seul)这一表述是由雷慕沙所加。

活动。在以语法的丰富多变著称①的语言中，这一活动似乎促进了我在前文中曾提到的智力本能的发展。

在那些语法范畴区分得不尽完善或是这一区分看起来完全消失的语言中，组成句子的词在其实体意义或词汇②意义之外，还需要具有某种语法意义。不过，在孤立看待该词时，这一语法意义却无法辨识，或者至少无法③脱离其具体意义得以辨识。也就是说，如果一个词所表示的客体仅能属于一个范畴，其语法意义便取决于该词的意义；如果④该词根据其意义可以被划归为不同的范畴时，其语法意义取决于人们划归的习惯；或者取决于其在句中的被赋予的使用⑤，在这种情况下，词的语法意义由被确立为语法规则的词序排列而定⑥；或者最终⑦取决于语境意义。以上种种可能，在⑧我看来，就是不同语言显示语法意义的不同方式。

在同一门语言中，说话人与听者拥有相同的语法观念，或者更确切地说，他们受到同样的语法规则的引导⑨。倘若听者是外国

---

① 经由雷慕沙修改后的表述为"以……著称"（qui se distinguent），而洪堡原文表述为"擅长"（qui excellent）
② 雷慕沙对洪堡的用词稍作修改，将洪堡原文中的 lexicale 改为 lexicologique。
③ "无法"（qui l'est pas）这一部分由雷慕沙所加。
④ 雷慕沙对句子结构稍作了调整，将洪堡的两句（signification. Elle）变成了一句（signification : elle）。
⑤ "被赋予的"（qui y est affecté）这一部分是由雷慕沙所加。
⑥ 由（……）而定"（elle dépend）这一部分由雷慕沙所加。
⑦ "最终"（enfin）这一部分是由雷慕沙所加。
⑧ 雷慕沙对句子结构稍作调整：将洪堡的两句（. Car）变成了一句（; car）。
⑨ 雷慕沙对句子结构稍作修改："在同一门语言中，说话人与听者拥有相同的语法观念，或者更确切地说，他们受到同样的语法规则的引导"（Dans une même langue, les mêmes idées grammaticales occupent celui qui parle et celui qui écoute ; ou plutôt, les

人，讲的语言具有不同的语言结构，那听者将会将其自己的语法观念带入其中①，如果其母语的语法更为完善，那么他会要求外语中的每个词②在表达语法意义方面③和其母语中同样精确。在他看来，任何语言的任何句子中的任何词（如果将这一体系应用于使用语言）都可以被准确地归为某个语法范畴，且只有一个特定的语法范畴，为此需要准确地考察词所表达的观念的意义和这些观念之间的关系。比起语言的其他部分，语法主要存在于精神中，为精神提供了将词语连接起来表达观念和建构观念的方法④。任何学习和使用外语的人都能做到这一点。我想利用一个画面对此进行说明，[261] 即利用准备好的盒子将这门语言的要素进行整理分类。通过这一⑤解释方式在一门语言中找到的语法往往不等于实际存在的语法。一门语言的真正语法可以通过以下方式辨识：词固有的标记、语法词⑥或是恒定规则所确定的词序。另外⑦，这种

（接上页注）mêmes lois grammaticales les dirigent l'un et l'autre），洪堡的表述为："在同一门语言中，相同的语法观念存在于，或者更确切地说，同样的语法规则引导说话人和听者"（Dans une même langue, les mêmes idées grammaticales occupent, ou plutôt les mêmes lois grammaticales dirigent celui qui parle et celui qui écoute）

① 雷慕沙修改后的表述为"并将其自己的语法观念带入其中"（et y porte ses propres idées），而洪堡原文表述为"他将其自己的观念带入其中"（il y porte ses propres idées）

② 雷慕沙修改后的表述为"每个词"（à），而洪堡原文表述为"在每个词中"（dans）

③ 雷慕沙修改后的表述为"在（……）方面"（dans），而洪堡原文表述为"的"（de）

④ 雷慕沙修改后的表述为"为（……）提供（……）方法"（auquel elle offre la manière），而洪堡原文表述为"是其方法"（étant sa manière）

⑤ 雷慕沙修改后的表述为"通过这一（……）方式"（par ce genre），而洪堡原文表述为"通过这一（……）方式"（par cette manière）

⑥ 雷慕沙对选词稍作调整"词"（termes），而洪堡原文表述为"词"（mots）

⑦ "另外"（enfin）这一部分是由雷慕沙所加。

真正语法也以隐示的方式存在于说话人的精神中，通过句子的切割和结构体现出来。

此处谈论词的语法价值的不同表达方式，我主要关注的是各民族在这一领域所达到的不同程度的精确度。最高程度的精确度①表现为对语法范畴进行区分直至②其最小单位。人要完成这一区分，一方面，需要通过分析话语所表达的思想，另一方面③，需要以一种可以说是④特殊的方式对待和使用语言。后者是思维的官能。我们在此触及的是语言本性中最内在、最深刻的内容，即思想与语言之间的原初关系。

精神所做的每个评判都是对两个观念进行比较之后得出一致或是不一致的结论。因此，任何评判都可以归于一个数学方程式。这一思想的基本形式在一些语言中被赋于了后者特有的形式⑤，而这是通过将两个观念以综合的方式关联起来，即添加存在这一概念而完成的。为了实现这一目的，这些语言使用屈折动词——动词概念的具体实现。屈折动词只存在于实现了思维高度

---

① 雷慕沙对洪堡的表述稍作调整："最高程度的精准度"（le degré le plus élevé），洪堡原文中的表述为："最高的精准度"（le plus haut）
② 雷慕沙对洪堡的表述稍作调整："直至"（qu'on poursuit jusqu'à），洪堡原文中的表述为："直至"（jusque dans）
③ 雷慕沙对洪堡的表述稍作调整："另一方面"（et de l'autre），洪堡原文中的表述为：et d'un autre
④ "可以说是"（pour ainsi dire）这一表述是由雷慕沙所加。
⑤ 雷慕沙对洪堡的表述稍作调整："后者特有的"（de celle qui leur appartient），洪堡原来的表述为："它们的"（de la leur）

精确和清晰的语言中①。自此，动词就成了所有语言语法的中心。

人往往觉察不到自己说话时的行为。如果对其进行考察，可以从中发现②连续的拟人法。在每一个句子中，都有一个观念存在［être idéal（即构成句子主语的词）］或被投入某种行动或被表现为被动状态。人们做出评判所需的内在行为跟叙述的对象相关。人们不说："我认为至高存在（être suprême）和永恒这两个概念相同"，而是置身事外地说："至高存在是永恒的"。这就是我称为[262]各门语言中的想象力部分。这一部分必然存在于每门语言中，因为它属于人的智力组织和语言的性质。然而其发展、其文化所达到的程度③却取决于各个民族的特性。欧洲古典语言代表了它的最高成就④，而汉语只从中采用了说话和被理解绝对不可或缺的内容。

由此可见，各民族在构造其语言时可以采用两条截然不同的道路。其一，严格遵守观念本身⑤的关系，适度坚持对这些观念

---

① 雷慕沙对洪堡的表述稍作调整："高度精确和清晰的语言"（la précision et de la clarté que compose le langage），洪堡原文中的表述为："其精确和清晰"（sa précision et de sa clarté）
② 雷慕沙修改后的表述为"从中发现"（on y voit），而洪堡原文表述为"它是"（c'est）
③ 雷慕沙修改后的表述为"其文化所达到的程度"（le point qu'atteint sa culture），而洪堡原文表述为"其文明程度"（le point auquel elle est cultivée）
④ 雷慕沙修改后的表述为"欧洲古典语言代表了它的最高成就"（Elle est à son comble dans les langues classiques），而洪堡原文表述为："欧洲古典语言使其达到最高成就" Les langues classiques la portent à son comble
⑤ 雷慕沙修改后的表述为"观念本身"（en tant qu'idées），洪堡原文中的表述为"像其"（comme telles）

进行清楚、准确表达时必需满足的要求[①]，尽可能地不将属于语言特性的东西用作思维的官能和工具；其二，将语言当作工具来培养，忠于其表达思想的方式，将其视作一个观念世界与真实世界在所有有可能的方面进行比较。

有关以上论述，有一个非常好的例子，那就是对词的种类[②]（genres des mots）进行区分。这一区分是古典语言所特有的现象，被其他大部分语言[③]所忽略。对词的种类进行区分完全属于语言的想象力部分。对思想和其智力关系的考察怕是不能引起这一区分。如此看来，这一区分由于其不够理性、显得冗余或是不合时宜，可能被轻易地划归为语言的缺陷。然而，一旦一个民族用其年轻、活跃的想象力[④]激活了所有的词，将语言和现实世界完完全全地相似对待[⑤]，完成其拟人化，使得每个复合句都构成如下图像：各部分的排列和其细微区别在更大程度上属于[⑥]思想的

[①] 雷慕沙修改后的表述为"对这些观念进行清楚、准确表达时必需满足的要求"（à ce qu'exige indispensablement l'énonciation claire et précise de ces mêmes idées），洪堡原文中的表述为"它们清楚、准确表达时必需满足的要求"（à ce que leur énonciation, claire et précise, exige indispensablement）
[②] 此处所知词的阴阳性，即阴性、阳性或中性。——译者注
[③] "语言"这一部分是由雷慕沙所加。
[④] 雷慕沙修改后的表述为"年轻、活跃的想象力"（l'imagination jeune et active），而洪堡原文表述为"活跃、新鲜的想象力"（l'imagination active et fraîche）
[⑤] 雷慕沙仅对洪堡的表达做了词序上的调整。修改后的词序为：assimile entièrement la langue，而洪堡原文中为 assimile la langue entièrement
[⑥] 雷慕沙对洪堡的表述稍作了调整。修改后的表达为："图像：各部分的排列和其细微区别"（un tableau où l'arrangement des parties et les nuances），而洪堡原文中的表达为："图像：各部分的排列和其细微区别"（un tableau dont l'arrangement des parties et les nuances）

表达，而不是属于思想自身，那么词就需要区分类别，正如生物各自属于某个性别。由此产生了句子排列上的技术优势。然而，一个民族若要感受这些优势和体会这一需要，则需要意识到①语言在将思想转化为话语时给思想添加了什么东西。

我认为我在语言中语法形式区分的起源这一问题上的论述已经足够翔实。我认为语法形式是一个民族对其语言所采用的观察和处理方式的结果②，而非一个民族在分析思想的过程中所取得进步的结果。除此以外，我只补充一点：一旦③一个民族继续这条路，由于一个范畴观念自然而然地会引出另一个，语言系统就会自我完善。然而有一点我们必须承认：只要④系统存在缺陷，每个范畴观念则永远不会达到它应有的准确⑤。

倘若没有有关词的语法形式的模糊感觉的引导，说话或许变得不再可能。同样⑥，我认为我对以下内容也已经做了充分论证：

---

① 雷慕沙修改后的表达为"一个民族（……）需要意识到"（il faut qu'une nation soit frappée），洪堡原来的表述为："一个民族应该意识到"（une nation doit être frappée）
② 雷慕沙修改后的表达为"的结果"（un résultat），洪堡原来的表述为："为（……）结果"（résultant）
③ 雷慕沙对洪堡的表述稍作调整，该调整对意义没有任何影响。雷慕沙修改后的表达为："除此以外，我只补充一点：一旦"（J'ajouterai seulement une observation : dès），洪堡原来的表述为：J'ajoute seulement ici l'observation que dès
④ 雷慕沙对洪堡的表述稍作调整，该调整对意义没有任何影响。雷慕沙修改后的表达为："只要"（que tant），洪堡原来的表述为：qu'autant
⑤ 雷慕沙修改后的表达为"每个范畴观念则永远不会达到它应有的准确"（l'idée même d'une seule de ces catégories n'a jamais toule la précision dont elle est susceptible），洪堡原来的表述为："每个范畴观念缺少它所有的准确"（même l'idée d'une seule de ces catégories manque de sa précision accomplie）
⑥ 雷慕沙对洪堡的选词稍作调整，将洪堡原文中的également改为aussi（同样）

仅仅通过将少量关系引入一个句子中，可能就不再需要对语法范畴进行准确区分了；人们可以彻底放弃将每个词都归于某一范畴并对其添加标记这一体系；在构造句子时尽可能避免远离[①]数学方程式这一形式。因此，上文论证也可以说明，如果一个人没有习惯于构建语法范畴并运用这一[②]完整的体系，他就无法准确地理解任何一个语法范畴。

中国人就属于这种情况。他们表达时所使用的词通常不能明确地被划归入某种语法范畴，而且他们也并不必将某语法形式所携带的准确概念添加到思维中。汉语中，人们可以使用动词却不表明时间。时间的表达在一般观念的表达中始终是一个不合时宜的附带成分。另外，动词也不需要分为主动或是被动，同一个词[③]可以兼作两种理解。古典语言极少[④]能以如此不确定的方式进行表达，它们需要借助其他的手段来补充观念的普遍性。古典语言使用精确形式时，必须对观念的普遍性进行限定。

玛雅语（maya）和贝托依语（betoi）这两门美洲语言中有个现象值得注意。它们拥有两种完全不同的手段来表达动词：一个[⑤]标示动作的时间，另一个仅仅表达主语和表语的之间的关系。

[①] 雷慕沙修改后的表达为"可能（……）远离"（qu'on peut s'éloigner），洪堡原来的表述为："可能试着（……）远离"（qu'on peut tâcher de s'éloigner）
[②] "这一"（en）这一部分是由雷慕沙所添加
[③] 雷慕沙修改后的表达为"同一个词"（dans un même mot），洪堡原来的表述为：dans le même mot ensemble
[④] 雷慕沙修改后的表达为"极少"（très-rarement），洪堡原来的表述为："很少"（rarement）
[⑤] 雷慕沙修改后的表达为：玛雅语和贝托依语这两门美洲语言中有个现象值得注意。

尤其值得注意的是：即使在表达现在时（le présent）时，这两门语言也给实际的动词变位①黏着上一个专门的的词缀。在我看来，这些相似之处似乎可以证明，当在语言中见到这类特点时，绝不应该将它们归因于其创造者杰出的理性精神。如果一个民族的[264]语言没有采用稳定的语法形式，则会在意义需要时给动词添加上时间副词，在不需要的时候将其省略。这一方法在许多②语言中以不同的形式得以贯彻。然而，当哲学精神随着时间获得了发展，就可以从这些看起来毫无意义的特点中汲取非常有用的东西。

倘若词的语法范畴区分这一体系完全没有得到采用③，人们则需要使用其他的方法来表示观念之间的语法联系。而这就是我在这封信一开头提到的内容，也是现在想要详细论证的内容④。自现

（接上页注）它们拥有两种完全不同的手段来表达动词：一个（Il est digne de remarque que deux langues américaines, les langues maya et betoi, ont deux manières d'exprimer le verbe : l'une），洪堡原来的表述为：玛雅人的语言和贝托依人的语言这两门美洲语言中有个现象值得注意。它们拥有两种完全不同的手段来表达动词：其中一个 Il mérite d'être remarqué que les deux langues Américaines des Maya et des Betoi ont deux manières d'exprimer le verbe dont l'une（该处修改仅涉及表达层面，对意义毫无影响。——译者注）

① 雷慕沙对洪堡的词序稍作调整。修改后的表达为：即使在表达现在时时，（……）实际的动词变位（aussi, au présent, dans leur véritable conjugaison），而洪堡原文的表达为：即使在表达现在时的实际动词变位（dans leur véritable conjugaison aussi au présent）

② 雷慕沙修改后的表述为"许多"（diverses），而洪堡原来的表述为："不同"（différentes）

③ 雷慕沙修改后的表述为："没有采用"（En n'adaptant），而洪堡原来的表述为："没有采用"（n'adoptant）

④ 雷慕沙调整后的表述为："现在想要详细论证的内容"（tenterai de développer à présent），而洪堡原来的表述为："现在应该更加详细论证的内容"（devrai développer davantage à présent）

在起，我将我的论证直接应用到汉语，再加上上文中讲到的那些证据，我将更容易达到目的。

阁下，请允许我提醒您注意一个事实：所述句子的统一性与语法形式之间存在的 [1] 紧密联系。在我们的语言里，这一统一性可以通过屈折动词得以辨认，虽然有些时候屈折动词不是显性的，但是大多数情况下在语法层面上有明确表达。有多少屈折动词，就有多少个命题。

汉语中使用的所有的词都直接表达概念，而不标记任何语法关系[2]。所有的汉语词，虽然在句子中前后相连，却无一不处在纯粹状态（in statu absoluto）。从这一点上看，它们类似于梵语的词根。

从语法层面看，汉语中完全没有屈折动词，严格来说，它连动词也没有，只有动词性概念的表达。后者以不定式形式出现，也就是我们所知形式中最含糊不明确的形式。事实上我们可以说，汉语中位于名词或是代词之后所出现的动词性概念的表达就相当于一个屈折动词，如同英语中的 "they like"。毫无疑问，在一些现代语言中特别是英语中，可以构造出一些相当长的句子，

---

[1] "存在的"（qui existe）这一部分是由雷慕沙所添加。
[2] 雷慕沙对洪堡的表述顺序稍作调整。调整后的表达为：表达概念，而不标记任何语法关系（l'idée qu'ils expriment, abstraction faite de tout rapport grammatical），而洪堡原文表达为：不标记任何语法关系，表达概念（abstraction faite de tout rapport grammatical, l'idée qu'ils expriment.）

其中没有任何一个词表达[①]某种语法关系，因此它们可以堪称是[②]地地道道的汉语式句子。然而两者之间存在着显著的区别。语法上看，"like"这个词处于主动态和现在时，因为它不带有被动态和其他时态的标记。所以，它以[265]动词的身份出现，它的使用者知道这个词在其他场合下会带有相关人称的标记。通常，一个英国人习惯于根据句子要素的语法形式将其连成句子，因为该语言中这些语法形式有着截然不同的标记，即真正的语法关系的标记。这一点至关重要。然而，倘若一门语言中语法关系标记的缺失[③]成为规律，精神则不会填补这一空缺。而在这一缺失只作为例外存在的语言中[④]，情况则相反。

汉语中被称为动词的词并不是屈折动词这一语法术语所指的词，或许可以说：这就是词的质料与形式的区别所在[⑤]。把动词视为命题中应该表达某种语法关系的联系成分，实际上就是把表语用到主语上，（通过构成语言的智力行为）将主语看作存在

---

① 雷慕沙将洪堡原文中使用的"表达"（porte，直陈式现在时）调整为了条件式的现在时 porterait（突出了该表达的可能性色彩——译者注）
② "它们可以堪称是"（lesquelles seraient）这一部分是由雷慕沙所加。
③ 雷慕沙调整后的表述为："一门语言中（……）的缺失"（Dans un idiome où l'absence），洪堡原文的表述为"一门语言中（……）的缺少"（Dans une langue où le manque）
④ 雷慕沙调整后的表述为："在这一缺失（……）的语言中"（dans celui où l'absence est comptée），洪堡原文表达为"在那些这一缺失（……）的语言中"（dans celles où ce manque est compté）
⑤ 雷慕沙调整后的表述为"或许可以说：这就是词的质料与形式的区别所在"（c'est en quoi la matière des mots diffère de leur forme, s'il est permis de parler ainsi），而洪堡原文的表述为："这就是词的质料与形式的区别所在"（c'est là en quoi diffère la matière de la forme des mots）

者或是以某种特定方式行动的行为者。然而，如果一个民族深刻感受到这种语法关系以至于想将其表达出来，那么该民族就会给动词性概念添加一个标记，将其表现①为存在或是真实行为；这一民族将会利用实体概念至少表达出伴随存在或行为的一些②性状：比如时间、主体、客体、主动性或被动性。因此，在许多没有屈折变化的语言中，如在科普特语（copte）中、在③大多数美洲语言和在④一些其他语言中，屈折动词带有缩写的代词作为词缀。该词缀在有些语言中始终存在，而在另外一些语言中，至少出现在主语没被表达的情况下⑤。同样，在墨西哥语中，动词伴随着一个作为其宾语的代词或者其宾语本身，也就是说动词中被并入了宾语。由此，根据动词形式就可以看出它是中性动词还是及物动词。在所有这些语言中，动词都是一个⑥真正的词类、一种⑦语法形式。在其词汇意义之外，它还表达存在和真实行为的特点。由此证明了它并没有被视为是表示某种存在和行为方式的

---

① 雷慕沙对洪堡所使用的 désigne（表现，直陈式现在时）调整为 désignera（直陈式简单将来时）
② 雷慕沙调整后的表述为"一些"（quelques-unes），而洪堡原文为"一个或另一个"（une ou autre）
③ "在（……）"这一部分是由雷慕沙所加。
④ "在（……）中"这一部分是由雷慕沙所加。
⑤ 雷慕沙调整后的表述为："在有些语言中始终存在，而在另外一些语言中，至少出现在主语没被表达的情况下"（soit constamment, soit du moins dans le cas où le sujet n'est pas exprimé），而洪堡原文中表述为"在有些语言中始终存在，而在另外一些语言中，至少出现在当主语没被表达时"（soit toujours, soit au moins là où le sujet n'est pas exprimé）。
⑥ "一个"（une）这一部分是由雷慕沙所加。
⑦ "一种"（une）这一部分是由雷慕沙所加。

含糊概念，而是作为①存在或行为的确切状态出现在句中。在汉语中，动词没有以上种种变化，它只表达概念。如果有主语和宾语，它们则构成独立的词。大多数情况下，时态有被明确标示，或是以整个句子[266]概念表达中的一部分的形式得以标示，而不是以动词不可或缺的附加部分得以标记。所谓的②汉语③动词，如果要将其划归于某种语法形式，不把它不表达或不具有的内容强加于它，它是不定式，也就是说，它处于动词和名词之间的中间状态。读者完全不确定④，动词是否像屈折动词一样构成了主语与宾语间的联系，或是是否应将其视作表语，并意补名词性动词。越是深入分析汉语句子的特性，越是倾向于后一种观点。人们几乎不需要意补动词，一个句子常常可以以数学方程式的方式进行看待，将其仅仅视为主语和表语一致的或是不一致的⑤表达⑥。

另外，确实存在另一种情况，使得动词在汉语句子结构中

---

① 雷慕沙调整后的表述为："作为"（en），洪堡原文表述为"在"（dans）。
② 雷慕沙调整后的表述为："所谓的"（pretend），洪堡原文表述为"所谓的"（soi disant）
③ "汉语"（chinois）这一部分是由雷慕沙所加。
④ 雷慕沙调整后的表述为："不确定"（en doute），而洪堡原来的表述为："不可靠的，可疑的"douteux。
⑤ "的"（de la）这一部分内容是由雷慕沙所加。
⑥ 此处雷慕沙对洪堡的表述做了删减，删掉部分为"汉语句子中，每个句子（chaque proposition）中这两个组成部分的区分不如在具有语法形式的语言中明显，因为句子的中心——屈折动词不能依靠其形式得以显示。正如我刚才所述，如何看待系动词这一问题始终难以确定：是应该将其视为联系主语和表语的动词，还是为此要求使用另一个动词的表语？如《中庸》的开篇之句'天命之谓性'应译作 *l'ordre céleste s'appelle*

得以辨认①。汉语②中，句中词语按照确定的词序排列，而这一词序是建立在一个基本原则的基础之上，即限定词置于被限定词之前，而宾语紧跟在支配其的词③之后。然而，按照动词的性质，当其表达④行为概念时，需要一个支配的宾语。名词的性质规定，当其表示事物（属性或实体）时，需要对其限定范围。因此，汉语中识别名词可以看它们前面是否有限定词，识别动词则看后面是否跟着宾语⑤。在许多汉语句子中可以按照从限定词到被限定的词的顺序进行分析，直至⑥词序颠倒过来，一个宾语限定的动词出现在宾语之前，换言之，被限定的词出现在限定词之前。处于这个 [267] 位置上的词就担任了动词的功能，构成了句子的统一

（接上页注）nature（天命之名为道）还是 *l'ordre céleste est ce qu'on appelle nature*（天命是我们称为道的东西）？因此，常常需要单纯依据语境做出判断：隐含动词（verbe sousentendu）应该置于何处，以及所谓的动词是否也可以甚至总是被视为名词，鉴于不定式可以用作名词。有关其位置这一问题，答案尚未明确"。
① 雷慕沙调整后的表达为："确实存在另一种情况，使得动词在汉语句子结构中得以辨认"（*Il est vrai qu'il existe une autre circonstance qui fait aussi reconnaître le verbe dans la construction chinoise*），洪堡原文的表达为："一种汉语结构中辨认动词的情况同样属实"（*Une circonstance fait à la vérité aussi dans la construction chinoise reconnaître le verbe*）
② 雷慕沙将洪堡的表述"汉语"（*La langue chinoise*）调整为"汉语"（*Le chinois*）
③ 雷慕沙调整后的表述为："而（……）的词"（*tandis que les mots*），洪堡原来的表述为"然而那些（……）的词"（*mais que ceux*）
④ 雷慕沙调整后的表述为"当其表达"（*en tant qu'ils expriment*），洪堡原文表述为"像表达"（*comme exprimant*）
⑤ 雷慕沙调整后的表述为："看它们前面是否有限定词，识别动词则看后面是否跟着宾语"（*qu'ils sont précédés par leurs déterminatifs, et les verbes, à cette autre, qu'ils sont suivis par leur régime*），洪堡原来的表达为："看前面是否有它们的限定词，动词后面是否跟着它们的宾语"（*d'être précédés par leur déterminatifs, et les verbes à celle d'être suivis par leur régime*）。
⑥ 雷慕沙调整的表述为："直至"（*jusqu'au*），而洪堡原文表述为：jusques au。

性。因此,《中庸》一书中"谓"(《中庸》,第321页,I,1)和"在"(同上,第67页,XX,2)在语法上可以视为定语和主语的连接成分①。

然而,在这种表达词语关系的方法中是不可能找到真正的屈折动词概念。将宾语置于动词概念之后②这种情况,同样适用于不定式和分词式。要不是大多数语言不习惯在这种情况使用③介词作为中介成分,甚至名词也可以以这种形式构成。另一方面④,汉语中动词也常常⑤被其前面的词所限定。由此,汉语动词并没有稳定的语法特点。

句子的统一性不完全由词之间的不同排列⑥构成。当人们面对一连串词时,常常不能确定⑦它们构成⑧一个命题还是两个命题。在我刚引用的句子中(《中庸》XX,2),难道不能将"布"(pou)视为命题的结尾,将"文武之政布在方策"这句话译为:

---

① 雷慕沙调整后的表述为:"连接成分"(les liens de),洪堡原文表述为:"连接起来"(unissant)。
② 雷慕沙调整后的表述为:"将宾语置于动词概念之后"(qui consiste à placer le complément après l'idée verbale),而洪堡原文为:"将宾语接在动词概念之后"(de faire suivre le complément à l'idée verbale)。
③ 雷慕沙将洪堡的表述"使用"(d'employer)调整为"使用"(de se servir de)。
④ 雷慕沙将洪堡的表述"另一方面"(D'un autre)调整为"另一方面"(De l'autre)。
⑤ 雷慕沙调整词序后的表述为"也常常"(bien souvent aussi),洪堡原文表述为:aussi bien souvent
⑥ 雷慕沙将洪堡的表述 par ce différent arrangement "这一不同排列"调整为复数:par ces différens arrangements "不同排列"。
⑦ 雷慕沙调整后的表述为:"不能确定"(en doute),而洪堡原文表达为 douteux(不可靠的)。
⑧ "构成"(formant)这部分由雷慕沙所加。

regimen ordinatum est, exstat in, etc？在句子"大哭道"中，没有任何指示帮助我们确定，应该将其译成两句 valde ploravit, dixit①，还是一句 valde plorando dixit②[2]？命题的简单主语甚至有时像是被孤立地叙述，并不直接和人们称为动词的词关联③，它被④置于一个看起来独立的位置。人们经常发现主语和句子的其他部分被一个标点符号分开，与其相关的动词甚至可以带着一个代表主语的代词。所有这一切似乎都证实了中国人不是按照语法形式来排列词语，而语法形式严格界定不同命题。他们⑤把每个词都视为进行孤立思考的对象，以至于不停地切断它们所在的句子，也只有⑥在概念绝对需要关联时才将词与词联系起来。中国人借助于某些⑦句末助词来表示停顿。然而许多停顿明显的地方，这些助词却没有出现。若我对汉语句子结构的理解方法无误⑧，那么之前我所表达的疑惑⑨，即上文中引用的例子是一个还是两个命题这一问题，应该不存在于⑩中国人的思维中。

---

① 他大哭，道——译者注
② 他哭着道——译者注
③ 雷慕沙调整后的表述为："不（……）关联"（et non lié），洪堡原文表述为"不将其与（……）相联"（sans le lier）。
④ 雷慕沙将洪堡的表述 et（连词）调整为："它被"il est。
⑤ "他们"（qu'ils）这部分由雷慕沙所加。
⑥ "en"（指关联）这部分由雷慕沙所加。
⑦ 雷慕沙将洪堡的表述"一些"（des）调整为"某些"（certaines）。
⑧ 雷慕沙对洪堡表述中否定 ne me trompe 补充完整 ne me trompe pas。
⑨ 雷慕沙将洪堡的表述 le doute（这一疑惑）调整为 ce doute que j'exprimais（我所表达的疑惑）。
⑩ 雷慕沙将洪堡的表述 ne s'élève pas du tout（丝毫不存在于）调整为 ne doit pas s'élever（应该不存在于）。

我们总是按照 [268] 语法范畴对词 ① 进行严格分类。阁下不也是认为这一方法常常使我们将汉语中包含两个或更多命题的句子看成一个命题吗？比如，您在《汉语语法》一书中引用的句子"以天下与人"（§159, p.67, n°159.），按照汉语特性不应被译为：

Il dispose de l'empire（使用，通过 ② 与第 252 号例句 ③ 的类比）;
（他拥有帝国）
il en pourvoit ④ l'homme？
（他将帝国授予人）

助词"以"几乎总是可以这样翻译。"所以"按照我们的观念被视作连词，建构了一个在我看来是插入语式的命题，该命题常常被直接置于主语之后（《中庸》，第 64 页，XIX，4）。

阁下在《汉文启蒙》第 84 到 91 节中讲到了介词 ⑤。介词表达行为的终结，起初都包含一个动词性概念。这一点几乎无一例外。这难道不能清晰说明汉语的构成方式吗？人们表达了一个动词性概念，按照我们的观念，这个命题也就算完结了。然而，人们紧接着加上另一个动词性概念（通常表达动作或是方向，后来

---

① 雷慕沙对洪堡的表述 les mots toujours 稍作了词序上的调整"总是按（……）词"（toujours les mots）。
② 雷慕沙对洪堡的表述 d'après（根据）调整为 par（通过）。
③ "例句"这部分由雷慕沙所加。
④ 雷慕沙将洪堡的表述 il régale（馈赠）调整为 il en pourvoit（将……授予）。
⑤ 雷慕沙将洪堡的表述 propositions（命题）调整为 prépositions（介词）

在不知不觉中变成介词），后者紧跟着其补语。也就是说，在第一个命题结束之处，第二个就已经开始。这一顺序有时候颠倒过来：代替介词的动词同其补语被前置，后面跟随着决定动词表达的成分，如介词（《汉文启蒙》第 299 节）。然而，即使在这种情况下，语法结构也没有差别①[3]。

名词概念和动词概念在汉语句子里势必相互混杂、混同。同一个语助词既作为属格的标记，将一个名词与其他名词分隔开来，又作为关系语助词将主语和动词进行分隔。仅仅通过这一情况就可以看出汉语没有采用我们的语法形式所遵循的方法。一旦抛弃了严格的语法概念，动词，尤其是不定式形式的动词，可以被理解为名词。一些语言为了指示人称，将物主代词像名词性代词②一样依附于动词使用，如 notre manger（我们的吃）所表达的意思和 nous mangeons（我们吃）差不多。汉语中，一些形容词，甚至是名词（《汉文启蒙》第 55 节），在转化为动词意义时，会改变声调。根据马礼逊（M. Morrison）所述（第一卷，第一部分，第 6 页）③，那些既可用作[269]名词又可用作动词的词作动

---

① 洪堡原来的表述为 Mais la construction reste, aussi dans ce cas, grammaticalement toujours la même（在这种情况下，语法结构也没有差别）。雷慕沙对稍作调整：*Mais la construction reste toujours, même dans ce cas, grammaticalement la même*（即使在这种情况下，语法结构也没有差别）。
② 雷慕沙将洪堡的表述 ceux（那些）调整为 *les pronoms*（代词）。
③〔英〕马礼逊，《中文字典》，第一部分，一至三卷，澳门，东印度公司出版社，1815—1823 年，第 17 页（Robert Morrison, *A dictionary of the chinese language*, P. 1, vol. 1-3, Macao, East India Company's Presse, 1815-1823）。事实上，洪堡援引的是第 17 页，而不是第 6 页。

词使用时，通常取去声[4]。英语对既可用作[269]名词又可作为动词的双音节词做了发音区分［见沃克《发音词典》，第16版，71页，§492 (Walkers, *Pronouncing dictionary*, 16, éd., p. 71, §492)]①。然而，汉语中发音变化对语法意义不起任何决定意义。严格地讲，词并不是变成了动词，而只是获得了动词意义[5]。

在此，我不得不就"中庸"这两个词向您提一个问题②。您将其译为"milieu invariable③（法语）、medium constans④（拉丁语）"。您认为这两个词之间的语法关系与"大学"相同？我认为二者有所不同。"庸"如果作为形容词，应该前置于"中"。我认为，根据我们的语法观念，"庸"是不定式，其前面是类似副词的限定词，其拉丁语译文为：medio constare⑤。您在另一处（35页，II, 2）将该词组译作动词：parvi homines modio constant[6]。

这一例子又一次证明了汉语中几乎没有语法形式的问题。"中庸"这一词组所明确、清楚表达的，是坚持（以之为习惯）被称为"中"的道路这一概念。然而，需要将何种形式赋予这

---

① ［英］约翰·沃克，《英语发音词典》，第16版，伦敦，卡德尔 & 戴维斯出版社，1816年 [John Walker, A critical Pronouncing Dictionary & expositor of the English language, 16e Ed., London, C. Cadell & W. Davies, 1816]
② 雷慕沙对洪堡的表述进行了词序上的调整。调整后的表述为：*je ne puis, à cette occasion, me dispenser de vous adresser, monsieur, une question sur les mots tchoûng-yoûng*（在此，我不得不就"中庸"这两个词向您提一个问题）。洪堡原文表述为：je ne puis me dispenser de vous adresser, monsieur, à cette occasion, une question sur les mots *tchoûng-yoûng*。
③ 不变的中间——译者注
④ 恒定的中间——译者注
⑤ 在中间，动词——译者注

一概念：是屈折动词形式，或是不定式形式，又或动词性名词形式，还是另一种名词形式？这一概念如何翻译：将其译为 perseverant[①]，还是 perseverare[②]，或是 perseveratio[③] 又或是 perseverantia[④]？这些问题不甚明确，正是因为汉语的精神和特性不要求考虑这些问题[⑤]。从语法角度上来说，"庸"所表达的概念更加宽泛，由"中"这一概念对其加以限定。"小人之中庸"这句话包含了"俗民"（vulgaire）和"坚持中庸之道"（persévérer dans le mileu）两个概念。助动词"之"表明这两个概念被分割开来，以便能够指示其不同的关系。这两个概念的配合，以及句子的肯定形式，是由于否定形式并不存在。这就是汉语限定性的表现：它不对句子表达的准确形式做任何规定，所以我们无从得知是应该向您所做的那样将"庸"视为屈折动词，或是应该在"之"后面加上名词性动词，又或是像您在另一个段落中注解里那样填补另一个动词？

[270] 上文中引用到的词组"大哭道"作为另一有力证据，证明了汉语在指示概念的联系时并不明确表达形式，而这必定对概念本身产生影响。以上三个词分别表达三个概念：magnum（大），plorare（哭），dicere（道），意思是说话人说话前或说话时万分

---

① 现在时的第三人称复数形式——译者注
② 动词不定式形式——译者注
③ 意为"坚持这一行为"（l'action de persévérer）——译者注
④ 意为"某人坚持这一能力"（l'aptitude attachée à quelqu'un qui persévère）——译者注
⑤ 雷慕沙将洪堡的表述 et après quoi（之后）调整为 et ce que（的问题）。

悲痛。然而，依我所①见，第二个词应被视为名词还是动词，仅仅前两个词②是否构成一个独立的命题还是和第三个词相连接这些问题均无法确定。最后一种情况下，前两个词是以一个分词加一个副词的形式构成第三个词的主语，还是以动名词的形式修饰第三个词，而动词的主语没有被明示，这些问题无以得知[7]。我们应该承认以上细微差异并不重要。要理解该句子的意义，只需要知道所讲的那个人哭了，也说了话，且两个动作之间的时间间隔没有明确地标示。因此，将该句译为拉丁语时，有四种不同的表达方式：

Valde ploravit, dixit③; Valde plorans, dixit④; Valde plorando, dixit⑤; Cum magno ploratu, dixit⑥。

以上四个句子以不同的方式描述了对象，且赋予思想某种特别的细微差异。一个优秀作家绝不会不加区分地使用这些句子[8]。对上述汉语句子进行翻译时，需要选择其中一种译法，译文表达比汉语文本体现更多的细微差异，且不只局限于概念本身的需要。

此处，有人可以提出异议，认为这样的句子只有借助其似乎所允许的可能形式中的一种才能为中国人的精神所接受，而语言

---

① 雷慕沙将洪堡的表述 puisse 调整为 puis。
② "仅仅"（seuls）这一部分是由雷慕沙添加。
③ 他大哭，道——译者注
④ 哭着的他道——译者注
⑤ 他哭着道——译者注
⑥ 他泪流满面道——译者注

运用可以提供必要的条件以①领会这一精确形式。

然而，事实是：汉语词不具有任何可以强制或是允许将这些词视作某一形式而不是另一些形式②的标记。因此我们可以得出以下原则：一旦一种语法关系强烈刺激一个民族的精神，这一语法关系就在该民族所使用的语言中获得某种表达③。人在思想中生动、清晰地构想的内容④，都可以用语言进行表达。这一原则也可以倒过来表述，即：如果一个语法关系未在语言中得以[271]表达，那么它则不能强烈刺激使用该语言的民族，未被清晰、准确地感知。因为所有的语言活动都是在为思想造就外部表达⑤，通过清楚发音产生的稳固⑥印象遏制含混不清的思想，迫使精神将整个思想用连续的句子展示出来。因此，在精神中，语言散播于观念中那些我们想要提升至清晰、准确的内容都应在语言中得以标示，或是至少以某种方式通过某个标记加以表达。

在我看来，汉语标示词词间的联系所使用的两种手段：语助词和词序，其目的并不是为了标记语法形式，而是为了以另一种

---

① 雷慕沙将洪堡的表述 le tact de（……的条件）调整为 le tact nécessaire pour（必要的条件）。
② "形式"（formes）这部分是由雷慕沙所加。
③ 雷慕沙调整后的表述为：ce rapport trouve une expression quelconque dans la langue que parle cette même nation（这一语法关系就在该民族所使用的语言中获得某种表达），而洪堡原文表述为：il trouve une expression quelconque dans la langue qu'elle parle（它就在该民族语言中获得某种表达）。
④ 雷慕沙将洪堡的表述 Car ce que（因为……内容）调整为 Ce que（……内容）。
⑤ 雷慕沙将洪堡的表述 un（一个）调整为 du（部分冠词，翻译中未明确体现）。
⑥ 雷慕沙将洪堡的表述 fixe et aigue des tons articulés（清楚音调产生的稳固的和强烈的）调整为：fixe que laissent les sons articulés（清楚发音产生的稳固）。

方式引导句子结构的理解。

我将通过检验语助词来论证这一论断的第一部分。汉语语助词似乎最接近我们语言中所称的后缀或屈折变化。在许多句子中，语助词"之"（tchi）看起来是属格（génitif）的标记，相当于法语中的 de，英语中的 of 和德语中的 von。然而，当其承担关系助词的功能时（例如，将命题的主语和动词联系起来），就变成了主格（nominatif）的标记。当它作为补语出现在动词之后时（《汉文启蒙》，第 134 节），它则是宾格[9]。因此，我们明显可以看出"之"词被称为属格标记，而这一术语与其在其他语言中的意义不同，它和上文所提到的介词是不可比的①。这也②是您在《汉文启蒙》第 82 节所表达的观点。

属格可以不用语助词"之"，即使在两个属格相互依存并非常易于引起歧义的情况下（《汉文启蒙》，第 346 节，例句 2），也可以不用"之"。然而，语助词"之"却用于许多无关属格的场合下，它可以：

• 把命题的主语与动词连接起来，把名词性动词（《汉文启蒙》，第 137 节，例句 2）、其他③中性动词或是被动动词与定语连接起来（《中庸》，第 32 页，I，4）："谓之中"[10]就是常见句子"之谓"的倒装形式；

• 把名词和形容词连接起来，起名词性动词的作用（《汉文启

---

① 雷慕沙将洪堡的表述 dans 调整为 sur，表达"可比"。
② 雷慕沙对洪堡的表述 là aussi 作了词序上的调整：aussi là。
③ 雷慕沙将洪堡的表述 d'autres verbes（其他动词）调整为 d'autres（其他）。

蒙》,第 315 节);

- 或者把形容词与其前面的名词连接起来(《中庸》,第 47 页,XII,2);
- 它可以构成形容词组(《汉文启蒙》,第 195 节);
- 可以起定冠词或部分冠词的作用(《汉文启蒙》,第 190 节);
- 可以用作[272] 关系代词(《汉文启蒙》,第 192 节);
- 但是从不能用作纯粹的赘词《汉文启蒙》,第 80 页,注释 1)。

我发现语助词"之"也用于否定词"莫"和动词之间。因此,我希望您能告诉我其他的否定词是否也一样,还是"莫"只是一个例外,因为该词需要被视为(《汉文启蒙》,第 271 节)动词的名词性主语[11]?①

我已经注意到② 主格、动词的主语以及属格,无论这看起来多么奇特,它们的功能差别甚少,有时也会混淆。汉语中,虚词"之"后面的词的构造和意义可以被理解为动词或是名词时,这一情况就会发生。为此,我想引用阁下在《汉文启蒙》一书中第 119 和 87 节所用的例句。第一个例子"吾不欲人之加诸我也"可以译为:

non cupio homium addere (additionem) ad me

第二个例子"……之谓德"中,人们可能将开始的部分视

---

① 此处雷慕沙对洪堡原文做出了删减。删减部分为:"在上文所引的一个段落(《中庸》第 47 页,XII,2)和其他两个援引部分(《汉文启蒙》,第 119 和 135 节)中,语境需要动词承担连词(conjonctif)这一功能。然而我肯定"之"与动词意义的这一改变毫无关系"。
② 雷慕沙将洪堡的表述 observé(观察)调整为 remarqué(注意)。

为属格，把 vacatur（称作）当成 nomen（名称）。希腊语中，当不定式可以毫无困难地转化为名词时，这两种译法完全不冲突。这种情况在"之"连接①名词与形容词时表现得更加明显。若形容词在前，它可被理解为复数的属格形式（《汉文启蒙》，第315节：学生衰朽之夫 Studio natus debilium marcidorum sum, id est homo）。若名词位于句首，形容词则可以从名词意义来理解②，所以"天地之大"可以译为：

coelum terraque magna（《中庸》第47页，XII.2）

也可以译为：

coeli terraeque magnitudo

只有该句子所出现的语境才能确定两个译文中哪一个更为确切。

我在此引用这些例子，原因十分明显。上述第一种情况是属格前置于其所依赖的词，第二种情况是主格置于动词前。这两种情况的共同之处为前一个词限定后一个词的概念，其③差异仅仅在于后一个词被赋予的语法形式。像汉语一样完全不考虑语法形式却将语法局限于区分[273]限定概念和被限定概念的语言，极易用同样的方式处理上述两种情况。

语助词"之"真正的功能就是阁下所认为的（《汉文启蒙》，

---

① 雷慕沙将洪堡的表述 à lier le（连接动词）调整为 de liaison au（连接名词）。
② 雷慕沙将洪堡的表述 changé（变为）调整为 pris（被理解为）。
③ 通过将洪堡的表述 second. Leur 调整为 second ; leur，雷慕沙将洪堡原文中的两句话改为一句话。

第 80 页，注释 1）：通过进一步标示由它连接的词组间的关系，来避免含混不清。

若要对这一语助词的定义进行更加精确的描述，我会补充一点：它将听者的注意力引向其前面的词，并指示要将这些前面的词与其后面的词联系起来。语助词"之"不仅起联系的作用，在我看来它还有分割的作用，似乎还①可以被称作分割语助词。如果我没有弄错的话，当语助词"之"标记属格时，其功能之一是防止听者将后面出现的名词看作同位语②。当它表示动词的主语时，其功能则是防止将主语视理解为单纯的修饰成分或副词。在"之"使用之处，概念朝着一个不同的方向发展，而该方向与先前的论述内容紧密相关。

有关"之"的起源，根据阁下所述，其词意为"萌芽"，有"从一个地方到另一个地方"的动词性意义，可以用作形容词或是指示代词（《汉文启蒙》，第 189 节）。

在该词的三种用法中，第一种用法完全对应着属格概念。第二种用法赋予语助词"之"更加宽泛的意义。在我看来，只有第三种用法才能解释"之"的各种不同的用法。

当"之"用作动词补语时，其代词意义非常明显（《汉文启蒙》，第 134 节）。阁下的《汉文启蒙》一书第 223 节的第一个例子中，补语似乎置于动词之前。然而，在我看来，此处"之"应

---

① 雷慕沙将洪堡的表述 aussi（也）调整为 *encore*（还）。
② 雷慕沙将洪堡的表述 apposition（同位语）调整为 *opposition*（对立），译者怀疑为此处修改为雷慕沙的书写错误。——译者注

被理解为命题的主语。三个限定词一个紧接着另一个,动词补语则为隐示状态。译为法语则为:

cela(那), ceci(这), cela même(正是那), je le disais(我所说的)。

该句中,"之"单独构成动词的主语(《汉文启蒙》,第191节),却仍是一个代词①。在"之"作为属格连接位于其之前和之后的词时,当它位于动词和主语之间,尤其他承担冠词意义的情况下,我认为其用法都可以用同样的方式进行解释。在我们陈述一个对象时,为了引起注意,便加上"那/这(cela)!"。在用该词[274]引起了听者的注意之后,我们继续表达与该对象有关的概念。因此,语助词"之"的作用在于它指出:尽管一些词以某种关系被分隔开来,需要以另外的关系被联系在一起。然而,语助词"之"并不决定该联系的性质,至少不是根据我们所有的语法形式的概念②来决定这种联系的性质。

如果"之"不是真正的代词,那么难以想象它如何能够像"者"一样理解,后者明显是一个③代词(《汉文启蒙》,第192、

---

① 雷慕沙将洪堡的表述 Tchî est encore là pronom(此处"之"还是代词)调整为 Tchî est encore pronom dans cette phrase(该句中,"之"……却仍是一个代词)。
② 雷慕沙将洪堡的表述 d'après nos idées"根据我们(……)的概念"调整为 d'après les idées que nous avons"根据我们(……)的概念"。
③ 雷慕沙将洪堡的表述 qui l'est évidemment(明显是)调整为 qui en est évidemment un(明显是一个)。

第145节）。将这两个限定词进行对比，很明显就能看出前者的指示性质，后者的连词或关系性质。在代词只需要指称已提及的对象时，既可以使用指示代词（veteres, hi）也可以使用关系代词，后一种情况可以认为是意补名词性动词（veteres qui sunt）。然而，当代词是动词补语，其后并无依附于它①的概念相随，这种情况下只有指示代词才适用，确切地说，此处只能使用"之"。出于同样的原因，"之"有限制的意义（《汉文启蒙》，第193、195节）。"者"包含整个概念范围，而"之"对概念范围做出进一步限定。

在现代文体中，概念之间的语法联系似乎还是一样，只不过是使用不同的词来表达②。表示属格的词"的"（ti）也可以被理解为关系代词，但是不能用作动词补语，因此其代词特点③就不那么明显。阁下在《汉文启蒙》中并未明确指出"的"是否像"之"一样置于命题的主语和动词之间[12]。然而在句子"我儿你来的正好"中，我发现"的"的用法和您在《汉文启蒙》第315节中所引例子中的"之"完全相同。

若我对"之"不同用法的考虑确实，在此可将其用法归为以下三点。

1. 动词意义"从……去"。可能是因为这一意义，"之"可以

---

① 雷慕沙将洪堡的表述 dépendante de lui（依附于它）调整为 qui en dépende（依附于它）。
② "表达"（exprimée）这部分是由雷慕沙所加。
③ 雷慕沙将洪堡的表述 le caractère pronominal en lui（其自身的代词特点）调整为 le caractère pronominal（代词特点）。

表示"关于""至于"(《汉文启蒙》,第187节)。在另外两个例子中(《汉文启蒙》,第123、162节),这一意义看起来是由语境产生的,而语助词"之"似乎保持其通常的语法功用。

2. 指示代词的意义。"之"用作动词补语,或是动词的唯一主语①。[275]

3. 同样的代词意义。但"之"的用法已经使其成为真正的语助词、虚词或是语法词。

接下来,如果有人问"之"属于哪一类语法词②,在我看来不应该将其归为表达词的语法类型的词,而是在结构中那些标记一个概念向另一个概念转换的词。或许我们可以做以下区分:词源语法词和句法语法词。这也是为什么我认为这一问题需要进行详尽的讨论。

语助词"也"和"之"属于同一类型。"也"同样也可以表示停顿,代替名词性动词,或者可以被视为强化关系代词的主格词缀。关于后者,阁下在有关汉语单音节性质的著作(《东方宝库》,第3册,第283页)③中做了相关描述。

阁下,请允许我指出:您在上述著作中将汉语语法同其他语

---

① 雷慕沙将洪堡的表述 ou (pour lui seul) sujet du verbe(它单独是动词主语)调整为 ou bien seul sujet du verbe(或是动词的唯一主语)。
② 雷慕沙仅仅对洪堡的表述 à quelle classe de mots grammaticaux tchî appartient ? 作了语序上的调整 à quelle classe de mots grammaticaux appartient tchî("之"属于哪一类语法词)。
③《论汉语单音节的一般性质》,收入《东方宝库》第三册,第279页及后页 ["*Utrum lingua sinica sit vere monosyllabica, disputatio philologica, in qua de grammatica sinica obiter agitur*", Fundgruben des Orients 3, 279 sq.]

言的语法进行比较，这一比较的篇幅远远超过《汉文启蒙》[13]。在后一本著作中，您只是出于满足教授汉语的需要，将其与读者的语法观念建立联系的情况下，才采用语法比较。正如语言的性质所要求的那样，您的《汉文启蒙》事实上首先是一本有关汉语句法的论著，顺应我们所假定的任何语言语法的划分；该书还是一本出色的句子结构概述。与作品总体相比，它让每位稍有经验的读者能够评判语言的特殊精神，使他们能够并正确地评价汉语的精神。我认为根据您在《汉文启蒙》中所做的深入研究，可以得出汉语中缺少语法关系这一结论。我深信阁下也会完全同意这一看法①。

回归主题，词尾语助词完全属于语法中决定句子形式的部分。[276]

汉语中，介词不能像在其他语言中一样被理解为词的格标记，因为依赖于介词的词不做任何变化。介词自身②保持着其原本意义所赋予的结构，一个词转化为介词唯一的变化是其原本意义的概括化。

---

① 雷慕沙调整后的表述为：Je crois avoir puisé l'idée de l'absence des formes grammaticales en chinois, dans l'étude approfondie de vos Elémens, et pour cela même, je ne crains presque pas, monsieur de rencontrer en vous un adversaire de cette opinion（我认为根据您在《汉文启蒙》中所做的深入研究，可以得出汉语中缺少语法关系这一结论。我深信阁下也会完全同意这一看法），而洪堡原来的表述为：Je crois plutôt avoir puisé l'idée de l'absence des formes grammaticales dans le chinois, à l'étude approfondie de vos Elémens, que je ne craigne, monsieur, de rencontrer en vous un adversaire de cette opinion（我认为从您在《汉文启蒙》中所做的深入研究中可以得出汉语中缺少语法关系这一观点。我深信阁下也会完全同意这一看法）。
② 雷慕沙将洪堡的表述 pour elles-mêmes（为其）调整为 elles-mêmes（自身）。

关于动词中时间的标记,情况也是如此。像其他实词一样,动词中的时间标记算是更多地表达概念,却很少在语法层面上标记时间关系[①]。正如您观察到的那样,即使在现代文体中,这些标记的使用也极为罕见(《汉文启蒙》,第357节),很难成为动词的一部分。我们甚至看不到它们与动词混合的趋势[14],因为有些标记可以随意地出现于动词之前或之后,其他一些与动词中间可以被一些词隔开。这些标记可以伴随屈折动词,也可以伴随不定式形式的动词,其形式毫无变化。您在《汉文启蒙》第370节所引用的例子令人信服。该例子也总体上证明了一个现象:一旦人们局限于考察一个观念以何种方式被另一观念所限定,汉语句子的意义表达清晰且准确;而一旦想要根据语法范畴的概念对词进行分类,表达形式则毫无确定可言。该例子中第二个命题由第一个命题的结尾词"时"限定,而"时"则由其前面表达行为的词限定。这一表述已经非常准确明了了。然而是否应该将这一行为的表达视为一个事实"干娘你已做完"的表达,然后在停顿之后为其添加了有关事实的时间关系的概念?或是将"时"视为连词,像屈折动词一样支配动词?又或者该动词是不是不定式形式,像副动词的属格一样前置于名词"时",以至于人称代词变

---

① 雷慕沙调整后的表述为: Elles désignent beaucoup plutôt des idées, à l'instar de tout autre mot plein, qu'elles n'indiquent grammaticalement le rapport du tems(像其他实词一样,动词中的时间标记算是更多地表达概念,却很少在语法层面上标记时间关系)。洪堡原来的表述为: Elles désignent beaucoup plus, à l'instar de tout autre mot *plein*, des idées, qu'elles n'indiquent grammaticalement le rapport du tems(它们像其他实词一样更多地表达概念,很少在语法层面上标记时间关系)。

成了物主代词？以上这些问题在句子中是找不到答案的。在我看来，中国人甚至不会提出这些问题。还有一点值得注意，此处涉及将来行为的过去时，而将来的意义没有得到任何表达。如果说话人要讲的内容是有关那位夫人结束了准备工作之后，说话人又向其表达了感谢，似乎也可以说同样的话[15]。[277]

在我看来，由以上所述可以得出：即使就虚词而言，汉语也不同于其他语言。其他语言使用这些虚词来弥补屈折形式的缺失。在一些语言中，虚词显然趋于成为其隶属实词的一部分，与后者融合，成为屈折形式。很少有语言不具有几个真正的屈折形式或是类似于屈折形式的例子①。中国人的②虚词完全不以指示语法范畴为目的，它们③表达一部分思想向另一部分过渡。如果坚持从语法范畴的角度观察，虚词适合于其中的一些范畴④。此外，许多虚词仍然明显地保留⑤其原本的用法，以至于将其理解为实词往往更为贴切，比如"以"。在构成补语的"所"前置于"以"和"由"（《汉文启蒙》，第 146 节）的段落中，阁下将这两个语助词"以"和"由"分别译为 adhibere（用、运用）和 provenire（用、运用）。在我看来，《中庸》（72 页，XX. 11）中有一个类

---

① 雷慕沙将洪堡的表述 autre exemple（其他例子）调整为 *plusieurs exemples*（几个……例子）。
② "的"（des）这部分是由雷慕沙所加。
③ "它们"（ils）这部分是由雷慕沙所加。
④ 雷慕沙将洪堡的表述 à plusieurs d'entr'elles à la fois（同时……其中的一些范畴）调整为：à plusieurs d'entr'elles（其中的一些范畴）。
⑤ 雷慕沙对洪堡的表述 Beaucoup de ces mots vides conservent au reste 作了句序上的调整：*Au reste, beaucoup de ces mots vides conservent*（此外，很多虚词仍然……保留）。

似的结构，更值得被关注。该例子中，"以"的前面是"所"，后面是"修身"。因此，该词有两个补语，一个具有动词意义，另一个用作语助词。然而，在后一场合，我们也可以将"以"视为动词，因为可以将例子译为 Cognoscit (scit id) quo (per quod) tractamus To ; instaurare vel colere corpus。

我刚提到汉语中的语法词严格来说并不指示词的语法形式。在我看来，该结论同样适用于该语言处理词序的方式。通过语法规则固定词序，以此思想的构成部分得以标记。然而，没有其他手段的辅助，仅靠词序是不足以标记思想的所有构成部分的。若思想的组成部分是由不同语法范畴的词构成，这种情况下，词序则不能清楚地表达。所以，大多数语言中，词序的使用是和屈折变化或是语法词的使用相结合的。这一现象甚至在那些远没有达到完善的语言中也能观察得到。如秘鲁语（le péruvien）中，词序有着非常严格的规则。阁下在鞑靼人的满语中（Tartares Mandchous）也观察到同样的现象，该语言也具有语法形式。由于汉语[278]缺少屈折变化，语法词的使用也极不完善，因此理解句子时常常①只能依赖词序。

由于没有屈折形式或者其他替代手段，因此，使用词序规则时常常缺少一个稳固的基点。我们可以肯定②主语位于动词之前，宾语出现在动词之后，然而仅靠词序是不能提供辨认动词的任何手段的，而动词是连接其他要素的首要环节。这种情况下，语法

---

① 雷慕沙将洪堡的表述 la plupart（大部分）调整为 le plus souvent（常常）。
② 雷慕沙将洪堡的表述 certainement（肯定地）调整为 avec certitude（肯定）。

规则并不足够,还需要求助于词义与上下文的意思。

没有这一辅助手段,单纯的词序难以成为理解汉语著作的可靠依据。例如,动词可以出现在作为主语的词之后,也可以出现在一个副词或修饰语的后面。正如《汉文启蒙》第177节的第二个例子,在知晓词义之前,完全无法判断"固"是属于动词的主语或是作为副词伴随动词[①]。以下短语[②]:

> 亲亲(《中庸》,第68页,XX,5)
> 其位(《中庸》,第75页,XX,14)
> 天下国家(《中庸》,第72页,XX,11)
> 大臣(《中庸》,第72页,XX,12)
> 柔远人(《中庸》,第72页,XX,12)

或为动词主语或为动词补语,但在语法关系上,它们各不相同。尽管语法关系决定了词序,它们却也只能从语境的意义和意思上得以识别。置于这些短语开头的词属于不同的语法范畴,词序规则对这些短语做了相同处理,因此语法范畴无法得以表达。

阁下在《汉文启蒙》中对汉语的句子结构做了清晰简洁[③]的

[①] 此处雷慕沙对原文进行了删减。删减部分为:"不确定的另一个原因在于:无论是主语还是动词宾语都可以由语法性质非常不同的词承担,而词序不会因此产生任何变化"。
[②] 雷慕沙将洪堡的表述 phrases suivantes(下列短语)调整为 phrases(短语)。
[③] 雷慕沙将洪堡的表述 à la fois aussi lumineux et aussi concis(如此清晰如此简洁)调整为 à la fois lumineux et concis(清晰简洁)。

描述。如果对汉语的句子结构进行细致观察，就可以看出，事实上词序并不表达词的语法形式，而是只限于指明句中的哪个词对另一个进行限定[279]。该限定关系可以从两个角度考虑：

一个含义较广的概念被一个含义较窄的概念所限制
一个概念像支配其对象一样支配另一个概念

汉语语法结构的两大规律由此而生，严格说，整个汉语语法都归结于此。

所有语言中，一部分语法是显性的，由语法标记或是语法规则予以标记；另一部分是隐性的，其领悟并不依靠以上手段①。

汉语中，显性语法较之于隐性语法所占比例要少得多。

在所有语言中，上下文的含义要或多或少地支撑语法。

汉语中，上下文含义是理解的基础。语法结构常常需要从中推导。甚至动词只能从其动词意义中得以辨识。面对欧洲古典语言，人们先分析语法，考察句子结构，之后借助词典查询词的意义。这一方法完全不适用于汉语。对汉语的理解总是要先从词义开始。

词义一旦得以确定，汉语句子就不再模棱两可。迄今为止，我对汉语的研究还很少。我的一篇学术论文有幸得到了您的指正。即使仅凭我对汉语尚少的研究，我都能看出您对其中有关汉

---

① 雷慕沙将洪堡的表述 supposée d'être conçue sans ce secours 调整为 *est supposée conçue sans ce secours*，意思没有改变。

语①的仓促看法的指正是如此的恰当。然而可以肯定的是：较之其他语言来说，查词典是理解汉语最重要的手段，不仅那些兼作动词和名词使用的词，还有那些惯用语也都需要借助词典确定其用法。关于惯用语，下文中将对其进行讨论。②

汉语语法之所以能采用这一形式，是因为汉语句子的划分不需要一个更严格更③多样化的形式。汉语句子的划分之所以这样，因为如此简单的语法难以容忍另一种划分方式。这两个因素在各个语言中始终相互牵制。

几乎所有的汉语句子都非常短，即使[280]是那些译文看起来长且复杂的句子，也能轻而易举地划分为若干个更简短的句子④。这种看待汉语句子的方法看起来最符合汉语精神。

至于汉语句子中词的意义，很少能根据其孤立使用时的意义进行理解，常常需要考虑到其因与前面概念产生联系而带来的变化。

语助词的使用尤为如此。例如，"而"几乎从来不是一个单纯的连接语助词。想知道它表示 et tamen（"然而，可是"《汉文启蒙》，第 224 节）还是 et ideo（"因此"，《汉文启蒙》，第 178、226 节，《中庸》，第 35 页，II. 2，第 60 页，XVIII. 2，第 107 页．XXXI. 2），需要参照其前面的句子。"而"所连接的两

---

① 《关于洪堡"论语法形式的产生"一文的汇报》，第 51 页，参见上文中第 119 页
② 雷慕沙将洪堡的表述 d'abord（首先）调整为 bientôt（将）。
③ 雷慕沙将洪堡的表述 et 调整为 ni。
④ 雷慕沙将洪堡的表述 en plusieurs courtes et simples（若干个简短的句子）调整为 en plusieurs phrases très courtes et très-simples（若干个更为简短的句子）。

个思想之间的关系或对立或一致,这一关系决定了该语助词的意义。根据这一原则,在两个相互依存的句子中,表达其依存关系的连词常常被省略(《汉文启蒙》,第 167 节,《中庸》第 63 页,XVIII.3)。倘若我们试图将连词填补进去,汉语句子就会丧失其独特性。将译文与汉语原文进行对照,我们发现译文中总是需要将汉语中满足于孤立出现的思想和句子联系起来。正是因为这一孤立性,汉语词才显得更为重要,我们也必须更加注意以把握它们之间所有的关系①。汉语将添补大量中介概念的工作留给读者,因此给精神带来了更加繁重的工作。在汉语句子中,每个词都看起来需要读者慎重斟酌,对其所有的关系进行考虑,而后才能继续看下一个词。由于概念之间的联系产生于这些词词之间的关系,这一纯粹思维性的工作填补了一部分语法的空缺。可以想象,通俗语言中,常用语句的习惯用法也起到了同样的作用。阁下在大作《鞑靼语研究》(*Recherches sur les langues tartares*)②第 124 页指出,汉语中具有固定用法的句子数量庞大,其意思受到很大的限制。事实上,我们只能根据约定的意义,而不是从其字面意义理解和把握它们。[281] 一般来说,我们应该记得我们考察和处理一门语言的方法与这门语言的构成和(将)使用的方法,在某些方面完全相反。无论语言的初始阶段有多么不完善,

---

① 雷慕沙将洪堡原表述 par cet isolement un plus grand poids et forcent à s'y arrêter davantage pour en saisir tous les rapports 调整为 *un plus grand poids par cet isolement, et on est forcé de s'y arrêter davantage pour en saisir tous les rapports*,意义没有改变。
② 雷慕沙,《鞑靼语言研究》,巴黎,王家印刷厂,1820 [J.-P. Abel-Rémusat, *Recherches sur les langues Tartares*, Paris, Imprimerie Royale, 1820]

人们是从一开始就会说话的。在语言构造之时，使用者分析句子往往还比较费力，倾向于从整体上把握句子。即使在我们中间①，说话人的精神教养越少，他们使用的现成句子就越多，就越不敢打破这些句子对其元素进行重组。

汉语中，概念之间联系的表达有时会被忽略，以至于一个词的出现是为了要在下一个句子中进行归纳。如《中庸》第35页，II.2 中的句子：

君子而时中。

译成拉丁语为：sapiens, et semper medio。

"君子"这一概念在句中是孤立出现的，因为它包含了下一个句子，就像是必然的连续。

汉语中从来没有长且复杂的句子，其中起支配作用的词与受其支配的词[16]距离甚远。相反，该语言②总是呈现孤立和独立的对象。它③没有赋予该对象任何标记，可以预示后面出现的内容：在该对象之后，它以同样孤立的方式加上一个同样的标记或是第二个对象，并以该方式不为人觉察地构造出完整的句子④。

---

① 雷慕沙将洪堡的表述 et moins, même chez nous, ceux qui parlent 进行了文体上的调整，调整为：*et moins ceux qui parlent, même chez nous*。
② 雷慕沙将洪堡的表述 mais（但是）调整为 *elle*（它，即该语言）。
③ 雷慕沙将洪堡的表述，调整为；*elle*（该语言）
④ 雷慕沙对洪堡的表述 mais place après lui de la même manière isolée ou une pareille marque ou un deuxième objet, et compose aussi insensiblement ses phrases 进行文体上的调整，意思并没有改变。调整后的表述为 *elle place, après cet objet, d'une manière*

如果我对汉语的看法是正确的,那么我们可以从下列事实出发来评判这一语言:

1. 汉语从不标示词所属的语法范畴,也不标示词的一般语法价值。无论在发音还是在文字层面,概念的符号,无关其语法价值,始终一样。

这一普遍规则的唯一例外是:有些名词在转为动词时声调会发生变化。有些复合词,尤其是那些以"子"结尾的复合词一看就知道是名词[17]。

2. 汉语从不将虚词连接到实词上,以至于将实词和其虚词从句子中取出,我们仍然能够依靠①虚词准确地辨认出实词的语法范畴。例如,"天之"可以是主格也可以是属格[18]。[282]

3. 因此,语法价值只有依靠句子结构才能确定。

4. 只有在明白命题一个或多个词的意义时,词的语法价值才能确定。

5. 汉语在标示语法价值时,并不采用语法范畴系统,也不对其进行细致的区分,只有在语言绝对需要的时候,才会确定语法范畴。

根据以上描述,人们可能会将汉语与其他民族不甚完善的语言混为一谈。后者从未实现智能的②充分发展,或者这些民族智

(接上页注)*également isolée, ou une pareille marque, ou un deuxième objet, et compose insensiblement, de cette manière, des phrases entières*
① 雷慕沙将洪堡的表述 au(自)调整为 à l'aide du(依靠)。
② 雷慕沙将洪堡的表述 de 调整为 *dans*。

能的发展并未对其语言产生有力的影响。然而在我看来，这种混淆是个严重的错误。

汉语[①]与所有这些不完善[②]语言之间的差异在于前者始终如一地、有规律地推崇其所使用的系统，然而我刚刚提到的荒蛮民族的语言[③]或是中途止步，或是缺少目标。所有这些语言一方面缺少[④]语法形式，另一方面又具有大量多余无用的语法形式。相反，由于汉语在其语法体系应用时所显现出的清晰和纯粹[⑤]，该语言完全可以与古典语言（我们所知的最为完善的语言）相提并论，尽管汉语与这些语言的语法系统不只是完全相异，且[⑥]在语言一般性质所允许的范围内根本对立。

如果从此处所述的角度观察这些语言，可以从中发现三种类型。

1. 汉语放弃对语法范畴进行精准、细致的区分，句中词的排列很少受到概念修饰关系的制约，长句结构与其语法结构相适应[⑦]。

2. 梵语，以及与其明显相似[283]的语言，可能还有一些其他我不敢妄下断言的语言，将语法范畴的区分当作其语法的唯一基

---

① 雷慕沙将洪堡的表述 Elle（它）调整为：*La langue chinoise*（汉语）。
② "不完善"（imparfaites）这一部分是由雷慕沙所加。
③ 雷慕沙将洪堡的表述 toutes ces langues（所有这些语言）调整为 *les langues des peuples barbares*（荒蛮民族的语言）。
④ 雷慕沙将洪堡的表述 le manque（缺失）调整为 *l'absence*（缺少）。
⑤ 雷慕沙将洪堡的表述 Par la netteté et la pureté qu'elle met dans l'application de son système grammatical（由于汉语在其语法体系应用时所显现出的清晰和纯粹）调整为：*C'est, au contraire, par la netteté et la pureté qu'elle met dans l'application de son système grammatical, que*（相反，由于汉语在其语法体系应用时所显现出的清晰和纯粹）。
⑥ 雷慕沙将洪堡的表述 mais même（且甚至）调整为 *mais*（且）。
⑦ 此处雷慕沙对原文进行了删减。删减部分为："我单将汉语归为此类。尽管我们有关语言的知识尚不完善，我将证明不可能有语言与其相似。"

础,将该区分一直延续到最细微之处,并在句子构造中遵守这一可靠、忠实的原则。

这一优点尤其体现在希腊语①中,因为②事实上我认为,即使是拉丁语和梵语在句子构造的准确性、丰富性和优美性方面也稍逊③希腊语。后者将句子构造深入到思想的最深处,表达思想全部的思维差别④。

3. 除上述语言之外,还有一些语言努力发展出⑤真正的语法形式,却未实现这一目标⑥。它们区分语法范畴,却对其关系进行不甚完善的标记。因此从这一角度看⑦,语法结构或有缺陷,或有误,或是两者皆有。然而,这类语言之间存着着显著的差异,因为它们与具有⑧完善语法形式的语言有着或大或小的距离。后者之间同样存在不同,很难在它们⑨与我刚提到的语言之间划出

---

① 雷慕沙将洪堡的表述 la grecque 调整为 *La langue grecque*(希腊语)。
② 雷慕沙将洪堡的表述 avantage. Car 调整为: *avantage ; car*。
③ 雷慕沙将洪堡的表述 même la latine et la samscrite lui sont inférieures 调整为: *le latin même et le samscrit lui sont inférieurs*。
④ 此处雷慕沙对原文进行了删减。删减部分为:"最为细微(的差别),思维中最常见的(差别),就像一座美丽的雕像,呈现出美丽、丰富的衣服褶皱,却不失其形式的典雅。然而,一般来看,所有语法与梵语和其他古典语言有明显相似性的语言都可以归为该类。"
⑤ 雷慕沙将洪堡的表述 visent à avoir 调整为: *tendent, pour ainsi dire, à avoir*。
⑥ 雷慕沙将洪堡的表述 n'y atteignent pas(却并未实现)调整为: *n'atteignent pas ce but*(却并未实现这一目标)。
⑦ 雷慕沙将洪堡的表述 sous ce point de vue, est défectueuse 进行词序上的调整,调整为 *est défectueuse, sous ce point de vue,*。
⑧ 雷慕沙将洪堡的表述 à 调整为: *qui ont*(具有)。
⑨ 雷慕沙将洪堡的表述 entr'elles 调整为: *entre elles*。

一条明确且稳定的分界线。我们的评价常常只取决于这一①"或大"或是"或小"。阁下有关鞑靼语的精深研究展示了您在满洲语、蒙古语、土耳其语、维吾尔语与汉语比较研究方面的观察结论。您甚至表达②了如下观点：汉语优于这些语言。我完全同意这一观点。然而，我认为③我们评价语言完善与不完善、优越或低级所采取的视点差异巨大，如果不对此进行明确表述④，这些评判结果就完全靠不住。阁下在研究中主要关注表达的清晰性和准确性，而我的论证则促使我在此检验语法范畴的区分在何种程度上得以采用并得以完善。[284]

当我们试图追溯这些语言差异的起源时，会发现难以形成一个恰当、准确的观点。

语法关系存在于人的精神中，这一点与智能发展程度高低无关。更确切地说，人在说话时通过其智力本能遵循着通过语言表达思想的一般规律。是不是只能通过这一点才能推出语言中语法关系的表达呢？假设一种特有协定存在可能毫无根据。然而，语言的起源总是看起来非常神秘，人们说话且互相理解这一现象完全不可能以一种机械的方式进行解释。在每个部落中，人们所遵循的将言语赋予概念的方法都呈现出天然的一致。对此，我认

---

① 雷慕沙将洪堡的表述 le（那个）调整为：ce（这一）。
② 雷慕沙将洪堡的表述 et vous énoncez（您表达）调整为：vous énoncez même（您甚至表达）。
③ 雷慕沙将洪堡的表述 . J'avoue 调整为：; j'avoue。
④ 雷慕沙将洪堡的表述 sans préciser celui qu'on saisit（不对此进行明确表述）调整为：si l'on n'énonce précisément celui qu'on saisit（如果不对此进行明确表述）。

为①在原始语言中,语法关系很可能一开始就得以标记②。

因此,将该类型的研究尽可能地建立在事实材料的基础之上非常重要。对一些语言进行考察,就可以解释表达语法关系的语法形式的起源③。

我们注意到:人们,特别是那些精神还不甚发达的人们,在说话时,会自然而然地将一系列表达时间、空间、人称、情境关系的附属概念加到主要概念之上,而不注意这些概念的出现是否必要,位置是否恰当。另外,他们不会吝啬用词,而是常把说过的话再重复一遍,并且插入一些与概念表达相关不大,但是能表达内心活动的语音。然而,这些附属概念变成了主要概念的惯用伴随成分,并通过智力和精神的逐渐发展得到普及。在许多语言中,这些附属概念再加上相应的语音似乎就是语法关系的标记的来源。通过考察美洲语言,我们观察到④只有在表达意义需要的

---

① 雷慕沙将洪堡的表述 qu'aussi 调整为: *que*。
② 雷慕沙将洪堡的表述 eurent été marqués 调整为: *aient aussi été marqués*。
③ 经由雷慕沙调整后的表述为: *Il est très-important de fonder les recherches de ce genre, autant que possible, sur des faits positifs, et l'examen de plusieurs langues conduit à une observation qui peut servir à expliquer l'origine des formes qui expriment les rapports grammaticaux*(因此,将该类型的研究尽可能地建立在事实材料的基础之上非常重要。对一些语言进行考察,就可以解释表达语法关系的语法形式的起源)。洪堡原本的表述为: Cependant il est important de baser les recherches de ce genre, autant que possible, sur des données de faits, l'examen de plusieurs langues conduit à une observation qui peut servir à expliquer l'origine des exposans des rapports grammaticaux.(然而,将该类型的研究尽可能地建立在事实材料的基础之上很重要。对一些语言进行考察,就可以解释表达语法关系的标记的起源)
④ 雷慕沙将洪堡的表述 Dans les langues américaines, il est visible que tandis(在美洲语言中,可以观察到)调整为: *en examinant les langues américaines, nous observons que*(通过考察美洲语言,我们观察到)。

场合下才得以表达。与此同时，大量其他关系在本可以省掉的地方得以表达①。特拉华语（langue Delaware）中动词结构异常精巧，其原因主要来自后一种情况。与这一习惯有关的还有一些美洲语言从不把名词与物主代词分开，即使后者可能并不确定。上述原因和另一种更为[285]自然的习惯（总是将代词作为②主语或是宾语与动词联系起来）导致了孤立的代词变为词缀，以及后者被划分为③名词性词缀与动词性词缀。这一划分构成了许多语言的语法，以至于一个词按照所带的词缀而成为名词或动词。这种从表达附属概念的词向语法关系标记④的转化以或多或少清楚的方式出现在巴斯克语（basque）、科普特语（copte）、太平洋南部诸岛屿⑤的语言以及鞑靼部落的语言中。您的研究似乎也证实了这一点。此外，在所有那些完全不具备屈折形式的语言，或是至少屈折系统不完整或有缺陷的语言中，这一转化的存在毋庸置疑。

以上所述可能是所有语言形成的历史，所有语言表达语法关系可能遵循同样的方法。由此出现了两个例外，其中一个是汉

---

① 雷慕沙将洪堡的表述 est reproduit［得以表达（单数）］调整为: *sont reproduits*［得以表达（复数）］。
② "作为"（comme）这一部分是由雷慕沙所加。
③ 雷慕沙将洪堡的表述 et la grande classification de ces derniers（后者的那一划分）调整为: *cette grande classification des derniers*（后者被划分为）。
④ 雷慕沙将洪堡的表述 en exposans（向……标记）调整为: à l'état d'exposans（向……标记）。
⑤ 此处雷慕沙对原文进行了删减。删减掉的内容为："关于后者，我知道有些学者对此持有不同的观点。然而，我不需要在此强调系统的多样性"。

语，另一个则是具有完整的语法关系标记体系的语言。

根据以上我有关语言普遍起源的论述，后一类语言的结构应该归因于其原始构造。如果不采用这一推论（我深信，对各种语言的语法形式，尤其是元音和词语内部的变化进行深入研究会推进有关这一重要问题的认识），也可以对这些语言的起源进行一定的解释：它们与那些构造完善性稍逊的语言经历了同样的发展。因为，如果民族的自然倾向与造就语言的本能协调一致，如果这一有利的①状况能得到前文中我所提到的②想象方式的辅助，这种想象方式将语言的元素比拟为真实世界的事物，那么促使语法起源和发展的活动就会大获成功。如此，具体情[286]况之间的关系得以普遍化；一个完整的语言分析所可以区分的所有内容都会获得语法标记；完全不会有多余的标记。这些语法标记将成为词的内在部分，以至于句子中的每个词在精神中只拥有一个确定的语法价值。因为，从语法形式的角度对语言进行比较时，我们始终需要考虑两个问题③：一是了解一门语言是否能够实现了我们所称的真实的语法形式（我曾在一篇专门的论文④中讨论过这一问题），二是这些语法形式在其数量、分类的准确性和规则性方面呈现什么样的系统。后一个问题也可以关系到那些没有创造⑤

---

① 雷慕沙对洪堡的表述 heureuse（幸运的）稍作了调整，调整为 *favorable*（有利的）。
② 雷慕沙将洪堡的表述 duquel（的）调整为 *dont*（的）。
③ 雷慕沙将洪堡的表述 circonstance（情况）调整为 *question de savoir*（问题）。
④ 雷慕沙将洪堡的表述 mon mémoire sur ces formes（我有关语法形式的论文）调整为 *un mémoire particulier*（一篇专门的论文）（参见:《论语法形式的产生》，译文见前文）。
⑤ 雷慕沙将洪堡的表述 reculer（出现）调整为 *créer*（创造）。

出真正语法形式的语言。这正是本文中我最关心的问题[①]。

　　一个民族是否能够实现语言的高度[②]完善，这[③]取决于该民族所具有的言语禀赋。正如不同的人具有不同的天赋，我认为不同民族的语言天分也各有不同[④]。促使人说话的智力本能的力量、追求言语赋予[⑤]思想的形式和色彩的精神和想象力、一个细腻的听觉、良好的发音器官以及可能还有其他一些条件一起创造了语言的这些奇迹。而这些语言，经过了许多世纪，变成了最为敏锐[⑥]、最为卓越的思想的模型。通过把人天生的语言本能和社会的原始状态下自然存在的诸多条件结合[⑦]起来，我们虽然不能详细地解释，却也可以大致解释[⑧]最完善语言的起源。阁下，这就是我要探索的领域[⑨]。我并不认为应该假定那些拥有令人称赞的语言

[①] 雷慕沙将洪堡的表述 et c'est elle qui m'occupe surtout dans cet exposé（这一问题是本文中我最关心的）调整为 c'est celle qui m'occupe de préférence dans cet exposé（这正是本文中我最关心的问题）
[②] 雷慕沙将洪堡的表述 ce（这一）调整为 un haut（高度）
[③] "这"（ce）这一部分是由雷慕沙所加。
[④] 洪堡原来的表述为：De même que les talens pour différens objets sont partagés parmi les individus, le génie des langues me paraît l'être parmi les nations（正如不同的人具有不同的天赋，我认为不同民族的语言天分也是如此），雷慕沙调整为：De même que les talents pour différens objets sont diversement dévolus aux individus, le génie des langues me paraît aussi partagé entre les nations（正如不同的人具有不同的天赋，我认为不同民族的语言天分也各有不同）
[⑤] 雷慕沙将洪堡的表述 prête（给予）调整为 donne（赋予）。
[⑥] 雷慕沙将洪堡的表述 fines（细腻）调整为 déliées（敏锐）。
[⑦] 雷慕沙将洪堡的表述 Ce que je veux dire ici, monsieur, c'est qu'en combinant（阁下，我在此想说，通过……结合）调整为 En combinant（通过……结合）。
[⑧] 雷慕沙将洪堡的表述 prouver la possibilité de（证明……的可能性）调整为 entrevoir（大致解释）。
[⑨] 雷慕沙将洪堡的表述 et voilà la ligne sur laquelle je voudrais me tenir（这就是我要探索的内容的界限所在）调整为 c'est là, monsieur, le terrain sur lequel je voudrais me tenir（阁下，这就是我要探索的领域）。

的民族具有超人的能力，或是断定这些民族并没有遵循①其他民族所屈从的逐渐发展的道路，然而，我坚信我们不应该低估人类能力所包含的这一真正神奇的力量，民族的这一创造天赋，尤其是在原始状态下，因为所有概念乃至心灵的各种能力②都从新生印象中获得极其生动的作用。在这一原始状态下③，人可以尝试某些组合，而这一切在以后缓慢持续的发展过程中变得不再可能，这种创造性的天赋[287]能够跨越凡人所受到的束缚，即使不可能追踪到其发展过程，仍然可以明显④感觉到其鲜活的存在。在解释语言起源的过程中，我宁可放弃这一有力、首要的原因所产生的影响，而赋予所有的语言一个统一的、机械的发展历程，使得语言一步步从最为粗陋的开始趋于完善。一些学者认为，语言源于神明的直接启示：所有的语言都受到了神力的启发，那些最不完善、最不开化的语言亦是如此。我同意这一观点。

　　进行语言研究⑤的首要原则是应该抛弃对一切做出解释这一意愿⑥，将研究只局限⑦于指出事实。有关所有屈折变化源头上是分离词缀这一说法，我完全不同意。我同意阁下所述：做出这一

---

① 雷慕沙将洪堡的表述 vouloir les exempter de（想要免除）调整为 admettre qu'elles n'ont point suivi（断定这些民族并没有遵循）
② 雷慕沙将洪堡的表述 et les facultés même de l'âme（甚至是心灵的能力）调整为 et même les facultés de l'âme（乃至心灵的各种能力）。
③ 雷慕沙将洪堡的表述 et où（在这一原始状态下）调整为 où（在这一原始状态下）。
④ 雷慕沙将洪堡的表述 est évidente et（非常明显）调整为 n'en est pas moins（仍然可以明显）。
⑤ 雷慕沙将洪堡的表述 toute recherche（一切研究）调整为 les recherches（研究）。
⑥ "意愿"这一部分是由雷慕沙所加。
⑦ 雷慕沙将洪堡的表述 et se（局限）调整为 qu'il faut se（应该……局限）。

转变的假定非常自然，甚至我认为这一转变的确在许多场合已经发生，然而同样可以肯定的是：人感受到了通过词的变化来表达语法关系的方式更加明确。因此，对语言创造天分设定界限这一行为过于冒险①。这方面的真相之所以有时被忽视，是因为人们极少②意识到一个简单清晰的发音在作为概念符号被发出时对精神所产生的影响。元音最为细微的差异是如何经历了多个世纪后得以保存，而没有发生任何变化。我在一篇关于伊比利亚半岛人民（peuples ibériens）的论著中，曾提醒过读者注意一些民族会顽固地保存发音最为细微的差异③。若非如此，非常重要的概念区别是如何与一个元音的变化联系起来的呢？阁下在论述满语时就举过一个极有价值的例子（《鞑靼语研究》，第 111—112 页）。

在尝试解释汉语体系④之前，我还需要进一步阐述我对其真实性质的认识。在此之前，我几乎只讲述了这门语言所不具备的优点，然而，汉语呈现出一个奇特的现象：它通过放弃一个所有其他语言所共有的优点[288]，获得了其他语言都不具有的一个优点。汉语在语言性质所允许的范围内（我认为这一表达十分准

---

① 雷慕沙将洪堡的表述 même, et il 调整为 même. Il。
② 雷慕沙将洪堡的表述 rarement assez（极少）调整为 rarement（极少）。
③ 洪堡原来的表述为：J'ai dirigé dans un passage de mes recherches sur l'Espagne l'attention sur cette ténacité avec laquelle les nations s'attachent aux plus légères nuances de prononciation（我在一篇关于西班牙的论著中，曾提醒过读者注意一些民族会顽固地保存发音最为细微的差异），雷慕沙将其调整为：Dans un passage de mon ouvrage sur les peuples ibériens, j'ai dirigé l'attention sur cette ténacité a vec laquelle les nations s'attachent aux plus légères nuances de prononciation。[参见《洪堡全集》，第四部，第 128 页]。
④ "体系"这一部分是由雷慕沙所加。

确),无视表达所附加给思想的微妙色调和细微差异,通过这种方式突出了概念。汉语将概念直接一个个排列起来,这样,它们之间的一致和对立就不只是像在其他语言中那样被感知和领悟①,它们②以一种新奇的力量作用于精神,使精神跟随概念,并再现概念之间的相互关系。由此产生了一种趣好,它显然独立于推理内容,我们③可以称之为纯智力的趣好,因为它只和概念的形式和组织有关。如果我们分析这种感觉的起因,它主要源于一个个词快速、孤立的排列方式。每一个词都表达了一个完整的概念。这种感觉还源于一种魄力,即舍弃一切只起联系作用的东西的魄力。

以上就是我钻研汉语文本时的体会。如果我已经把握了这门语言的独特性,那么我认为可以做如下表述:没有其他任何一门语言比汉语更难在译文中再现原文的表现力和独特的句子结构。难道不正是人的个性加给思想的④内容,即语言以及著作中的风格,才使我们阅读古典作家和现代作家作品时感到一种满足感吗?赤裸的概念,不带有任何与表达有关的元素,只能提供枯燥无味的说教。即使是最值得关注的著作,以这种方式进行分析,也只能得到不甚满意的结果。说教是通过表述和表达概念、激励

---

① 雷慕沙将洪堡的表述 senties et aperçues seulement 进行了词序上的调整,调整为 *seulement senties et aperçues*。
② "它们"这一部分是由雷慕沙所加。
③ 雷慕沙将洪堡的表述 qu'on 稍作调整,调整为 *et qu'on*。
④ 雷慕沙将洪堡的表述 l'homme ajouté à la pensée(人加给思想的)调整为 *ce que l'individualité de l'homme ajoute à la pensée*(人的个性加给思想的)。

精神投入思考、感动心灵并使其发现新的思想和情感之路的手段得以传播的。这一手段在传播说教的同时也传播智能力量。正是智能力量生成了说教，并一代代相传至遥远的后世。在写作（与有关语言性质紧密联系）①中，表达所赋予概念的内容，在概念没有明显的改变的情况下，就完全不能被分离。只有在②作者设计的形式中，思想③才保持其原本的样子。正由于此，针对不同语言的研究才显出其珍贵的价值。从这一角度出发看语言，它们才不被看作数量庞大到令人困惑的声音和形式[289]。

人们在克服阅读困难时往往会感觉到欣喜。我并不想掩饰这种感觉，然而我在此要讲的是：由于有了一系列的帮助手段，汉语文本的阅读，已经变得不那么困难了。那些从事过其他需要克服棘手困难的研究的学者肯定不会误解我的意思。

正因为汉语舍弃了许多在其他语言中用来变化和丰富表达的手段，人们可能会认为汉语中应该完全缺失④其他语言中我们所称之为风格的内容。然而汉语著作中的确存在显著的风格，这应该归因于语言。在我看来，这种风格源于概念之间的直接接触、概念和其表达由于语法符号几乎完全缺失而产生的全新关系，源于受汉语句式影响的词的组构方式，这一组构方式使得概念之间的相互关系从概念结构中得以凸显。在这种组构方式中，读者所感

---

① 该括号内的内容是由雷慕沙所加。
② 雷慕沙将洪堡的表述 dans（在）调整为 sous（在）。
③ 雷慕沙将洪堡的表述 elle（它）调整为 la pensée（思想）。
④ 雷慕沙将洪堡的表述 manquât（缺失）调整为 devrait manquer（应该……缺失）。

到的作品强烈、恰当的印象取决于作者的天资和品位。正如古典风格和现代风格所证明①的那样，作者可以通过对语法标记的适度使用，来加强这种源于语法标记缺失的印象。

根据汉语的一致性②和其规律性，我将汉语和通常所称的不完善的语言区分开来；根据其语法体系决然不同的性质，将汉语和古典语言③相区分。古典语言将词视作真实的客体，并赋予其后者的品性，将一切由句子中词的关系而生成的关系引进到概念的表达中，并通过这一方式将修饰成分添加到概念之上，尽管这些修饰成分并非总是为应当表达的思想的基本内容所必需的。汉语中，词并不能以其特殊形式对这些④概念产生影响。这门语言完全执着于思想的基本内容，在表达思想时尽量不求助于言语活动的特性。因此，想要深入探讨这一内容，不仅要对发生在心灵中的运作进行说明：语言在根据其所赋予词的关系将词连接起来时，就已将单纯由语法形式生成的细微色调赋予了思想，而且要确认这一运作是如何发生的⑤。[290]

对于上述问题，我的回答是：这一运作所依属的心灵能力正是启发语言创造活动的能力。想象力，不是一般的想象力，而是特殊的想象能力为概念包上语音的外衣，使得概念外在于人，并

---

① 雷慕沙将洪堡的表述 peuvent（能够）调整为 *prouvent*（证明）。
② 雷慕沙将洪堡的表述 la conséquence（一致）调整为 *l'esprit conséquent*（一致性）。
③ 雷慕沙将洪堡的表述 des 调整为 *et des*。
④ 雷慕沙将洪堡的表述 les（那些）调整为 *ces*（这些）。
⑤ 雷慕沙将洪堡的表述 ce qui répond proprement dans l'âme à l'opération（正是什么参与这一运作）调整为 *ce qui dans l'âme répond à cette opération*（这一运作是如何发生的）。

通过组织类似的生物的嘴巴变成话语重新传回人的耳朵，然后使话语作为言语活动所固化的概念反作用于人①。具有完整②语法形式的语言，其起源应归功于上述能力鲜活、有力的作用，并对这一能力产生强有力的影响。然而，汉语在上述两个方面均与这些语言截然相反③。

然而，一些语言通过一个丰富多变的语法结构对精神产生影响，其影响范围远远超越上文所述的领域。这些语法形式，看起来微不足道，却根据思想的需要提供了扩展和连接句子的手段，使思想获得更大的发展，允许并促使其表达④最为细微的差

---

① 洪堡原来的表述为：la faculté de l'âme à qui cette opération appartient, est précisément celle qui inspire ce travail aux langues, c'est-à-dire l'imagination, mais non pas l'imagination en général, mais l'espèce particulière de cette faculté qui revêt les idées de sons pour les placer au dehors de l'homme, les faire revenir à son oreille proférées, comme paroles, par la bouche d'être organisés ainsi que lui, et les faire ensuite de nouveau agir en lui comme idées fixées par le langage（这一运作所依属的心灵能力正是启发语言这一活动的能力，即想象力，不是一般的想象力，而是特殊的想象能力为概念包上语音的外衣，使得概念外在于人，并通过组织类似的生物的嘴巴变成话语重新传回人的耳朵，然后使话语作为言语活动所固化的概念反作用于人），雷慕沙对其进行了调整：*la faculté de l'âme à laquelle cette opération appartient, est précisément celle qui inspire ce travail aux créateurs des langues ; c'est l'imagination, non pas l'imagination en général, mais l'espèce particulière de cette faculté qui revêt les idées de son pour les placer au dehors de l'homme, pour les faire revenir à son oreille proférées comme paroles, par la bouche d'êtres organisés ainsi que lui, et pour les faire agir ensuite de nouveau en lui-même comme des idées fixées par le langage*。
② 雷慕沙将洪堡的表述 accomplies（完成的）调整为 *complètes*（完整）
③ 雷慕沙将洪堡的表述 la langue chinoise se trouve pour l'un et l'autre dans le cas contraire（汉语在这两个方面均相反）调整为 *tandis que la langue chinoise se trouve pour l'un et l'autre de ces procédés, dans un cas diamétralement opposé*（汉语在上述两个方面均与这些语言截然相反）。
④ 雷慕沙将洪堡的表述 l'engagent à exprimer（促使其表达）调整为 *la sollicitent d'exprimer*（促使其表达）。

别以及最为微妙的联系。在每个人的头脑中，概念都构成一个不间断的组织。因此，概念在这些语言的成功组织中总是作为同样的整体、连续体存在；此外，概念本身几乎感觉不到①的转变也在其中得以表达。古典语言的语法完善性，一方面是使思想变得更加广阔、更加细致和色调更为丰富的手段，另一方面是更加准确、更加忠实再现思维的方式。后者需要借助更多更细微的表述、对称的形式、与所表述的概念和伴随概念的心灵活动相类似的和谐的语音。在所有这些方面，一种不完善并没有充分利用所有语言资源的语法，不仅不能很好地促进思想活动和思想的自由发展，甚至会阻碍其发展。而且，人在组合和表达概念时，会或更加从容或更为谨慎地借助于构成语言的想象力。在所有这些方面，一种不完善并没有充分利用所有语言资源的语法，不仅不能很好地促进思想活动和思想的自由发展，甚至会阻碍其发展。而且，人在组合和表达概念时，会或更加从容或更为谨慎地借助于构成语言的想象力。虽然人没有言语的帮助就不能思考，但他能够很好地区分两种思想：一种思想独立于词语联系，不受语言声望所累，另一种屈从于语言控制。关于第一种思想，人虽然只有含糊的感觉，却能证明其存在。倘若概念和感觉没有超越话语范围，人们为何②[291]常常抱怨语言的不足？我们在用母语写作时，为何有时也会难以找到能恰如其分表达我们想说的内容的词？③

---

① 雷慕沙将洪堡的表述 presqu'insensibles 调整为 presque insensibles。
② 雷慕沙将洪堡的表述 . Comment 调整为 ; comment。
③ 洪堡原来的表述为：. Comment d'ailleurs nous verrions nous, même en écrivant dans

毫无疑问，不受言语联系束缚的思想在我们看来更为完整，更加纯粹。因此，在涉及更为深刻的概念或是更为内在的感情时，我们总是①赋予话语超过其一般理解的意义，一个或②更加扩展或变化了的意思。因此，说话和写作的才能就在于让人感到词语中不能直接发现的东西。在从哲学上对语言构成和语言对民族精神的影响作用进行解释时，最重要的一点是：在思想内部，话语始终经受新的加工，抛开了一旦脱离人之后思想中僵固、被限定的部分。

我在此并不想紧抓思想和言语的差异，立刻将其运用到汉语之中，毫无根据地将这门语言的特殊结构归因于该民族的一种摆脱词语联系和语言束缚的倾向。我的目的仅在于指出人从未停止对思想和话语进行一个③区分，如果说人的这一双重活动完全不相等的话，那么当一个活动增强时，另一个就会减弱。

汉语中所缺少的正是其他语言中构造语言的想象力，而这一想象力随后也反作用于思想活动。但汉语也因此获得了一个优点：以简单、独创、简洁的方式呈现思想。汉语的表达效果不只

（接上页注）notre langue maternelle, parfois en embarras de trouver des expressions qui n'altérassent en rien le sens que nous voulons leur donner ?（另外，甚至是我们在用母语写作时，为何有时也会难以找到恰如其分表达我们想说的内容的词？），雷慕沙对其稍作了调整：*Comment nous verrons-nous, parfois même en écrivant dans notre propre langue, dans l'embarras à trouver des expressions qui n'altèrent en rien le sens que nous voulons leur donner ?*

① 雷慕沙将洪堡的表述 pour toujours（永远）调整为 *toujours*（总是）。
② "或"（ou）这一部分是由雷慕沙所加。
③ "一个"（une）这一部分是由雷慕沙所加。

源于以该种方式所呈现的概念，而是主要取决于汉语通过①其语法体系影响精神的方式。较之于其他语言，汉语留给精神的思考工作要重得多，使精神孤立于概念联系，使其几乎完全抛弃了近似机械的手段；它根据概念的限定性质，把句子结构几乎完全建立在概念的排列顺序之上②。汉语在精神中唤醒和维护的是一种针对纯思想的活动，在精神中排除所有可以改变和美化思想③表达的东西。然而，汉语的这一优点不只体现在[292]对理性概念的处理之上；其大胆、简洁的风格非常独特，使叙述和描写富有生气，使情感的表达富有力量。比如，"《诗》云：经始灵台，经之营之"，这一段落为此提供了一个很好的例子（参见《中庸》，第21页）④。

我承认，我们之所以觉得这些例子不寻常，并留下了深刻的印象，是因为它们与我们的语言和句子结构截然不同。通过对这些例子进行分析，我们可以了解这一奇特的语言引导精神前进的方向，这一语言的本性也必然⑤源于此。

汉语与古典语言的对立使得汉语获得了一个有别于具有完善

---

① 雷慕沙将洪堡的表述 précisément par（正是通过）调整为 par（通过）。
② 雷慕沙将洪堡的表述 en basant enfin sa construction presqu'exclusivement sur la suite des idées rangées selon leur qualité déterminative（它根据概念的限定性质，最终把句子结构几乎完全建立在概念的排列顺序之上）调整为 en fondant la construction presqu'exclusivement sur la suite des idées rangées selon leur qualité déterminative。
③ "思想"这一部分是由雷慕沙所加。
④ 雷慕沙将洪堡的表述 Quel beau morceau p. e. que celui de la tour de l'intelligence！（比如，……这一段落为此提供了一个很好的例子）调整为：Quel beau morceau, par exemple, que celui qu'exprime le livre de Vers, à l'occasion de la tour de l'intelligence (Voyez T. Y. p. 21)。
⑤ 雷慕沙将洪堡的表述 de laquelle 调整为 dont。

语法形式的语言的长处。事实上，这些语言能够轻易地在某些短语里取得在某些程度上同样的效果，在我看来德语[①]在这一方面尤为突出[19]。然而，古典语言中，句子结构的原则是将一切因素连接起来，其中词作为纯粹概念起到重要的作用。因此，在这些语言中，概念从来不会以如此孤立的方式出现，概念之间的逻辑关系也不会以汉语中如此决断、纯粹、明显的方式在句子结构中得以显现。

尽管[②]汉语有以上优点，我认为作为思维工具，它远远不如具有相当完善的语法的其他语言。这些语言的语法系统[③]与汉语的语法系统相反。

这一现象从上文所述中就能看出。如果不能否认思想只有通过言语才能获得准确性和明晰性[④]，那么也必须承认只有在所有修饰概念的成分在口语中找到相似的表达时，准确性和明晰性才能真正实现。这是显而易见的，也是一个基本原则[20]。

有人会说，汉语并不违背这一原则，汉语中，所有内容，即使和语法关系有关的内容也得到了表达。我对此完全同意。汉语当然拥有固定、规律的语法，该语法的规则确定了句子链中词与

---

① 雷慕沙将洪堡的表述 l'allemande（德语，洪堡表述中有一个阴阳性的错误）调整为 l'allemand（德语）。
② 雷慕沙将洪堡的表述 mais malgré（然而尽管）调整为 Malgré（尽管）。
③ 雷慕沙将洪堡的表述 au 调整为 à un。
④ 雷慕沙将洪堡的表述 si l'on ne saurait nier que ce n'est que de la parole que la pensée tient sa précision et sa clarté（如果我们不能否认思想只有通过言语才能获得准确性和明晰性）调整为 s'il est impossible de nier que ce ne soit que de la parole que la pensée tient sa précision et sa clarté。

词的关系，不可能搞错。

然而，差别在于：除了个别的例子，汉语并不把语音作为标记附加于语法修饰成分，而是让读者从[293]词序中辨别出语法修饰成分，从语境中推出其意义与意思。或者说，汉语没有对词进行改造以将其运用到句子中。这一点本身①就非常重要，更为②重要的是：它限制了汉语中句子结构的长度，迫使汉语对长句进行分割③，阻碍了思想在长句子链中的自由发展。在长句子链中，只有语法形式才能起导向作用。

概念越是个别，就越是能打动、激励和启发心灵。同样，心灵中越是充满了活力和动力，人的所有④能力在其活动中越是能够协作，就越能够构成具体的概念。同样，心灵中越是充满了活力和刺激，人的所有⑤能力在其活动中就越是能够协作，它就越能使概念更加个别。这样看来，具有优点的是那些将表达视为思想图像的语言，在这一思想图像中，所有的东西都连续、稳固地连在一起，这一连续性体现⑥在词语上。这类语言按照词语的功能改变其形式，就像将生命力注入到词语中。听者始终在语音的协助下跟随思想的轨迹，而不必为了填补⑦词语留下的缺陷终止

---

① 雷慕沙将洪堡的表述 en lui-même（本身）调整为 en soi-même（本身）。
② "更为"（plus）这一部分是由雷慕沙所加。
③ 雷慕沙将洪堡的表述 force à entrecouper les périodes 调整为 la force à entrecouper ses périodes。
④ 雷慕沙将洪堡的表述 ses（它的各种）调整为 les（人的所有）。
⑤ 雷慕沙将洪堡的表述 ses（它的各种）调整为 les（人的所有）。
⑥ 雷慕沙将洪堡的表述 exprimée（表达）调整为 imprimée（体现）。
⑦ 雷慕沙将洪堡的表述 en remplissant（通过填补）调整为 pour remplir（为了填补）。

这一工作。通过这一方式，心灵获得了更多的生机和活力：所有的①能力可以更加协作地发挥作用。如果说汉语的风格让人印象深刻，那么那些具有相反语法系统的语言就以其语法的完善性让我们惊叹。我们认为：语法的完善性就是语言应该追求的目标。

我在上文中曾指出：汉语通过一个特殊的形式约束句子，这一形式是唯一一个适合语法形式几乎完全缺失的形式。我认为，必须把注意力放到句子结构和语法系统之间的紧密关系上，才能避免两种错误的做法：一是通过基于语法形式的解释方式将汉语所不具有的语法形式赋予这门语言，二是假定某种现象的存在，而这种现象根据言语活动的性质根本不可能存在②。一门语言要想舍弃语法形式到这一程度③，那么它就应该把其句子限定到极为简单、简短，如同呼吸一样随时停顿，从不将一个词与依赖于它的词隔开[21]。一旦想要构造更长、结构更为复杂的句子，就必须[294]通过某种标记确定词的不同功能，这些标记不能像在汉语中那样根据作者的风格和好恶被舍弃。我在上文中已经试图证明：语法形式主要取决于命题的分割和统一。然而，到了一定程

---

① 雷慕沙将洪堡的表述 ses（它的所有）调整为 les（所有）。
② 洪堡原来的表述为：ou de prêter, par manière d'interprétation, à la langue chinoise des formes grammaticales qu'elle n'a poit, ou de supposer ce qui est impossible par la nature même du langage（或是通过基于语法形式的解释方式将汉语所不具有的语法形式赋予这门语言，二是假定某种现象的存在，而这种现象根据言语活动的性质根本不可能存在），雷慕沙将其调整为：*qui consisteraient ou à prêter, par manière d'interprétation, à la langue chinoise des formes grammaticales qu'elle n'a point, ou à supposer ce qui est impossible par la nature même du langage*。
③ 雷慕沙对洪堡的表述进行了词序上的调整，将 à ce point se passer 调整为 *se passer à ce point*。

度,简单地区分主语、定语以及其联系已经不足以说明词语的连接关系,必须借助严格意义上的语法范畴(产生于语言本质的范畴)来确定这类纯逻辑的范畴。我认为,汉语就处在这条严格界限①之上。事实上,汉语超越了这条界限,其语法的艺术性在于在不超出其语法系统的范围内提供适合的手段,然而,语法所赋予长句的长短范围和结构方式始终被限制②在其手段的范围之内。由此可知,汉语在某一个阶段停止了发展,而其他语言继续逐渐发展。我坚信,这就是汉语落后于其他具有完整语法形式的语言的原因所在。

  除了我刚刚简要③叙述的内容之外,还应该加上一点:汉语完全没有可能形成语法形式更加完善的语言④所具有的特殊优点。那些用语法形式来引导句子构造的语言⑤,在主题需要的情况下,能够更加节制地使用语言形式,往往省掉概念之间的联系,使用非常含混的形式。这些语言虽然不至于与汉语结构简洁、独特的风格完全一致,但是至少在某种程度上与之接近。这类语言拥有

---

① 雷慕沙将洪堡的表述 ligne(界线)调整为 limite(界限)。
② 雷慕沙将洪堡的表述 compassée(布置)调整为 renfermée(限制)。
③ 雷慕沙将洪堡的表述 encore ajouter à tout cela(在此之外,还应该加上一点)调整为: ajouter à ce que je viens de développer sommairement。
④ 雷慕沙将洪堡的表述 de ces dernières(后者)调整为 des langues à formes grammaticales plus parfaites(语法形式更为完善的语言)。
⑤ 雷慕沙将洪堡的表述 les langues(那些……语言)调整为 celles-ci(那些……)。

大量的^①表达手段，要使^②概念的力量不减少^③，其纯粹性也不被改变，就需要以一种^④明智、合理的手段使用这些表达手段。从这一角度来说^⑤，优点的确是在汉语这一边。在其他语言中，仅仅是某个表达、某个句子结构简单、独特，而在汉语著作中所观察到的是整个语言的简单、独特的特性对思维产生影响。而这一优点的获得是以汉语放弃其他更加重要、更加基本的优点为代价的。

语法形式的缺失让我们想到儿童的语言。通常情况下，儿童只是将话语进行排列，并非始终将其联系起来。我们可以给各个民族假定一个童年时期，就像人有童年。这样一来，很自然地就得出汉语的发展停滞在语言初步发展的阶段这一结论。[295]

这一论断肯定包含着一个真理，然而从其他方面看，该论断不适于解释汉语的独特现象^⑥。

首先，我必须指出，无论"各个民族的童年"这一表达做何使用，在我看来，它都是不恰当的。"童年"这一概念是相对于有机体的成熟期这一固定的时间点而言的。然而，在各个民族逐

---

① 雷慕沙将洪堡的表述 dans ces langues（这些语言）调整为 *dont ces langues sont abondamment pourvues*（这类语言拥有大量的）。
② 雷慕沙将洪堡的表述 que（使得）调整为 *de faire en sorte que*（要使）。
③ 雷慕沙将洪堡的表述 n'affaiblisse（减弱）调整为 *ne diminue*（减少）。
④ 雷慕沙将洪堡的表述 de 调整为 *d'un*（一种）。
⑤ 雷慕沙将洪堡的表述 Dans ce point（在这一点上）调整为 *Sous ce point de vue*（从这一角度来说）。
⑥ 雷慕沙将洪堡的表述 mais à un certain égard je la crois fausse, et ce qu'il y a de certain, c'est qu'elle est bien loin d'expliquer le phénomène singulier de la langue chinoise（然而从另一方面看，该论断远不能解释汉语的独特现象）调整为：*mais à d'autres égards je la crois fausse, et peu propre à expliquer le phénomène singulier de la langue chinoise*。

渐发展过程中可能存在着一个这些民族都不能超越的阶段，由此开始，各民族的发展呈现出倒退的趋势；然而，这个阶段并不能被称为"成年期"；对此我深信不疑。一个民族不能被视作"成人"，因此也不能被视为①"儿童"；因为"成年"这一概念通常需要以"个人"为前提②，而不能适用于一个群体，不论隶属于这一群体的个体之间相互有着多么重要的影响力。"成年期"这一概念与有机体的身体发育有关。而说到一个民族，无论机体因素对其成员间的亲和关系产生何种影响，精神和智力上的意义才使其构成一个整体③。语言表达能力的发展与人的身体构造紧密相关。除了身体构造异常的儿童之外，其他儿童几乎都在同样的年龄学习说话，并展现出同等程度的能力。这一能力随着年龄的增大和环境的改变而不断增长；然而，这一能力的增长在很多方面取决于偶然因素，和言语的初始发展全然不同。后者是智能本性的必然结果。就语言能力的这一增长而言，各个民族可能处于语言发展的不同阶段，而初始的发展则不会如此。一个民族，即使是在一代人的时间内，也绝不可能保存下来我们所称的"儿童语

---

① 雷慕沙将洪堡的表述 pas（不）调整为 *elle ne peut être considérée*（不能被视为）。
② 雷慕沙将洪堡的表述 enfant. C'est la maturité（"儿童"。"成年期"）调整为 *enfant ; car la maturité*（"儿童"；因为"成年期"）。
③ 雷慕沙将洪堡的表述 une nation, quoi que des causes physiques influent sur l'affinité de ceux qui la composent, ne forme un ensemble que dans un sens moral et intellectuel（一个民族，尽管机体因素对其成员间的亲和关系产生影响，却也只能在精神和智力的意义上构成一个整体）调整为：*l'on peut dire qu'une nation, quoique des causes physiques influent sur l'affinité de ceux qui la composent, ne forme un ensemble que dans un sens moral et intellectuel*。

言"。然而，说到汉语的时候，我们想到的却正是这样一种儿童语言以及语言的初始发展阶段。

由此，我认为可以得出以下结论：在有关语言性质和特性推理方面，根据儿童语言方式所得出的推论毫无意义。[296]

或许"语言的童年"这一表述更为自然，尽管这样的表达同样需要万分谨慎。在我研究同一门语言在几个世纪间的变化时，我惊奇地发现：无论语言在某些方面的变化是多么显著，其真正的语法和词汇体系以及其整体体系结构一般保持不变①。但凡体系发生变化，我们就应视之为②一门新语言的产生，比如从拉丁语到罗曼语的转变。因此，看起来语言中应该有这样一个阶段：语言形成了一种形式，在此之后，语言就基本上不再发生变化了。这应该是语言真正的③"成年点"。然而④，要想谈论语言的童年期，我们需要了解这些语言是经过缓慢的发展达到这一形式，还是其最初的模型就是这种形式⑤。关于这个问题，鉴于我目前的知识水平，我不敢妄下结论⑥。假定语言存在一个童年时期，我们也

---

① 雷慕沙将洪堡的表述 la même［保持不变（单数）］调整为 *les mêmes*［保持不变（复数）］。
② 雷慕沙将洪堡的表述 on place avec raison（我们应视为）调整为 *on doit placer*（我们应视之为）。
③ "真正"（véritable）这一部分是由雷慕沙所加。
④ 雷慕沙将洪堡的表述 maturité. Mais 调整为 *maturité ; mais*。
⑤ 雷慕沙将洪堡的表述 ou si plutôt leur premier jet est cette forme même（还是其最初的模型就是这种形式）调整为：*ou si leur premier jet n'est pas plutôt cette forme même*（还是其最初的模型就是这种形式）。
⑥ 雷慕沙将洪堡的表述 et voilà sur quoi, d'après l'état actuel de nos connaissances, j'hésiterais à décider（关于这个问题，根据目前的知识水平，我不敢决定）调整为：*voilà sur quoi, d'après l'état actuel de nos connaissances, j'hésiterais à me prononcer*。

不能借助儿童语言得出的推论来考察语言在原初阶段的特点，而是需要用其他手段。[①] 研究语言唯一可信的方法就是尽量不远离事实。我将尝试运用这种方法来考察汉语的起源。但是我向阁下坦诚：迄今为止，人们关于这一问题的所有观点，以及我自己的观点，都丝毫不能令我满意。我不妄想能够[②] 追溯到这门不寻常语言的起源，而不是借助根据儿童语言得出的推论。

无论是民族史还是语言史都不能把我们带入这样一种人类状态，这就是为什么有关推论会缺乏说服力，也是我避开这类问题的原因。语言的原初状态仍然是[③] 个假设。在我看来，研究语言唯一可信的方法就是尽量不远离事实。我将尝试运用这种方法来考察汉语的起源。但是我向阁下坦诚：迄今为止，人们关于这一问题的所有观点，以及我自己的观点，都丝毫不能令我满意。我不妄想能够[④] 追溯到这门不寻常语言的起源，我将自己的目标限定为列述几条致使汉语发展到现今状态[⑤] 的原因。

阁下在关于汉语的单音节性质的论著中指出了两个事实，我认为它们在这一方面非常关键。研究语言唯一可信的方法就是尽量尊重事实。我将尝试运用这种方法来考察汉语的起源。但是我向阁下坦诚：迄今为止，人们关于这一问题的所有观点，以及我

---

① 雷慕沙将洪堡的表述 par d'autres moyens（用其他手段）调整为 par des moyens autres（用其他手段）。
② 雷慕沙将洪堡的表述 pouvoir（能够）调整为 que je puisse（我……能够）。
③ 雷慕沙将洪堡的表述 Il reste 调整为 il reste。
④ 雷慕沙将洪堡的表述 pouvoir（能够）调整为 que je puisse（我……能够）。
⑤ 雷慕沙将洪堡的表述 ainsi（如此）调整为 telle que nous la trouvons（现今状态）。

自己的观点,都丝毫不能令我满意。我不妄想能够①追溯到这门不寻常语言的起源,我认为它们在这一方面非常关键。一是认为汉语源生民族的文化比社会原初阶段通常②所展示的更加完善;二是③即使那些被认为是非常古老的语言,那些有着粗陋和未开化习惯的民族的语言,其语[297]法也和汉语远远不同,有许多晦涩难懂的内容和烦冗的语法形式。

阁下在拉普兰语④(langue laponne)中观察到了后一个事实。我在巴斯克语、美洲诸语言和太平洋诸岛屿语言中也发现了同样的现象。

然而,我们必须承认,所有这些语言在另一方面又和汉语有许多相似点。它们通常不⑤标示词的阴阳性;对复数的标示和汉语一样;计数时几乎普遍采用一种特别的方法:根据所计算事物的类别把不同的词附加到数词上;常常省略语法标记,以至于词语像在汉语中一样被置于句子中,没有语法联系。此外,还需要记住一点:这些语言全部是我们通过著作了解的,而这些著作是由那些习惯于极为严格的语法系统的人所写的。因此,他们很有可能将这些语言的语法手段的使用描述为恒常不变和不可或缺的,而这些当地人可能像中国人一样:只有在理解必需时

---

① 雷慕沙将洪堡的表述 pouvoir(能够)调整为 que je puisse(我……能够)。
② 雷慕沙将洪堡的表述 naturellement 调整为 ordinairement。
③ 雷慕沙将洪堡的表述 et(和)调整为 1° 2°(一是……二是)。
④ 雷慕沙将洪堡的表述 laponoise(此处是一个词汇错误)调整为 laponne(拉普兰语)。
⑤ 雷慕沙将洪堡的表述 ordinairement n'est(通常不,洪堡的表述中词序有误)调整为 n'est pas ordinairement(通常不)。

才使用它们。还有，我们需要当心①一点：一门语言有时在语法编撰者的笔下呈现②某种语法假象，因为③很容易就把某个成分认定为词缀或是屈折形式，而事实上，它可能完全是另外一种形式。

在上文我刚列引的语言中，没有任何一门语言具有和汉语非常相似的语法体系。我认为这一论断可能过于绝对④。我可以确认的是：我迄今为止还没有发现这样一门语言。这些语言和汉语之间真正的相似之处（其中我已经指出了一些）几乎存在于所有原始语言中，甚至在语法形式完善⑤的语言中也留下了痕迹。在梵语中，难道不是通过尚未成为词缀的 sma 这个词来构成过去时吗？希腊语中，难道不是通过动词的直陈式形式和语助词 ἄν 构成虚拟式吗？我在这儿所指的不完善的语言，介于汉语和另外一些语言之间，必定与这两种类型的语言都有一些相似之处。然而，汉语和这些[298]语言之间的区别在于：不仅汉语的结构和组织⑥与这些语言不同，甚至其原则也不同。上文中我曾讲过，一

---

① 雷慕沙将洪堡的表述 se garder（提防）调整为 se tenir en garde（当心）。
② 雷慕沙将洪堡的表述 recevoir（被赋予）调整为 prendre（呈现）。
③ 雷慕沙将洪堡的表述 grammaire. Car 调整为 grammaire ; car。
④ 雷慕沙将洪堡的表述 Je croirois donc trop avancer en disant positivement qu'il n'y eut même parmi les langues que je viens de nommer, aucune qui n'offrît un système grammatical très-analogue à celui de la langue chinoise（在上文中我刚列引的语言中，没有任何一门具有和汉语语法非常相似的语法体系。我认为这一论断可能过于绝对）调整为：*Je craindrais donc d'avancer trop, en disant positivement que, même parmi les langues que je viens de nommer, il n'en existe aucune qui n'offre un système grammatical très-analogue à celui de la langue chinoise*。
⑤ 雷慕沙将洪堡的表述 accomplies（完成）调整为 *parfaites*（完善）。
⑥ 雷慕沙将洪堡的表述 sa structure et son organisation（其结构和组织）调整为 *la structure et l'organisation du chinois*（汉语的结构和组织）。

些民族习惯于通过重复将附属概念添加到主要概念之上，我认为这一习惯①正是许多语法形式的来源②。然而，汉语中却鲜少能观察到这一习惯的痕迹。

多年前，我曾在柏林科学院宣读过一个报告。在该尚未刊行③的报告中，我单从句子中如何表达作为主语与定语的联系成分的动词这一角度对大部分美洲语言进行了比较④，并以此出发将这些语言分为不同类别⑤。正如⑥语言对动词的处理方式证明了一门语言在何种程度上⑦拥有语法形式，至少是近乎拥有⑧语法形式，所以它对于这门语言的整个语法来说具有决定性意义。然而，在本文所考察的所有语言的范围内，没有任何一门⑨语言与汉语相似。

此外，还有一个现象也非常重要：几乎所有这些语言中，除

---

① 雷慕沙将洪堡的表述 d'elle（它）调整为 de cette habitude（这一习惯）。
② 雷慕沙将洪堡的表述 dérive[来源（第三人称单数变位）]调整为 dérivent[来源（第三人称复数变位）]。
③ 该报告可能是《论美洲语言中的动词》(*Über das Verbum in den Americanischen Sprache*)。M. 令马赫近期找到了一篇副本将其发表于特拉班特（主编）：《论语言：在科学院的演说》(*Über die Sprache. Reden vor der Akademie,* Tübingen, Francke, 1994, 82-97.)。
④ 雷慕沙将洪堡的表述 entr'elles 调整为 *entre elles*。
⑤ 雷慕沙将洪堡的表述 je les ai rangées en différentes classes sous ce point de vue 进行词序上的调整，调整后的表述为：*je les ai rangées, sous ce point de vue, en différentes classes*。
⑥ 雷慕沙将洪堡的表述 Car comme（因为正如）调整为 *Comme*（正如）。
⑦ 雷慕沙将洪堡的表述 en combien（如何）调整为 *jusqu'à quel point*（在何种程度上）。
⑧ 雷慕沙将洪堡的表述 en approche（接近）调整为 *du moins est près d'en posséder*（至少是几乎拥有）。
⑨ "*qui soit*" 这一部分是由雷慕沙所加，在翻译中没有得以体现。

了孤立的代词之外,还拥有代词词缀。这一区分说明代词词缀惯于伴随名词和动词,因为,如果这些词缀只是缩简①的代词。这说明它们的使用极为频繁;而如果这些词缀是不同的代词,这意味着:说话人具有不同的把握代词性概念的方式,而这根据代词性概念是单独出现还是与动词或名词相联。汉语中只有孤立的代词,在与其他词一起使用时,既不改变发音也不改变其性质。事实上,汉语也有语法词,被称为虚词。然而它们并不以明确限定其所伴随的词的性质为目的,常常可以被省略。这说明在思想中②虚词也并非规律地与其前面或其后面的词相联。而一个语法元素只有在满足恒常、规律的使用这一条件时才能被称作为语法形式。我承认,基于这一原因和其他一些原因,我并不认为可以把汉语的助词称为词缀[299]。这一观点与阁下在您的拉丁语论著③中的相关观点不一致,所以我表述这一观点时有些犹豫。

事实上,在将汉语与美洲语言进行对比时,还有一点也需要考虑。许多理由让我们认为南、北美洲的野蛮民族只是没落的民族,或是按照舍弟独到④的表达是大海难之后余下的残骸⑤。舍弟

---

① 雷慕沙将洪堡的表述 abréviés(缩写)调整为 abrégés(缩减)。
② 雷慕沙将洪堡的表述 qu'aussi dans la pensée(同样在思想中)调整为 que dans la pensée même(在思想中)。
③《论汉语单音节的一般性质》,收入《东方宝库》第三册,上文中已有提及 ["*Utrum lingua sinica sit vere monosyllabica, disputatio philologica, in qua de grammatica sinica obiter agitur*", *Fundgruben des Orients* 3, mentionnée supra, 275.]。
④ 雷慕沙将洪堡的表述 infiniment heureuse(极为独到)调整为 heureuse(独到)。
⑤ 亚历山大·冯·洪堡,《1799 至 1804 新大陆热带地区旅行记》,第 1 页。在 1812 年部分的序言中,可以读到,在新世界里,"人类仅仅提供了文化极不开化的土著部落的一些残骸",第 32 页。[Alexandre de Humboldt, *Relation historique du voyage aux*

的《1799 至 1804 新大陆热带地区旅行记》一书中有大量有关美洲语言的叙述，还有关于语言一般性质的深刻思考。该书中许多内容都引向这一假设。如果说这些语言经过许多变化而远离①了其初始状态，将它们视为被破坏的、残破的、以各种方式发生了混合或是改变的语言，那么它们与汉语的差异②就只能说明汉语语法体现了人类语言的原始语法③。然而，这一推论本身④在我看来没有任何说服力。我们所熟知的那些美洲语言，其结构具有高度的规律性，例外甚少；至少在其语法中，没有观察到混合的明显痕迹。这一情况可以很容易解释，尽管美洲诸部落似乎经历了一些⑤变迁。汉语和其他⑥不发达的语言之间的差异，同它与南太平洋上的语言以及西半球的语言的差异一样大。那么使用这些语

（接上页注）*régions équinoxiales du Nouveau Continent fait en 1799, 1800, 1801, 1802, 1803 et 1804*, P. I, Paris, Dufour et Cie, 1814. On peut lire dans l'introduction (1812) que, dans le Nouveau monde, "le genre humain n'y offre que quelques débris de hordes indigènes peu avancées dans la culture (⋯)", p. 32]

① 雷慕沙将洪堡的表述 sont séparées（分开）调整为 *se sont éloignées*（远离）。
② 雷慕沙将洪堡的表述 leur différence du chinois（它们与汉语的差异）调整为 *la différence qui les sépare des Chinois*（他们与汉语的差异）。
③ 雷慕沙将洪堡的表述 que la grammaire chinoise fût, pour ainsi dire, la grammaire primitive du genre humain（汉语语法是人类语言的原始语法）调整为：*qui ferait de la grammaire chinoise, pour ainsi dire, la grammaire primitive du genre humain*（汉语语法体现了人类语言的原始语法）。
④ 雷慕沙将洪堡的表述 qu'aussi ce raisonnement（甚至这一推论）调整为 *que ce raisonnement même*（这一推论本身）。
⑤ 雷慕沙将洪堡的表述 aussi dans les（尽管）调整为 *malgré les*（尽管⋯⋯）。
⑥ 雷慕沙将洪堡的表述 d'autres（其他的一些）调整为 *des autres*（其他）。

言的民族①是否经历了与美洲人同样的境遇②？汉民族又是因为什么特殊事件才成为唯一保存了所谓纯粹的原始语言状态的民族？我承认，我绝对不相信汉语语法构成了依靠自我发展的民族中所形成的人类语言的典范③，我将这门语言归为例外之列。然而，我绝不否认自我们知道中国人的存在以来，他们并没有因为民族迁徙而遭遇变化、民族融合，这一现象可以而且必然会影响到这门语言④的结构。

既然汉语不具备屈折变化，那么它应该⑤和所有处于同样状态下的其他语言有着同样的开端。后者中，最初[300]表达从属概念的词变成了语法形式的标记。从某种程度上，这些语言与我们称之为野蛮语言之间的相似性已经证实了⑥这一点。然而⑦，汉语与其他语言有着同样的手段，为何没有追随同样的发展道路？为何汉语没有把语法词转化为词缀，而后从中发展出屈折形式？如

---

① 雷慕沙将洪堡的表述 j'en ai nommé plus haut d'autres hémisphères ; toutes les nations（我前文中提到的其他地区……这些民族）调整为：que de celles de la mer du sud et de tout l'hémisphère occidental. Or, les nations（南太平洋上的语言以及西半球的语言……这些民族）。
② 雷慕沙将洪堡的表述 été dans le même cas que les américaines（与美洲人处于同样的境地）调整为：toutes été sous l'empire des mêmes circonstances que les Américains（经历了与美洲人同样的境遇）。
③ 雷慕沙将洪堡的表述 la règle（规则）调整为 le type（典范）。
④ 雷慕沙将洪堡的表述 langue（语言）调整为 langage（语言）。
⑤ 雷慕沙将洪堡的表述 elle doit（它应该）调整为 doit（应该）。
⑥ 雷慕沙将洪堡的表述 prouvé en quelque façon（从某种程度上，……证实了）调整为 même prouvé, en quelque sorte（从某种程度上，……已经证实了）。
⑦ 雷慕沙将洪堡的表述 . Mais 调整为 ; mais。

果我们^①一方面考虑汉语与其他野蛮语言之间的相似性,另一方面考虑它全然不同的性质,在许多方面并不逊于最为完善的语言,我们似乎可以看出有^②某种原因使其脱离了^③语言发展的常规之路,而创造了一条新路。何为^④这一原因?这样的变化何以发生?这些问题^⑤很难解释,甚至是不可能解释清楚的。

汉字通过一个单独的符号表示每个简单词和复合词的组成部分;因此,它^⑥完全适合这门语言的语法系统。汉语的孤立性原则表现在三个方面:概念的孤立性、词的孤立性以及字的孤立性。我完全同意阁下的观点:一些学者几乎忘记^⑦汉语是一门口头语言,而过分夸大了汉字的影响,以至于他们把书面文字当成了语言。汉语肯定在文字出现之前就已经存在了,人们按照说话的方式进行书写。另外,汉字未必会阻碍前缀和后缀的使用;通过这类使用,它可能会在比现在更多的场合下成为拼音文字。而变化,甚至^⑧是一个音节内的变化,本可以通过类似于指示音调

---

① 雷慕沙将洪堡的表述 l'on 调整为 on。
② 雷慕沙将洪堡的表述 ait(有,虚拟式现在时变位)调整为 a(有,直陈式现在时变位)。
③ 雷慕沙将洪堡的表述 l'ait(半助动词 avoir 的虚拟式现在时变位)调整为 l'a(半助动词 avoir 的直陈式现在时变位)。
④ 雷慕沙将洪堡的表述 Mais quelle(可是何为)调整为 Quelle(何为)。
⑤ 雷慕沙将洪堡的表述 cette cause, comment même un pareil changement puisse avoir lieu, voilà qui est(这样的变化何以能够发生)调整为: cette cause ? comment un pareil changement a-t-il pu avoir lieu ? Voilà ce qui est。
⑥ "它"(elle)这一部分是由雷慕沙所加。
⑦ 雷慕沙将洪堡的表述 qui se sont laissé entraîner à presqu'oublier 进行句序上的调整,调整后的表达为: qui se sont presque laissé entraîner à oublier。
⑧ 雷慕沙将洪堡的表述 Même des changements(即使……的变化)调整为 Des changemens, même(变化,甚至……)。

变化的符号进行表达。

不过,汉字的确是对中国人的精神产生了并继续产生重大的影响①,因此对中国人语言的影响也同样不可忽视。在所有跟语言有关的活动中,想象力都起到了重要的作用,所以一个民族所采用的文字从来都不是无关紧要的事情。字符构造了新的图像,成为概念的载体。对于常使用这些字符的人来说,这一图像与概念融合在一起。拼音文字不具有这种影响作用。字符本身没有任何意思[301],或是不表示意义,或是引导语音,后者才是真正的语言。然而,汉字很大程度上会帮助使用者感知概念之间的关系,并淡化语音的印象。大量的同音现象必然使文人自始至终地使用书面语言,后者可以避免这一现象引起的麻烦。在所有的语言中,词源都可以揭示概念之间的相似关系。它在汉语中自然具有双重性质:不仅与字符相关,和词也有一定的关联。但是词源只有在字符中才能显现。我感觉我们对汉语中词的词源至今关注尚少,而我认为:由于词语的简单性,难以对其进行进一步分析。这一方面的研究应该异常困难。相反,字符几乎都是合成的。它们的组成元素②清晰可见,其构造源于创造它们的人的观念。大量构词观念得以精心保存③。正如阁下在《汉文启蒙》一书中(第

---

① 雷慕沙将洪堡的表述 doit avoir influé(应该对……产生了影响)调整为 a dû influer(对……产生了影响)。
② 雷慕沙将洪堡的表述 desquelles ils consistent(组成它们的元素)调整为 qui les constituent(它们的组成元素)。
③ 雷慕沙将洪堡的表述 desquelles dans un grand nombre de cas, on a eu soin de conserver la mémoire(其中大量构词观念得以精心保存)调整为:idées dont on a eu soin, dans un grand nombre de cas, de conserver la mémoire(大量构词观念得以精心保存)。

81页）提出：字符的构造观念是汉语优美风格的一个元素。根据以上所述，我认为可以提出如下假设：那些能读会写的中国人，在说话甚至思考的时候，他们的脑海里会出现字符。倘若这一假设属实，我们就无法否定汉字的巨大影响，即使①是它对口语的影响。一般来说，这一影响表现为②将人们的关注点从语音以及语音③与概念之间的关系上引开。由于人们并没有像在象形文字中那样用一个真实物体的图像来代替语音，而是根据语音与概念的关系选择了一种约定符号，因此，精神就完全转向了概念。汉语语法正是如此，由于词缀和屈折变化的缺失④，言语中语音的数量得以减少，使得精神几乎在每个词中都能找到一个可以完全将其占有的概念。那些诧异于汉语没有采用拼音文字之士，只注意到了汉字带来的不便和困难，似乎忽略了中国文字事实上是语言的一部分，它与中国人从其观点出发看待一般语言问题的方式密切相联这一事实。我[302]认为，汉语文字改革几乎⑤不可能会发生。

如果一个民族的文学不是在文字的使用之前就存在的话，那么它通常伴随文字而生。在中国，后一种情况更有可能。因为汉

---

① 雷慕沙将洪堡的表述 aussi（也，即使）调整为 même（即使）。
② 雷慕沙将洪堡的表述 être en général celle de（一般来说……是……）调整为 consister, en général, à（一般来说……表现为……）。
③ 雷慕沙将洪堡的表述 entr'eux 调整为 entre eux。
④ 雷慕沙将洪堡的表述 par le moyen d'affixes et de flexions（通过词缀和屈折变化这一手段）修改为 par l'absence des affixes et des flexions（由于词缀和屈折变化的缺失）。[此处，雷慕沙在对洪堡原文进行了内容上的修改]。
⑤ 雷慕沙将洪堡的表述 aussi bien（很）调整为 à peu près（几乎）。

语所使用的文字本身就证明了某种意义上的理性活动。这一情况，再加上①汉字构成与所表达概念之间的关系，以及汉字与汉语语法体系之间的一致性关系，以上种种似乎可以解释②汉语的发展历程：从某一时期，它本来与那些很不完善的语言有很多类似之处，之后过渡到了一种适合于智能力量最高发展的形式，而整个发展的中间状态没有留下任何痕迹。因为，事实上，这门语言呈现出来的是它把缺陷变成了优点③。

然而，我对能够在汉字对汉语的影响中找到汉语独特体系的起因这一观点表示怀疑。阁下在分析柯恒儒（Klaproch，亦译克拉卜洛特）有关禹帝金石文字④的著作时提出：尽管中国人的文字可以追溯到四千年前，但汉语仅存在于口头使用而没有文字记载的状态必定持续了一段时间。甚至在文字出现之初，似乎是象形的，其性质肯定不同于今天的汉字。因此，汉语在那时起⑤就已经具有了某种形式。倘若这种形式与大多数语言的形式类似，倘若中国人倾向于把仅用于表达概念关系的标记夹杂在句子中，

---

① 雷慕沙将洪堡的表述 ajoutée（附加）调整为 jointe（再加上）。
② 雷慕沙将洪堡的表述 poutrroit peut-être faire comprendre（似乎可以使……得以理解）调整为 semblerait expliquer（似乎可以解释）。
③ 雷慕沙将洪堡的表述 celui d'avoir [（把缺陷变成了优点）这一现象] 调整为 à avoir [（把缺陷变成了优点）]。
④ 柯恒儒（Julius Klaproth），《论禹帝金石文字》（Sur l'inscription attribuée à l'empereur Iu），收于《亚洲杂文集》（Mélanges asiatiques,），第 272 页。洪堡持有柯恒儒的《中国最古老禹帝铭文的翻译与解释》（Überstzung und Erklärung der ältesten Chinesischen Inschriften des Kaisers Yu, Halle, Waisenhaus, 1811）一书。
⑤ 雷慕沙将洪堡的表述 déjà lors（那时已经）调整为 dès lors（从那时起）。

倘若没有他们的[1]文字的话，汉语本应像其他语言一样发展[2]，但我并不认为构成了概念组群的汉字会阻碍汉语的这一发展。相反，文字应该适应民族精神的这一发展方向，因为它拥有与之相适应的手段。然而，如果汉语像我认为的那样，在文字出现之前就已经具备了这种形式，如果该民族自那时起，在语音的使用上非常谨慎[303]，尽可能地节制，将词这个表示概念的符号一个个直接地排列起来，并不显示它们之间的联系，那么，我们所要解决的现象已经存在于文字中，需要将其找出并用其他方式解释。在我看来，文字所能做的就是确认民族精神有用这种方式来表达概念的趋向，汉字看起来已经在很大程度上发挥了作用并将继续发挥这一作用。

我倾向于认为，汉语结构独特的原因之一在于其语音部分。阁下已出色地论证了把汉语称为单音节语言是个巨大的错误这一观点。我认为这种根据词的音节数量对语言进行划分的方式并不合理，也不符合合理的理性思维。所有的语言在起源之初可能都是单音节语言。因为，如果仅用简单的词就足以表达一个事物的话，没有任何理由使用更多的音节。下面一点同样可以肯定：如今没有任何一门语言仍处于这一状态。如果真正存在着这么一门语言，那也是偶然所至，并不能证明其特殊性质。当然，词的单音节性质构成了汉语的一条规则。在我印象中没有任何论述论及

---

[1] 雷慕沙将洪堡的表述 son（他的）调整为 leur（他们的）。
[2] 雷慕沙将洪堡的表述 elle se serait développée（它会……发展）调整为 leur langue avait dû se développer（汉语本应……发展）。

中国人发出一个多音节词时，是否用一个重音统摄各个组成音节，因为①词的统一性由重音决定。如果没有这一条恒定的规则，多个音节是划为一个词还是不同的词就会带有任意性，将一个名词和其词缀算作两个词或是一个词则只是一个拼写问题②。尽管重音毋庸置疑地承担将一些音节聚合起来拼成一个词的作用，但是这一规则在一些语言中的作用几乎为零。这些语言或是像梵语一样完全忽视重音，或是重音尚未完全被人所知。何况，重音有时很难断定，因为一个词除了有主重音外，还可能有次重音，因此需要对两个重音做准确的区分。然而，一门语言中，区分作为一个词来理解的内容和分为几个词进行理解的内容绝对有必要。在某些情况下，这一区分会容易进行。这些情况繁多，在此不做过多的详[304]述。汉语语音体系中，令我印象深刻的并不是单音节词数量庞大，而是词的数量总体上来说受限③。这并不是说其他语言中原始音节的数量更多，而是中国人没有充分地丰富这些音节，将其进行混合以及组合，使语音更加丰富多变[22]。

在我看来，各民族之间主要的差异就在于此。一个民族采用什么样的语音：单调的还是多变的、贫乏的还是丰富的、比较和谐的还是不太和谐的，这一自然倾向对各门语言的性质产生了极

---

① 雷慕沙将洪堡的表述 non. Car 调整为 *non ; car*。
② 雷慕沙将洪堡的表述 arbitraire et de compter un substantif et son affixe pour deux mots, ou de le comprendre sous un seul, ne serait plus qu'une affaire d'orthographe 进行句序上的调整，调整后的表达为：*arbitraire ; ce ne serait plus qu'une affaire d'orthographe que de compter un substantif et son affixe pour deux mots, ou de le comprendre sous un seul*。
③ 雷慕沙将洪堡的表述 rétréci（缩小的）调整为 *restreint*（受限）。

为重要的影响。它与人的身体构造和感知能力有关；它①决定了语言的许多属性，与该自然倾向共同起作用的还有更高级的心灵能力——其对应着语言中概念的能力。中国人在语音方面②的贫乏③，以及他们备受指责的枯燥和生硬，可能造成了他们语言中的某种缺陷。而这种缺陷后来被中国人有条不紊地处理概念的独特才能转变为一项优点④。然而，这样的语音贫乏一旦稳定，几乎均为单音节的体系一旦成型，又由于汉字的独特性质，中国人的精神在以上两个方面会趋于固化。汉字也成了汉语本身的内在组成部分，对于这一点，我自认为已经做出了论证。由于汉字提供了一种无须增加语音就能增加符号的手段，自从它得到广泛普及以来，在中国文明，包括在当前中国文明的状态下，对概念的表达都起到了重要的作用。

在语言中，语音是否丰富多变，无疑与各民族的身体组织和智力禀赋相关，但其更可能是由不同族群之间⑤的接触和混合决定的。语言这一原材料是否丰富，比起用各民族创造性精神的发展进行解释，用某些偶然因素的共同作用解释起来更为自然，其中民族迁徙和不同族群的统一的作用最为显著。中国人证明了：一个民族可以通过各种巧妙的方法用较少数量的词去满足其各种

---

① 雷慕沙将洪堡的表述 et elle（它）调整为 elle（它）。
② 雷慕沙将洪堡的表述 dans l'usage des sons（在语音使用方面）调整为 en fait de sons（在语音方面）。
③ 雷慕沙将洪堡的表述 sobriété（谨慎）调整为 pauvreté（贫乏）。
④ 雷慕沙将洪堡的表述 vertu（美德、优点）调整为 avantage（优点）。
⑤ "之间"（entr'elles）这一部分是由雷慕沙所加。

需要，而不是通过增加词的数量对语言进行扩展。因此，民族的孤立状态从来都不会有益于语言的发展。它显然会阻碍大量的词[305]、短语和形式汇集，因此也阻碍了该民族凭借其独特秉性逐渐发展起一门庞大、丰富①和多变的语言。成体系的词序、有意义且适宜的概念表达、语法形式与言语需求的一致②，以及与组织和结构有关的一切内容，必然都源自各民族的智力禀赋；但是，语言活动的材料（大量的语音和词语）都源于那些致使民族或统一或分离，或混合，或孤立的因素的共同作用。这些因素当然受到普遍规律的支配，可由于我们不明白其顺序和因果联系③，被我们称为是偶然因素。同样，正如我们所掌握的知识还不能使我们上溯到语言的最初源头一样，我们至多能追溯到在语言形成之前存在了很久的方言土语改变、重组为语言这一时期。

  汉语中并非完全没有外来词。根据阁下的研究，汉语中外来词的数目惊人（见《东方宝库》，第三卷，第285页，注释6）。然而，中国历史证明了：自从我们知道这个民族开始，它的社会发展几乎没有发生改变，尽管这段时间外部世界发生了数次重大革命，它经历了其他民族的入侵并来其疆域内定居④，以及可能对其⑤语言产生明显⑥影响的民族混合。而长期以来，居住在中国境内的

---

① 雷慕沙将洪堡的表述 au（对）调整为 avec le（和）。
② 雷慕沙将洪堡的表述 l'aptitude（才能）调整为 la convenance（一致）。
③ 雷慕沙将洪堡的表述 le fil（连续、连贯）调整为 l'enchaînement（因果关系）。
④ 雷慕沙将洪堡的表述 qui se fussent établies（定居）调整为 venues pour s'établir（来……定居）。
⑤ 雷慕沙将洪堡的表述 leur（他们的）调整为 sa（其）。
⑥ 雷慕沙将洪堡的表述 marquante（显著）调整为 marquée（明显）。

"蛮夷"是不可能给汉语带来这种影响的。如果正如许多学者所认为的那样,这些"蛮夷"进入中国实际上表现为大约百户人家占据夺得的领土。[参见柯恒儒,《亚洲历史图集》(*Tableau historique de l'Asie*),第 30 页]①;如果这些家庭在经历了许多个世纪之后仍然基本保留了②其风俗、习惯及方言;另外,如果文字的产生与殖民者创建君主国的时期相吻合,所有这些历史事实的汇集可以解释中国口语里有限的符号数量以及匮乏的附加音,而这些附加音在其他语言中构成了词缀和屈折形式。

然而,即使人们能够以这种方式探究到所谓的汉语不完善现象的起源,[306]也会为如何解释这门奇特语言的整个结构所明显体现的理性烙印和思考精神而陷入困境。我们大致明白汉语为何没有发展出几乎在其他所有语言中或多或少地都可以发现的优点,然而却不清楚这门语言是如何发展出唯有其才拥有的优点。不过可以肯定的是,古代文字和文献都可以在某种意义上说明这一问题。因为,即使这门语言的语法结构肯定早在文献和文字之前业已存在,且已经存在很长时间,这一语法结构的基础可能出自一个粗陋和不甚开化的民族,而如今我们在汉语中所观察到的理性色彩,可能是由后来的文明程度更高的人所添加的。汉语的优点并不是说新的表达形式,后者会丰富语言(这会需要整个民

---

① 柯恒儒,《亚洲历史图集》,巴黎,伦敦,斯图加特,1826 年。[Klaproth, *Tableaux historiques de l'Asie depuis la monarchie de Cyrus jusqu'à nos jours, accompagnés de recherches historiques et critiques sur cette partie du monde*, avec un Atlas, Paris, Londres, Stuttgart, 1826]
② 雷慕沙将洪堡的表述 se conservaient(保留)调整为 *se sont conservées*(保留了)。

族的协作),而是它对其已有手段的合理、大胆的使用。这也就很好地说明了为什么汉语语法大部分都是隐示的。

  阁下,我所有关于汉语的论述都是建立在古代文体之上,没有一次提到现代文体。在我看来,后者与前者之间的差异并不足以需要改变基于中国古代文体和古典文献分析的论证。

  这一观点看起来和阁下在《鞑靼语研究》里所要表达的内容相悖。只要认真阅读这段文字并拜读您的《汉文启蒙》一著,我们就会意识到把汉语现代文体视为另一门语言或是经历了根本变化的原始语言是,对这段文字的误读。您在《汉文启蒙》一书中以讨论现代文体为开始,以两种文体中汉语特性完全一致为前提。在对阁下有关两种文体的章节进行一一对比之后,我发现两种文体的①语法结构相同。现代文体[307]和古代文体一样,也没有真正的屈折动词这一形式;现代文体也同样没②有词缀,也没有屈折变化;这一文体在动词与名词结构中也使用同一个语助词"的";它极少使用动词的时态标记③。尽管现代文体不如古代文体那么频繁地省略其他语法联系,但这一现象仍然十分常见④。现代文体与古代文体之间最显著的差异在于:前者拥有大量的复合词,但后者并不是完全没有复合词。如阁下所述,现代汉语清

---

① 雷慕沙对洪堡的表述做了删减,被删掉的部分是"最主要的"(l'essentiel de)。
② "没"(non)这一部分是由雷慕沙所加。
③ "一些"(des)这一部分是由雷慕沙所加。(基于行文流畅的考量,译文中没有在字面上呈现雷慕沙此处所加冠词des。——译者注)
④ 雷慕沙将洪堡的表述 mais encore très souvent 进行词序上的调整,调整后的表达为 mais très-souvent encore。

晰、容易，这正是它对比古代文体所带来的有用变化，然而，虽然现代汉语获得了这一优点，它仍然和古代文体一样，受到限制。此外，现代文体不具有严格意义上的语法形式，或者至少其语法不是建立在语法形式的区分这一基础之上①，它②也完全没有在言语链中赋予词其所属③范畴的标记。然而，现代文体在所有这些方面都异于我们所知的其他语言④。以上就是我根据您《汉文启蒙》里援引的例子以及一本小说中的几页内容而得出的观点。后者是舒尔茨⑤先生惠赠的一本带有翻译的中文小说的抄本。

由于担心自己冗长的思考会使阁下感到疲惫，就此结束此封信。然而，汉语所呈现的现象引人注目，对这门语言进行细致考察对于语法的对比研究来说至关重要，我只能对我认为⑥可能的观点进行一一阐述。倘若阁下能告知我对汉语的看法是否合理，或者对汉语的深入研究是否能够提供更多的材料，得出其他结

---

① 雷慕沙将洪堡的表述 base（建立在……的基础之上）调整为 fonde（建立在……这一基础之上）。
② "它"（elle）这一部分是由雷慕沙所加。
③ 雷慕沙将洪堡的表述 sous lesquelles ils tombent（它们所属）调整为 auxquelles ils appartiennent（其所属）。
④ 雷慕沙将洪堡的表述 mais s'éloigne dans tous ces points, et sous toutes ces considérations, des autres langues que nous connaissons（在所有这些方面都远离我们所知的其他语言）调整为 mais dans tous ces points, et sous tous ces rapports, elle s'éloigne des autres langues que nous connaissons（在所有这些方面都异于我们所知的其他语言）。
⑤ 舒尔茨（Fr. Eduard Schulz, 1799—1829）曾寄给洪堡一篇汉语文章以及其译文，见缪勒－富尔玛，1993，第157—158页，见让·卢梭，下文第286页，有关舒尔茨的第55条注释。
⑥ 雷慕沙将洪堡的表述 crû（认为）调整为 crues（认为，与前置的"idées"做了性数配合）。

论，那么这不仅对我个人是友谊的见证，对于学术研究来说也是巨大的贡献。此外，请允许我提醒阁下关注我所提及的一般观点。您的评价对我来说极其重要。我无意向您掩饰，向您陈述我的观点时我心中的疑虑。特别是，在研究过程中，虽然我始终[308]坚持将论证基于事实之上，但研究很容易受到所分析语言的影响，并根据这种语言得出某些一般性的观点。因此，每当人们①考察一门新的语言，就存在新创一套语言解释体系的危险②。

敬请阁下接受我最崇高的敬意。

威廉·冯·洪堡
1826 年 3 月 7 日写于柏林

（本文译自经由雷慕沙修改的法语原作。译者在翻译过程中参考了姚小平先生的译本。）

---

① "如果人们来"（*si l'on en venait*）这一部分是由雷慕沙所加。
② 雷慕沙将洪堡的表述 *péril*（危险）调整为 *danger*（危险）。

有关《致雷慕沙的信》中一些段落的意见

雷慕沙

［洪堡的《致雷慕沙的信》一文首次发表于《亚洲学报》（1826年8月）。这篇以《论汉语的语法特性，与其他语言特性的对比研究》(Sur le génie grammatical de la langue chinoise, comparé à celui des autres langues) 为题的论文仅刊登了原文的部分内容。雷慕沙为其撰写了"刊前意见"］①

在数位巴黎学者的恳请之下，威廉·德·洪堡先生应允将其与雷慕沙先生的一封通信公布于众。两位学者的通信往来围绕学术讨论进行，以汉语的语法特征以及这门语言准确、完整地表达思想所使用的手段为主题。这封信涉猎内容极广，现已交付印刷，将于几周后问世。在此期间，我们认为很有必要对信中的一些章节进行改编，让《亚洲学报》的读者对信中所讨论问题的重要性做出自己的判断。有学者提出：汉语似乎大大拓展了一般语法的领域。有关这一论断，

---

① 这篇文章是两位法国学者让·卢梭、德尼·杜阿赫将雷慕沙的意见编成的。这段话是他们的评论意见。——译者注

没有什么堪比对汉语语法原则进行真正的理性检验更能证明其正确性。这正是洪堡先生在这封信中论述的内容。该信同作者的其他论著一样深刻清晰、细致可靠,既有巧妙的概述,也有重要的见解。洪堡先生的著作总能将以上优点结合起来,极为出色。

1827年,《亚洲学报》对这封信进行了完整刊登。雷慕沙在该期杂志的《告读者》中写道:"所刊信件源于威廉·德·洪堡先生与巴黎的一位教授之间的学术讨论。语法形式的性质及其真实作用这一问题常常引起激烈的讨论。自从开始对两门著名的亚洲语言(一门因其语法体系的完善性,另一门因其表面所呈现出的语法形式的贫乏而备受关注)进行细致研究以来,这一问题重新引起了讨论。梵语和汉语提供了许多新现象,需要对其进行研究。而东方语史学的发展会使普遍语法和语言哲学从中获益。洪堡先生在柏林科学院宣读了诸多论文,仅其题目就能反映出这位学者所关注的问题富含理性。他与几位法国学者在这一问题上的交流加深了后者的认识。然而,在某些方面,汉语与洪堡先生得出的原则似乎并不一致。虽然这门语言不具备语法形式,其民族却拥有四千年的璀璨文化。在此我们想引起作者对这一现象的关注。从这一方面看,较之于洪堡先生所偏爱的梵语、希腊语、德语和一些其他民族语言,汉语的特点不容忽视。对于洪堡这么一位以克服重大困难为日常工作的科学院院士来讲,汉语研究在他眼里应该只是个游戏。他在短短时间内就为这一问题带来新的解决方法。正如我们所料想的一样,有些问题在他看来更加重要。鉴于洪堡先生与一位对其研究进展始终抱有极大兴趣的学者不间断地交流观点,他需要对其观点进行总结。在二者的通信往来中,其中一封信较之于先前几封内容更为丰富。洪堡先生在这封信中将其观点进行了更好的排序、论述也更加详致。我们交付印刷的正是这封信。我们相信洪堡先生不会反对将这封私人通信公之于众。这封信中包含了大量新观点和深刻的思考,非常值得让公众受益。

作者的理论、普遍语法中一些细节问题以及其应用都遇到了汉语的挑战;另外汉语这门语言在欧洲尚未得到广泛的了解。以上这些都说明了我们需要对一些问题进行讨论研究。上文中所提到的通信往来对其中一些问题有所涉及,我们认为有必要指出那些尚未完全解决的问题。这也是我们在洪堡先生的信件之后附上注释和意见的原因。那些在追求真理之路上不如洪堡执着的学者可能会不赞成这种形式的添加,而我们对洪堡先生完全有信心,他会将这一行为视为编辑对其的致意与感激。后者为能够收到洪堡先生的思考结论而倍感荣幸。如果我们所呈现的新现象与提交的思考意见能够引导洪堡先生未来对这一主题进行研究,那么读者将会因读到其有关这一主题的新见解而感激我们。这一主题完全值得研究智力发展和进步的学者关注。"

上文注释(1)126页:如果我们承认汉语词始终可以有名词性、限定性(形容词性)或动词性意义,甚至有时候能成为一个纯粹的语法关系的标记,那么这一论断毋庸置疑。这是一般性规律。在一般性规律之外，汉语中还有大量的词，它们只能通过一种特殊活动生成，其语法意义由其用法决定且稳定不变。仅这一点就可以证明中国人的思维中存在语法范畴的准确概念，我希望这一事实会在下文中得以证实。

上文注释（2）138页：以这种方式孤立地看待句子的各个组成因素可能有些过于武断。根据汉语的特性，句中各部分的顺序或者同位语关系足以表达它们之间的联系或独立关系。如今，无论是标点符号还是注经者的传统阐释都不能对作者的观点构成反例。注经者一贯致力于标记长句的区分与前后联系。对于作者所关注的这一问题来说，这些附属手法毫无意义。他的目的并不在于讨论导致典籍晦涩难懂的偶然因素，而是造成语言本身晦涩难懂的因素。然而，在所引例子中，引起其注意的是命题明显的统一性。命题中，在没有新主语插入且没有惯常用法对字面意思进行切割或改变的条件下，无限量的动词可以简单堆砌，相互修饰而无其他作用。因此，我们应该将其译为 Rigimen ordinatime (per ordinem) exstat 等，Valdè plorando dixit 等，其他的断句方式会歪曲句子本义。

上文注释（3）139页：我们可以重复上文中的论述。同位语对短语和对词产生同样的作用。依附于另一个短语的同位语仅仅因为其依附关系就丧失了其孤立命题的性质。因而，这类短语中的动词也会停止表达严格意义上的动词性概念，变成主要命题动词的修饰语。倘若动词后跟了一个补语，它只需要表达主要动词施动于这一补语的特殊方式就可以将其保留。如果这一活动常常出现于同一个动词，精神就会习惯于这一结果，会习惯性地抛弃这一动词的原初意义，不再将其视为次要的词，而是关系的真正标记。一些汉语介词①正是通过这种方法形成的。就像例句中的"以"（yi）（上文中第 22 页）并不真正意味着"他用"，"他安排"，而应该译为介词 per，或是 ex，表示手段、工具，其补语为所使用的事物，如手段或工具的名称。

上文注释（4）140 页：该规则第一次出现在《论中国语言及文学》中（Essai sur la langue et la Littérature chinoises, 1811, p. 44）。然而，马礼逊所说的去声一般来说标记动词性意义却是不准确的。声调的改变意味着原初意义的某种改变，比如从名词性意义到动词性意义的转变，反之亦然。我们可以通过比较著作中列举的例子（第 46、106 页以及插页 4）对此加以核实。

上文注释（5）140 页：倘若此处所述的动词与表示动词性意义的词之间的细微差别被认定为基本差异，那么完全没必要急着推出结论并将其应用于汉语。这门语言中，那些以其意义为特征的词总是能够通过某种简单构造方法而无须做任何内部改变转为动作的名称状态。"王"（roi）这个词，一旦通过改变音调（wang2）获得"统治"这一动词性意义之后，仍然可以用作名词，其意义为"统治"（gouvernance），或做另一个动词的主语，或做补语。这与我们语言中一些现象完全一样，即使是在古典语言中，我们说 le boire（喝的东西），le manger（吃的东西），

---

① 刊登版本中这儿出现了拼写错误：命题（proposition）。

mentiri，τό，τοῦ，τῷ，λέγειν，εἶναι 等等。

上文注释（6）140页：将"中庸"这两个词译为 immutabile medium① 完全错误，且违反了语法类比法原则。最好的译文为 in medio constantia② 或是 in medio constare③。然而我们并未对这本著名典籍的书名做如此改动，而是认为应该继续采用两百年来传教士引入的题目。此处作者的观察意见十分合理，非常可靠。

上文注释（7）141页：事实上，所有这些不确定的理解均关系到被孤立处理的短语，即没有考量这一短语与其前后内容之间关系，这一短语是否完整以及是否缺少几个词来构成一个简单或复杂命题。然而，哪门语言中从来不会出现这一缺陷呢？我承认，这一缺陷会出现在汉语中，而且会比其他任何一门语言都更常见。我唯一可以确认的是在所有构造规律的句子中都能找到我们此处所论述的顺序：主语前置于其表语、动词前置于其修饰词（副词）、补语前置于其表语等等。

上文注释（8）141页：当然，一位好的作家在使用一门拥有如此细微差异的语言时不会不顾它们之间的差异。然而，问题在于这些细微差异是否必要，它们加之于表达的内容是否真的是思想内在的内容。作者承认这些差别在他看来无关紧要，在所引例句中，只需要知道所谈论的人哭了，也说了话，两个动作之间的时间间隔并没有明确地标示。我认为考察这类差异作用的最好

---

① 不变的中央——译者注
② 在事物的中间，强调状态——译者注
③ 处于中间，动词——译者注

的方法便是：将一门具有此类差异的语言中的文章仔细地转译到一门不具有这一差异的语言中，看看会发生什么事情。认真的译者是否会强迫自己始终将副动词译为无人称形式，将分词译为动词性形容词，将副词译为修饰语？他是否能将自己严格局限于一个如此狭窄的范围内？这一行为是否真正有益于翻译的忠实性？在一门这类修饰语混同的语言中，如英语中同一种形式的动词既表示施动者名称也表示行为的名称，翻译是否能够做到忠实？倘若以上论述有依有据，那么就可以归纳得出如下观点：汉语几乎只有一种方式来表示某些行为之间的隶属关系，在某些方面看起来似乎不如那些拥有多种方式表达这一依存关系的语言优越，然而，事实上，后者的优越性可能只归结于更加多变的表达方式，可以避免因同样结构无限重复而导致的单调。我承认，我希望将这一评价扩展到古典语言中与丰富性有关的其他特征，然而这个大胆的想法需要详致的推理，此处鉴于篇幅原因而无法详述。

上文注释（9）142页：同一个语助词或同一个词尾可以表达不同的关系，然而这并不意味着这一语助词或词尾在各用法中意思含糊、不确定。有关这一现象，可参见下文（注释18）。我们可以假设这一现象起初涉及一些具有某种相似性的词，之后这些词被字符代替相互表达。这种情况下，人们所抱怨的混淆其实源于文字，因此是拼写问题。让我们举例来说明这一现象，这一例子来自一个我们所关注的主题，一本入门著作中列举了"之"这个字所有的功能：不仅表达"根蘖"（rejeton）、"从一个地方到另一个地方"（passer d'un lieu dans un autre）的意思，还可以用作属格和宾格关系的标记。我们将对此进行检验。此为使用汉字书写汉语之后的情况。然而，作者非常明智地观察到言语活动远远早于文字的出现，在文字被创造出来之前，可能有四个像 tchi, dji, tchii, tshi 如此不同的词来对应这四种功用。它们对应着一个象形字，其形象对应着"树枝"这一概念。我们无法确认汉语语助词确实经历了这样的发展历程，尽管在其他情况下，不同的词的确是由同一个字符或是由发音相同的不同汉字表现。当我们对比指示形容词 tseu，thseu，sse 或是否定语助词 mo，mou，pou，fe，feou 等，后一种现象显而易见。

上文注释（10）142页：短语"谓之中"是个原初结构，其中"之"是主动性动词的宾语 vocant illud medium①。至于"之谓"，我们并不知道这一形式是否常见；根据语法书中所述："之"代替"着"，用于指示或明确命题的主语，或是"之"被前置于其宾语"谓之"以表达"之谓"。简言之，一本纯粹功用性的著作将该词称为"赘词"，同时强调语言中纯粹赘词极为少见。这一结构还可以用另一种方式进行分析，则是"不变之"（pou pian tchi）: non deflexi②，"谓"（wei）: appeltio③，"中"（tchoung）: medium④；"天命之"（thian ming tchi）: coeli mandati⑤，"谓"

---

① 他们称此为中间（ils appellent cela le milieu）——译者注
② 我没有变——译者注
③ 是——译者注
④ 中间——译者注
⑤ 天的命令——译者注

（wei）：appellatio①，"性"（sing）：natura②。这一分析非常简单，认为"之"是两个名词间的关系标记。我认为这一功用与该类短语的原初结构相符合。但是，如果当今中国人思考其语言，思维中出现这一功能的话，这一想法就大错特错了。

上文注释（11）143 页："之"（tchi）只有在"莫"（mou）担任名词性主语时（nullus, non ullus），才能后置于其。该词也出现在下文以及《汉文启蒙》（第 190 节，第 191 节）中。

上文注释（12）145 页："你来的"（ni laï ti）等现代汉语短语与文学文体短语"学生衰朽之夫"之间有明显的差异。这一差异主要体现在第一个短语中动词"来"要求使用"的"。"来的"是一个分词，相当于 venu③，或是抽象表达，相当于 être venu④，因此，"你来的"可以理解为 ton être venu⑤ 或是 ta venue⑥。如果"的"不能做类似的诠释，且不包含动词，那么它就不太可能被置于动词和主语中间。

上文注释（13）146 页：作者在文中提到了我的两部论著，两者内容截然不同。《汉文启蒙》旨在最大可能地为汉语语言和文字的研究带来方便，因此书中准确地介绍了两者的特性。而相关论文⑦旨在论证汉语与其他语言句子之间的一部分差异源于汉

---

① 是——译者注
② 性——译者注
③ 已来的——译者注
④ 到来，已来这一事实——译者注
⑤ 你的到来——译者注
⑥ 你的到来——译者注
⑦《论汉语的单音节性质》——译者注

字这一特别文字的使用；为了实现这一目标，我试着从汉语从未有过文字或是汉语是拼音语言这类假设出发去研究汉语。我认为（而且我打算坚持这一观点）语助词、词尾变化和词缀本质上是同一回事；拉丁语和希腊语中语音融合现象（crase）将词尾与名词和动词的词干连成一体，如果这一现象存在于汉语中，那么后者就会像其他语言一样，词因性、数、格的不同而产生变化和变位。最后，我将论证大家通常认为的汉语的所谓的单音节性质源于汉语中的一个现象：一个汉字对应一个音节，而该现象并未实现词的统一性，即表达同一个意义的一个词的组成元素的统一性，所以汉语中为"人皆之"jin-kiaï-tchi①，而拉丁语中是 hominum，然而二者本质上说的是同一个内容，且将一个写为 jinkiaïtchi，另一个写为 hom-in-un 而不改变概念的性质同样可能。我在著作中展示的是真实的使用，而在论文中推翻在我看来不甚正确的一种偏见或是说观念。以上就是洪堡先生所观察到的区别的原因所在。那些将语言与文字分开研究的学者，会自然而然地将汉语与我们的语言进行对比。这也是一些学者，如万济国（P. Varo）和马礼逊（M. Morrisson）②，借用拉丁语概念和英语语法的形式和分类来展示汉语规则的原因之一。在我看来，他们所采用的视角并不是观察他们所教授的这门语言特征的最佳角度，但该视角也有其优点，比如观察这门语言在其他方面与世界上其他地方人类所发明的多种交流手段所呈现出的相似性。

---

① 译者怀疑这一表达系雷慕沙为证明其观点所创。——译者注
② M. Morrison——译者注

上文注释（14）147页：我认为注释（13）中已经足够清楚地论述了维持名词和动词中词干和语助词之间各自独立的真正原因。假设口语中曾有某种将词干"唱"和过去时（prétérit）的标记"了"合在一起且将二者缩合成"唱了"（tchangliao,tchangyao,tchangniao）或其他组合形式的趋势，但文人在书写时总会把那些农民发音中倾向于合起来的内容拆开，分开写为"唱"和"了"。这一情况值得注意，它是对汉语句子构造中所观察到的大多数特殊现象进行理解的关键所在。

上文注释（15）147页：此处涉及汉语的一种特殊表达方式或是特殊结构，对其的分析解释尚不能完全令人满意。依照一个特殊使用习惯，"时"（chi）被置于一个短语（membre de la phrase）的结尾，当其与将来这一概念有关时意思是 au temps où, quùm（当……时），与过去时概念有关时意思为 depuis le temps où；ex quo（从……其）。对于后一个意义，还有另外一个结构，"时"的缺失就足以表达主要动词所表示的动作的时间。因此，关系将来时得以清楚地表达，因为次要命题的动词被赋予了过去时标记：Au temps (futur) où vous avez eu fini de préparer 来表达 au temps où (lorsque) vous aurez préparé。

上文注释（16）151页：古文文体的句子构造并不复杂，此处只对一部分原因进行了论述，因为另外一部分原因解释起来可能会太费篇章。然而，文学文体和口语中，有些长句结构会非常冗长。事实上，其意思通常通过区分、列举、递进或其他形式才能支撑到最后。但是，相当长的句子成分只由一个词管辖的例子也不少见。除了《汉文启蒙》中第370节、第346节还有其他地方所列举的例句之外,还有这样一个例子,句中长达18个词的分词结构或是连词分句皆由结尾的词"的"管辖:

红梨曲,乃(老爷见梦草轩红梨盛开,一时高兴要张郎做)的。

"Cette chanson sur les poiriers à fleurs rouges est celle que mon Seigneur, ayant vu dans le pavillon des songes de verdures des poiriers rouges en pleine fleur, a, dans son admiration, fait faire au moment même par le jeune M. Tchang."

括号内所有的词都受"的"的管辖,正如法语译文中的斜体部分都受"que"的管辖一样。

上文注释(17)152页:仅后一种类别就包括口语或俗语中几乎所有的名词。另外,我不明白为何要在两个文体中将其与另一类数量极多的名词进行区分。后者虽然不带有任何构成其特征的形式,却同样具有固定的名词性意义,同样在思维中唤醒名词概念。汉语中"人"、"木"、"水"、"山"和"林"就是名词,如同法语它们的对应词 homme, arbre, eau, montagne, forêt 一样。

上文注释(18)152页:古典语言中也存在同样的模棱两可。有关这一点,我们只需要引用 Rosae, Domini, Templum, Fructus, Dies[①] 等等加以证明。参照上文中注释9。

上文注释(19)163页:希腊语、梵语、德语和英语中有些

[①] 以上这些词均不能根据词尾判断其语法功能。——译者注

构造与汉语的常见结构完全一样，即词与词相联而没有语法任何关系的标记，其意思产生于词词之间的联系，由词语的位置决定。这就是所有语言中所称的"复合词"。这类词的特点本就要求其组成要素放弃它们可能会有的语法标记，回归到词根状态之后聚集在一起。这一放弃不会影响意思表达的明确性，而由该方式构成的表达最具活力和生气。Horseman, pferdeknecht, ἵππαρχος, asouamedha 这些词与最具有说明性的句子［如 un homme qui monte un cheval, un valet qui soigne des chevaux, un officier qui commande des chevaux (des cavaliers), un sacrifice où l'on immole un cheval］在表达意义方面同样有效。组成元素之间的关系变化无穷，思维可以毫无困难、毫无障碍、毫不犹豫地意补这些关系。如果这一原则得以普及，汉语的这个主要的优点将会使古典语言获益。

上文注释（20）163 页：如果我们不加区分地将这一观点认定为显而易见的真理和基本原则，那么之后的全部讨论完全没有了必要，因为，我们需要承认一点：修饰概念的内容在口语中没有得到表达这一现象在汉语中最为常见。假如思想的准确清晰仅与发音有关，那么大部分情况下汉语所表达的意思应该是不完整的，因此，这门语言在完善性方面应被归为远逊于其他语言的类别，后者中所呈现出的完善性被视为人类智慧的结晶；汉语在另一个重要的方面：表达的准确度，也应该远逊于其他语言：它应是个粗劣的手段，仅可能具有不完善的功用。然而，这一假设被事实推翻：鉴于中国人之间可以相互理解，他们不仅可以做到对生活中常见事物的大致、总体上的理解，而且对思想中最细微的差别以及最为微妙的修饰关系同样如此。我认为,从汉语的使用本身就可以得出汉语语法手段的完善性,只不过这一完善性所表现出的特点与我们惯常见到的不同。事实上,在我看来完善性的评判条件有两种理解方式:

那些对古典语言在智力活动所启发的内容赞赏有加的学者会同作者一样,在语法体系领域寻求答案:"完整地表达思想,不忽略任何特点,无论在口语还是文字中不同时间、地点和人物状况以及句子各部分之间不同的关系都被赋予了不同的特殊形式";

而习惯于中国人那些快速、高效表达方法的学者则可能会做如下理解:"在听者和读者的思维中唤起完整的概念,这一概念与说话人和作者所设想的毫无差别,具有了解时间、地点以及人物状况所需要的所有内容。"归结为这一表达的评判标准在汉语语法体系中找到了答案,在我看来,这一点毋庸置疑。作者一开始所做的论述证明了无人能比作者更好地把握我刚刚提及的原则。

上文注释(21),第 165 页:

注释 16 中提到了中古时期的作家已经突破了原始句法结构中极为简单和受限的形式,后期的作家著作中也能观察到极长的长句结构,其组成短语之间或是通过连词,或是通过习惯上被赋予了一个类似功能的归纳标记,又或是通过简单的同位语关系连接起来。后者是短语之间相互补充的最常见的手段。我偶然读到了《四书》(*Quatre livres moraux*)里一个序言的开头前两句:

Tai hio tchi chou, kou tchi, tai hio so yi kiao jin tchi fa ye ;Kai tseu tchian kiang seng min,

Tse ki mou pou iu tchi Yi jin yi li tchi tchi sing yi.Jan khi khi tchi tchi pin,

Hoe pou neng tsi, Chi yi pou neng kiai yeou yi tchi khi sing tchi, so yeou eul thsiouan tchi ye.Yi yeou thsoung ming joui tchi neng thsin khi sing tche,

Tchhou iu khi kian, Tse thian pi ming tchi, yi 'wei yi tchao tchi kiun sse,

Sse tchi tchi eul kiao tchi yi fou khi sing[①]. Le livre de la grande science est la règle par laquelle les anciens enseignaient aux hommes cette science (véritablement) grande ;

Car depuis que le ciel a donné l'existence aux peuples d'ici-bas,

De ce tems même, il ne leur avait pas refusé le naturel qui comporte la charité, la justice, la politesse et la prudence ;

Or, comme cette force imprimée à la substance de leurs esprits,

Quelques-uns ne pouvoient en tirer avantage,

C'est pour cela que tous n'ont pas été en état de savoir par

---

① 该段引用对应：大学之书，古之，大学所以教人之法也；盖自天降生民，则既莫不与之，以仁义礼智之性矣。然其气质之禀，或不能齐，是以不能皆有以知其性之，所有而全之也。一有聪明睿智能尽其性者，出于其闲，则天必命之，以为亿兆之君师，使之治而教之以复其性。——译者注

quel moyen ils pouvoient compléter ce qui était dans leur propre nature.

Il y en a eu aussi d'autres, intelligents, éclairés, habiles, pleins de perspicacité capables d'atteindre au fond de leur nature,

Que, étant sortis des rang (du vulgaire),

Le ciel n'a pas manqué de les désigner pour, en étant les maîtres et les princes de la multitude,

Faire en sorte qu'ils la gouvernassent et lui enseignassent à recouvrer sa nature. »

上文中我并未打算呈现风格优美的法语译文；相反，我想通过字面翻译让读者感受到原文中命题之间的顺序与连贯关系。这类短语在文学文体中十分常见，这一文体中多用长复合句，风格典雅、对称。更长的句子常见于哲学著作中；在中国，正如在我们国家一样，辩证和论证形式更常见于论述著作，是文学风格，而并非语言性质使辩证和论证形式远离了平常主题。

在上文的注音形式中，那些标记概念之间的顺序与关系的汉语词用罗马体进行区分。其数量看起来非常少，当短语组成部分之间的依存关系更真实，更容易被读者所感知时，其数量会更少。我们也需要对此做一个简短的解释。

汉语中，两个命题可以无须任何连词直接相连；因此我们在翻译时需要让读者感知到两者之间的联系，明示第一个命题与第二个之间的依存关系。这一行为会使我们离所诠释作者的意图更近还是更远？倘若句子的统一性正如作者考虑的那样并不全由其组成元素的排序构成，倘若一个完整的命题在中国作家的思维中归根结底只是一连串真正孤立的命题，倘若中国作家的语言中并不具备确定所使用的词的语法意义的手段，那么每当我们将其意补的关系表达出来，将其删除的连词添加出来，用他可能从未曾想过的关系标记将论证的不同部分联系起来，我们就在语法方面犯了一个不忠实的错误。我认为事实并非如此，原因如下：

中国人对我们所称的词类、语法范畴的确没有一个准确、完整的概念，然而，我们并不能因此就确定他们在这一方面无知或是漠不关心。正如洪堡先生所认为的那样：若无有关词的语法形式的模糊感觉的引导，说话写作皆无法进行；同样，若思想不明确所用之词的语法功能，就很难就某一主题进行写作。若缺少有关抽象词、修饰语、施动者名词、动作名词等的明确概念，则完全无法谈论某些主题，如理性、伦理、玄学或是本体论等。另外，有时我们认为可以用两三种不同的方法对同一个汉语句子进行分析，将动词概念赋予某个词或另一个词，假设某种省略，想象某种关系，然而，所有这些情况下，这种过分的自由源于我们对这一领域不甚了解，因为多数情况下，面对我们视为极不明确的汉语句子，中国文人只看到一种合适的分析方法。中国人在精确度方面与我们达到了同样的成就，只不过他们少有机会对这一主题做出解释。他们发展了实践而不是理论，发展了艺术而不是科学。他们拥有语法，而不是语法学家。我认为，这就是差异所在。

那些被中国人保留了极大语法自由的词，有时也需要确定其语法意义。这种情况下，注经者、词典编撰者会对此加以说明。根据他们对动词的巧妙命名，完全知道一个词是"死"（mort）词还是"活"词（vivant）[①]。词"打[②]"（ta）的意思是 verberare, verberatio。若想将其确定为动词，他们会加上一个代词作宾语：打之[③]（ta tchi）verberare eum；若要构成一个确定的名词用法，另一个语助词则会承担这一功能：打之者[④]（ta tchi tche），字面翻译为：le frapper。词"好[⑤]"（hào[⑥]）只意味着 bon，而"好[⑦]"（háo[⑧]）的意思是喜欢（aimer），一个为形容词，另一个只能理解为动词。许多词从一种词类转换为另一种词类时，会改变声调；那些使语言实现了如此变化的人，肯定意识到了这些改变给思想带来的变化。

这些区别在一些场合下必须得到强调：那就是解释典籍。对于中国哲人来说，这些典籍就是教义，是神圣的。两千年来，成千上万的注经者从事典籍的注解工作。要想完成这份工作，他们决不能漠视以下现象：一个词应视为动词还是名词，意思是不确定的还是具体的，是将两三个句子孤立地理解还是在它们的关系

[①] 此处"活词"指表达状态或动作的词，如动词，而"死词"指用来命名或修饰事物的词，如名词或形容词。——译者注
[②] 此处汉字为译者所加。——译者注
[③] 同上。
[④] 同上。
[⑤] 同上。
[⑥] 此处拼音为雷慕沙原文中所用形式。——译者注
[⑦] 同上。
[⑧] 此处拼音为雷慕沙原文中所用形式。——译者注

中解读；他们需要明确以上现象，语法手段可以帮助他们实现这一目的。中国人在这方面的智慧远远超过我们目前的想象。倘若汉语命题在这方面像我们所认为一样模糊不确定，那么如何解释面对如此多可做多种诠释的段落，语法本可以起到微妙的影响作用，中国人几乎从未在语法部分有过意见分歧。这一现象值得关注。

中国注经者在语法传统方面的一致性在许多时期都得以证实。近期来的文学典籍和史书的满译工作重新证实了这一点。从事这项工作的作家掌握汉、满两种语言，了解它们所有的微妙之处。鉴于满语动词因时间和语式的不同而形式有变，名词、连词和介词具有不同的关系标记，其使用不容忽视，因此，他们需要定夺每个汉语命题中词的语法意义、概念之间的关系及连贯。他们有条理、有规律地完成了这部分工作，在这些问题上所做的决定与最优秀的注经者的做法整体上相符，所呈现出的成熟和精确值得称赞。我们观察到译文中语法形式的使用丝毫没有改变原文的意思，因此，原文的理解早就由这些方法条理有序的使用所决定并以其为基础，这些方法的使用填补了真正意义上的语法形式的空缺，丝毫没有值得遗憾之处。

这些想法的论述有些匆忙，我认为它们值得更深刻的思考。尽管如此，它们也可能在这一极具价值的问题上起到某些开导作用。我们将其呈现给洪堡这位著名学者，希望他可以从中发现新的思考素材。一个没有任何语法概念的民族却保留了一整套语法诠释体系，这一现象非常奇怪。我在此重申：我的主要目的是展示翻译汉语文本时，对省掉的关系标记进行补充，或是将短语的不同组成部分联系起来这些方法中毫无随意可言。同时，这些内容也可以论证我从中国作家作品中得出的一些规律，尤其是《汉文启蒙》第166节和167节的真实性。

上文注释（22）175页：此处作者讨论汉字的特性给汉语结构所带来的一个特别的影响作用。假如中国文人丰富、完善汉语的努力得到了拼音文字的协助，那么词同文字符号一样数量会大大增加，这一点几乎毋庸置疑。然而，新的语音组合无法得以表达，始终需要在已使用的音节范围内寻找，还有新事物的命名，将汉语永远定格在汉字创造之时的状态。甚至口语中可能丢失了一些语音，并非发展了新的语音，口语中许多细微差别因在文字中被写作一个近似的表达而消失不见。我们可以认为"绐①"（toile）、"百②"（cent）、"伯③"（prince）、"柏④"（cyprès）之间最初的区别足以在语音中对其进行区分，然而这些词一旦写作同一个语音符号pe，即使仍对应着不同的图像，其语音差异却得以改变并最终消失。我将形声字的发明（hing-ching, figuratifs du son）视为致使汉语停留在真正贫乏状态的原因之一，尽管与此同时这门语言的文字因汉字的大规模增加而得以丰富，汉字的构成规律富有条理，非常值得关注。汉语由此获得了一种适合观念

---

① 此处汉字为译者所加。——译者注
② 同上。
③ 同上。
④ 同上。

表达以及按照自然事物分类的文字，而这是以和谐、多样的语音为代价。

最后，在汉字对汉语语法体系的影响作用方面，洪堡先生的观点足以展示其成就。假如他关注了沃尔涅奖（M. de Volney）中的一个重要问题，必定会贡献良多。拼音文字的影响作用可以在许多语言中进行研究，然而少有学者持有足以对没有文字的语言进行研究所需要的材料。而有关象形文字（caractères représentatifs）对语言所产生的影响，只有坚持从事汉语和日语研究的学者会才能体会到其重要性，该封信中就体现了作者的聪明才智和敏锐的洞察力。

《致雷慕沙的信》简介

塞 西

> **译者按**：本文节选自《学者报》（*Journal des Savans*），1828年2、3月，第68—80页以及第141—151页，巴黎：皇家印刷厂，1828年5月

1822年，洪堡先生在柏林科学院宣读了一篇用德文撰写的论文。这篇论文以语法形式的起源以及其对观念发展的影响为研究主题，很快得以出版。一切话语皆以表达思想为目的，而思想仅仅是观念之间的已知关系或假定关系。由此可见，话语只有通过表达观念以及精神在其之间所建立的关系才能完成交流思想这一目的。语法形式可以指示这些关系，我们或许可以将其理解为语言必然的偶然事件。可以按照其观念本质上所属的类别对语法形式进行分类，而不是随机或按照约定俗成的方法。由此，语法形式使得思想交流。换言之，对言语所生成印象的领会行为更加简单迅速。语法形式的后一个功能看起来似乎不如其前一个重要，因为只要思想在观念中建立的关系能在语言中找到精准的标记，听者无需寻求语言中特殊形式的帮助就能确认观念所属的类

别。然而，这些关系是否必须通过语法形式，即表达孤立观念的词在形式上的屈折变化或变形，进行标记呢？它们是否能由其他手段进行标记，比如由那些起初即为且仅为承担这一功能所创造的词，或是由那些丢失了其曾经兼具或具有的特殊意义而如今只表达关系之间或多或少一般性观念的词，又或是仅由那些表达孤立观念的词的位置所承担呢？抛开经验主义不谈，在我看来，这一问题会将我们引向如下结论：思想促使语言发展出与人类精神所能领会的多样关系相符的多样语法形式，也因此由于语言的反作用而具备了无以超越的准确性。倘若一门语言使用仅表达语法关系的孤立的词来代替语法形式，每个词仅表达一种语法关系，那么这些词的数量将大大增加，这样也必然会实现同样的目的，但是这一手段不如前一种那么迅速，且困难更多。最后，倘若一门语言将词在命题中的位置、句子中命题的相对位置、长句中句子的位置以及话语中长句的位置作为表达语法关系的唯一手段，这一不甚完善的手段将会给听者的精神带来沉重的负担，而且我们也始终无法确认听者所理解的关系与说话人想要交流的关系是否完全一致。

尽管我在这篇简短的报告中并没有使用洪堡先生的术语，但我认为我完全表达了洪堡先生论证的依据，在他看来据此可以推出以下结论：通过那些表称孤立观念的词的形变，即语法形式，来表达语法关系的语言体系是完全满足智力需求的唯一手段。然而，他并不否认除了上述体系之外，还有另外一种体系，那就是使用语助词来表达语法关系，而表达语法关系是这些语助词的唯一功能。在此,我们想要指出:我们不明白使用这两种手段的同时为何要放弃第三种手段这一资源,即利用词序来表达语法关系。如果抛开抽象概念而谈论经验,很明显没有任何语言即使使用以上三种方式,其每种可能存在的关系都拥有特有的表达方式,且该方式仅表达这一种关系。

雷慕沙在其《亚洲杂文集》中为这篇论文写了评论。在他看来,洪堡从其语言理论和不同语言的比较研究中所推出的结论遇到了汉语这个反例,更确切地说,因为汉语这门语言而岌岌可危。毋庸置疑,当洪堡论及"单纯依靠词序只能生成很少的变化,且若想避免一切可能产生的歧义,单靠词序只能表达很少的关系",他指的是汉语。有关这一点,雷慕沙首先做出如下回应:"世界上没有任何一门语言将词序作为标记语法关系的唯一手段,汉语也使用大量的辅助词或是系词连词来增加组合的数量"。随后,他出于维护汉语(他为这门语言的研究贡献很大)的目的提出了以下观点:"除此之外,还需要承认以下现象:思维可以以不同的方式设想某些关系,这些关系通过共同方式(如词序)得以表达而没有任何内容上的损失,这一方式留给听者或读者绝对的自由来增添自己想添加的内容。这种情况下,标记的清晰度只是思想表达精确度的另一个衡量标量。那些最精巧的语言为此提供了可靠的证明,即同一个语言形式通常对应着非常多样的关系,如拉丁语中的属格可以表达整体与部分、部分与整体、主语与表语、表语与主语、原因与结果、结果与原因等关系而毫无歧义。在类似情况下,'可以免去形式'相对来说是一个优点,而非缺陷"，这一观点在我们看来非常合理。我们承认在所有语言中同一个标记可以表达多种关系；同时我们也不否认通常情况下先行词和后置词避免了语义模糊的产生；然而，我们无法认同只有在表达说话人或作者同读者或听者同样不甚了解的形而上学的关系，表达的模棱两可反映了思想的模棱两可和晦涩难懂时，以上才被视为一个优点。我认为某些过分看重细节的人、外交家、佛学哲人还有各世纪各民族中所出现的一些人在这一"错误角度"中受益，然而，我并不认为该角度从未对智力活动产生过影响，我还认为如果某些模棱两可或是不明确对于话语所要产生的作用来说毫无影响甚至有时候对其有用的话，这是因为主要观念表达的模棱两可，而非关系概念的模棱两可，后者始终需要进行严格确定。

为了避免远离主题，我们继续拜读雷慕沙对洪堡所建立理论体系的评论意见。他在称赞了洪堡这位柏林科学院院士渊博的学识和精准的观察之后，也肯定了其学习汉语以及对这门语法体系如此异于其他语言的语言自己进行评判的意愿："我们有关古文的一些想法……这么一个久悬未决的问题完全值得学者关注。在一门缺乏语法形式的语言中，几乎所有的词都可以无一例外地承担名词、形容词、动词、副词甚至是语助词的功能，并遵循明晰、恒定且实证的规则，尽管思想多有变化，却始终可以清楚、准确地得以表达。以上便是汉语语法大致上所呈现的现象，还需要补充一点：在我们所观察的范围内，该语言曾像希腊语一样可以清晰地阐述柏拉图学说和婆罗门僧侣精妙的形而上学。"

洪堡毫不迟疑地接受雷慕沙的这一建议。我们所评论的这一篇通信形式的论文正是源于这一语言理论的新研究。对于是否接受为这篇论文撰写报告，我并非没有迟疑，评判该文的一个重点就是要熟悉汉语，而我对这门语言则全然不知。为此，我们力求介绍两位学者所使用的手段，而不是介入两者使其达成和解。尽管这一和解可能只是一篇灵巧的文稿，其中有些表达含混不清，双方都可以将模棱两可的表述向有利于自己观点的方向理解，宣称自己获得了胜利。我之所以在此使用"双方"这一表达，是因为雷慕沙在发表洪堡的信件时添加了少量注释，这些注释显示出雷慕沙并没有完全同意洪堡的所有观点。

洪堡自从上一篇论文[①]发表之后，就根据有关汉语的著作对这门语言进行了研究。他在信件一开头就用精确的表述阐述了他的看法："我认为汉语与其他语言（即我们所称的"古典"语言）之间的区别可以归结于一个根本差异，那就是汉语完全不使用语法范畴来指示其句子中词与词之间的关系，其语法也并非以词的分类为基础，而是用另一种方式将语言要素之间的关系固定于连贯的思维之中。其他语言的语法由词源部分和句法部分组成。而汉语语法只有后一部分。"

以上便是洪堡对汉语语法体系的描述，信件的其余部分皆是对这一观点的展开与论证。请允许我对这一观点发表两点看法。

洪堡无条件地承认汉语语法有句法，做出的让步看起来远远

---

① 此处应该指的是《论语法形式的产生及其对观念发展的影响》。——译者注

超出他的实际想法。事实上，在大多数语言中，句法由两个部分组成：一部分规定如何规律地使用词源学所允许了解的形式来指示一致性和相关性关系，我称其为句法；另一部分规定如何将命题的组成要素按照一定的顺序进行排列以及如何在组成一个句子的不同性质的命题之间进行协调，我称其为句法结构。如果说汉语语法毫无词源部分，那么这门语言也显然没有准确意义上的句法部分；因此，汉语的整个语法体系归结于句法结构部分。在这一假设下，句法结构尤为重要，因为它需要代替词源部分以及准确意义上的句法部分。以上便是我的第一点看法。

我的第二点看法可能不如第一点重要。然而，我仍然为作者丝毫没有提到这一点而感到遗憾。我认为，它本可以让作者更加精确、清晰地展示其观点。我希望作者对语法范畴（catégories grammaticales）和语法形式（formes grammaticales）作出区分。我认为语法范畴是那些指示词属于某种词类的形式，它们或可以分为八类，或像阿拉伯语法家所区分的三类（名词、动词与语助词）；而语法形式是指所有标示一致性或相关性关系的屈折变化或词形变化。我并不否认实践中这两类标记或形式常常混在一起，然而，从理论上来说，思维始终能将其区分，它们在使用中有时也得以区分。我认为，这一区分本应得到普及[①]。

洪堡将汉语体系与古典语言进行对比的分析方式本身就隐

[①] 在我看来，洪堡先生有时感知到这一区分的实用性，但他仅限于给出以下定义："语法范畴是语法所赋予给词的形式，即词类以及与此相关的其他形式。"

含①了对古典语言优越性的承认,这一优越性体现在对思想在主要观念之间建立的所有关系进行准确、清晰的表达。雷慕沙并不打算在这一方面让步,认为有必要对洪堡信中的这一定义进行修正:"如果我们承认汉语词始终可以有名词性、限定性(形容词性)或动词性意义,甚至有时能成为一个纯粹的语法关系的标记,那么这一论断毋庸置疑。"我在此完全不理解雷慕沙为何拒绝承认这一论断,何况他也希望严格描述汉语语法所呈现出的问题,称这一语言为"缺乏语法形式,几乎所有的词都可以无一例外地承担名词、形容词、动词、副词甚至是语助词的功能……"。我们继续拜读雷慕沙的意见:"这是一般性规律。在一般性规律之外,汉语中还有大量的词,它们只能通过一种特殊运作生成,其语法意义由其用法决定且稳定不变。"

若这一特殊运作仅为重音的不同,那么它们仍然属于语法形式,或者说一个词汇形式,可以应用于"大量的词"。这类语法或词汇形式一旦得以承认,必然会要求我们调整以下表达:"缺少语法形式的语言"以及"几乎所有的词都可以无一例外地……"。

洪堡准确地观察到以下现象:即使是表达语法范畴的语言形式完全缺失的语言,说话人思维中仍然有这些语法范畴的意识;再加上说话人要想被理解,听者思维中也必须有这些语法范畴的

---

① 我之所以说"隐含",是因为信件下文中的内容证明了此为洪堡的观点。然而作者满足于陈述"汉语用另一种方式将语言成分的关系固定在思想连贯中";我们应该注意他讲的是"另一种方式",而不是"以同样的方式"。

意识并将其应用于他所听到的话语，否则听者只能听到一些或多或少孤立观念的表达，而非连贯思想的表达。假定一个命题的组成观念之间的关系由随便一些语法形式来表达，而只有命题之间的关系缺乏标记，听者由于缺少后一种标记而不能领会到这些关系，确实，他听到一些孤立观念的表达，但是却无法从这些观念中得出说话人想要传达的任何结论、推论或是推断。

以上这些我用自己的方式所表述的内容是由洪堡确确实实地论述且雷慕沙予以肯定的观点。然而，洪堡并没有就此止步，他甚至根据语法范畴在语言性质中探求词语分类的起源。我并不认同这一形而上学上的研究，在我看来，这一研究对于问题的解决毫无帮助，而且会涉及过多的细节。然而，通过将"鉴于讲话时人们用一个接一个的词表达观念，因此这些要素的组合必然存在着一个固定的顺序，它们才能组成所表达观念（更确切地说是思想）的统一体。而这个顺序在说话人和听者的精神中势必是一致的，他们才能相互理解"定为无可争辩的原则，洪堡清晰地详述了这一原则的一个主要结果，一个在他看来适用于汉语的结果。有关这一点，我们引用洪堡的表达：

> 语法范畴与命题统一体之间之所以关系密切，是因为前者是词与后者之间关系的呈现。当语法范畴被准确、清晰地理解时，它们会更好地标记句子统一体，使其更易于被感知。句子越长越复杂，词与词之间的关系也就越丰富多变，因此，将语法范畴或是语法形式区分至最小单位这一需求也

就自然而然地源于创建长且复杂的复合长句这一趋势。如果句子的长度极少超过简单句的规模,其理解并不需要人们对词的语法形式进行准确分析或者将这些形式进行一一区分直至每个形式都完全展现出其个体性。通常只需要知道哪个词是句子的主语就足够了,而人们无须考虑它是名词还是动词不定式;只需明白哪个词限定着另一个词,而人们无须考虑限定词是分词还是形容词。

我认为此处应该做一个或许微妙却十分真实的区分。当一门语言的语法形式足够丰富,就可以将长句中的大量命题甚至是句子联系起来。由这一运作所产生的排列可能会有以下作用:其一,表达语法关系并因此具有意义;其二,让听者期待长句结束而引起思维的更多关注;其三,促进语言器官多样形式的发展及和谐。在以上三种作用中,第二种与第三种无关句子的理解,那些缺乏丰富的语言形式的语言应该不具备后两种作用,除非引入其他人为手段。无论是说话者还是写作者,又或是读者和听者都完全不知道这些作用,因为这些作用与他们共同的语言无关。而第一种作用则完全不同。一门语言中,若其语法形式仅提供极少的手段来表达依存、从属、同时性、先前性、后时性、条件或假设等关系,它必然会求助于其他手段来标示这些关系,因为后者构成了思想中的主要部分,且与言语有关的两个人要想相互理解,他们对这些关系的感知必须一致。因此,尽管这两个人都全然不知其他语言表达这些关系所使用的语法形式,即使这些关系可能仅仅通过一系列命题之间的顺序得以表达，但他们至少有这些关系的观念。然而，我们无法就此得出这些关系在所有语言中都得以表达且达到同等程度的清晰、准确。洪堡认为，这些关系只有在那些对语法范畴进行区分并达到极致的语言中才能得到最为精确的表达。然而，这类语言会在某种意义上滥用语法范畴这一体系，常常把许多不属于话语（话语本应只是思想的表达而已）的附加内容赋予语言。正是通过这种方式，对词的阴、阳性进行区分，在多样观念的表达中，添加了一个原本不具有的特殊范畴；古典语言和许多其他具有语法范畴的语言，也是通过这一方式在表达一般命题时引入了一个动词，该动词总是与一个时间状语捆绑在一起，而时间状语在所有类型的一般观念的陈述中都是一个次要内容，并非无用，但与思想性质相悖。倘若听者想要判断说话人所述内容是否真实，需要将时间状语置于一旁不予考虑；况且说话人对时间状语也是如此处理。在这一方面，我想借用洪堡的观点：美洲语言中有两门语言：玛雅语（maya）和贝托依语（betoi），拥有两种表达动词的方式：一种包含与动作相关的时间观念，另一种单纯陈述表语与主语的联系。

　　按照洪堡的表述，语法范畴的这类滥用再加上另外一些容易添加的内容，属于在语言和真实世界之间建立类同这一趋势所带来的结果。如果抛开洪堡在信中就这一表述所做的详述，将其单独理解，它看起来晦涩难懂。该表述通常被认定为语法范畴产生的一个起源，其中可能包含一个我们可以质疑的假设。

　　为了更好地观察语言形式的存在或缺失对一门语言所产生的

影响，需要将下面两个问题分开对待：一是这门语言为表达一个或难或简的命题中观念之间的关系所使用的方法。二是这门语言为表达许多命题间的关系所使用的方法，如果忽略这些命题的排列，思想则肯定会随之改变。

洪堡从以上两个角度认定汉语体系不完善。在他看来，大量简单命题中，一些说明状况的词被添加到主语和表语的表达中，我们并不完全肯定我们所认定的命题的状语词是否实际上是一个新的命题。换言之，在将汉语中表达的观念转移到一门具有语法范畴的语言中时，人们并不确定需要使用何种语法形式，因此也不确定中国作家所设想的以及想要表达的观念之间的关系的准确性质。他用一个具体例子来证明这一观点：在他看来汉语词组"大哭道"可以用四种方式进行表达：

Valde ploravit, dixit[①] ;Valde plorans dixit[②] ;Valde plorando dixit[③] ;Cum magno ploratu dixit[④].

虽然洪堡承认以上表达之间的差异很小，他仍然认定每种表达都代表一种客体的特别设想方式，都赋予观念（更准确地说是观念之间的联系或是思想）一种特别的思维差异。因此，鉴于翻译时需要在其中选择一种表达方式，该表达必然具有超出汉语文

---

① 他大哭，道——译者注
② 哭着的他道——译者注
③ 他哭着道——译者注
④ 他泪流满面道——译者注

本中以及观念本身所需要的更多的细微差别。

雷慕沙承认：所有洪堡观察到的不确定现象可能确实存在于孤立的汉语句子中；虽然这一缺陷存在于一切语言中，但它在汉语中确实比其他任何一门语言都更常见。另外，这些细微差别对准确表达来说必不可少。雷慕沙认为这就是关键所在。他并不只是简单地做了论断，而是详述了其论述的基础："倘若以上论述有依有据，那么就可以归纳得出如下观点：汉语几乎只有一种方式来表示某些行为之间的隶属关系，在某些方面看起来似乎不如那些拥有多种方式表达这一依存关系的语言优越，然而，事实上，后者的优越性似乎只归结于更加多变的表达方式，可以避免因同样结构无限重复而导致的单调。我承认，我希望将这一评价扩展到古典语言中与丰富性有关的其他特征，然而这个大胆的想法需要详致的推理，鉴于篇幅原因无法在此详述。"

在此，我们可以看出洪堡和雷慕沙对事实所持的看法是一致的。如果说他们的观点不同，其差异仅体现在区别汉语与那些富含语法形式的语言的特点在两者眼中具有不同的重要性。哲学家仅想谈论理性担心调动情感，对汉语的单调或许更加将就。而演说家和诗人需要求助于情感和激情，他们则希望使用一种更为灵活、服帖的工具。

洪堡的另一个论断始终与组成一个命题的观念之间的关系标记的性质相关，这是因为：在他看来，汉语标记词之间关系的两种方式，即语助词和词序，其目的与其他语言中语法形式所标示的内容并不相同，而是以截然不同的方式引导句子表达方式的理解。他的这一论断是以以下事实为基础：比如语助词"之"（tchî）可以标记大量不同的关系，似乎可以由此推出该词在严格意义上并不能精确地表达任何一种关系；它仅以避免意思模棱两可为目的，将听者的注意力集中在位于其前面的词上，以便将这些单独来看的词与后面的词建立某种关系。

　　针对这一论断，雷慕沙做了以下回应以减弱其影响：同一个语助词或语法词尾可以指示不同的语法关系，这一事实并不意味着该词或该词尾在每个用法中意思含糊不明确。这一点无可置疑，举例为证：尽管法语中仅用介词 de 来表达意大利语中的 di 和 da 两个介词，然而它所表达的两个关系在我们脑中概念明确，以至于当需要将其翻译成意大利语时，我们能毫不费力地知道我们应该使用 di 还是 da。波斯语也一样，它只有一个介词 az 来表达两个阿拉伯介词 min 和 'an。我们可以确定一个用来标记大量关系的语助词靠其本身并不能确定任何一种关系，因此会引起意义含混和错误。听者之所以不会犯任何错误，是因为标记本身所缺少的精确由其前行词或后置词又或是其他状语承担。我们从以上内容可以观察到：雷慕沙的回应意见本身就证明了洪堡观点的重要性，那些由这一意见推出的有关文字对语言影响作用的结论不仅非常重要，且相当巧妙。尽管这一回应意见篇幅较长，我坚持在此处引用：

　　　　我们可以假设这一现象起初涉及一些具有某种相似性的词，之后这些词被字符代替相互表达。这种情况下，人们所抱怨的混淆其实源于文字，因此是拼写问题。让我们举例来说明这一现象，这一例子来自于一个我们所关注的主题，一本入门著作中列举了"之"这个字所有的功能：不仅表达"根蘖"（rejeton）、"从一个地方到另一个地方"（passer d'un lieu dans un autre）的意思，还可以用作属格和宾格关系的标记。我们将对此进行检验。此为使用汉字书写汉语之后的情况。然而，作者非常明智地观察到言语活动远远早于文字的出现，在文字被创造出来之前，可能有四个像 tchi, dji, tchii, tshi 如此不同的词来对应这四种功用。它们对应一个象形字，其形象对应着"树枝"这一概念。我们无法确认汉语语助词确实经历了这样的发展历程，尽管在其他情况下，不同的词的确是由同一个字符或是由发音相同的不同汉字表现。当我们对比指示形容词 tseu, thseu, sse 或是否定语助词 mo, mou, pou, fe, feou 等，后一种现象显而易见。

洪堡认为汉语的语法词本身并不标示词的语法形式，在他看来，这门语言中的词序亦是如此。"通过语法规则固定词序，思想的构成部分以此得以标记。然而，没有其他手段的辅助，仅靠词序是不足以标记思想的所有构成部分的。若思想的组成部分是由不同语法范畴的词构成，这种情况下，词序则不能清楚地表达。"（我认为洪堡想要表达的是能够精确地标记每个词类）。"由于没有屈折形式或者其他替代手段，因此，使用词序规则时常常缺少一个稳固的立足点。我们可以肯定主语位于动词之前，宾语出现在动词之后,然而仅靠词序是不能提供辨认动词的任何手段,而动词是连接其他要素的首要环节。这种情况下,仅靠语法规则并不够,还需要求助于词义与上下文的意思。"

洪堡引用了一些实例论证以上内容,之后清楚比较了汉语句子结构与古典语言句子结构之间的差异,在此我仅引用有关论证的最后几句:"在所有语言中,上下文的含义要或多或少地支撑语法。汉语中,上下文含义是理解的基础。语法结构常常需要从中推导。甚至动词只能从其动词意义中得以辨识。面对欧洲古典语言,人们先分析语法,考察句子结构,之后借助词典查询词的意义。这一方法完全不适用于汉语。汉语的理解总是先从词义开始。词义一旦得以确定,汉语句子就不再模棱两可。"

在我看来,以上表述完美地感知或阐明了汉语的特点。

直至如今,我们和洪堡都仅仅从汉语命题组成观念的连接方式、标记其修饰关系和关系所使用的方式中研究这门语言。除此之外,我们还应该考察这门语言如何表达组成句子或长句的命题间的关系。

洪堡观察到汉语句子都非常简短,在那些译文中,看起来比较长且复杂的句子非常易于分割成一些非常短、非常简单的句子,因此,想要考察汉语的特性,还需要加上一个更加重要的观察意见。在洪堡看来:"至于汉语句子中词的意义,很少能根据其孤立使用时的意义进行理解,常常需要考虑到其因与前面概念产生联系而带来的变化。"显然,词与词之间关系的理解需要思维活动填补语言所缺少的准确性。洪堡补充这一现象主要与语助词的使用相关。鉴于雷慕沙并未对洪堡在这一方面的论证提出任何异议,后者的观点在该问题上似乎分量十足。他是这样详述和论证这一观点的:

> 语助词的使用尤为如此。例如,"而"几乎从来不是一个单纯的连接语助词。想知道它表示 et tamen(然而,可是)还是 et ideo(因此),需要参照其前面的句子。"而"所连接的两个思想之间的关系或对立或一致,这一关系决定了该语助词的意义。根据这一原则,在两个相互依存的句子中,表达其依存关系的连词常常被省略。倘若我们试图将连词填补进去,汉语句子就会丧失其独特性。将译文与汉语原文进行对照,我们发现译文中总是需要将汉语中满足于孤立出现的思想和句子联系起来。正是因为这一孤立性,汉语词才显得更为重要,我们也必须更加注意以把握它们之间所有的关系。汉语将添补大量中介概念的工作留给读者,因此给精神带来了更加繁重的工作。在汉语句子中,每个词都看起来需要读者慎重斟酌,对其所有的关系进行考虑,而后才能继续看下一个词。由于概念之间的联系产生于这些词词之间的关系,这一纯粹思维性的工作填补了一部分语法的空缺。

倘若完全承认以上论述的现象,就必然会得出以下结论:在一门语言中,尤其是动词完全不具备语式的语言中,如果删掉表达命题间联系以及隶属关系的语助词,那么话语(尤其是事关口语而无关书写的语言）会变得晦涩难懂；那些粗浅的、极少受到推理锻炼的精神会常常不理解他们所读或是所听的内容。然而，在根据这样的观点对语言本身进行评论之前，我们需要考察的是语言本身缺少专门用来表达关系的语助词，还是作家为了追求一种格言警句式和高深莫测的表达方式以及庄重、威严和有深度的写作风格而故意删掉了这些语助词。在他们看来，这些语助词对于稳定运行、强大、经验丰富的理解力来说就像是无用的辅助。我倾向于后一种情况。事实上，我观察到其他具备关系标记这一手段的语言中也会删除关系标记。我在希伯来语中的《旧约》(*les Proverbes*) 和《传道书》(*l'Ecclésiaste*) 中以及阿拉伯语的《古兰经》(*l'Alcoran*) 中看到不计其数的这类例子。我将引用《旧约》(*les Proverbes*，第 25 章，第 3 节）中的一个例子，我在其他场合曾研究过这么一个例子：逐字翻译为：Coelum in altitudinem, et terra in profundum, et cor regum, non pervestigatio. 这段话由于缺少连接观念和确定思想的关系标记，可以做不同的理解。一些人认为这段话的意思是猜测国王的心情如同测量天有多高地有多深一样不可能；而另一些人认为人们可以测量天有多高地有多深，而国王的心理却不可能猜到。在此，我并不企图断言哪种解读更为合理，我仅想表达的是《旧约》的作者本能够轻松地精确其思想，却更倾心使用另一种方法，它要求读者付出更多的努力。然而，我们需要承认这类省略就像一门拥有很少语法形式来引导语法关系的理解，故而语法形式以隐示方式表达的语言一样，给话语的清晰表达以及观念连续的快速理解带来同样的消极影响。

上述特点，或主要与汉语这门语言相关，或主要与作家模仿典籍风格以及适应其民族品位这一追求有关。看到洪堡基于以上特点对其有关汉语的观察结果做如下总结也就不足为怪了："汉语中从来没有长且复杂的句子，其中起支配作用的词与受其支配的词距离甚远。相反，这门语言总是呈现孤立和独立的对象。它并不赋予其对象任何标记，可以预示后面出现的内容：在该对象之后，它以同样孤立的方式加上一个同样的标记或是第二个对象，并以该方式不为人觉察地构造出完整的句子。"

雷慕沙对以上观点并不完全认同。他承认在上古时期的中国作家的著作中，由句子相互连接而构成的复合句非常少见；但他仍然提供了一些这方面的例子，并肯定即使长句中标记思想之间的连续与关系的汉语词数量极少，然而读者却能真实、轻易地感知句子中不同组成部分之间的相互依存关系。雷慕沙对洪堡的论述作出回应：通过将汉语原文与我们所做的译文进行比较，我们承认原文中仅仅简单排列的观念和长句，在译文中需要进行连接。他提出如下问题：译者的这一行为是背离还是更靠近作家本意？"如果句子的统一性正如作者考虑的那样，并不全由其组成元素的排序构成，如果一个完整的命题在中国作家的思维中归根结底只是一连串的真正孤立的命题，如果中国作家的语言中并不具备确定所使用的词的语法意义的手段，那么每当我们将其意补的关系表达出来，将其删除的连词添加出来，用他可能从未曾想过的关系标记将论证的不同部分联系起来，我们就在语法方面犯了一个不忠实的错误。我认为事实并非如此……。"

我承认这一问题在我看来并不严谨，且所用术语相互矛盾：如果说组成一个句子的诸多命题在中国作家的思维中彼此独立，他也未对它们之间的关系做任何设想，那么他如何对其丝毫没有感知的联系进行隐示？另外，我们无法想象，也不能想象这些从语法角度上看只是位置接近的命题在中国作家的思维中并没有任何联系或真实的关系：我们只承认关系的语法标记被省略，而关系由于不明显或更确切地讲不明确可见，对说话人或写作者的影响较小。这些关系并不通过所读文本或所听话语传递而得以理解，所以读者或听者更多的是通过猜想对其进行感知。根据上述内容，很容易就做出以下回应：若译者使用一门拥有全部这些关系的标记的语言，当他真正体会到中国作家所想内容之时，可以完全准确地将其翻译出来；然而若目的语拥有数量更少的语法关系的表达，他在翻译中文时所面临的失误也就更多。毋庸置疑，这就是汉语的特性，雷慕沙承认："汉语口语中修饰观念的成分缺少表达这一现象比其他任何语言都常见。"

诚然，洪堡的目的并不在于贬低汉语的价值。尽管我在这一领域只能表达我的疑惑，而没有立场做出任何评判，我仍然认为他过分夸大了他所认为的汉语的优点和缺点。一方面，这门语言"远远不如具有相当完善的语法的其他语言（注意，他没有使用'非常'，更没有使用'最为完善的'这一表达）。这些语言的语法系统与汉语的语法系统相反"。对于这一观点，他做了以下论证："如果不能否认思想只有通过言语才能获得准确性和明晰性,那么也必须承认只有在所有修饰概念的成分在口语中找到相似的表达时,才能真正实现准确性和明晰性。这是显而易见的事实,也是一个基本原则。"关于这一点,雷慕沙指出:倘若这一原则得以毫无保留地承认(然而,在我看来,承认这一原则有许多保留条件),那么有关汉语的疑问就完全得以解决。另一方面,洪堡看起来没能清楚地指出汉语以简单、独创、简洁的方式呈现思想这一优点。的确,其优点相较于说话者和写作者而言,更多地来读者或听者。因为,在两个相关个体思想交流所需要的共享活动中,最重要的一部分来自几乎只承担被动作用的一方。"较之于其他语言,汉语留给精神的思考工作要重得多,使精神孤立于概念联系,使其几乎完全抛弃了近似机械的手段;它根据概念的限定性质,把句子结构几乎完全建立在概念的排列顺序之上。汉语在精神中唤醒和维护的是针对纯思想的活动,使精神远离所有可以导致思想表达改变和美化的东西。然而,汉语的这一优点不只体现在对理性概念的处理之上;其大胆、简洁的风格以独有的方式使叙述和描写富有生气,使情感的表达富有力量。"洪堡并不局限于此,他还肯定:具有完整语法形式的语言永远无法与汉语在这一方面相媲美,因为在以连接各组成要素为原则的结构中,词,作为单纯的词在句子结构中作用重大,观念将不能以完全孤立的状态出现,它们之间的逻辑关系也不能以一种如此决断、纯粹、明显的方式显现;我认为几乎可以说这两类语言完全对立。然而,我们难道不能说:话语要想发挥某种作用,首先要被理解;如果所使用的手段不能避免意义含糊和晦涩,那么无论任何优点都无法弥补这一缺陷！甚至我们还要加上以下一点：就我们所设想的言语活动要求听众理解力所付出的努力，绝不是激发情感以及让其感受到更强烈的印象，而是消除情感。尽管洪堡对汉语称赞有加，他肯定与我们此处所阐述的观点一致。因为，洪堡在论著后面重新提到了汉语的优点，他直截了当地提到这一优点并非汉语专属，其他一些语言也呈现出相同的特性，这一优点是以放弃其他更加重要、更加基本的优点为代价的。

尽管雷慕沙丝毫不想跟随洪堡进入这一讨论领域，他却想找出究竟是什么原因让洪堡和其他学者将汉语的特性视为语言缺陷。雷慕沙完全不认同这一种看法。在他看来，中国人之间可以相互理解，即使那些思想中的细微差别以及微妙的修饰关系也不会引起沟通问题。基于这一现象，我们可以得出以下结论：中国人所使用的工具，即他们的语言，正如我们所要求的那样完善；因此，如果有人在这门语言中发现一些不完善之处，那是因为他们对何为语言的完善性有错误的认识，他们根据经验，根据被称作"古典"语言中所观察到的现象对语言完善性进行定义，而不是通过先验的和抽象的推理方式得来的。他的表达如下："那些对古典语言在智力活动所启发的内容赞赏有加的学者会同作者一样，在语法体系领域寻求答案：完整地表达思想，不忽略任何特点，无论在口语还是文字中不同时间、地点和人物状况以及句子各部分之间不同的关系都被赋予了不同的特殊形式；而习惯于中国人那些快速、高效的表达方法的人则可能会做如下理解：在听者和读者的思维中唤起完整的概念，这一概念与说话人和作者所设想的毫无差别,具有了解时间、地点和人物状况所需要的所有内容。归结为这一表达的评判条件在汉语语法体系中找到了答案,在我看来,这一点毋庸置疑。"

如果我们确立问题的第一种表述方式是基于古典语言这一体系并以这一体系的利益为出发点,显然,第二种表述方式则是根据汉语体系所呈现的现象并以这一体系的利益为出发点。因此,以上两种方式都不具有解决这一问题所需要的普遍、抽象性。倘若要使第一种方式具有普遍、抽象性,就需要去掉下面这些词:无论在口语还是文字中不同的状况都被赋予了不同的特殊形式,而直接说所有的状况。同样,要想第二种方式更为普遍并明确,需要将说话人和作者所需要了解的所有内容改为说话人和作者想交流的所有内容,了解或多或少状况的真实需要完全不限定思想和话语的范围,因此我们再加上:以及说话人构想的并想交流给听者的组成一个句子的不同元素之间的所有关系。可能有人会认为最后一个条件毫无用处,因为它已经被在……唤起完整的概念包含其中,然而这一反对意见不成立,因为在这一问题的第一个立场中讲到:完整地表达思想,然而我们认为必须要加上:句子各部分之间不同的关系都被赋予了不同的特殊形式。有人可能会想:如果说这一问题的第二个立场去掉了这一条件,那是因为汉语仅部分满足了这一条件。然而,即使将这一问题简化为对汉语体系最为有利的词语,仍然需要考察富有语法关系的语言较之于汉语来说是否具有以下优点:在听者和读者的思维中更肯定、更容易、更迅速地唤起完整的概念,这一概念与说话人和作者所设想的毫无差别,且听者或读者需要付出的努力更少;总之,我认为这就是洪堡想从其观察中得出的真正结论,这至少是我会得出的结论。

严格地讲,对这一问题的讨论就此结束。洪堡认为汉语体系的劣势已经得到论证,对导致汉语这一静止状态的原因进行了分析,因为汉语看起来像是停滞在一个发展道路的开端,而古典语言却取得了巨大的进步。我们通常所称的"民族的童年"是否可以给这个问题提供一个说的过去的答案?或者,难道不该在这个被称作"语言的童年时期"这一语言的不完善时期寻找答案吗?这两种表达意思都不明确。要想以令人满意的方式解决这个问题,需要从一些已得到证实的现象出发。洪堡将汉语与文化不甚发展的民族(尤其是美洲一些民族)的语言进行比较,从中找寻这些现象。在进行这一比较之前,洪堡承认雷慕沙所指出的两个现象非常关键:"一是我们毫无理由认为汉语源生的民族的文化比通常社会原初阶段所展示的文化更加完善;二是即使那些被认为是非常古老的语言,那些有着粗陋和未开化习惯的民族的语言,其语法也和汉语相差甚远,充满了困难以及繁冗的语法形式。"

将汉语与美洲语言之间进行比较的结果如下:一方面,汉语与未开化的语言之间存在惊人的相似性;另一方面,尽管汉语与最为完善的语言性质完全不同,但在很多方面可以与后者相提并论。在承认这一结果之后,就需要讨论汉语为何避开了语言的一般发展途径,而形成了其独特的发展道路?汉语文字体系是否也受该原因影响呢?洪堡认为中国人使用的文字确实在其语言中观念孤立的保持、阻止语法范畴和语法形式的引入这些方面起到了一定的作用；然而他对能够在文字对语言的影响作用这一领域找到汉语这一特殊体系的唯一原因或是主要原因表示怀疑。洪堡的观点形成的基础值得认真考量，大家都十分期待他会关注负责执行沃尔涅基金会的科学委员会于1828年所提出的问题。

洪堡似乎更乐意于探求汉语的单音节性这一现象的原因。这并非因为他无条件地承认汉语严格意义上来讲是一门单音节的语言，而是因为事实上，在他看来词的单音节性构成了汉语的规则，而多音节词是例外。另外，在汉语的发音体系中，一个现象比数量庞大的单音节词更引起了洪堡的注意：那就是词语数量有限。他的论述如下："这不是因为其他语言中原始音节的数量可能更多，而是中国人没有充分地丰富、混合以及将这些音节进行组合，以拥有丰富多样的语音。"不久以后，洪堡在详述这一观点以及结论时写道："中国人在语音方面的贫乏，加上人们指责他们的枯燥和生硬，可能在他们的语言中造成了某种缺陷。而这种缺陷之后又被中国人条理地处理概念的独特才能转变为优点。然而，这样的语音贫乏一旦假定，几乎单音节性的体系一旦稳定，中国人的精神通过文字的独特性质在这两个方面得以稳固。汉字也成了汉语本身的内在组成部分，对于这一点，我自认为已经做出了论证。由于汉字提供了一种无需增加语音就能增加符号的手段，自从它得到广泛普及以来，在中国文明，包括在当前中国文明的状态下，对概念的表达都起到了重要的作用。"

雷慕沙在一条注释中完全肯定了洪堡的这一观点，鉴于篇幅有限,我在此就不再重复这一注释。雷慕沙却并不局限于此,他还认为汉字对汉语的语音贫乏起到了一定的影响作用,尽管许多观念如今由同音异形的词表达,之前则是由稍有区别的词进行表达。

然而,我不得不指出洪堡的论证只是转移了问题,而并没有解决问题。如果据此我们得出以下结论:汉语之所以缺少语法范畴和语法形式,仅仅是因为中国人并没有像其他民族那样将原始的单音节组成新的多音节词并以此丰富他们的语言,那么我们还需要研究为什么在世界上那么多的民族中,只有中国人抵制住了增加语言要素并使其多样化这一自然倾向。我们不要忘记洪堡在开始这一讨论时所用的表述:"在我看来,语言研究唯一可信的方法就是尽量不远离事实。我将尝试运用这种方法来考察汉语的起源。但是我向阁下坦诚:迄今为止人们关于这一问题的所有观点,以及我自己的观点,都丝毫不能令我满意。"

除此之外,洪堡感觉到了我们刚刚所说的事实,即其论述并没有根本解决问题。他认为汉语中缺少语法范畴和语法形式的首要原因应该归于该民族的身体构造和智力禀赋中,该民族的孤立状态以及与讲其他语言的民族缺少联系。他呼吁用中国历史对此进行论证,而这将开启一个新的讨论,可能会得出截然不同的结论。鉴于洪堡完全没有涉及这一内容,我们也避免进入这一领域。到目前为止,我没有深入了解语言现象就对理性问题已经进行了相当长篇幅的讨论。我就此停笔,向所论述著作涉及的两位学者呈上我的疑惑与观察结果。两位拥有如此博大精深学识的学者这样的交流非常罕见,其精妙与深刻的理性思考让学术界翘首以待。

附录二 雷慕沙《致洪堡的信：有关"乃"的看法》(《新亚洲学报》XI，1833年，原版影印)

Extrait d'une lettre de M. Abel Rémusat *adressée* à M. le baron G. de Humbolt.

M. le baron G. de Humboldt ayant fait témoigner à la commission du *Journal asiatique* le désir de voir insérer dans ce recueil la lettre suivante, nous nous sommes empressés de la publier en y faisant toutefois quelques suppressions peu importantes.

MONSIEUR,

.... Les doutes émis sur quelques points de la question qui vous a occupé, et la bonté que vous aviez de me demander mon opinion actuelle sur les acceptions diverses de la particule 乃 *naï*, me faisaient un devoir de vérifier, avant de vous les transmettre, les passages qui peuvent éclairer cette discussion : voici le sommaire des recherches que j'ai faites à ce sujet.

Le sens de *naï* comme particule n'est sujet à aucune incertitude. Le *Choue wen*, qui rapporte ce caractère sous ses deux formes antiques, donne pour définition 也難之詞曳 *trahendi sermonem difficultas*, et ajoute que le caractère même peint la difficulté que le souffle éprouve à sortir :

難出之气象. Vous savez, au reste,

(274)

le peu de fond qu'on peut faire sur les explications de *Hiu tchi*, lesquelles ne portent souvent que sur des rapprochements conjecturaux entre la forme du signe et l'une des acceptions du mot; cela est vrai, surtout à l'égard de celles qui se rapportent à des particules et à d'autres termes grammaticaux. Mais quelle que soit l'*étymographie* de 乃, les exemples de l'usage qu'on en fait comme particule sont trop nombreux pour laisser aucun doute. Quelquefois elle semble purement explétive, comme dans ce passage de *Tchouang tseu* que cite le *Khang hi tseu tian* 風培今乃後而. Le plus souvent elle sert à *rattacher ce qui précède à ce qui suit*, 辭下起上承, ou à *continuer une action*, 辭之事繼, c'est-à-dire à marquer sa continuité à l'égard de quelque action précédemment énoncée, comme le fait voir un passage du *Yao tian* cité pour confirmer cette définition. C'est là, il faut le dire, l'usage le plus ordinaire de 乃 *naï*. Il fait l'office d'une marque d'induction, comme *ideo*, *proinde*, ou d'une explicative, comme *scilicet*. Il annonce qu'une action étant accomplie, une autre va la suivre comme effet ou comme conséquence: 復乃卒, dans le *Chun tian*

(275)

« ayant terminé, *alors* il s'en revint; » et dans le *Ta iu mo*: 道天乃時 *illud* . . . . scilicet 降乃德 *cœli ratio; virtute* quidem *prodiit*, ce *fut* par sa vertu qu'il se fit connaître; 落歹且乃帝 « l'empereur *alors* mourut, » phrase où la particule *naï* est appelée par le membre précédent 載八有十二, vingt-huit ans s'étant écoulés. Le sens de priorité d'une action à l'égard d'une autre est celui que la particule *naï* apporte dans tous ces exemples. De là vient que les Mandchous, non contents de le rendre par une terminaison attachée au premier verbe, y joignent encore une marque de prétérit: ﺳﺎﺑﻤﺒﯽ, dans le premier exemple: ﯾﺎﺑﯘﻣﺒﯩﻦ 义乃政 « le gouvernement étant administré, » ﺳﻤﮭﻤﺒﯽ 死乃方陟 « parvenu au terme de sa visite, *alors* il mourut. »

Veuillez remarquer que tous ces exemples, où 乃 est rendu par ﺳﯩﺮﻩ ou ﻣﺎﻧﮕﯽ *après* ou *alors*, sont pris, non pas dans le *Sse chou*, mais dans les premiers chapitres du *Chou king*, dont le style porte le caractère de ce qu'il y a de plus antique, et nous fournit les seuls élémens incontestables pour un raisonnement dont l'objet est de fixer ce qu'il y a de primitif dans la valeur d'un terme grammatical.

Il importait de constater la valeur de *naï* comme particule, non-seulement pour en tracer, s'il est possible, une histoire complète, mais aussi pour s'assurer s'il existe quelque relation entre ce sens primitif et la valeur pronominale qui paraît y avoir été jointe postérieurement. Je dis *postérieurement*, d'après l'idée attachée au caractère; car les textes qui nous montrent cette valeur pronominale sont du même temps que les premiers, les uns comme les autres d'une époque qu'on doit supposer récente par rapport à l'institution des signes figuratifs. Je dois, pour en finir sur cet article, transcrire encore deux passages où *naï* ne peut être pris que comme particule; celui du *Ta iu mo*:

文乃武乃神乃聖乃 *Sanctus quidem et divus et fortis et ornatus*, où la répétition de *naï* indique, ou bien que les quatre qualités énumérées découlent l'une de l'autre, ou qu'elles ne s'excluaient pas dans un même sujet.

Le mot *naï* passe encore pour l'équivalent de 彼, *pi, ille, illud, illic*. Dans ce dernier sens, vous apercevrez quelque chose d'analogue à l'idée de localité qui a fixé votre attention; mais vous remarquerez qu'elle n'est pas directement attachée à *naï*, dans le passage en question, mais seulement à l'un de ses équivalents. Ailleurs, on le trouve encore, mais pour *tel*, un *tel*, *telle* femme que l'on ne nomme pas. Ce dernier endroit est du *Li ki*, et ce sont les commentateurs qui y expliquent par *une telle* le mot *naï*, qui pourrait bien y avoir le sens de *Toi!*

J'arrive enfin à cette dernière valeur, sur laquelle je ne sais quels nuages ont été élevés en ces derniers temps. J'ai dû, dans un ouvrage élémentaire, faire mention de ce sens pronominal attaché à un caractère dans plusieurs textes de la haute antiquité; car c'était du style antique surtout que j'avais à présenter les règles. Je vais maintenant vous donner quelques exemples, et vous voudrez bien remarquer qu'en changeant, contre l'autorité des commentateurs chinois et des traducteurs mandchous, l'acception pronominale de *naï* dans ces passages, il lui en faudra trouver une autre, ce qui ne serait pas facile, ainsi que vous en allez juger.

Ta iu mo: 休之乃惟 *solum* tui (pour *tua*) *virtus*: et les glossateurs ajoutent 也汝猶乃 « *naï* signifie *jou* (toi). » 德乃懋尋 *Ego colo tuam virtutem*, et les traducteurs tartares: سِنِی تُوی دِ تُوی ,تا (*sini*, tui, de toi, ta); 位有乃慎 « Veille sur *ton* être en dignité » (sur ce que tu es en dignité); et en

(278)

mandchou ᠰᡳᠨᡳ (*sini*, de toi),

績可底言乃, *tes paroles ont pu être réalisées*, ᠰᡳᠨᡳ (*sini*),

功乃時. *Hoc tuum opus (est)*, ᠮᡝᠨᡳ

(toujours *sini*) 績丕乃嘉 ᠯᠠᡠᡩᠣ *laudo* tua magna *facinora*.

力心乃一尚爾 *Vos unificate vestri cordis vires* ᠰᡠᠸᡝᠨᡳ ᠵᡠᠯᡝᠨ. (*soueni*, vestrûm pour vestri), phrase où il faut remarquer le pronom de la deuxième personne, rendu par 爾 *eul* au sujet, et par *nâï* au cas oblique, variation qui est d'un fréquent usage dans une même phrase. Chap. *Yi tsi* :

敘惟功乃時 *hæc* tua *opera componantur*. 憲乃愼 *invigila* tuæ *gloriæ*.

Il faut avouer que *nâï* comme pronom devient de plus en plus rare dans le *Chou king*, à mesure qu'on approche des temps modernes, et qu'il est presque partout remplacé par 汝 *jou* et par 爾 *eul*.

(279)

il ne se montre presque plus que comme particule. Je trouve encore pourtant, dans le chapitre *Taï kia*, cette phrase où l'on doit traduire *nâï* par *ta* :

義不乃兹 *hæc* tua *injustitia*; et plus bas

祖烈乃視德乃懋王

Rex conare ad tuam virtutem et tuos atavos respice. Et dans le chapitre *Phan king* :

心乃黜猷汝 vos, *constanter corrigite vestrum cor*. 逸乃 vestra *peccata*.

戎不德有言不丕

毒畏乃積汝大乃

magnificabitis vos sine superbiâ dicentes vos (alio vocabulo) *virtutes collegisse*, vos non timetis calamitates.

Tous ces exemples, auxquels il serait facile d'ajouter encore, prouvent, ce me semble, que *nâï* pour *toi* était, depuis la plus haute antiquité jusqu'au douzième siècle avant notre ère, un des pronoms usités à la Chine, et qu'il appartient non pas seulement au style d'imitation, mais au langage spontané. Je ne vois donc pas comment j'aurais pu faire pour l'exclure de l'énumération des pronoms dans une grammaire du style antique, dont tous les exemples étaient pris des King. J'avoue encore qu'en examinant une foule de passages où le même mot a la

附录二　雷慕沙《致洪堡的信：有关 "乃" 的看法》
（《新亚洲学报》XI，1833 年，原版影印）

(280)

même valeur pronominale, je ne puis revenir sur l'opinion que j'ai autrefois exprimée à cet égard, parce qu'il me serait impossible d'assigner une autre valeur à ce mot, dans toutes les phrases où il entre comme partie constitutive. Vous en jugerez vous-même, Monsieur, en portant sur les passages rapportés ci-dessus ce regard pénétrant qui vous a fait résoudre tant d'autres difficultés grammaticales d'une tout autre importance. Je serais curieux de savoir quelle analyse on proposerait pour ôter à *naï* sa qualité pronominale.

Je serais, je l'avoue, beaucoup plus embarrassé s'il fallait déterminer le degré de probabilité qu'il y a que la signification de la particule ait donné lieu à l'usage de *naï* comme pronom. Cette difficulté du souffle qui fait effort pour sortir, cette interruption dans le discours, qui est donnée pour la valeur primitive de la particule, indiquerait-elle la suspension et le passage d'idées qui a lieu quand le subjectif, cessant de se considérer lui-même, reporte la pensée sur l'être auquel la parole s'adresse, à un second être? Cela, je l'avoue, paraît bien métaphysique et bien cherché : cela pourtant pourrait être vrai, et justifierait la compréhension du mot *naï*, exprimant tout à la fois une *pause* et le *sens objectif* de *toi*. Vous prononcerez, Monsieur, sur cette conjecture : vous aurez encore à apprécier la valeur du rapprochement que j'ai indiqué entre *naï* démonstratif et le pronom *toi*; cela rentre dans la question sur laquelle vous avez déjà médité, et où il serait téméraire à moi de prétendre apporter

(281)

de nouvelles lumières. Je n'ajouterai qu'une observation qui rentre dans la classe des étymologies les plus vulgaires, c'est que l'analogie matérielle de prononciation qui s'observe entre les signes vocaux du pronom de la première personne *'o, 'ou, iu, yi*, quelle que soit la forme des caractères arbitraires qu'on y a affectés comme signes graphiques, se retrouve aussi entre les signes vocaux du pronom de la seconde personne *eul, jou, jo, ñi, ni, naï*, indépendamment des caractères qui leur ont été assignés dans la langue écrite. Pour juger de cette analogie, il faut avoir les oreilles d'un Chinois, ou avoir fait une étude un peu approfondie des permutations de sons simultanées ou successives, qui se montrent dans la dérivation des prononciations des caractères, ou dans l'altération que ces prononciations ont subies à des époques diverses. Ainsi *ñi, jou* et *eul* sont ou un même son ou des sons très-rapprochés les uns des autres, quand on les articule à la chinoise. Il en pourrait être de même de l'antique *naï* et du moderne *ni*, et ce serait une explication simple et presque triviale de l'usage qui aurait fait prendre le signe 乃 de la particule *naï* pour servir également de signe au pronom de la seconde personne. Rien n'est plus commun que les substitutions de ce genre dans le texte du Chou king en particulier, et j'en ai fait l'objet d'une observation générale en ce qui concerne les particules et les autres termes grammaticaux, comme les pronoms, les adverbes, les interjections, etc.

(282)

Il faut, Monsieur, que vous ayez la bonté d'accueillir avec indulgence ce peu d'observations bien superficielles et bien peu dignes de vous, que je viens de jeter sur le papier pour satisfaire à la question dont vous m'avez honoré. On sent, en vous écrivant, le désir de n'avancer que des réflexions approfondies et des vérités incontestables ; on ne sent pas moins l'extrême difficulté d'éclaircir ce qui vous a paru obscur, et de résoudre les problèmes qui vous ont arrêté. Je livre sans réserve cette discussion à l'examen qu'en daignera faire un esprit supérieur. Votre autorité sera plus décisive pour moi que ne le saurait être aucune autre, et je me soumettrai, sur la question des pronoms en général, au jugement que vous aurez porté d'après les faits que je viens de recueillir. Je les résume en vous avouant que je n'ai nullement changé d'avis sur *naï*, qui me paraît être, en chinois, une particule explicative et un pronom de la seconde personne.

J. P. ABEL RÉMUSAT.

附录三 雷慕沙《汉文启蒙》(节选，原版影印)

60. Les mots chinois, pris séparément, sont tous invariables dans leur forme; ils n'admettent aucune inflexion, aucun changement, ni dans la prononciation, ni dans l'écriture.

61. Les rapports des noms, les modifications de temps et de personnes des verbes, les relations de temps et de lieux, la nature des propositions positives, optatives, conditionnelles, ou bien se déduisent de la position des mots, ou se marquent par des mots séparés, qui s'écrivent avec des caractères distincts, avant ou après le thème du nom ou du verbe.

62. Les Chinois appellent 字實 *chỹ tseŭ* [mots pleins], les mots qui ont une signification propre, comme les noms et les verbes; et 字虛 *hiŭ tseŭ* [mots vides], ou 辭助 *tsoŭ tseŭ* [termes auxiliaires], les particules qui ne servent qu'à modifier le sens des premiers, ou à marquer les rapports qui les lient entre eux.

63. Beaucoup de mots chinois peuvent être pris successivement comme substantifs, comme adjectifs, comme verbes, quelquefois même comme particules. On peut à volonté marquer précisément le sens où un mot est pris, et le rôle qu'il joue dans la proposition, ou bien laisser au lecteur le soin de le déterminer, d'après le sens du contexte et la position relative des mots.

64. Dans l'antiquité, l'écriture ne servant encore qu'à des usages bornés, on se plaisoit à sous-entendre le verbe ou le sujet des propositions, et à laisser aux mots toute leur latitude d'acception; on marquoit rarement leurs rapports [61]; on exprimoit ses idées avec le moins de mots possible; on écrivoit isolément chaque proposition, sans la lier à celles qui la précédoient ou la suivoient. De là résultoit ce style sententieux, vague, concis et morcelé, qu'on remarque dans les anciens monumens, et qu'on nomme, à cause de cela, 文古 *koŭ wên* [style antique].

peuvent résulter de cette succession de métaphores, que pour avoir une idée juste des idiotismes ou des expressions que l'analyse ne peut réduire aux principes généraux des autres langues.

186. 之 *tchi*, la plus usitée de toutes les particules du *Koŭ wén*, étoit primitivement un caractère figuratif, représentant un bourgeon qui sort de terre; d'où le sens verbal de ce mot, qui signifie *sortir, passer d'un lieu dans un autre, ou d'un état dans un autre*.

者 *tchĕ* [p.r.], 之 *tchi* transiens, 其 *khi* suum, 妻 *thsi* uxorem, 有 *yeoŭ* fuit
楚 *Thsou*, 友 *yeoŭ* amicum, 子 *tsu* 於 *iu* ad, 託 *thŏ* fidens
遊 *yeoŭ* peregrinans, 而 *eúl* et, 其 *khi* suum,

« Il y a un homme qui a confié son épouse à son ami, et qui a passé dans le pays de *Thsou*, pour y voyager. » (1)

Meng-tseu.

187. Il signifie *pour, à l'égard de* :

而 *eúl* et, 親 *thsin* amant, 其 *khi* ipsi, 人 *jin* homines
辟 *phi* deflexi, 愛 *aï* diligunt que, 所 *so* quae, 之 *tchi* erga

« Les hommes sont partiaux à l'égard de ce qu'ils aiment. »

Taï-hio.

(1) On peut trouver 之之 *tchi* [passer cela, passer là]; et un missionnaire cite cette phrase:

之 *tchi* [n.g.], 之 *tchi* transeundi, 不 *poŭ* non
路 *loŭ* viam, 之 *tchi*, 知 *tchi* scit

« Il ne connoit pas le chemin pour y passer. »

dans laquelle le mot *tchi* est répété trois fois, et pris successivement comme verbe, comme

Hors ces deux cas, qui sont très-rares, *tchi* doit toujours être construit avec le mot qui précède, soit verbe, soit substantif.

188. Il sert à marquer le rapport de deux substantifs [81], et fait, à l'égard de celui qui précède, la fonction d'une terminaison analogue au génitif.

189. Il a quelquefois été pris comme adjectif démonstratif (1), et les livres anciens en fournissent des exemples; mais d'après l'usage ordinaire, il est réduit à représenter le terme de l'action d'un verbe actif, quand il a été précédemment exprimé [134].

190. Il est souvent encore pris comme particule explétive après le sujet d'un verbe; dans ce cas, on peut le regarder comme faisant les fonctions d'article déterminatif ou partitif.

重 *tchóng* graves, 禮 *li* ritus, 報 *pão* retribuent, 之 *tchi* [expl.], 士 *szu* litterati

« Les lettrés rendront (à leur tour) de plus grands honneurs. »

Tchoung-young (2).

191. On le met après les mots 有 *yeoŭ* [il y a, 154.], 未 *wéi* [pas encore, *nondum*, sous-entendu *habuimus*], 謂 *wéi* [appeler]:

之 *tchi* eos, 有 *yeoŭ* habent

il y a, il y en a....

pronom de la troisième personne à l'accusatif, et comme marque du rapport entre l'action de ce verbe et le substantif qui suit.

(1) Un auteur, cité dans le dictionnaire de *K'hang-hi* dit que *tchi* est une particule dont le sens s'attache à la chose qu'on montre, à celle à laquelle une autre appartient, au lieu où l'on va. On trouve, en ce sens, dans le *Chi-king*:

歸 *kouéi* nubendum, 于 *iu* ad, 于 *iu*, 之 *tchi* hœc, 家 *kia* filia

« Une fille se rendant à la maison de son mari. »

(2) Voyez d'autres exemples de ce sens dans les exemples cités aux n.os 87, 119, 135, 137, 139, 153, 162, 177, 253.